Springers
Angewandte Informatik

Herausgegeben von Helmut Schauer

Objektorientierte Informationssysteme

Konzepte, Darstellungsmittel, Methoden

Gerti Kappel
Michael Schrefl

SpringerWienNewYork

o. Univ.-Prof. Dr. Gerti Kappel
Institut für Informatik
Universität Linz

o. Univ.-Prof. Dr. Michael Schrefl
Institut für Wirtschaftsinformatik
Universität Linz

Satz: Reproduktionsfertige Vorlage der Autoren
Druck: Novographic, A-1238 Wien
Bindearbeiten: Papyrus, A-1100 Wien
Graphisches Konzept: Ecke Bonk

Gedruckt auf säurefreiem, chlorfrei gebleichtem Papier – TCF

Die Deutsche Bibliothek – CIP-Einheitsaufnahme

Kappel, Gerti:
Objektorientierte Informationssysteme : Konzepte, Darstellungsmittel, Methoden / Gerti Kappel ; Michael Schrefl. – Wien ; New York : Springer, 1996
(Springers Angewandte Informatik)
ISBN 3-211-82828-1
NE: Schrefl, Michael:

ISSN 0178-0069

ISBN 3-211-82828-1 Springer-Verlag Wien New York

Für Kassandra (von Christa Wolf, Luchterhand Verlag, 1983),
die mich gelehrt hat,
Gefühle mit Gedanken zu bezwingen,
und für Hubert, der nicht aufgehört hat,
dagegen anzukämpfen.
Gerti Kappel

Für Erika, Elisabeth und Johannes
Michael Schrefl

Vorwort

> "Though each may hope to convert the other to his way of seeing his science and its problems, neither may hope to prove his case. The competition between paradigms is not the sort of battle that can be resolved by proofs ... Before they can hope to communicate fully, one group or the other must experience the conversion that we have been calling a paradigm shift. Just because it is a transition between incommensurables, the transition between competing paradigms cannot be made a step at a time, forced by logic and neutral experience. Like a gestalt switch it must occur all at once or not at all."
>
> Thomas Kuhn: *The Structure of Scientific Revolution*, University of Chicago Press, 1970, S. 147 und 149.

Objektorientierung ist das vorherrschende Entwicklungsparadigma der 90er Jahre. Objektorientierung beinhaltet die Modellierung und die Realisierung eines in der Regel computerbasierten Systems als Menge interagierender Objekte. Objekte haben eine Struktur, dargestellt durch Eigenschaften, die das Objekt näher beschreiben, und ein Verhalten, dargestellt durch Operationen, die das Objekt ausführen kann. Die einzige Möglichkeit, mit einem Objekt zu kommunizieren, ist durch das Senden einer Nachricht, die eine Ausführung von Operationen auf dem Objekt auslöst. Das „Naheverhältnis" zwischen dem objektorientierten Paradigma und einer intuitiven Beschreibung von Vorgängen der Realität ist nicht zufällig — die Wurzeln des objektorientierten Paradigmas gehen auf die Programmiersprache SIMULA aus den 60er Jahren zurück, die zur Simulation von Realweltvorgängen, wie zum Beispiel zur Verkehrssimulation oder zur Simulation des Sicherheitssystems von Kraftwerken, entwickelt worden war.

Ein wesentlicher Vorteil des objektorientierten Paradigmas ist seine Allgemeingültigkeit, sowohl für Programmiersprachen, für Datenbanksysteme, als auch für den Systementwicklungsprozeß als solchen. Gegenwärtig basieren die genannten Disziplinen auf unterschiedlichen Paradigmen, was bei einer gemeinsamen Verwendung zum bekannten Konversionsproblem, dem sogenannten *impedance mismatch*, führt. Mit Hilfe des objektorientierten Paradigmas wird dieses Problem zumindest teilweise aufgehoben. Ein Anwendungsgebiet, das von dieser Entwicklung wesentlich profitieren kann, sind Informationssysteme. Der Begriff „Informationssystem“ wird in der Literatur uneinheitlich verwendet. In seiner umfassenden Form steht er für die Informations- und Kommunikationsstruktur in Mensch-Aufgabe-Technik-Systemen (vergl. [96]). In seiner eingeschränkten Form steht der Begriff für ein softwaremäßig realisiertes Anwendungssystem, das einen wesentlichen Bestandteil der Informations- und Kommunikationsstruktur in Mensch-Aufgabe-Technik-Systemen bildet. Wir verwenden den Begriff „Informationssystem“ in diesem Buch in seiner eingeschränkten Form: Ein Informationssystem ist ein Softwaresystem zur Verwaltung großer Mengen von Daten und baut daher in der Regel auf einem Datenbanksystem auf. Zur Entwicklung von Informationssystemen wird daher Datenbankwissen und Softwareentwicklungswissen benötigt. Im Schnittbereich zwischen objektorientierten Datenbanksystemen und objektorientierter Softwaretechnik, im Bereich der objektorientierten Modellierung von Informationssystemen, ist dieses Buch angesiedelt. Objektorientierte Modellierung umfaßt dabei die, aus der Softewaretechnik bekannten, traditionellen Phasen der Analyse und des Entwurfs von Informationssystemen oder, in der Datenbankterminologie, die Phasen des konzeptuellen und des logischen Datenbankentwurfs.

Wirft man einen Blick auf Buchprospekte der unterschiedlichen Verlage, stellt sich sofort die Frage „warum ein neues Buch über objektorientierte Modellierung?“. Bei genauerem Hinsehen stellt man jedoch fest, daß die meisten Bücher konkrete Methoden vorstellen und damit wenig Unterstützung für einen methodenunabhängigen Einsatz von objektorientierten Modellierungstechniken geben. Das vorliegende Buch soll dem Abhilfe schaffen. Das Ziel des Buches ist es, unabhängig von einer konkreten Methode die grundlegenden Konzepte, Darstellungsmittel, Verfahrensschritte und Richtlinien zur objektorientierten Modellierung von Informationssystemen aufzuzeigen. Auch Probleme, die beim Einsatz des objektorientierten Paradigmas auftreten, werden untersucht und praktikable Lösungen diskutiert. Gemeinsam mit einer Einordnung der zur Zeit bekannten Analyse- und Entwurfsmethoden wird eine aufgabenspezifische Beurteilung des Einsatzes von objektorientierten Modellierungstechniken und gegebenenfalls die Auswahl einer konkreten Methode unterstützt.

Das Buch richtet sich gleichermaßen an die Praktikerin, die in die Lage versetzt werden soll, Nutzen und Einsatzmöglichkeiten von objektorientierten Methoden zu beurteilen, wie an die Wissenschaftlerin, die eine Einführung in die wesentlichen Problemstellungen der objektorientierten Modellierung bekommen möchte, sowie an die Studentin und an die Universitätslehrerin, die ein Lehrbuch zum Thema suchen.[1]

Das Buch basiert auf Forschungsergebnissen, die zum Teil in Konferenzbänden und Zeitschriften bereits veröffentlicht wurden, auf Vorlesungen und industriellen Weiterbildungsveranstaltungen, die von den Autoren an der Uni-

[1] Die deutsche Sprache stellt eine Herausforderung dar, was die geschlechtsneutrale Aufbereitung eines Textes betrifft. Wir werden im folgenden in der Regel die traditionell männliche Form (Praktiker, Wissenschaftler, etc.) benutzen, jedoch mit dem schlechten Gewissen, daß die Leserschaft dieses Buches sowohl weibliche als auch männliche Personen umfaßt.

versität Wien, der Technischen Universität Wien und an der Universität Linz abgehalten wurden, sowie auf Erfahrungen aus Softwareprojekten, an denen die Autoren beteiligt waren. In diesem Sinne ist der in diesem Buch vorgestellte Inhalt nicht originär. Wir gehen jedoch davon aus, daß der vorliegende Text in dieser aufbereiteten und doch komprimierten Form einem breiteren, interessierten Fachpublikum bisher nicht einfach zugänglich war.

Das Buch ist unter anderem das Ergebnis einer langjährigen, fruchtbaren Zusammenarbeit zwischen Mitarbeitern der Universität Wien, der Technischen Universität Wien und der Universität Linz. Teile der Vorarbeiten für das Buch wurden im Rahmen des Christian-Doppler-Labors für Expertensysteme der Technischen Universität Wien (Leitung Prof. Georg Gottlob) durchgeführt. Das objektorientierte Lebenszyklusmodell (Unterkapitel 3.3) wurde im Rahmen des Forschungsprojektes MOOD (Methods for Object-Oriented Development, finanziert von SIEMENS AG Österreich, GR 21/96106/5) entwickelt.

Abschließend möchten wir uns bei denjenigen Personen bedanken, die auf die eine oder andere Art zum Zustandekommen dieses Buches beigetragen haben. Für die nicht immer leichte Auseinandersetzung mit dem Manuskript möchten wir Prof. Gregor Engels (Universität Leiden), Dipl.-Ing. Peter Bichler, Dipl.-Ing. Günter Preuner, Dipl.-Ing. Stefan Rausch-Schott und Mag. Werner Retschitzegger (alle Universität Linz) und Dipl.-Inf. Michael Schlüter (Kiel) danken. Diskussionen mit Prof. Markku Sakkinen (Universität Jyväskylä) haben wesentlich zur Klärung der Begriffsvielfalt beigetragen. Für die grammatikalisch richtige, TEX-nische und Layout-technische Aufbereitung haben Prof. Andreas Heuer (Universität Rostock), Dr. Jan Overbeck (Servo Data), Maria Pichler, Mag. Christine Platzer, Dipl.-Ing. Hubert Platzer und Dipl.-Inf. Michael Schlüter ihre Zeit geopfert. Zum erfolgreichen Abschluß eines Buches gehören auch die Mitarbeiter des Verlages. Ganz besonders wollen wir uns bei Fr. Silvia Schilgerius bedanken, die nicht aufgegeben hat, auf die Fertigstellung des Buches zu drängen, ohne dabei die Qualität aus den Augen zu verlieren.

Auch wenn es „abgedroschen“ klingen mag — die wirklich Leidtragenden beim Schreiben eines Buches sind die Partner, die Freunde und die Eltern, denen „scheibchenweise“ die gemeinsame Zeit gestohlen wird. Ihr Verständnis und ihre Unterstützung waren die notwendige Voraussetzung für das Zustandekommen dieses Buches.

Linz, im Jänner 1996

Gerti Kappel
Michael Schrefl

Inhaltsverzeichnis

Kapitel 1

Einleitung und Motivation

Informationssysteme haben in den letzten Jahren an Bedeutung gewonnen. Wurden sie früher fast ausschließlich im betriebswirtschaftlich administrativen Bereich eingesetzt, so sind sie heute auch aus dem technischen Anwendungsbereich (Computer Aided Design, Computer Integrated Manufacturing, um nur einige Schlagworte zu nennen) kaum wegzudenken. Informationssysteme sind datenintensive Softwaresysteme, d. h. sie stellen die Funktionalität zur Verwaltung und Manipulation großer Mengen von Daten zur Verfügung und bauen daher in der Regel auf einem Datenbanksystem auf. In diesem Sinne bauen Informationssysteme auch auf einem Beschreibungsmodell, traditionell auch Datenmodell genannt, auf, das es erlaubt, den jeweils abzubildenden Problembereich so realitätsnah wie möglich zu spezifizieren. Neue Anforderungen an diese Beschreibungsmodelle sind u.a. die Modellierung von komplex strukturierten Daten, wie sie vor allem in technischen Anwendungen anzutreffen sind, und die Modellierung von dynamischer Information zusätzlich zu und gemeinsam mit den statischen Datenstrukturen. Eine Antwort auf diese Anforderungen sind *objektorientierte Informationssysteme*, d. h. Informationssysteme basierend auf einem objektorientierten Beschreibungsmodell. Objektorientierte Beschreibungsmodelle erlauben einerseits die Modellierung von komplex strukturierten Daten mit Hilfe von Objekten, die selbst wieder aus Objekten zusammengesetzt sind, und andererseits unterstützen sie die gemeinsame Modellierung von statischer und dynamischer Information eben in Form von Objekten.

Mit dem richtigen Einsatz von objektorientierten Beschreibungsmodellen für die Entwicklung von Informationssystemen, d. h. mit der objektorientierten Modellierung von Informationssystemen beschäftigt sich dieses Buch. Dabei wird im Vergleich zu verwandten Arbeiten nicht nur eine konkrete objektorientierte Modellierungsmethode vorgestellt, sondern auch eine methodenunabhängige fundierte Einführung in das Fachgebiet gegeben. Das Buch behandelt speziell *drei Bereiche im Gebiet der objektorientierten Modellierung*: Konzepte, Darstellungsmittel und Methoden.

Konzepte. Dieser Bereich gibt eine Einführung in grundlegende objektorientierte Konzepte und in objektorientierte Modellierungskonzepte. Auf ersteren bauen objektorientierte Programmiersprachen, objektorientierte Datenbanken und die gesamte objektorientierte Softwareentwicklung gleichermaßen auf. Im Gegensatz dazu sind zweitere nicht in jeder konkreten Modellierungsmethode verankert. Ein berühmtes Beispiel dafür ist das Vererbungskonzept. Es existieren unterschiedliche Interpretationen, d. h. unterschiedliche Semantiken des Vererbungskonzeptes, die fälschlicherweise als äquivalente Konzepte in den unterschiedlichen Methoden miteinander verglichen werden. Die Aufarbeitung der Konzeptvielfalt im Bereich der objektorientierten Entwicklung ermöglicht es dem Leser, eine aufgabenspezifische Bewertung einer konkreten Methode durchzuführen.

Darstellungsmittel. Für jedes Konzept existieren eine Vielzahl von textuellen und/oder graphischen Repräsentationen in den jeweiligen Modellierungsmethoden. Für die Erklärung und das Arbeiten mit den unterschiedlichen Konzepten werden in der Literatur gut dokumentierte und gleichzeitig für den Benutzer intuitiv verständliche Darstellungsmittel vorgestellt. Dieser Bereich ist im Vergleich zu anderen Büchern über dieselbe Thematik bewußt „im Hintergrund gehalten“ – wichtig ist der konstruktive Umgang mit den unterschiedlichen Konzepten und Methoden, unabhängig davon, in welcher Notation die Lösungen repräsentiert werden.

Methoden. Mit dem Begriff Methoden sind in der Regel zwei Bedeutungen verbunden, die beide im Buch behandelt werden. Einerseits verbindet man mit diesem Begriff eine konkrete Methode, bestehend aus Konzepten, Darstellungsmitteln und Verfahrensschritten zur Lösung eines Problems. In unserem Fall werden objektorientierte Modellierungsmethoden vorgestellt. Andererseits stellt eine Methode eine bestimmte Technik zur Lösung eines Problems dar, und zwar unabhängig von konkreten Methoden. Diesem Bereich wird der meiste Raum in diesem Buch gegeben, nicht zuletzt deshalb, weil der Anspruch erhoben wird, fundierte Problemlösungsansätze unabhängig von konkreten Methoden vorzustellen. Die Bandbreite der diskutierten Methoden reicht von der vielfältigen Problematik der Vererbung bis zum Einsatz evaluativer Methoden zur Bewertung und Verbesserung der Qualität der entwickelten Informationssysteme.

Schließlich soll noch auf einen nicht unwesentlichen spin-off der objektorientierten Modellierung verwiesen werden. Die objektorientierte Modellierung umfaßt die aus der Softwaretechnik bekannten, traditionellen Phasen der objektorientierten Analyse (OOA) und des objektorientierten Entwurfs (OOE). Diese stellen zentrale Phasen im Entwicklungsprozeß von objektorientierten Informationssystemen dar. Dies deshalb, weil sie ausgehend von den Begriffen und Konzepten des Problembereichs eine Softwarearchitektur konstruieren helfen, die dem menschlichen Verständnis des Problemfeldes nahe ist. Dabei ist interessant zu bemerken, daß im wesentlichen dieselben Konzepte, Darstellungsmittel und Verfahrensschritte beim konzeptuellen und logischen Entwurf von objektorientierten Datenbankapplikationen eingesetzt werden. Das heißt, durch die

Verwendung des objektorientierten Paradigmas erfolgt unabhängig von einem späteren Datenbankeinsatz eine einheitliche Analyse des Problembereichs und eine schrittweise Überführung in der Entwurfsphase in den Lösungsbereich. Erst in der Entwurfsphase werden datenbankspezifische Entscheidungen getroffen. Diese Synergie von objektorientiertem Datenbankentwurf und objektorientierter Softwaretechnik bedeutet einerseits eine Steigerung der Produktivität und Effizienz – es müssen weniger Konzepte, Darstellungsmittel und Verfahrensschritte gelernt werden – und andererseits wird ein einheitliches und damit für den Benutzer und Kunden verständlicheres Entwicklungsszenario unterstützt.

1.1 Aufbau des Buches

Das Buch unterscheidet sich von verwandten Arbeiten nicht nur dadurch, daß es unabhängig von einer konkreten Methode aufgebaut ist, sondern es behandelt die einzelnen Problemstellungen auch weitestgehend in sich abgeschlossenen Kapiteln (siehe auch Leitfaden für das Lesen des Buches in Abb. 1.1). Daher kann es nicht nur als durchgängiges Lehrbuch sondern auch zum Nachlesen einzelner Kapitel verwendet werden. Jedes Kapitel wird nach einer kurzen Zusammenfassung mit Literaturhinweisen abgeschlossen, wo weiterführende Materialien und aktuelle Forschungsergebnisse vorgestellt werden. Es folgt ein genauer Überblick über den Aufbau der einzelnen Kapitel.

2 Grundlagen objektorientierter Informationssysteme. Im Kapitel 2 werden sowohl die elementaren Konzepte des objektorientierten Paradigmas, wie Objekt, Objektklasse, Objekttyp, Nachrichtenaustausch und Vererbung, vorgestellt, als auch die grundlegenden Konzepte der objektorientierten Modellierung diskutiert. Bei zweiteren wird zwischen den Konzepten zur Strukturmodellierung und solchen zur Verhaltensmodellierung unterschieden. Die Konzepte zur Strukturmodellierung umfassen alle, bereits aus der semantischen Datenmodellierung bekannten, strukturellen Beziehungen zwischen Objekten bzw. Objekttypen, wie z. B. die componentOf-Beziehung und die isA-Beziehung. Die Konzepte zur Verhaltensmodellierung ermöglichen die Strukturierung und Modularisierung des Verhaltens der einzelnen Objekte sowie des zu entwickelnden Gesamtsystems. Wichtige Konzepte dabei sind die uses-Beziehung zwischen Objekten, der Entwurf von Lebenszyklen als erlaubte Folgen von Operationen, die auf einem Objekt ausgeführt werden können, und die Bildung von Subsystemen aus einer Menge enggekoppelter Objekttypen, um nur einige zu nennen. Um der Vielschichtigkeit und Komplexität des Vererbungskonzeptes gerecht zu werden, werden die möglichen Interpretationen des Vererbungskonzeptes und ihr Einfluß auf die Modellierung sowohl im Teil über elementare Konzepte als auch im Teil über Modellierungskonzepte behandelt. Ein Streifzug durch objektorientierte Programmiersprachen und objektorientierte Datenbanksysteme rundet das Kapitel ab. Der Inhalt dieses Kapitels ermöglicht es dem Leser, die existierenden objektorientierten (Modellierungs-)methoden in ihren Konzepten zu verstehen und zu bewerten.

3 Objektorientierter Entwicklungsprozeß. Um die Vorteile objektorientierter Systementwicklung, nämlich langfristig den Produktions- und Wartungsaufwand zu verringern, wirklich umsetzen zu können, sind neue Lebenszyklusmodelle für die objektorientierte Entwicklung notwendig, die speziell auf die Aspekte der Wiederverwendung Rücksicht nehmen. Dabei ist zu beachten, daß sowohl eine objektorientierte Entwicklung basierend auf der Wiederverwendung existierender (Teil-)lösungen als auch die Entwicklung und Organisation dieser wiederverwendbaren Komponenten unterstützt werden muß. Trotz der bereits bestehenden Praxisrelevanz der objektorientierten Technologie existieren noch keine Standardmodelle auf diesem Gebiet, im speziellen was die Einbindung der Wiederverwendung betrifft. Im Kapitel 3 wird ein Lebenszyklusmodell sowie darauf basierende Verfahrensschritte und Richtlinien zur objektorientierten Systementwicklung unter Einbeziehung von Wiederverwendung vorgestellt. Abhängig von den vorhandenen, wiederverwendbaren Komponenten erstreckt sich die Wiederverwendung über alle Phasen der Systementwicklung. Der Leser wird in die Lage versetzt, die technischen und organisatorischen Auswirkungen eines objektorientierten Entwicklungsprozesses basierend auf Wiederverwendung für seinen eigenen Bereich zu bewerten, um die dadurch notwendigen Entscheidungen treffen zu können. Ein interessanter Teilaspekt, der in diesem Zusammenhang behandelt wird, ist der Übergang von traditionell strukturierten zu objektorientierten Methoden. Es wird gezeigt, daß ein evolutionärer, d. h. schrittweiser Übergang von modernen strukturierten Ansätzen zu objektorientierten Ansätzen unter Einbeziehung des vorhandenen Fachwissens der traditionell ausgebildeten Entwickler möglich ist.

4 Objekt/Verhaltensdiagramme. Im Kapitel 4 wird die objektorientierte, graphische Spezifikationssprache Objekt/Verhaltensdiagramme vorgestellt. Objekt/Verhaltensdiagramme waren ursprünglich, in Analogie zu Entity/Relationship-Diagrammen, für den konzeptuellen Entwurf von objektorientierten Datenbanksystemen von den Autoren entwickelt worden. Doch auch hier kann die eingangs erwähnte Synergie ausgenützt werden – Objekt/Verhaltensdiagramme sind generell für die objektorientierte Modellierung von Informationssystemen einsetzbar. Das zugrundeliegende Modell verbindet objektorientierte Konzepte und solche der semantischen Datenmodellierung und der objektorientierten Softwaretechnik. Objekt/Verhaltensdiagramme bieten eine einheitliche graphische Notation zur Beschreibung einer Menge interagierender Objekttypen, die den zu modellierenden Ausschnitt der Realität repräsentieren. Objekt/Verhaltensdiagramme sind unabhängig von einer konkreten objektorientierten Sprache oder objektorientierten Datenbank und ermöglichen die Modellierung von Objekttypen auf einem, für Entwerfer und Benutzer gleichermaßen verständlichen Abstraktionsniveau. Ein Objekttyp legt Struktur und Verhalten einer Menge von Objekten, die als Instanzen dieses Typs erzeugt worden sind, und deren Interaktion mit anderen Objekten fest. Die Struktur eines Objekttyps wird in einem Objektdiagramm beschrieben, das Verhalten sowie mögliche Interaktionen in einem Verhaltensdiagramm. Richtlinien zum Verhaltensentwurf umfassen einen strukturierten Top-down Entwurf des Basisverhaltens eines Objekttyps, die Spezifikation der Schnittstelle und der Realisierung jeder Aktivität des Basisverhaltens, die Spezifikation der Ausführungsabhängigkeiten zwischen verschiedenen Aktivitäten unterschiedlicher Objekttypen, und die Modellierung von zusammengesetztem Verhalten, abgeleitet aus dem Basisverhalten, zur Erfüllung von benutzerspezifischen Anforderungen.

Die folgenden Kapitel sind einigen bei der objektorientierten Systementwicklung auftretenden Problemen und Fragestellungen gewidmet, die in dieser Ausführlichkeit bisher kaum bis unzureichend in der Literatur behandelt wurden. Die praktische Relevanz dieser Probleme ist den Autoren u.a. auch durch ihre Mitarbeit in industriellen Softwareprojekten bewußt und offensichtlich geworden.

5 Vererbung mit Objekt/Verhaltensdiagrammen. Als integratives Entwurfskonzept wird die Vererbung von Objekt/Verhaltensdiagrammen im Kapitel 5 behandelt. Während die Vererbung von Strukturinformation zum Standardrepertoire jeder objektorientierten Modellierungsmethode gehört, ist die Vererbung von Verhaltensinformation, im konkreten die Vererbung von Lebenszyklusdiagrammen, die die erlaubte Ausführungsfolge von Operationen auf Objekten eines Objekttyps festlegen, bisher, wenn überhaupt, nur in Forschungsartikeln untersucht worden. Doch gerade die Vererbung und in weiterer Folge die Erweiterung und Spezialisierung von Lebenszyklusdiagrammen ist ein immer wieder auftretendes Problem. Im Kapitel 5 wird u.a. eine mögliche Lösung dieses Problems vorgestellt.

6 Lokale referentielle Integrität. Im Kapitel 6 wird eine für die objektorientierte Modellierung wichtige Integritätsbedingung, die lokale referentielle Integrität, diskutiert. Diese erweitert die bekannte Integritätsbedingung der referentiellen Integrität für zusammengesetzte Objekte. Lokale referentielle Integrität stellt nicht nur sicher, daß jedes referenzierte Objekt auch tatsächlich existiert (= referentielle Integrität), sondern auch, daß es zum selben zusammengesetzten Objekt wie das referenzierende Objekt gehört. Lokale referentielle Integrität stellt zum Beispiel sicher, daß Mitarbeiter einer Produktionsabteilung ausschließlich für die Arbeit an Maschinen derselben Produktionsabteilung eingeteilt werden. Diese Integritätsbedingung wird am Beispiel von Objekt/Verhaltensdiagrammen vorgestellt, ihre praktische Relevanz und Anwendungsmöglichkeit ist jedoch unabhängig von diesen.

7 Mehrfach polymorphe Operationen. Das objektorientierte Paradigma ist durch die ausschließliche Konzentration auf das Konzept des Objektes gekennzeichnet. Dies hat einerseits den Vorteil einer einheitlichen Darstellungsform, bringt aber andererseits den Nachteil eines sehr starren und nicht immer intuitiv verständlichen Modellierungsansatzes mit sich. Dazu gehört die Modellierung von Operationen, an denen mehrere Objekte gleichberechtigt beteiligt sind und deren Ausführung von diesen Objekten beeinflußt wird. Diese Operationen werden auch mehrfach polymorph genannt, weil der auszuführende Code von mehreren Objekttypen abhängig ist. Ein Beispiel ist die Berechnung des Gesamtpreises eines Produktes. Die Berechnungsvorschrift ist sowohl vom jeweiligen Produkt als auch von der Lieferanschrift des Kunden abhängig.

In traditionellen objektorientierten Systemen müssen solche Operationen eher willkürlich genau einem Objekt bzw. einem Objekttyp zugewiesen werden. Im Kapitel 7 wird eine symmetrische Lösung zur Modellierung von mehrfach polymorphen Operationen in Form von Kooperationsverträgen vorgeschlagen, die das Zusammenwirken mehrerer Objekttypen beschreiben. Dabei werden dem Leser auch die Vor- und Nachteile herkömmlicher Modellierungsalternativen nähergebracht.

8 Kopplung und Kohäsion. Ein bisher bei der objektorientierten Entwicklung noch wenig beachtetes Problem ist das der sehr schnell ansteigenden Komplexität von objektorientierten Systemen bei gleichzeitigem Fehlen von evaluativen Methoden zur Bewertung und Verbesserung der Qualität des entwickelten Systems. Im Kapitel 8 werden die aus der strukturierten Entwicklung bekannten Konzepte der Kopplung und Kohäsion zur Bewertung der Qualität von Software für die objektorientierte Entwicklung angepaßt und erweitert. Dabei beschreibt Kopplung den Grad der Abhängigkeiten zwischen den einzelnen Operationen und Objekttypen, und Kohäsion den Grad des Zusammenhalts innerhalb einer Operation bzw. eines Objekttyps. Anzustrebendes Qualitätsziel ist eine minimale Kopplung bei maximaler Kohäsion. Zusätzlich werden Richtlinien für die Verbesserung der Kopplung und Kohäsion vorgestellt, die den Leser in die Lage versetzen, die in diesem Kapitel erarbeitete Theorie problemadäquat umzusetzen.

Ein kurzer Ausblick auf weitere Entwicklungen, ein aktueller Überblick über objektorientierte Methoden, ein Glossar der wichtigsten Begriffe und ein ausführliches Literaturverzeichnis schließen das Buch ab. Abbildung 1.1 gibt einen *Leitfaden für das Lesen des Buches* wieder, in dem die Abhängigkeiten zwischen den einzelnen Kapiteln verdeutlicht werden. Kapitel 2, im speziellen Unterkapitel 2.1, kann bei vorhandenem Wissen über objektorientierte Basiskonzepte „überflogen" werden.

1.2 Benutzte Notation und stilistische Konventionen

Alle Beispiele in einer Spezifikations- oder Programmiersprache werden wie bei read_x () returns Real im small sans serif Font geschrieben.

Beispiele, Definitionen und Abbildungen werden kapitelweise durchnumeriert. Beispiele werden durch das Symbol □ und Definitionen durch das Symbol ◇ am rechten Rand abgeschlossen. Um die Lesbarkeit des Buches zu erhöhen, sind die Erläuterungen in den Kapiteln bewußt informal aufgebaut. Alle formalen Definitionen sind im Anhang B zusammengefaßt.

Das Buch selbst ist in *Kapitel*, z. B. „ 2 Grundlagen objektorientierter Informationssysteme", gegliedert. Jedes Kapitel besteht aus *Unterkapiteln*, z. B. „ 2.1 Elementare Konzepte objektorientierter Systeme", und diese wiederum aus *Abschnitten*, z. B. „ 2.2.1 Konzepte zur Strukturmodellierung".

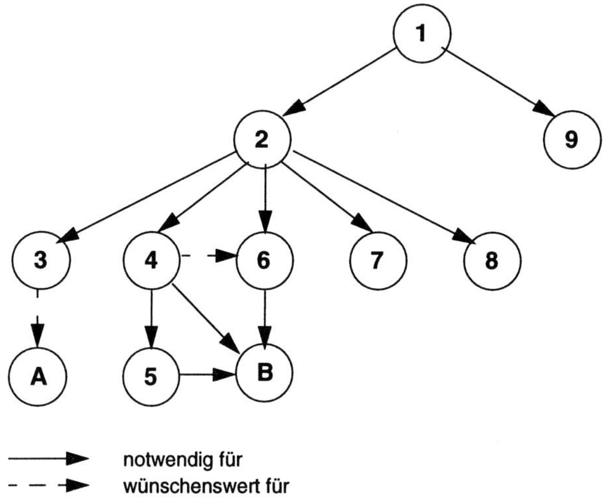

Abbildung 1.1 Leitfaden für das Lesen des Buches

Es wird versucht, deutsche Fachausdrücke anstatt der oft geläufigeren englischen Pendants zu benutzen. Wo dies nicht möglich ist, wird auf eine Deklination der englischen Fachausdrücke verzichtet.

1.3 Begleitende Beispiele

Die Beispiele sollen möglichst problemadäquat die Intention der jeweiligen Kapitel widerspiegeln. Da die Kapitel weitestgehend voneinander unabhängig aufgebaut sind, werden auch unterschiedliche Beispiele zur Illustration der in den Kapiteln behandelten Probleme und Lösungen eingesetzt.

Für die Erklärung von objektorientierten Konzepten (Kapitel 2), für die Einführung in Objekt/Verhaltensdiagramme und Vererbung derselben (Kapitel 4 und 5) und für die Diskussion der lokalen referentiellen Integrität (Kapitel 6) wird als Beispiel ein Zimmerreservierungssystem verwendet. Dieses Beispiel wurde als Referenzbeispiel zur Modellierung von Informationssystemen von der IFIP Working Group 8.1 in [187] vorgeschlagen. Aufgabe eines Zimmerreservierungssystems ist die Verwaltung der Vergabe, der Stornierung und der Benützung von Zimmern in verschiedenen Hotels. Ein Beispiel mit ähnlichen Anforderungen, nämlich ein Fahrzeugreservierungssystem, wird in Kapitel 3 verwendet. Dadurch wird es möglich, Gemeinsamkeiten unterschiedlicher Problemstellungen für den Leser offensichtlich zu machen, und den Aufbau von wiederverwendbaren Komponenten zu motivieren. In Kapitel 7 schließlich wird die Preispolitik eines Handelsunternehmens zur Demonstration von mehrfach polymorphen Operationen herangezogen. Kapitel 8 baut auf sehr vielen, kleinen und unterschiedlichen Beispielen auf, um die verschiedenen Kopplungs- und Kohäsionsgrade offensichtlich zu machen.

Kapitel 2

Grundlagen objektorientierter Informationssysteme

In diesem Kapitel werden die für das Verständnis des vorliegenden Buches erforderlichen Konzepte eingeführt. Das erste Unterkapitel behandelt die elementaren Konzepte der Objektorientierung, während das zweite Unterkapitel die speziellen Konzepte der objektorientierten Modellierung beschreibt.

Die einzelnen Konzepte werden jeweils an einem Beispiel erläutert. Alle Beispiele behandeln ein Informationssystem zur Verwaltung von Hotelreservierungen in verschiedenen Skigebieten. Da die angegebenen Beispiele nur einen Ausschnitt eines solchen Systems modellieren, wird an dieser Stelle auf eine ausführliche Anforderungsspezifikation verzichtet. Stattdessen sind die Beispiele so gewählt, daß die Bedeutung der dargestellten Konzepte ohne eine genaue Kenntnis des Kontexts möglich ist.

Für das rasche Nachschlagen sind die wesentlichen Begriffe in Form eines Glossars im Anhang C nochmals kurz erläutert.

2.1 Elementare Konzepte objektorientierter Systeme

In diesem Kapitel werden die grundlegenden Konzepte des objektorientierten Paradigmas vorgestellt.[1] Sie wurden zuerst in objektorientierten Programmiersprachen, wie z. B. Smalltalk [88], C++ [75] und Eiffel [169], umgesetzt, sind aber generell bei der objektorientierten Systementwicklung von Bedeutung.

[1] Um die Verständlichkeit im Hinblick auf die mehrheitlich englische Literatur zu erhöhen, wird beim erstmaligen Auftreten eines Begriffes die englische Bezeichnung in Klammer angegeben.

Obwohl es nicht *die* Definition für Objektorientierung gibt, wird derzeit als Minimalanforderung an ein objektorientiertes System akzeptiert, daß es Objekte, Objekttypen und Vererbung zwischen Objekttypen unterstützt [251]. Weitere Konzepte, auf die im folgenden näher eingegangen wird, sind Objektidentität, Instanzvariablen, Operationen, Objektklassen, Typisierung, Kapselung, Information Hiding, Nachrichtenaustausch, Polymorphismus, Überladen, dynamisches Binden und generische Objekttypen.

Objekt (*object*)

Ein objektorientiertes System besteht aus einer Menge miteinander kommunizierender Objekte. Ein Objekt ist die kleinste Einheit in einem objektorientierten System. Ein Objekt hat eine sichtbare Schnittstelle und eine unsichtbare Implementierung. Die *sichtbare Schnittstelle* besteht aus den Spezifikationen einer Menge von Operationen (*public operations*), die von anderen Objekten aufgerufen werden können. Die *unsichtbare Implementierung* eines Objektes besteht aus einem konkreten Zustand, repräsentiert durch die Werte der Instanzvariablen (*instance variables*) des Objektes, den Spezifikationen einer Menge von außerhalb des Objektes nicht sichtbaren Operationen (*private operations*), die von anderen Objekten nicht aufgerufen werden können, und der Implementierung aller Operationen des Objektes.

Die Menge aller Instanzvariablen eines Objektes wird auch als die Struktur (*structure*) des Objektes bezeichnet. Die Menge aller Operationen eines Objektes wird auch als das Verhalten (*behavior*) des Objektes bezeichnet. Eine Operation wird durch das Senden einer Nachricht (*message*) an ein Objekt aktiviert und auf eben diesem Objekt ausgeführt. Objekte gleicher Art werden zu Objekttypen zusammengefaßt. Jedes Objekt ist Instanz (*instance*) genau eines Objekttyps. Im folgenden werden die Phrasen „Objekt eines Typs“ und „Instanz eines Typs“ synonym verwendet.

Beispiel 2.1 Ein Objekt im Hotelreservierungssystem ist das Zimmer 4 des Hotels „Zum grünen Baum“ in Seefeld / Tirol. Dieses Zimmer ist Instanz des Objekttyps ZIMMER und eindeutig identifizierbar, d. h. es unterscheidet sich vom Zimmer 5 des gleichen Hotels und vom Zimmer 4 eines anderen Hotels.[2] Die Boolesche Operation belegt? ist Teil der sichtbaren Schnittstelle, die eine nicht sichtbare Implementierung hat, die die Instanzvariable belegt liest. □

Objektidentität (*object identity*)

Jedes Objekt ist durch eine systemweit eindeutige Identität, auch Objektidentifikator (*object identifier*) genannt, ausgezeichnet und somit eindeutig von anderen Objekten unterscheidbar [132]. Die Identität eines Objektes bestimmt

[2] In den folgenden Beispielen werden Namen von OBJEKTTYPEN mit Großbuchstaben im small sans serif Font geschrieben. Beispielhafte Objekte eines Objekttyps tragen den Namen des Objekttyps und werden im selben Font mit großem Anfangsbuchstaben und Kleinbuchstaben bezeichnet.

eindeutig die Struktur und das Verhalten eines Objektes, ist jedoch unabhängig vom Zustand des Objektes. Während die Identität eines Objektes nicht änderbar ist, ist der Zustand eines Objektes änderbar. Objekte können mittels ihrer Identität „angesprochen“ werden, d. h. es können mehrere Referenzen auf dasselbe Objekt existieren.

Daraus resultiert die Unterscheidung zwischen Objektgleichheit (*object equality*) — unterschiedliche Objekte mit gleicher Ausprägung des internen Zustandes — und Objektidentität (*object identity*) – ein und dasselbe Objekt betreffend. Manche Systeme bieten verschiedene Operatoren an, um auf Gleichheit bzw. Identität von Objekten zu überprüfen. Ferner unterscheidet man zwischen seichter und tiefer Kopie (*shallow copy, deep copy*) eines Objektes i von einem Objekt i'. Die Objekte i und i' haben verschiedene Identitäten. Wird i als seichte Kopie von i' erzeugt, so haben die Instanzvariablen von i und i' dieselben Werte, d. h. sie zeigen auf dieselben Objekte bzw. haben dieselben Datenwerte. Wird i als tiefe Kopie von i' erzeugt, so wird für jedes Objekt i'', das von einer Instanzvariable von i' referenziert wird, ein neues Objekt i''' als tiefe Kopie von i'' erzeugt und die entsprechende Instanzvariable von i zeigt auf i'''.

Objekttyp (*object type*)

Ein Objekttyp, auch kurz Typ (*type*) genannt, ist die Beschreibung der Struktur und des Verhaltens der als Instanzen dieses Typs erzeugten Objekte. Die Beschreibung legt die sichtbare Schnittstelle (= die Spezifikation der Operationen) und die unsichtbare Implementierung (= Instanzvariablen, private Operationen und Implementierung aller Operationen) der Instanzen des Objekttyps fest.

Es können beliebig viele Instanzen eines Typs erzeugt werden. Jede Instanz besitzt eine private Kopie der Instanzvariablen mit Werten. Die Operationen sind hingegen einmal beim Typ spezifiziert und implementiert und werden von allen Instanzen geteilt.

In vielen objektorientierten Systemen wird zwischen Datentypen und Objekttypen unterschieden. Während die Werte von Datentypen „reine“ Datenwerte mit keiner eindeutigen Identität sind, so sind die Werte von Objekttypen Objekte mit einer eindeutigen Identität. Weiters wird bei Datentypen ausschließlich die Struktur der Datenwerte festgelegt, während bei Objekttypen sowohl Struktur als auch Verhalten der Objekte spezifiziert wird. Bei Datentypen wird zwischen *atomaren Datentypen* und *zusammengesetzten Datentypen* unterschieden. Erstere sind im Programmsystem vordefiniert, wie z. B. Integer und Boolean, und zweitere werden mit Hilfe von vordefinierten Typkonstruktoren, wie z. B. setOf und arrayOf, erzeugt. Die Operationen auf diesen Datentypen sind im System vordefiniert, wie z. B. die mathematischen Funktionen +, -, * und ganzzahlige Division für Integer. Objekttypen können ebenfalls im System vordefiniert oder vom Benutzer definiert sein.

Das Konzept des Objekttyps leitet sich vom seit Anfang der 70er Jahre bekannten Konzept des Abstrakten Datentyps (ADT, *abstract data type*) ab [151]. Ein Abstrakter Datentyp legt eine unsichtbare Datenstruktur und darauf zugreifende sichtbare Operationen fest. Ein Objekttyp unterscheidet sich dahingehend von einem Abstrakten Datentyp, daß zusätzlich das Konzept der Vererbung zur Spezifikation eines Objekttyps verwendet werden kann.

Beispiel 2.2 Der Typ des o.a. Zimmers ist der Typ ZIMMER. Dieser Typ spezifiziert die Menge der Instanzvariablen, bestehend aus Name und Wertebereich ({AnzBetten: Integer, belegt: Boolean, ...}), die Menge der sichtbaren Operationen (z. B. belegt? (datum : DATUM) returns Boolean), die Menge der privaten Operationen und die Implementierung aller Operationen. □

Instanzvariable (*instance variable*)

Instanzvariablen beschreiben den konkreten Zustand eines Objektes. Jede Instanzvariable hat einen Namen und einen Wertebereich, der die möglichen Werte der Instanzvariablen festlegt. Als Wertebereich kann, abhängig vom zugrundeliegenden objektorientierten System, ein Objekttyp oder ein Datentyp spezifiziert werden.

Welche Instanzvariablen ein Objekt besitzt und welchen Typ deren Werte haben, wird für alle Objekte eines Objekttyps bei der Beschreibung des Typs spezifiziert. Jedes Objekt besitzt jedoch eine eigene Kopie der Instanzvariablen, deren Werte seinen konkreten Zustand repräsentieren.

In manchen objektorientierten Systemen wird auch zwischen privaten und öffentlichen Instanzvariablen unterschieden. Eine private Instanzvariable ist nur von Operationen des Objektes selbst zugreifbar. Eine öffentliche Instanzvariable ist auch von Operationen anderer Objekte des gleichen oder eines anderen Typs zugreifbar. Um jedoch das Prinzip des Information Hiding zu unterstützen, sollten alle Instanzvariablen eines Objektes nur von Operationen desselben Objektes zugreifbar sein.

Beispiel 2.3 Eine Instanzvariable eines Zimmers ist die Variable belegt, die einen Booleschen Wert enthält. Dieser Wert gibt an, ob das Zimmer im Moment belegt ist oder nicht. □

Operation (*operation*)

Eine Operation (*operation*; auch Methode, *method*, genannt) ist eine Prozedur oder Funktion, die ein bestimmtes Verhalten eines Objektes festlegt. Wird eine Operation über einem Objekt aufgerufen, so wird sie von diesem Objekt gemäß der Definition der Operation in seinem Objekttyp ausgeführt. Die Definition einer Operation besteht aus einer sichtbaren Spezifikation und einer unsichtbaren Implementierung.

Die Spezifikation einer Operation umfaßt die Signatur einer Operation und — optional — Vor- und Nachbedingungen sowie invariante Integritätsbedingungen. Die Signatur (*signature*) einer Operation besteht aus dem Namen der Operation, den Namen und Wertebereichen der Eingabeparameter und dem

Wertebereich des Rückgabewertes. Vor- und Nachbedingungen sowie invariante Bedingungen spezifizieren eine Vereinbarung zwischen dem Klienten (aufrufendes Objekt) und dem Anbieter (aufgerufenes Objekt) der Operation. Die Vorbedingung muß immer erfüllt sein, wenn die Operation aktiviert wird. Die Vorbedingung ist eine Obligation des Klienten gegenüber dem Anbieter der Operation. Nach erfolgreicher Beendigung der Operation ist die Nachbedingung erfüllt. Die Nachbedingung ist eine Obligation des Anbieters gegenüber dem Klienten. Die invarianten Bedingungen werden auf der Ebene des Objekttyps spezifiziert und müssen immer, d. h. vor und nach Ausführung jeder Operation, erfüllt sein.

Die Implementierung einer Operation kann während der Ausführung lesend und/oder schreibend auf die Instanzvariablen des ausführenden Objektes zugreifen und weitere Operationen auf demselben Objekt oder auf anderen Objekten aufrufen. Hieraus folgt, daß dieselbe Operation mit denselben Eingabeparametern verschiedene Rückgabewerte liefern kann, wenn sie von zwei unterschiedlichen Objekten oder demselben Objekt zu verschiedenen Zeitpunkten (in verschiedenen Zuständen) ausgeführt wird.

Beispiel 2.4 Ein Beispiel für eine Operation, die ein Zimmer anbietet, ist die o. a. Operation belegt? (datum : DATUM) returns Boolean, die für ein bestimmtes Datum einen Booleschen Wert liefert, der angibt, ob das Zimmer an diesem Termin belegt oder frei ist. □

Objektklasse (*object class*)

Der Begriff der Objektklasse, auch Klasse (*class*) genannt, hat unterschiedliche Bedeutungen in der Literatur. Da dies sehr oft zu Mißverständnissen führt, werden diese im folgenden vorgestellt.

Eine Interpretation verwendet den *Begriff der Objektklasse synonym zum Begriff des Objekttyps.* D. h., eine Objektklasse beschreibt Struktur und Verhalten einer Menge von Objekten, und zwar Schnittstelle und Implementierung. Vor allem objektorientierte Programmiersprachen, wie C++ [75], Smalltalk [88] und Eiffel [169], verwenden die Begriffe Klasse und Typ synonym.

Eine zweite Interpretation unterscheidet zwischen Objekttyp zur Spezifikation des Verhaltens und *Objektklasse zur Implementierung eines Objekttyps.* Der Vorteil dieser Sichtweise liegt darin, daß für einen Objekttyp mehrere Objektklassen existieren können, die u. a. sich gegenseitig ausschließende Implementierungsstrategien anbieten. Es existieren einige Forschungsprototypen, die auf dieser Interpretation aufbauen, wie POOL-I [9] und Portlandish [197]. Aber auch der von der ODMG vorgestellte Standard für ein objektorientiertes Datenmodell baut auf dieser Interpretation auf [45].

Die genannten zwei Interpretationen geben vor allem die Sichtweise der objektorientierten Programmiersprachen wieder. Im Gegensatz dazu wird im Bereich der objektorientierten Datenbankforschung die *Objektklasse zur Extensionsverwaltung (object warehouse)* benutzt [265]. Diese Interpretation spiegelt vor allem die datenbankorientierte Sichtweise wider. Die Extension einer Objektklasse ist eine Menge von Objekten, die auch als Elemente (*element*) der Klasse bezeichnet werden. Jede Klasse besitzt einen Elementtyp (*element type*), auch Instanztyp genannt. Die Elemente einer Klasse sind Instanzen des Elementtyps der Klasse oder Instanzen von direkten oder indirekten Subtypen davon (Subtypen werden im Teil über Vererbung behandelt). Zu jedem Objekttyp kann eine Menge von Objektklassen existieren, und Objekte können einer oder mehreren Klassen als Elemente zugeordnet sein. Zusätzlich zum Elementtyp kann einer Klasse auch ein Klassentyp (*class type*) zugeordnet werden, der die Struktur und das Verhalten der Klasse als Objekt beschreibt.

Beispiel 2.5 Für den Objekttyp ZIMMER existieren zwei Objektklassen mit disjunkten Mengen von Objekten, nämlich Ein-Bett-Zimmer und Mehr-Bett-Zimmer. Das o.a. Objekt Zimmer 4 ist Element der Klasse Ein-Bett-Zimmer. Der Elementtyp dieser Klasse, ZIMMER, spezifiziert die sichtbare Schnittstelle und die unsichtbare Implementierung aller Zimmerobjekte. Der Klassentyp dieser Klasse beschreibt Eigenschaften der Menge aller Einbettzimmer, wie z. B. Zimmeranzahl und Durchschnittspreis. □

In objektorientierten Sprachen, bei denen die Frage der Verwaltung von Objekten nicht im Vordergrund steht, wird (noch) keine automatische Extensionsverwaltung durchgeführt. (Dies ist zur Zeit leider auch bei objektorientierten Datenbanksystemen, die aus objektorientierten Programmiersprachen entstanden sind, oft nicht der Fall, sodaß die Extensionen von Klassen vom Benutzer selbst verwaltet werden müssen.) Wie verhalten sich aber objektorientierte Sprachen zu den Begriffen Elementtyp und Klassentyp?

Wie bereits erwähnt, verwenden die bekannten objektorientierten Sprachen den Begriff der Klasse synonym zum Begriff des Typs. Was nun die Begriffe Elementtyp und Klassentyp betrifft, so wird in den meisten objektorientierten Sprachen Klassentyp und Elementtyp einer Klasse nicht explizit angeführt. Jedoch sind diese implizit in vielen Sprachen (z. B. C++, Smalltalk) versteckt, indem in der Klassenbeschreibung zwischen *Instanzvariablen* und *(Instanz)operationen* einerseits und *Klassenvariablen* und *Klassenoperationen* andererseits unterschieden wird. Die ersteren beschreiben den Elementtyp, die letzteren den Klassentyp einer Klasse. Klassenvariablen beschreiben Eigenschaften, die die Klasse als Ganzes betreffen. Klassenoperationen beschreiben das Verhalten der Klasse als Objekt betrachtet. Jede Klasse, mit Ausnahme von abstrakten Klassen (bzw. abstrakten Typen, s. u.), bietet eine Klassenoperation zum Erzeugen von Objekten an (diese Eigenschaft von Klassen wird auch als *object factory* bezeichnet). Diese Operation kann sinnvollerweise nicht als Operation einer Instanz modelliert werden, da die zu erzeugende Instanz beim Aufruf der Operation noch nicht existiert.

Beispiel 2.6 Die Klasse HOTELANGESTELLTE kennt die Klassenvariable minimalbedingungen, die einen Verweis auf ein Objekt der Klasse TARIFVERTRAG enthält.

Im Hotelreservierungssystem existiert weiters eine Klasse VERFUEGBARKEIT, deren Instanzen jeweils einen Zeitraum und ein Zimmer beschreiben, wobei das Zimmer für den betreffenden Zeitraum verfügbar ist, also vergeben, bzw. reserviert werden kann. Da keine automatische Extensionsverwaltung erfolgt, wird die Menge aller Instanzen in der Klassenvariable extent verwaltet. Die Operation istVerfuegbar (kategorie : ZIMMERKATEGORIE, von : DATUM, bis : DATUM) returns Boolean liefert für einen Zeitraum und eine gewünschte Zimmerkategorie die Information, ob ein passendes Zimmer vermittelt werden kann. Da diese Operation die Menge aller Verfügbarkeiten, d. h. alle Instanzen der Klasse VERFUEGBARKEIT, durchsuchen muß, ist sie eine Klassenoperation. □

Werden Klassen bzw. Typen als Objekte betrachtet, so sind diese Instanzen von Metaklassen bzw. Metatypen (*metaclass, metatype*), deren Elementtyp den Klassentyp ihrer Instanzen beschreibt (siehe auch weiter unten über generische Objekttypen). In Smalltalk, zum Beispiel, existiert zu jeder Klasse genau eine Metaklasse, die die Klassenvariablen und Klassenoperationen (in Smalltalk Klassenmethoden genannt) der Klasse beschreibt. Während in Smalltalk zu einer Klasse genau eine Metaklasse und umgekehrt zu einer Metaklasse genau eine Klasse existiert, erlauben neuere Systeme, wie z. B. TELOS [178] und VODAK [139], die Zuordnung mehrerer Klassen zu einer Metaklasse. Das Verhalten einer Metaklasse wiederum wird in einer Meta-Metaklasse beschrieben, und das Verhalten einer Meta-Metaklasse in einer Meta-Meta-Metaklasse, und so fort. Die meisten objektorientierten Systeme, wie z. B. Smalltalk, gehen aber davon aus, daß die Klasse einer Metaklasse, d. h. die Meta-Metaklasse, die Metaklasse selbst ist, womit einer wachsenden Hierarchie von Klassen–Metaklassen–Beziehungen entgegengewirkt wird.

Um Mißverständnisse, welche Interpretation von Klasse nun eigentlich gemeint ist, zu vermeiden, wird im Rest des Buches der Begriff des Objekttyps zur Beschreibung von Struktur und Verhalten einer Menge von Objekten verwendet. Wird der Begriff der Objektklasse dennoch benutzt, dann nur unter Angabe der jeweils zugrundeliegenden Interpretation.

Vererbung (*inheritance*)

Vererbung ist ein Mechanismus, der es erlaubt, neue Objekttypen genannt Subtypen (*subtype*) aus bestehenden Objekttypen genannt Supertypen (*supertype*) zu definieren.

Ein Subtyp erbt sowohl die Instanz- und Klassenvariablen als auch die Instanz- und Klassenoperationen des Supertyps. (Wenn im folgenden von Variablen und Operationen die Rede ist, so sind abhängig vom Kontext Instanz- und/oder Klassenvariablen sowie Instanz- und/oder Klassenoperationen gemeint.) Eine Instanz des Subtyps besitzt demnach Ausprägungen, d. h. Werte, für direkt beim Subtyp definierte Variablen als auch für die beim Supertyp definierten Variablen. Über einer Instanz des Subtyps können direkt beim Subtyp definierte Operationen als auch vom Supertyp geerbte Operationen ausgeführt werden.

Jede Instanz eines Subtyps ist *indirekte Instanz* aller Objekttypen, von denen der Subtyp erbt. Man sagt auch, ein Objekt ist *Mitglied* eines Objekttyps, wenn es (direkte) Instanz oder indirekte Instanz des Objekttyps ist.

Man unterscheidet Einfachvererbung und Mehrfachvererbung, abhängig davon, ob ein Objekttyp höchstens einen oder mehrere Supertypen haben kann. Aufgrund der Transitivität der Vererbungsbeziehung wird eine Vererbungshierarchie im Fall von Einfachvererbung bzw. ein Vererbungsgraph im Fall von Mehrfachvererbung aufgebaut.

Die Vererbung ist eines der wesentlichen Konzepte der objektorientierten Systementwicklung. Die Vorteile der Vererbung sind u. a.

- die Unterstützung der *Wiederverwendung*, d. h. die Struktur und das Verhalten eines Objekttyps sind in seinen Subtypen (wieder-)verwendbar,
- die Förderung einer *inkrementellen Typkonstruktion*, d. h. eine schrittweise Spezialisierung von allgemeinen Typbeschreibungen zu speziellen Typbeschreibungen ist möglich, und
- die Unterstützung der *Modellierung von Anwendungswissen*, d. h. das darzustellende Wissen wird klassifiziert. Vererbung ist damit ein wesentliches Konzept in der Wissensrepräsentation.

Ein Nachteil der Vererbung ist aber, daß das Konzept mit unterschiedlicher und oft nicht eindeutig definierter Semantik in objektorientierten Sprachen und objektorientierten Datenbanken verwendet wird.

Um die unterschiedlichen Vererbungsarten einzuteilen, klassifizieren wir diese nach 3 Dimensionen:

1. nach der Möglichkeit, geerbte Variablen und Operationen in Subtypen zu redefinieren
2. nach der beschreibungsorientierten vs. mengenorientierten Sicht
3. nach der Einfach- vs. Mehrfachinstanziierung

1. Redefinition geerbter Variablen und Operationen. Geerbte Variablen und Operationen können in Subtypen in verschiedener Hinsicht redefiniert werden. Nach der Art der Redefinition unterscheidet man Implementierungsvererbung, Spezifikationsvererbung und Spezialisierungsvererbung [144, 208, 252, 253, 265, 266]. In allen Vererbungsarten können bei einem Subtyp neue Operationen und neue Variablen hinzugefügt werden und für geerbte Operationen neue Implementierungen angegeben werden. Letzteres Konzept wird als *Überschreiben (overriding)* von Operationen bezeichnet. Die Vererbungsarten unterscheiden sich vor allem darin, inwieweit die Schnittstellen geerbter Operationen und der Wertebereich geerbter Variablen modifiziert werden dürfen.

Bei der *Implementierungsvererbung (implementation inheritance)* sind der Modifikation geerbter Operationen und Variablen keine Schranken gesetzt. Auch

Löschen geerbter Operationen und Variablen ist erlaubt. Die Bedeutung der Implementierungsvererbung liegt in der Code-Wiederverwendung.

Bei der *Spezifikationsvererbung (specification inheritance)* dürfen geerbte Operationen und Variablen nur dahingehend verändert werden, daß ein typkompatibles Verhalten des Subtyps bezüglich des Supertyps sicher gewährleistet ist.[3] Ein Typ S ist *typkompatibel* zu einem Typ T, falls an jeder Stelle, an der eine Instanz von T erwartet wird, eine Instanz von S verwendet werden kann, ohne daß ein Typfehler zur Laufzeit auftritt (*Prinzip der Substituierbarkeit* [211, 252]). Typkompatibles Verhalten ist sicher gewährleistet, falls

- beim Subtyp keine geerbten Variablen und Operationen gelöscht werden,
- die Wertebereiche geerbter Variablen nicht modifiziert werden,
- im Falle der Redefinition eines Eingabeparameters einer Operation der Wertebereich auf einen direkten oder indirekten Supertyp des ursprünglich angegebenen Typs erweitert wird und
- im Falle der Redefinition des Rückgabeparameters einer Operation dessen Wertebereich auf einen direkten oder indirekten Subtyp des ursprünglich angegebenen Typs eingeschränkt wird.

Diese Änderungsregel wird auch *Kontravarianzregel* genannt. Kontravariante Vererbung erlaubt immer eine vollständige statische Typüberprüfung, d. h. Prüfung zur Übersetzungszeit.

Bei der *Spezialisierungsvererbung (specialization inheritance)* wird zur Subtypenbildung nicht die Kontravarianzregel sondern die Kovarianzregel herangezogen. Die *Kovarianzregel* besagt, daß sowohl die Wertebereiche geerbter Variablen, als auch die Wertebereiche der Eingabeparameter und der Wertebereich des Rückgabeparameters geerbter Operationen jeweils auf einen Subtyp des ursprünglich angegebenen Typs eingeschränkt werden dürfen. Typkompatibles Verhalten des Subtyps bezüglich des Supertyps ist dann im allgemeinen Fall nur mehr für lesende Operationen gewährleistet (*read-only type compatibility* [252]), und mögliche Konflikte der Parametertypen für schreibende Operationen müssen dynamisch, also während der Laufzeit, überprüft werden.

Die Kovarianzregel und die Kontravarianzregel verfolgen grundsätzlich unterschiedliche Modellierungsziele. Die Kovarianzregel geht davon aus, daß bei einem Objekttyp für jede Operation die *stärkste* Vorbedingung angegeben wird, die sicher erfüllt *ist*, wenn die Operation auf einem Mitglied des Objekttyps soeben erfolgreich aufgerufen *wurde*. Die Kontravarianzregel geht davon aus, daß bei einem Objekttyp für jede Operation die *schwächste* Vorbedingung angegeben wird, die erfüllt sein *muß*, um die Operation über jedem Mitglied des Objekttyps aufrufen zu *können*.

2. Beschreibungsorientierte vs. mengenorientierte Sicht. Bei der *beschreibungsorientierten Sicht (intensionale Sicht)*, wie wir sie in objektorientierten

[3] Synonyme, in der Literatur verwendete Begriffe zu *typkompatibel* sind *typkonform* und *typkonsistent*.

Programmiersprachen antreffen, steht das einzelne Objekt im Mittelpunkt der Betrachtung. Vergleichbar einem Botaniker, der an Hand eines Pflanzenbestimmungsbuches eine bestimmte vorliegende Pflanze einer bestimmten speziellsten Klasse von Pflanzen zuordnet, geht es darum, den für ein Objekt speziellsten Objekttyp zu identifizieren, dem das Objekt als Instanz zugeordnet werden kann. Dieser Objekttyp und die diesem Objekttyp in der Vererbungshierarchie übergeordneten Objekttypen bestimmen Struktur und Verhalten der Instanz. Die Extension eines Objekttyps umfaßt, wenn diese überhaupt verfügbar ist, die Menge seiner Instanzen, nicht aber auch seine indirekten Instanzen, d. h. Instanzen seiner Subtypen.

Bei der *mengenorientierten Sicht (extensionale Sicht)*, wie wir sie in der semantischen Datenmodellierung antreffen, bildet die Menge der Objekte des zu modellierenden Realweltausschnitts den Ausgangspunkt der Betrachtung. Auf Grund gemeinsamer Eigenschaften werden diese in Mengen, Teilmengen, Teilmengen von Teilmengen usw. eingeteilt. Jeder solchen Menge wird ein Objekttyp zugeordnet. Die Mengen-Teilmengen-Beziehung spiegelt sich in der Typ-Subtyp-Beziehung wider. Jedes Objekt, das als Mitglied einem Objekttyp zugeordnet wird, gehört auch als Mitglied den Supertypen des Objekttyps an. Die Extension eines Objekttyps ist immer verfügbar und umfaßt im Gegensatz zur beschreibungsorientierten Sicht alle seine Mitglieder, d. h. alle seine direkten und indirekten Instanzen.

Beispiel 2.7 In Abbildung 2.1 wird der Unterschied zwischen *mengenorientierter* Vererbung und *beschreibungsorientierter* Vererbung an einem Beispiel veranschaulicht. Bei der *mengenorientierten* Vererbung ist die Extension des Objekttyps VORGESETZTER eine Teilmenge der Extension des Objekttyps PERSON. Wird nach der Menge aller Personen gefragt, so erhält man auch die Vorgesetzten in der Antwortmenge. Bei der *beschreibungsorientierten* Vererbung ist die Extension von VORGESETZTER disjunkt zur Extension von PERSON. □

3. Einfach- vs. Mehrfachinstanziierung. Während bei der Einfachinstanziierung jedes Objekt nur als Instanz eines Objekttyps auftritt, kann bei der Mehrfachinstanziierung ein Objekt als Instanz mehrerer Objekttypen auftreten, die nicht miteinander in einer Vererbungsbeziehung stehen. Der Vorteil der Mehrfachinstanziierung besteht darin, daß ein Objekt Mitglied mehrerer nicht in einer Vererbungsbeziehung stehender Objekttypen sein kann, ohne daß dieses als Instanz eines gemeinsamen Subtyps dieser Objekttypen erzeugt werden muß. Dadurch kann in vielen Fällen Mehrfachvererbung vermieden werden. Der Nachteil der Mehrfachinstanziierung besteht darin, daß der Aufruf einer Operation über einem Objekt ohne weitere Qualifikation, wie z. B. die Angabe eines Objekttyps, nicht immer eindeutig an genau eine Implementierung bei einem speziellsten Objekttyp gebunden werden kann.

Nach den obigen drei Klassifikationskriterien ergeben sich theoretisch zwölf mögliche Kombinationen. Davon sind zwei nicht sinnvoll: die Implementierungsvererbung kann nicht sinnvoll mit der mengenorientierten Sicht verknüpft

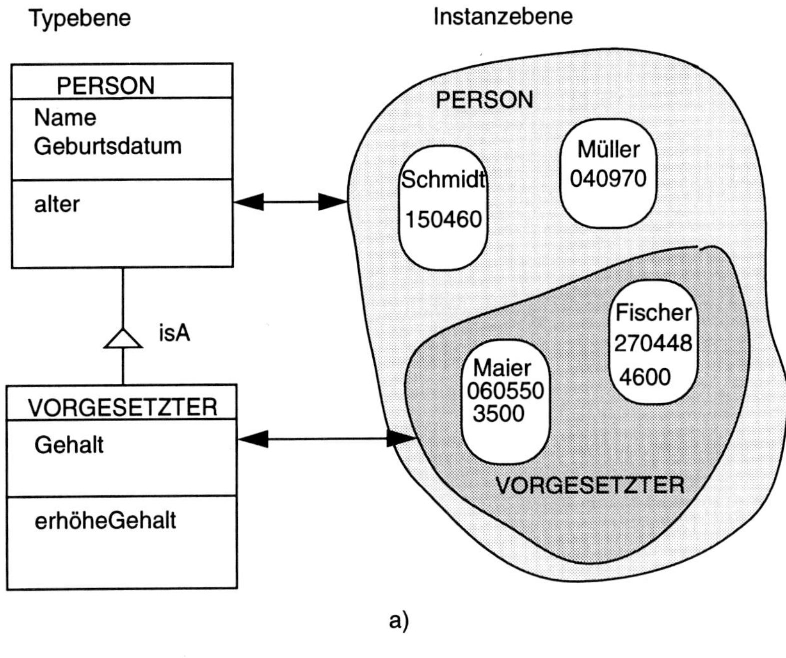

a)

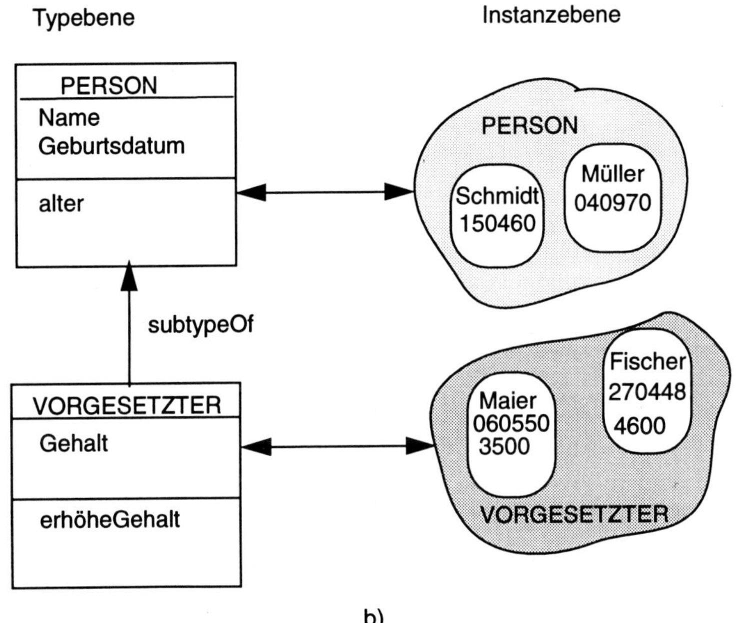

b)

Abbildung 2.1 (a) Mengenorientierte und (b) beschreibungsorientierte Vererbung

werden. Von den übrigen treten bestimmte Kombinationen häufig in objektorientierten Sprachen bzw. objektorientierten Modellen auf, sodaß wir diese Vererbungsbeziehungen besonders hervorheben:

1. die *inheritsFrom*-Beziehung realisiert die Kombination Implementierungsvererbung / beschreibungsorientiert / Einfachinstanziierung

2. die *kovariante subtypeOf*-Beziehung realisiert die Kombination Spezialisierungsvererbung / beschreibungsorientiert / Einfachinstanziierung

3. die *kontravariante subtypeOf*-Beziehung realisiert die Kombination Spezifikationsvererbung / beschreibungsorientiert / Einfachinstanziierung

4. die *isA*-Beziehung realisiert die Kombination Spezialisierungsvererbung / mengenorientiert / Mehrfachinstanziierung

Diese Vererbungsbeziehungen werden in Unterkapitel 2.2 im Detail diskutiert.

Typisierung (*typing*)

Das Typkonzept in Programmiersprachen erlaubt Aussagen über die Korrektheit von Programmen zu machen. Programmiersprachen werden danach eingeteilt, ob und wann eine Typüberprüfung durchgeführt wird. Bei statisch getypten Sprachen (*statically typed languages*) ist der Typ jedes Ausdrucks bereits zur Kompilierungszeit bekannt, was eine vollständige statische Typüberprüfung, eben zur Kompilierungszeit, erlaubt. Bei streng getypten Sprachen (*strongly typed languages*) ist der Typ jedes Ausdrucks nicht unbedingt zur Übersetzungszeit bekannt, aber jeder Ausdruck ist typkompatibel. Ein Ausdruck ist typkompatibel, wenn der Typ des Ausdrucks äquivalent zum Typ der Variablen oder ein Subtyp des Typs der Variablen ist, an die der Ausdruck gebunden wird. Abhängig von der *subtypeOf*-Beziehung (kontravariant oder kovariant) benötigen streng getypte, objektorientierte Sprachen sowohl statische als auch dynamische (zur Laufzeit durchgeführte) Typüberprüfungen, um alle Typfehler zu erkennen. In dynamisch getypten Sprachen (*dynamically typed languages*) ist der Typ eines Ausdrucks erst zur Laufzeit bekannt, was eine dynamische Typüberprüfung nötig macht. In nicht getypten Sprachen (*untyped languages*) sind Überprüfungen, ob erwartetes und tatsächliches Verhalten übereinstimmen, prinzipiell nicht möglich.

Kapselung (*encapsulation*)

Kapselung bezeichnet die gemeinsame Definition einer Datenstruktur und der darauf zugreifenden Operationen oder, in anderen Worten, die gemeinsame Definition von Struktur und Verhalten in einem Abstrakten Datentyp bzw. in einem Objekttyp. Mit Kapselung allein wird notwendigerweise keine Aussage über die Sichtbarkeit der internen Datenstruktur von außen gemacht. Diese kann sichtbar und von außerhalb des Objekttyps zugreifbar sein (*white box encapsulation*) oder nicht sichtbar und nur über die dazu definierten Operationen zugreifbar sein (*black box encapsulation*). Dies wird durch das Prinzip des Information Hiding festgelegt.

Information Hiding

Information Hiding bezeichnet den Schutz des Zustandes eines Objektes vor unerlaubtem Zugriff, der durch eine eindeutig definierte Schnittstelle (= Menge von Spezifikationen von sichtbaren Operationen) sichergestellt wird. Nur über den Aufruf sichtbarer Operationen ist es möglich, den Zustand, d. h. die Instanzvariablen eines Objektes, zu manipulieren. (NB: in der Literatur wird Kapselung sehr oft als Synonym zu Information Hiding benutzt, was aber — genau genommen — nicht stimmt. So unterstützt die Sprache SIMULA [24] Kapselung, aber nicht Information Hiding.)

Des weiteren helfen verschiedene Ebenen der Sichtbarkeit (*visibility, scoping*) der Schnittstelle eines Objekttyps, verschiedene Zugriffsberechtigungen auf den Operationen dieses Typs zu realisieren. Auf Sichtbarkeitsregeln wird im Abschnitt 2.2.2 noch näher eingegangen.

Nachrichtenaustausch (*message passing*)

Der traditionelle Prozeduraufruf wird in objektorientierten Systemen durch das mächtigere Konzept des Nachrichtenaustauschs ersetzt. Objekte kommunizieren miteinander durch das Senden von Nachrichten. Eine Nachricht (*message*) von einem Objekt, genannt Sender (*sender*), an ein anderes Objekt, genannt Empfänger (*receiver*), ist eine Aufforderung an den Empfänger, eine Operation auszuführen. Der Empfänger entscheidet autonom, ob und welche Implementierung einer Operation er ausführt. Nach erfolgreicher Ausführung der Operation kann ein Rückgabewert an den Sender zurückgeschickt werden.

Dieses allgemeine Konzept der Kommunikation wird durch unterschiedliche Kommunikationsarten spezialisiert. Prinzipiell unterscheidet man zwischen synchroner und asynchroner Kommunikation. Bei der synchronen Kommunikation müssen Sender und Empfänger direkt miteinander kommunizieren. Bei der asynchronen Kommunikation kann der Sender eine Nachricht an einen Empfänger schicken, ohne daß dieser unmittelbar darauf reagiert. Das Konzept des Nachrichtenaustauschs in objektorientierten Systemen bietet sich daher auf natürliche Weise zur Modellierung nebenläufiger, d. h. paralleler Prozesse und ihrer synchronen und asynchronen Kommunikation an [3, 253].

Überladen (*overloading*)

Überladen bezeichnet die Verwendung desselben Namens für verschiedene Operationen. Können diese Operationen im selben Objekttyp spezifiziert werden, wie z. B. in C++, so müssen sie sich im Wertebereich mindestens eines Eingabeparameters unterscheiden.

Das Konzept des Überladens wird auch in nicht-objektorientierten Sprachen wie Pascal und C verwendet, bei denen zum Beispiel der Operator „+“ eine unterschiedliche Semantik für ganze Zahlen und für Dezimalzahlen besitzt.

Dynamisches Binden (*dynamic binding, late binding*)

Binden bezeichnet die Zuordnung eines Operationsnamens zur Implementierung, die bei Aktivierung der Operation ausgeführt wird. Während statisches Binden zur Übersetzungszeit bzw. zur Link-Zeit stattfindet, findet dynamisches Binden zur Laufzeit statt.

Polymorphismus (*polymorphism*)

Polymorphismus bezeichnet die Fähigkeit, verschiedene Gestalt anzunehmen. Im Bereich der objektorientierten Systeme ist es ein wichtiges Konzept, das zur Erweiterbarkeit und Wiederverwendung von objektorientierten Systemen beiträgt. Im folgenden werden polymorphe Operationen und polymorphe Variablen unterschieden.

Eine polymorphe Operation (*polymorphic operation*) kann auf Objekten unterschiedlicher Objekttypen ausgeführt werden und jeweils eine andere Semantik, d. h. eine andere Implementierung, haben. Abhängig vom Typ des Empfängers wird eine Implementierung der Operation ausgewählt und ausgeführt. Diese Operationen werden auch einfach polymorphe Operationen (*simple polymorphic operations*) genannt, weil ihre Semantik nur vom Typ des Empfängers abhängt. Im Gegensatz dazu unterscheidet man mehrfach polymorphe Operationen (*multi-polymorphic operations)*, deren Semantik nicht nur vom Typ des Empfängers, sondern auch von den Wertebereichen der Eingabeparameter abhängt (siehe Kapitel 7 für eine mögliche Realisierung von mehrfach polymorphen Operationen).

Eine polymorphe Variable (*polymorphic variable*) kann im Laufe der Ausführung eines Programms Referenzen auf Instanzen unterschiedlicher Objekttypen enthalten. Der erlaubte Wertebereich einer polymorphen Variablen wird durch ihren statischen Typ (*static type*) festgelegt. Dieser wird bei der Deklaration der Variablen als Wertebereich spezifiziert und er ist während der Übersetzungszeit bekannt und kann zur Laufzeit des Programms nicht geändert werden. Der dynamische Typ (*dynamic type*) einer polymorphen Variablen ist jeweils der Typ des Objektes, das die Variable zur Laufzeit referenziert, und kann daher während der Laufzeit eines Programms geändert werden. In objektorientierten Systemen sind die möglichen dynamischen Typen einer polymorphen Variablen (direkte oder indirekte) Subtypen des statischen Typs. Bei nicht polymorphen Variablen sind statischer Typ und dynamischer Typ identisch.

Durch Überladen oder durch Vererben, Überschreiben und dynamisches Binden entstehen in objektorientierten Systemen polymorphe Operationen. Beim Senden einer Nachricht an eine polymorphe Variable wird zur Laufzeit beim dynamischen Typ mit der Codesuche begonnen und — falls dort nicht gefunden — rekursiv in den Supertypen fortgesetzt.

Generischer Objekttyp (*generic object type*)

Ein Objekttyp heißt generisch, wenn er eine allgemeine Beschreibung mehrerer anderer Objekttypen ist. Diese Eigenschaft besitzt jeder Typ, der mehrere Subtypen hat. Man unterscheidet zusätzlich verschiedene Arten der Realisierung generischer Typen — parametrisierte Typen, abstrakte Typen und Metatypen.

Ein parametrisierter Typ (*parametric type*) ist ein Typ mit formalen Typparametern. Durch Vererbung und Binden der Typparameter an konkrete Typen werden aus parametrisierten Typen konkrete Typen erzeugt. Parametrisierte Typen können nicht direkt instanziiert werden.

Beispiel 2.8 Der o. a. Typ VERFUEGBARKEIT kann als Spezialfall des parametrisierten Typs VERFUEGBARKEIT (T) modelliert werden. Dieser Objekttyp repräsentiert Verfügbarkeiten für beliebige reservierbare Objekte (z. B. Mietwagen, Opernkarten, Flugzeugsitze). Durch die Erzeugungsvorschrift VERFUEGBARKEIT (ZIMMER) inherits VERFUEGBARKEIT (T) wird ein Objekttyp erzeugt, wobei der Objekttyp ZIMMER an den Typparameter T gebunden wird. □

Ein abstrakter Typ(*abstract type*) ist ein Typ mit spezifizierten, aber nicht unbedingt implementierten Operationen. Durch Vererbung und Implementierung der Operationen werden aus abstrakten Typen konkrete Typen erzeugt. Abstrakte Typen können nicht direkt instanziiert werden.

Beispiel 2.9 Der Objekttyp RESERVIERBARES-OBJEKT modelliert das gemeinsame Verhalten verschiedener Objekte, die in einem Reservierungssystem verwaltet werden können (z. B. Theaterkarten, Flugzeugsitze, Mietwagen). Dieser Typ besitzt für bestimmte Operationen, wie zum Beispiel für die Operation abrechnung() returns Real, keine Implementierung und kann daher nicht instanziiert werden. Die Subtypen dieses Typs — im Hotelreservierungssystem der Typ ZIMMER — geben für diese Operationen eine Implementierung an und können daher instanziiert werden. □

Ein Metatyp (*meta type*) ist ein Typ, dessen Instanzen selbst wieder Typen sind. Dieses Konzept erlaubt, Typen selbst als Objekte zu verwalten und Informationen über Typen — Klassenvariablen und Klassenoperationen[4] — als Instanzvariablen und (Instanz-)operationen von Metatypen zu implementieren.

2.2 Objektorientierte Modellierungskonzepte

Dieses Kapitel beschreibt die Begriffe und Konzepte der objektorientierten Analyse und des objektorientierten Entwurfs. Während sich der Gegenstand der

[4] Wir behalten die in der Literatur bekannten Begriffe Klassenvariable und Klassenoperation bei, da die Begriffe „Typvariable“ bzw. „Typoperation“ in der Literatur nicht verwendet werden.

Betrachtung und das Ziel der Analyse von jenen des Entwurfs unterscheiden, sind die zugrundeliegenden Konzepte dieselben (siehe dazu auch Kapitel 3) und werden daher in diesem Kapitel gemeinsam beschrieben. Im folgenden wird von objektorientierter Modellierung gesprochen, um die beiden Tätigkeiten Analyse und Entwurf zusammenzufassen.

Das eigentliche Ziel der objektorientierten Modellierung ist, die geforderten Systemfunktionalitäten durch eine Menge interagierender Objekte zu beschreiben. Objekte existieren natürlich erst zur Laufzeit des zu beschreibenden Systems. Während der Modellierung werden Objekttypen entworfen. Es liegt aber unserem intuitiven Verständnis näher, von einem System interagierender Objekte als von einem System interagierender Objekttypen zu sprechen. Objekte werden nicht zum Selbstzweck und in Isolation entworfen, sondern als interagierende Bausteine zur Erfüllung der geforderten Aufgaben. Dies wird von Beck und Cunningham treffend charakterisiert [19, S. 2]:

> *„One of the distinguishing features of object design is that no object is an island. All objects stand in relationship to others, on whom they rely for services and control."*

Die relevante Information, die dabei für jedes Objekt spezifiziert werden muß, ist die Struktur des Objektes und sein Verhalten. Struktur und Verhalten gemeinsam bestimmen implizit die Interaktionen und Interdependenzen mit anderen Objekten im beschriebenen System. Die *Struktur* eines Objektes wird durch die Attribute des Objektes und seine strukturellen Beziehungen zu anderen Objekten festgelegt. Attribute und strukturelle Beziehungen beschreiben die Struktur von Objekten auf einer höheren Abstraktionsstufe im Rahmen der Analyse und des Entwurfs als Variable im Rahmen der Implementierung. Der Wertebereich eines Attributs ist ein Datentyp, der Wertebereich einer Beziehung ist ein Objekttyp. Das *Verhalten* eines Objektes wird durch die Operationen des Objektes beschrieben. Struktur und Verhalten eines Objektes sind nicht unabhängig voneinander. Beide gemeinsam beschreiben die Charakteristik eines Objektes bzw. eines Systems von Objekten. Jedoch werden aus Gründen des besseren Verständnisses die objektorientierten Modellierungskonzepte in Konzepte zur Strukturmodellierung und Konzepte zur Verhaltensmodellierung eingeteilt und in dieser Reihenfolge im folgenden erklärt.

Die Einteilung in Konzepte zur Strukturmodellierung und solche zur Verhaltensmodellierung spiegelt auch die wichtigsten Wurzeln dieser Konzepte wider. Objektorientierte Modellierungskonzepte sind keine neue Erfindung. Sie bauen einerseits auf Konzepten der semantischen Datenmodellierung und der Wissensrepräsentation und andererseits auf Konzepten der dynamischen Modellierung und der objektorientierten Programmierung auf.

Semantische Datenmodelle wurden als Erweiterung zu den traditionellen Datenmodellen (hierarchisch, Netzwerk, relational) eingeführt und stellen mächtige Konzepte zur Modellierung struktureller Information zur Verfügung [108]. Der Bereich der Wissensrepräsentation hat eine ähnliche Zielsetzung wie der der semantischen Datenmodellierung, nämlich Wissen über die Realität möglichst

intuitiv und vollständig zu beschreiben [82, 112]. Der Unterschied zwischen semantischer Datenmodellierung und Wissensrepräsentation einerseits und objektorientierter Modellierung andererseits liegt in der Bedeutung der Verhaltensmodellierung, die bei letzterer ein integraler Bestandteil ist [138, 163, 177].

Die Verhaltensmodellierung ist durch Konzepte des objektorientierten Programmierens und durch solche des dynamischen Modellierens geprägt. Der Bereich der dynamischen Modellierung stellt eine Weiterentwicklung der semantischen Datenmodellierung dar. Das Ziel dieser Modelle ist es, die erlaubten Zustandsübergänge von Objekten in einer Datenbank sowie die möglichen Transaktionen zu beschreiben (z. B. [36, 71, 150, 173, 182]). Der Unterschied dieser Modelle zur objektorientierten Modellierung liegt in der mangelnden Unterstützung von objektorientierten Mechanismen. Der wesentliche Unterschied der objektorientierten Modellierung zur objektorientierten Programmierung liegt in den fehlenden Abstraktionsmechanismen von letzterer.

Ein häufiges Mißverständnis betrifft den Vorrang der Strukturmodellierung vor der Verhaltensmodellierung oder umgekehrt. Beide Ansätze sind komplementär. Das Ergebnis der Modellierung sollte unabhängig von der Reihenfolge ihrer Verwendung sein. Die Konzepte beider Ansätze werden vielmehr iterativ und gleichzeitig Verwendung finden.

Im folgenden werden die Konzepte zur Strukturmodellierung und zur Verhaltensmodellierung im Detail beschrieben.

2.2.1 Konzepte zur Strukturmodellierung

Die Struktur eines Objekttyps, auch seine Eigenschaften genannt, besteht aus der Beschreibung der Attribute und der strukturellen Beziehungen seiner Instanzen sowie der strukturellen Beziehungen zu anderen Objekttypen. *Attribute* beschreiben inhärente Eigenschaften von Objekten, wie Name und Adresse einer Person. *Strukturelle Beziehungen* beschreiben Beziehungen zwischen Objekttypen bzw. zwischen Objekten (s. u.).

Strukturmodellierung steht — aufs erste betrachtet — im Gegensatz zum Prinzip der Kapselung, weil — ausgehend von einer Datensicht — zuerst die internen Datenstrukturen und dann die darauf zugreifenden Operationen modelliert werden. Dies ist zumindest eine weitverbreitete Meinung. Die Entwurfsmethode *Responsibility Driven Design*[5] erklärt Strukturmodellierung zur Modellierung von Datenstrukturen [257]. Diese Sichtweise ist für die Modellierung von Informationssystemen zu eingeschränkt. Sie muß dahingehend erweitert werden, daß zwischen der konzeptuellen Struktur und der diese realisierenden logischen Struktur unterschieden wird. Dies entspricht dem im Datenbankentwurf verfolgten Prinzip, zwischen dem konzeptuellen Schema und dem logischen Schema einer Datenbank zu unterscheiden.

---

[5] Eine Verpflichtung (= *responsibility*) umfaßt eine Menge von Operationen; der Entwurf von Operationen zur Erfüllung der vom Objekttyp geforderten Verpflichtungen steht im Mittelpunkt dieser Entwurfsmethode [259].

Mit der *Definition von Attributen und Beziehungen* wird die *konzeptuelle Struktur* eines Objekttyps beschrieben, d. h. die Information, die Instanzen von diesem Objekttyp zur Laufzeit über sich anbieten. Die konzeptuelle Struktur wird in Form von Leseoperationen auf dem beschriebenen Objekttyp realisiert. Über intern verwendete Datenstrukturen bzw. über die Entscheidung, ob die Information abgespeichert oder berechnet wird, wird dabei *nichts* ausgesagt. (Diese Entscheidungen werden in den späteren Phasen des Entwurfs getroffen.) Auch die Operationen eines Objektes greifen nicht direkt auf die interne Datenstruktur des Objektes zu, sondern verwenden dafür modellierte Lese- und Schreiboperationen. Diese Art der Realisierung unterstützt das Prinzip des *Information Hiding* und hilft die Integrität bei Änderung der internen Datenstruktur zu erhalten.

Im folgenden werden Attribute und strukturelle Beziehungen näher beschrieben.

Attribut

Ein Attribut beschreibt eine einem Objekt inhärente Eigenschaft. Ein Attribut besteht aus einem *Namen* und einem *Wertebereich*. Der Wertebereich kann ein atomarer, in der Regel vordefinierter (z. B. Integer, Real, String), oder ein mit Hilfe von Typkonstruktoren (z. B. setOf, arrayOf) benutzerdefinierter zusammengesetzter Datentyp sein. Ein Attribut ist *einwertig* oder *mehrwertig*, abhängig davon, ob es gleichzeitig genau einen Wert oder eine Menge von Werten repräsentiert.

Beispiel 2.10 Der Objekttyp HOTEL in einem Hotelreservierungssystem hat die Attribute Name, Adresse und HotelKategorie. Alle drei Attribute sind einwertig und haben den Wertebereich String. □

Strukturelle Beziehungen

Die Unterstützung struktureller Beziehungskonstrukte ermöglicht es, in der Realität beobachtbare Beziehungen zwischen

- Objekten,
- Objekttypen, sowie
- Objekten und Objekttypen

direkt in der Modellierungsumgebung zu beschreiben. Strukturelle Beziehungen helfen auch strukturelle Abstraktionen wie zusammengesetzte Objekte zu spezifizieren.

Während der Modellierung werden auch Beziehungen zwischen Objekten und Objekten auf der Ebene von Objekttypen beschrieben. Eine Unterscheidung ist aber zur Laufzeit relevant: Beziehungen zwischen Objekten haben eine Ausprägung auf der Ebene der Objekte (z. B. die verheiratetMit-Beziehung zwischen Objekten des Objekttyps MANN und Objekten des Objekttyps FRAU).

Hingegen sind Beziehungen zwischen Objekttypen nur auf der Ebene der Objekttypen relevant (z. B. der Objekttyp MANN erbt Spezifikation und Implementierung vom Objekttyp PERSON). Beziehungen zwischen Objekten werden auch als Beziehungen auf *extensionaler Ebene* bezeichnet und Beziehungen zwischen Objekttypen als Beziehungen auf *intensionaler Ebene.*

Wir unterscheiden die folgenden strukturellen Beziehungen und die durch sie dargestellten Abstraktionen[6]:

- allgemeine Beziehung zwischen Objekten
- *componentOf*-Beziehung zur Modellierung der *Dekomposition* von Objekten
- *hasConstituent*-Beziehung zur Modellierung der *Aggregation* von Objekten
- *roleOf*-Beziehung zur Modellierung der *Spezialisierung* von Objekten auf Instanzebene
- *isA*-Beziehung zur Modellierung der *mengenorientierten Spezialisierungsvererbung* mit Mehrfachinstanziierung
- *subtypeOf*-Beziehung zur Modellierung der *beschreibungsorientierten Vererbungshierarchie* mit Einfachinstanziierung
- *inheritsFrom*-Beziehung zur Modellierung der *beschreibungsorientierten Implementierungsvererbung* mit Einfachinstanziierung
- *instanceOf*-Beziehung zur Modellierung der *Instanziierungsbeziehung* zwischen Objekten und Objekttypen
- *memberOf*-Beziehung zur Modellierung der *Mitgliedschaft* von Objekten in Objekttypen

Die Beziehungen und durch sie beschriebene strukturelle Abstraktionen werden im folgenden im Detail diskutiert.

Allgemeine Beziehung

Eine allgemeine Beziehung beschreibt eine symmetrische, d. h. ungerichtete Beziehung zwischen zwei oder mehr Objekten eines oder mehrerer Objekttypen (ähnlich zur *relationship* im Entity-Relationship-Modell [52]). Eine allgemeine Beziehung ist definiert durch die Objekttypen der an einer Ausprägung der Beziehung beteiligten Objekte, durch einen Namen und durch den Grad sowie die Kardinalität der Beziehung. Der *Grad* der Beziehung ist die Anzahl der in der Definition der Beziehung beteiligten Objekttypen (binär, ternär, etc.).

---

[6] Wir behalten die englischen Bezeichnungen der Beziehungen — wenn vorhanden — bei, weil sie termini technici darstellen.

Die *Kardinalität* legt für jeden beteiligten Objekttyp fest, wie viele Instanzen dieses Objekttyps mit bestimmten Instanzen der anderen beteiligten Objekttypen in Beziehung treten können. Bei rekursiven Beziehungen kann ein und derselbe Objekttyp mehrmals mit unterschiedlichen Kardinalitäten an einer Beziehung teilnehmen. Bekanntestes Beispiel dafür kommt aus dem Bereich der Modellierung von Stücklisten, wobei ein Teil selbst wieder aus einer Menge von Teilen bestehen kann. Eine allgemeine Beziehung kann durch Attribute näher beschrieben werden.

Beispiel 2.11 In einem Hotelreservierungssystem besteht die Beziehung belegtMit zwischen dem Objekttyp ZIMMER und dem Objekttyp KUNDE. Der Grad der Beziehung ist zwei, d. h. belegtMit ist eine binäre Beziehung. Die Kardinalität von ZIMMER legt fest, daß genau eine Instanz von ZIMMER mit einer Instanz von KUNDE in Beziehung treten kann. Die Kardinalität von KUNDE erlaubt, daß beliebig viele (≥ 0) Kunden in einem Zimmer wohnen können. □

componentOf-Beziehung

Eine *componentOf*-Beziehung, in der Literatur auch *partOf*-Beziehung genannt, beschreibt eine gerichtete Beziehung von einem Komponentenobjekt zu einem oder mehreren zusammengesetzten Objekten. Ein *zusammengesetztes Objekt*[7] ist ein Objekt, das selbst aus anderen Objekten, sogenannten *Komponentenobjekten*, aufgebaut ist. Der wesentliche Unterschied zwischen einer allgemeinen Beziehung und einer *componentOf*-Beziehung liegt in der „logischen" Einheit, die ein zusammengesetztes Objekt gemeinsam mit seinen Komponentenobjekten darstellt. Diese Einheit wird durch *Operationen mit kaskadierender Semantik* unterstützt. Eine Operation mit kaskadierender Semantik wird, wenn auf das zusammengesetzte Objekt ausgeführt, ebenfalls auf seinen Komponentenobjekten ausgeführt, z. B. beim Lesen oder beim Auslagern von einem öffentlichen Datenbereich in einen privaten.

Die Modellierung zusammengesetzter Objekte ist ein wesentliches Abstraktionsmittel zur Beschreibung von Objekten eines Problembereichs. Ein zusammengesetztes Objekt kann selbst wieder als Komponentenobjekt in einem anderen zusammengesetzten Objekt vorkommen. Die dabei entstehende Objekttyphierarchie wird als *Komponentenhierarchie*, auch *componentOf-Hierarchie*, bezeichnet.

Mit der *componentOf*-Beziehung wird in der Literatur oftmals eine Existenzabhängigkeit des Komponentenobjektes vom zusammengesetzten Objekt impliziert [136]. Diese eingeschränkte Semantik der *componentOf*-Beziehung wurde in [137] wie folgt erweitert. Man unterscheidet zwischen

- *abhängigen* und *unabhängigen* Komponentenobjekten. Abhängige Komponentenobjekte sind existenzabhängig vom ihnen zugeordneten zusam-

[7] In der Literatur werden auch die synonymen Begriffe *molekulares Objekt*, *komplexes Objekt*, und *strukturiertes Objekt* verwendet.

mengesetzten Objekt. Unabhängige Komponentenobjekte können unabhängig von einem zusammengesetzten Objekt existieren. Sobald sie durch eine *componentOf*-Beziehung mit einem zusammengesetzten Objekt verbunden sind, werden sie als inhärenter Teil von diesem Objekt behandelt und Operationen mit kaskadierender Semantik kommen zur Wirkung. Wird z. B. ein zusammengesetztes Objekt gelöscht, so werden abhängige Teilobjekte ebenfalls gelöscht, nicht aber unabhängige Teilobjekte.

- *exklusiven* und *teilbaren* Komponentenobjekten. Ein exklusives Komponentenobjekt kann eine *componentOf*-Beziehung zu genau einem zusammengesetzten Objekt haben, während ein teilbares Komponentenobjekt gleichzeitig mehrere *componentOf*-Beziehungen zu unterschiedlichen zusammengesetzten Objekten haben kann.

Durch Kombination der zwei Eigenschaften können vier Arten von Komponentenobjekten mit jeweils unterschiedlicher Semantik spezifiziert werden, und zwar

- abhängige exklusive Komponentenobjekte
- abhängige teilbare Komponentenobjekte
- unabhängige exklusive Komponentenobjekte
- unabhängige teilbare Komponentenobjekte

Es sei darauf hingewiesen, daß eine *componentOf*-Beziehung von einem unabhängigen teilbaren Komponentenobjekt einer gerichteten allgemeinen Beziehung entspricht, jedoch ohne die Unterstützung durch Operationen mit kaskadierender Semantik. Des weiteren sollte auch in jenen Fällen eine *componentOf*-Beziehung modelliert werden, bei denen ein eigener semantischer Zusammenhang zum Ausdruck gebracht werden soll (z. B. die Kunden eines Hotels im folgenden Beispiel).

Beispiel 2.12 Objekte des Objekttyps FAHRZEUG setzen sich aus Objekten der Objekttypen CHASSIS, MOTOR und RAD zusammen. Alle Komponentenobjekte eines Fahrzeuges sind unabhängig und exklusiv. Sowohl Chassis als auch Motor und Rad sind nicht abhängig von der Existenz eines Fahrzeuges. Sie können aber gleichzeitig nur Komponenten eines Fahrzeuges sein. Ein Fahrzeug setzt sich aus genau einem Chassis, einem Motor und vier Rädern zusammen. Je nach Detaillierungsgrad des zu erstellenden Modells kann für jedes der Komponentenobjekte wieder eine Zerlegung in Komponentenobjekte angegeben werden. So setzt sich ein Rad aus einem Reifen und einer Felge zusammen.

In einem Hotelreservierungssystem setzt sich ein Objekt des Typs PROSPEKT aus Komponenten der Typen TEXT, BILD und BEMERKUNG zusammen. Texte und Bilder eines Prospekts sind abhängig und teilbar. Ein Text kann in mehreren Prospekten verwendet werden. Wird er in keinem Prospekt verwendet, so wird er gelöscht. Für Bilder gilt dasselbe. Eine Bemerkung (Druckeranweisung, hotelinterne Bemerkung, etc.) ist als exklusiv und abhängig modelliert. Eine Bemerkung gehört zu genau einem Prospekt und kann nicht unabhängig von diesem existieren. Ein Prospekt setzt sich aus einem oder mehreren Texten, null oder mehreren Bildern und genau einer Bemerkung zusammen.

In einem Hotelreservierungssystem setzen sich Objekte des Typs HOTEL aus Objekten der Typen RAUM, RESERVIERUNG und KUNDE zusammen. Räume und Reservierungen sind abhängige und exklusive Komponenten. Sie gehören zu genau einem Hotel und können nicht unabhängig vom Hotel existieren. Kunden sind unabhängige und teilbare Komponenten von Hotels. Wird ein Hotel aus dem System gestrichen, kann die Verwaltung des Kunden weiterhin sinnvoll sein. Ein Kunde kann eine *componentOf*-Beziehung zu mehreren Hotels haben. Ein Hotel setzt sich aus beliebig vielen Räumen, Reservierungen und Kunden zusammen. □

Die *componentOf*-Beziehung bezeichnet die Beziehung vom Komponentenobjekt zum zusammengesetzten Objekt. Die inverse Beziehung, also die Beziehung vom zusammengesetzten Objekt zum Komponentenobjekt wird *hasComponent*-Beziehung genannt. Sie stellt redundante Information dar — dies liegt in der Natur inverser Beziehungen —, und ob sie abgespeichert oder berechnet wird, hängt von der jeweiligen Problemstellung ab.

Bei der Modellierung zusammengesetzter Objekte findet eine *Dekomposition* statt, weil in der Regel ausgehend vom zusammengesetzten Objekt die Komponentenobjekte modelliert werden („vom Ganzen zu den Teilen").

hasConstituent-Beziehung

Eine *hasConstituent*-Beziehung beschreibt eine gerichtete Beziehung von einem Aggregatobjekt zu einem oder mehreren das Aggregatobjekt konstituierenden Objekten. Ein *Aggregatobjekt* besteht aus einem oder mehreren konstituierenden Objekten, von denen es existenzabhängig ist. Ein *konstituierendes Objekt* ist an der Definition mindestens eines Aggregatobjektes beteiligt. Ein Aggregatobjekt wird wahlweise auch als Beziehungsobjekt bezeichnet. Wird eine allgemeine Beziehung (s. o.) durch ein „Beziehungsobjekt" realisiert, so hat dies dieselbe Semantik wie ein Aggregatobjekt (Existenzabhängigkeit); daher ist derselbe Name gerechtfertigt. Der wesentliche Unterschied zwischen einer *hasConstituent*-Beziehung und einer *componentOf*-Beziehung liegt in der Richtung einer möglichen Abhängigkeit zwischen den an der Beziehung beteiligten Objekten. Bei der *hasConstituent*-Beziehung besteht *immer* eine Existenzabhängigkeit des Aggregatobjektes von seinen konstituierenden Objekten. Bei der *componentOf*-Beziehung *kann* eine Existenzabhängigkeit des Komponentenobjektes von einem seiner zusammengesetzten Objekte bestehen. Ein Aggregatobjekt kann selbst wieder als konstituierendes Objekt in einem anderen Aggregatobjekt vorkommen. Die dabei entstehende Objekttyphierarchie wird *Aggregationshierarchie*, auch *hasConstituent*-Hierarchie genannt.

Beispiel 2.13 In einem Hotelreservierungssystem bestimmen, d. h. konstituieren die konstituierenden Objekttypen SAISON und KATEGORIE den Aggregatobjekttyp TARIF. □

Zur *hasConstituent*-Beziehung existiert immer die inverse, redundante *constituentOf*-Beziehung. Ob sie abgespeichert oder berechnet wird, hängt wieder von der jeweiligen Problemstellung ab.

Der bei der Modellierung von Aggregatobjekten stattfindende Abstraktionsvorgang wird *Aggregation* genannt, weil in der Regel ausgehend von den konstituierenden Objekten das Aggregatobjekt modelliert wird („von den Teilen zum Ganzen").

roleOf-Beziehung

Eine *roleOf*-Beziehung repräsentiert eine gerichtete Beziehung zwischen zwei Objekten, die beide dasselbe Realweltobjekt in verschiedenen Rollen bzw. Kontexten beschreiben. Die *roleOf*-Beziehung ist eine einwertige und abhängige Beziehung, d. h. ein Objekt i, das eine *roleOf*-Beziehung zu einem anderen Objekt i' hat, ist existenzabhängig von i'. Ein Objekttyp kann höchstens eine *roleOf*-Beziehung zu einem anderen Objekttyp haben und gleichzeitig Wertebereich mehrerer *roleOf*-Beziehungen anderer Objekttypen sein. Die dabei entstehende Hierarchie wird *Rollenhierarchie (role hierarchy)* genannt. Ein Realweltobjekt wird durch eine Instanz des Stammtyps — das ist der Wurzeltyp einer Rollenhierarchie — und durch beliebig viele Instanzen der direkt und indirekt abhängigen Rollentypen modelliert. Die Rollenobjekte eines Realweltobjektes bilden einen Baum, dessen Knoten durch *roleOf*-Beziehungen verbunden sind. Die zur *roleOf*-Beziehung inverse Beziehung ist die (optional) mehrwertige *hasRole*-Beziehung.

Das Rollenkonzept bietet eine natürliche und flexible Lösung des Problems der Objektevolution und einfachen Typzugehörigkeit in existierenden objektorientierten Systemen. Die meisten Typsysteme objektorientierter Programmiersprachen und objektorientierter Datenbanksysteme haben als charakteristisches Kennzeichen die fixe Zuordnung eines Objektes zu genau einem Objekttyp. Das heißt, ein Objekt kann Instanz genau eines Objekttyps sein, und diese Zuordnung ist während des Bestehens des Objektes nicht änderbar.

Beispiel 2.14 Der Objekttyp PERSON hat zwei Subtypen STUDENT und ARBEITNEHMER. Da eine Person nur als Instanz genau eines Objekttyps repräsentiert werden kann, muß für den Fall, daß eine Person sowohl studiert als auch arbeitet, ein Objekttyp WERKSTUDENT als Subtyp der Objekttypen STUDENT und ARBEITNEHMER vorgesehen und diese Person als Instanz von WERKSTUDENT repräsentiert werden. □

Problematisch ist die Notwendigkeit, solche *Schnittypen* (*intersection type*) wie WERKSTUDENT zu definieren, aus zwei Gründen:

1. Können Objekte beliebig Instanzen mehrerer unabhängiger Objekttypen sein, so steigt die Anzahl der notwendigen Schnittypen exponentiell.

2. Wechselt ein Objekt dynamisch die Zugehörigkeit zu einem Objekttyp, so muß eine Instanz des neuen Objekttyps erzeugt und die Instanz, die das Objekt bisher repräsentiert hat, gelöscht werden. Da in den gängigen objektorientierten Programmiersprachen und Datenbanksystemen die Identität eines Objektes mit der Instanziierung, d. h. bei seinem Erzeugen als Instanz eines Objekttyps vergeben wird, ändert sich durch die erfolgte Typmigration die Identität des Objektes. Dies widerspricht aber dem geforderten Prinzip der unveränderlichen Identität von Objekten.

Beispiel 2.15 Beginnt z. B. der Student Meier neben seinem Studium zu arbeiten, so muß er als Instanz des Objekttyps WERKSTUDENT neu erzeugt werden. Anschließend müssen die Werte aller Attribute und Beziehungen der Instanz des Objekttyps STUDENT, die Herrn Meier bisher repräsentiert haben, auf die neu angelegte Instanz von WERKSTUDENT kopiert werden. Schließlich müssen sämtliche Referenzen auf die alte Instanz auf die neue Instanz umgesetzt und Herr Meier als Instanz von STUDENT gelöscht werden. □

Ein solches Typsystem stellt eine große Einschränkung bei der Entwicklung evolvierender Systeme, wie z. B. betrieblicher Informationssysteme und CIM-Systeme, dar. Diese Systeme sind dadurch gekennzeichnet, daß sich das Verhalten der Objekte über die Zeit hinweg ändert und abhängig vom Kontext ist, in dem das Objekt verwendet wird.

Die Lösung des Problems besteht darin, ein Realweltobjekt durch mehrere Modellweltobjekte zu repräsentieren, die Instanzen verschiedener Objekttypen sind und die miteinander durch die *roleOf*-Beziehung verbunden sind. Diese Objekttypen modellieren dasselbe Realweltobjekt in verschiedenen Rollen. Nimmt ein Realweltobjekt eine neue Rolle an, so wird eine Instanz des betreffenden Objekttyps erzeugt, verliert es eine Rolle, so wird die Instanz des betreffenden Objekttyps gelöscht.

Beispiel 2.16 Es werden wie zuvor die Objekttypen PERSON, STUDENT und ARBEITNEHMER, jedoch ohne Vererbungsbeziehung zueinander, definiert. Anstelle dessen wird zwischen den Objekttypen STUDENT und PERSON und zwischen den Objekttypen ARBEITNEHMER und PERSON eine *roleOf*-Beziehung definiert. Eine Person wird als Instanz jener Objekttypen definiert, deren Verhalten sie kennt. Ein Student wird daher durch zwei Modellweltobjekte repräsentiert, als Instanz von PERSON und als Instanz von STUDENT. Die Instanz von STUDENT und die Instanz von PERSON, die dieselbe Person repräsentieren, sind durch die *roleOf*-Beziehung miteinander verbunden. Beginnt unser Student Meier neben seinem Studium zu arbeiten, so wird eine neue Instanz von ARBEITNEHMER erzeugt. Diese wird mit derjenigen Instanz, die Herrn Meier als PERSON repräsentiert, durch eine *roleOf*-Beziehung in Verbindung gebracht. □

Mit dem Rollenkonzept wird eine Lösung vorgeschlagen, die auf existierenden Typsystemen aufbaut. Das Rollenkonzept unterstützt

- *„indirekte" mehrfache Typzugehörigkeit:* Im Unterschied zur Mehrfachinstanziierung, bei der ein Objekt mit derselben Identität als Instanz zu mehreren Objekttypen gehört, wird ein Realweltobjekt durch eine Instanz des Stammtyps und durch Instanzen verschiedener Rollentypen im System repräsentiert. Diese Instanzen haben verschiedene Identitäten.
- *Objektevolution:* Objekte können Verhalten „lernen" bzw. „verlernen", indem sie als Instanzen von Rollentypen erzeugt bzw. gelöscht werden.
- *mehrfache Rolleninstanziierung:* ein Realweltobjekt kann gleichzeitig durch mehrere Instanzen desselben Rollentyps repräsentiert werden. Um diese unterscheiden zu können, müssen sie sich jedoch mindestens im Wert eines sogenannten qualifizierenden Attributs unterscheiden.
- *Instanzvererbung:* ein Rollenobjekt kennt zusätzlich zu seinen eigenen Eigenschaften und Operationen, die direkt bei seinem Rollentyp definiert sind bzw. von dessen Supertypen geerbt werden, die Eigenschaften und Operationen der durch die *roleOf*-Beziehung direkt oder indirekt assoziierten Objekte.

Der letzte Punkt, die Instanzvererbung, ist eine Erweiterung zur Vererbung auf Typebene. Während letztere die Vererbung von Strukturdefinitionen und Operationen umfaßt, schließt die Instanzvererbung die Vererbung von Strukturausprägungen ebenfalls mit ein. Rollenhierarchien werden wie andere strukturelle Beziehungen zwischen Objekten auf der Typebene definiert und — dies ist der wesentliche Unterschied zu Vererbungshierarchien — auf der Objektebene ausgeprägt. Abbildung 2.2 veranschaulicht den Unterschied der Instanzvererbung zur mengenorientierten und beschreibungsorientierten Vererbung auf Typebene (vgl. Abb. 2.1).

Die *componentOf*-Beziehung von abhängig exklusiven Komponentenobjekten kann gemeinsam mit der *roleOf*-Beziehung dazu verwendet werden, unabhängige Objekte in einer bestimmten Rolle abhängig von einem anderen Objekt zu modellieren.

Beispiel 2.17 In Abwandlung von Beispiel 2.12 wird von KUNDE eine exklusive und existenzabhängige *componentOf*-Beziehung zu HOTEL und eine *roleOf*-Beziehung zu PERSON modelliert. Beim Objekttyp PERSON werden jene Attribute modelliert, die eine Person unabhängig von ihrer Rolle als Hotelgast repräsentieren, wie ihr Name und ihr Geburtsdatum. Beim Objekttyp KUNDE werden jene Attribute modelliert, die eine Person als Gast eines bestimmten Hotels beschreiben, z. B. das Lieblingszimmer in diesem Hotel. In dieser Modellierung kann eine Person durch verschiedene Instanzen von KUNDE repräsentiert werden, wobei jede Instanz zu einem bestimmten Hotel gehört. Wird ein Hotel gelöscht, so werden alle zu diesem Hotel gehörenden Kunden ebenfalls gelöscht. Die Kunden bleiben jedoch als Personen erhalten. □

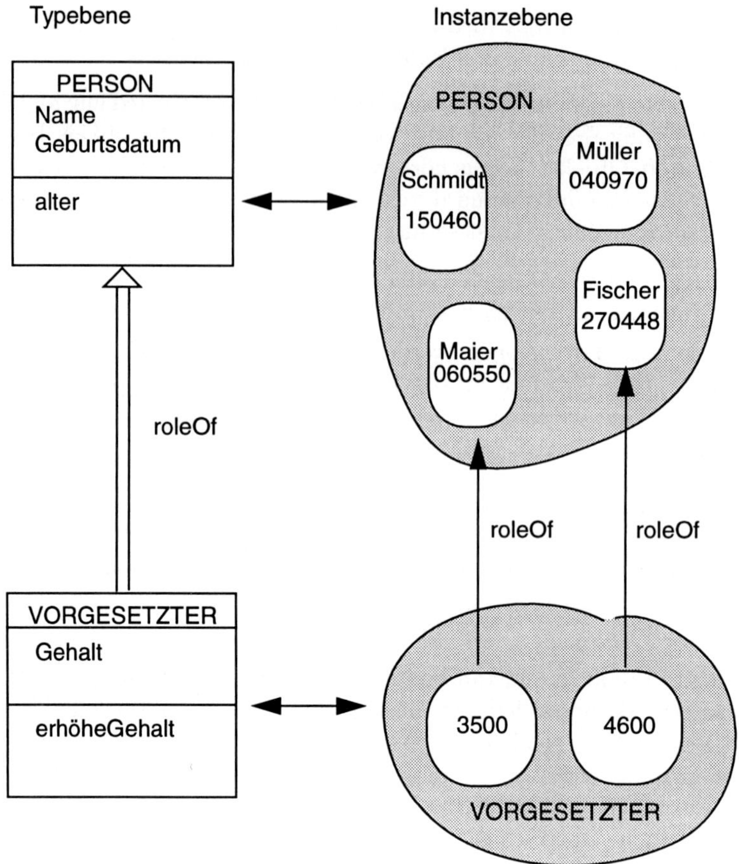

Abbildung 2.2 Spezialisierung auf Instanzebene (Instanzvererbung)

isA-Beziehung

Die *isA*-Beziehung repräsentiert eine mengenorientierte Spezialisierungsvererbung mit Mehrfachinstanziierung (siehe Unterkapitel 2.1).

Die Motivation für die Spezifikation der *isA*-Beziehung ist der Wunsch, eine Menge von Objekten nach von der Problemstellung abhängigen Kriterien in Teilmengen einzuteilen. Jede Menge wird durch einen Objekttyp repräsentiert und die Zugehörigkeit von Objekten zu Mengen wird durch die *memberOf*-Beziehung zwischen Objekten und Objekttypen repräsentiert. Steht ein Objekttyp in einer *isA*-Beziehung zu einem anderen Objekttyp, so ist die Menge der Mitglieder des ersten immer eine Teilmenge der Mitglieder des zweiten. Zum Beispiel werden Mitarbeiter eines Hotels in der Regel als Mitglieder eines Objekttyps MITARBEITER modelliert. Will man aber auch Aussagen über den Tätigkeitsbereich der einzelnen Mitarbeiter machen, ist eine weitere Partitionierung der Mitarbeiter in Mitglieder von PORTIER, KUECHENPERSONAL,

MANAGER etc. von Vorteil. Diese Einteilung entspricht einer Teilmengenbildung. Die Menge der Mitglieder von PORTIER ist eine Teilmenge der Menge der Mitglieder von MITARBEITER. Anders ausgedrückt: die Beziehung PORTIER *isA* MITARBEITER gilt genau dann, wenn jedes Mitglied von PORTIER auch Mitglied von MITARBEITER ist.

Unterstützt eine objektorientierte Programmiersprache, ein objektorientiertes Datenbanksystem oder eine objektorientierte Modellierungsmethode die *isA*-Beziehung, so wird entweder (1) zwischen Objekttypen aus intensionaler Sicht zur Spezifikation von Struktur und Verhalten und Objektklassen aus extensionaler Sicht zur Verwaltung von Objekten unterschieden, oder (2) die Objekte, d. h. die Extensionen, werden direkt mit den Objekttypen verwaltet. Trifft ersteres zu, so wird die *isA*-Beziehung zwischen den Objektklassen modelliert. Klassen, die in einer *isA*-Beziehung, d. h. in einer Teilmengenbeziehung zueinander stehen, werden als Unterklasse bzw. Oberklasse voneinander bezeichnet. Trifft zweiteres zu, so wird die *isA*-Beziehung zwischen Objekttypen modelliert. Dabei kann ein Objekt mit derselben Identität gleichzeitig Instanz mehrerer Objekttypen sein, die nicht miteinander in einer Vererbungsbeziehung stehen. Diese Sichtweise entspricht der klassischen *isA*-Beziehung und wird in vielen objektorientierten Modellierungsmethoden, wie OMT [205] und OOSA [78] (siehe Anhang A), unterstützt. Bieten Modellierungs- und Implementierungsmethode unterschiedliche Sichtweisen, so müssen diese während der Systementwicklung aufeinander abgebildet werden (bzgl. methodischer Schritte dazu siehe Unterkapitel 3.4). In den noch folgenden Überlegungen zur *isA*-Beziehung wird ebenfalls die Sichtweise, daß ein Objekt gleichzeitig Instanz mehrerer Objekttypen sein kann, zugrundegelegt.

Die *isA*-Beziehung geht auf Arbeiten im Bereich der Wissensrepräsentation und der semantischen Datenmodellierung zurück (für einen Überblick dazu siehe [35, 108, 193]). Diese Arbeiten basieren auf der Beobachtung der in der Realität auftretenden Beziehungen, die durch Sätze wie „A dog is a mammal." ausgedrückt werden können. Diese Ausdrucksweise gab der *isA*-Beziehung ihren Namen.

Bei der Spezifikation der *isA*-Beziehung können zusätzlich Integritätsbedingungen angegeben werden, die die Semantik der *isA*-Beziehung genauer beschreiben. Diese Integritätsbedingungen sind:

- Disjunktivität (*disjointness constraint*), d. h. die durch Spezialisierung entstehenden Teilmengen sind disjunkt. Jedes Objekt, das Mitglied eines Typs T ist, kann Mitglied höchstens eines direkten Subtyps von T sein.
- Vollständigkeit (*covering constraint*), d. h. die durch Spezialisierung entstehenden Teilmengen eines Objekttyps T sind eine vollständige Partitionierung der Mitglieder von T. Jedes Mitglied von T muß Mitglied mindestens eines Subtyps von T sein.

Durch Kombination der Integritätsbedingungen können vier Arten der Spezialisierung unterschieden werden, nämlich

1. disjunkt und vollständig
2. disjunkt und unvollständig
3. überlappend und vollständig
4. überlappend und unvollständig.

Beispiel 2.18 Der Objekttyp RAUM kann disjunkt und unvollständig in die Subtypen ZIMMER und KONFERENZRAUM partitioniert werden, d. h. ein Raum kann entweder ein Zimmer oder ein Konferenzraum oder keines von beiden sein, nicht aber beides gemeinsam.

Die Partitionierung von MITARBEITER in VORGESETZTER und UNTERGEBENER ist vollständig und überlappend, d. h. ein Mitarbeiter kann Vorgesetzter oder Untergebener oder beides sein.

Die Partitionierung von MITARBEITER in KUECHENPERSONAL und ZIMMERPERSONAL dagegen ist überlappend und unvollständig, d. h. ein Mitarbeiter kann zu KUECHENPERSONAL oder zu ZIMMERPERSONAL oder zu beiden Objekttypen oder zu keinem von beiden gehören. □

Zusammenfassend soll nochmals festgestellt werden, daß die *isA*-Beziehung eine Teilmengenbeziehung modelliert. Der dabei stattfindende Abstraktionsprozeß wird *Spezialisierung*, wenn die Klassifizierungshierarchie top-down entworfen wird, und *Generalisierung*, wenn die Klassifizierungshierarchie bottom-up entworfen wird, genannt.

subtypeOf-Beziehung

Die *subtypeOf*-Beziehung zwischen Objekttypen repräsentiert eine beschreibungsorientierte Vererbungshierarchie mit Einfachinstanziierung. Ein Objekttyp, der einem anderen Objekttyp in der Vererbungshierarchie direkt (indirekt) untergeordnet ist, heißt direkter (indirekter) Subtyp des zweiten; dieser wiederum wird als direkter (indirekter) Supertyp des ersten bezeichnet. Motivationen für die Bildung von Vererbungshierarchien mit Hilfe der *subtypeOf*-Beziehung sind die inkrementelle Definition von Objekttypen und die Typersetzbarkeit. Ein Subtyp erbt Struktur und Verhalten seiner Supertypen. Er kann diese ergänzen und auch überschreiben. Wird hinsichtlich des Überschreibens die Kovarianzregel verwendet (siehe Unterkapitel 2.1), sprechen wir auch von einem *kovarianten Subtyp*, wird die Kontravarianzregel verwendet, sprechen wir von einem *kontravarianten Subtyp*.

Typhierarchien werden durch Spezialisierung und Generalisierung gebildet. Die Spezialisierung zur inkrementellen Typkonstruktion erzeugt in einem Topdown Vererbungsprozeß einen neuen Objekttyp.

Beispiel 2.19 In einem Hotelreservierungssystem seien der Objekttyp UNTERKUNFT und die durch eine *subtypeOf*-Beziehung assoziierten Subtypen HOTEL, PENSION und JUGENDHERBERGE modelliert. Die modellierte Information über

UNTERKUNFT, die Attribute Name und Adresse, werden automatisch an die Subtypen vererbt. Für HOTEL wird ein zusätzliches Attribut HotelKategorie spezifiziert. Instanzen von HOTEL sind daher durch die Attribute Name, Adresse und HotelKategorie näher beschrieben. Das gleiche gilt für PENSION und JUGENDHERBERGE, für die die zusätzlichen Attribute Besitzer bzw. AusweisPflicht modelliert werden. □

Der Vorgang der Generalisierung wird auch als *Faktorisierung (factoring out)* bezeichnet und ist ein wesentlicher Abstraktionsprozeß zum Aufbau wiederverwendbarer Systeme.

Beispiel 2.20 Je nach der Richtung der Modellierung kann die Typhierarchie des Beispiels 2.19 durch Spezialisierung, wie zuvor erklärt, oder auch durch Generalisierung entstanden sein. Durch die Erkenntnis der gemeinsamen Attribute Name und Adresse wird aus den Objekttypen HOTEL, PENSION und JUGENDHERBERGE der gemeinsame Supertyp UNTERKUNFT modelliert. Die gemeinsamen Attribute werden dort spezifiziert und aus der Spezifikation der Subtypen gestrichen. Stattdessen werden sie von UNTERKUNFT geerbt. □

Die *isA*-Beziehung und die *subtypeOf*-Beziehung können sinnvollerweise nur dann gemeinsam in einem objektorientierten Modell als Modellierungskonstrukte verwendet werden, wenn zwischen Objekttypen und Objektklassen explizit unterschieden wird.

Die *isA*-Beziehung wird dann zur Definition von Klassenhierarchien und die *subtypeOf*-Beziehung zur Definition von Typhierarchien verwendet. Gleichfalls wird dann die *memberOf*-Beziehung (siehe unten) zwischen Objekten und Klassen und die *instanceOf*-Beziehung (siehe unten) zwischen Objekten und Objekttypen verwendet.

Wird in einem objektorientierten Modell nicht zwischen Objekttypen und Objektklassen unterschieden, so wird bei der Analyse meist die *isA*-Beziehung verwendet und bei der Implementierung meist die *subtypeOf*-Beziehung.

inheritsFrom-Beziehung

Die *inheritsFrom*-Beziehung zwischen Objekttypen definiert eine *Implementierungshierarchie*, die dazu dient, Teile der Spezifikation oder Implementierung der in der Implementierungshierarchie übergeordneten Objekttypen in untergeordneten Objekttypen wiederzuverwenden. Verwendet man die Vererbung zu diesem Zweck, ist es erlaubt, die geerbten Informationen beliebig zu verändern. Diese Form der Vererbung wird auch als Implementierunsvererbung bezeichnet (siehe auch Unterkapitel 2.1). Dies schließt auch das Löschen geerbter Informationen ein. Wird S in dieser Weise von T abgeleitet, so steht S in einer *inheritsFrom*-Beziehung zu T. (Diese wird in [144] *subclassOf*-Beziehung genannt. Wir nehmen aber bewußt Abstand von dieser Bezeichnung, um keine Mißverständnisse bezüglich der Interpretation des Klassenbegriffs zu erzeugen.)

instanceOf-Beziehung

Die *instanceOf*-Beziehung verbindet ein Objekt mit dem Objekttyp, von dem es als Instanz erzeugt wurde (bei Einfachinstanziierung) bzw. von denen es instanziiert wurde (bei Mehrfachinstanziierung). Die zur *instanceOf*-Beziehung inverse Beziehung ist die *hasInstance*-Beziehung.

memberOf-Beziehung

Die mehrwertige *memberOf*-Beziehung verbindet ein Objekt mit einem oder mehreren Objekttypen, denen es als Mitglied angehört. Ist ein Objekt Mitglied eines Objekttyps, so muß es auch Mitglied aller Supertypen dieses Objekttyps sein. Die zur *memberOf*-Beziehung inverse Beziehung ist die *hasMember*-Beziehung. Ein Objekt ist Mitglied eines Objekttyps, wenn es (direkte oder indirekte) Instanz des Objekttyps ist.

Wird zwischen Objektklassen und Objekttypen unterschieden, so wird die *instanceOf*-Beziehung zwischen Objekten und Objekttypen und die *memberOf*-Beziehung zwischen Objekten und Objektklassen verwendet, wobei Mitglied einer Objektklasse, auch Element einer Objektklasse, nur ein Objekt werden kann, das eine (direkte oder indirekte) Instanz des Elementtyps der Klasse ist.

2.2.2 Konzepte zur Verhaltensmodellierung

Nach den Konzepten zur Strukturmodellierung werden im folgenden die Konzepte zur Verhaltensmodellierung diskutiert. Es sei nochmals daran erinnert, daß die Struktur- und die Verhaltensmodellierung sowohl gleichwertig sind als auch gleichzeitig stattfinden, d. h. daß während der Modellierung zwischen beiden Arten der Modellierung hin- und hergesprungen wird.

Das Ziel der Verhaltensmodellierung kann aus zwei Blickrichtungen betrachtet werden. Einerseits soll das Verhalten, d. h. die Menge der Operationen der an der Erfüllung der Systemfunktionalitäten beteiligten Objekte, beschrieben werden. Andererseits soll das Verhalten des Gesamtsystems als Interaktion verschiedener Objekte aufgezeigt werden. Bei genauerer Betrachtung unterscheiden sich beide Ziele aber nur im Detaillierungsgrad des zu beschreibenden Verhaltens. Eine wesentliche Erkenntnis dabei ist, daß Objekte in der Regel mit anderen Objekten interagieren, um ihr Verhalten zu realisieren, womit die „Interaktion verschiedener Objekte" auch auf der Ebene der Verhaltensmodellierung gegeben ist. Konzepte zur Verhaltensmodellierung sollen daher die Spezifikation von Operationen und von Objektinteraktionen unterstützen. Diese werden im folgenden im Detail vorgestellt.

Operationen und Verpflichtungen

Das Verhalten eines Objekttyps ist durch eine Menge von Operationen, die auf Instanzen des Objekttyps ausgeführt werden können, definiert.

Eine *Operation (operation)* ist die kleinste Einheit, die auf ein Objekt zugreift bzw. selbst wieder Operationen auf demselben oder anderen Objekten aufruft. Während der frühen Phasen der Modellierung ist es aber von Vorteil, das Verhalten eines Objekttyps nicht (nur) in Form von Einzeloperationen zu beschreiben, sondern in Form von logisch zusammengehörigen Operationen, sogenannten Verpflichtungen, die den Beitrag des Objekttyps zur Erfüllung der Funktionalität des Gesamtsystems darstellen.

Eine *Verpflichtung (responsibility)* besteht aus einer oder mehreren logisch zusammengehörigen Operationen, die Wissen über das Objekt bzw. Aktivitäten, die das Objekt ausführen kann, beschreiben. Operationen sind „logisch zusammengehörig", wenn sie Teilaufgaben einer komplexeren Aufgabe, eben einer Verpflichtung, realisieren. Eine andere Bezeichnung für „logisch zusammengehörig" ist *funktional kohäsiv*, was die funktionale Bindung der Operationen charakterisiert (siehe auch Abschnitt 8.4.1). Verpflichtungen werden informell in natürlicher Sprache beschrieben. Der Detaillierungsgrad einer Verpflichtung hängt von der jeweiligen Problemstellung ab.

Beispiel 2.21 Der Objekttyp SORTIERTE-LISTE hat u. a. zwei Verpflichtungen. Erstens kennt er seine Größe, und zweitens führt er Operationen bezüglich seiner Elemente aus. Diese beiden Verpflichtungen können durch folgende Operationen verfeinert, d. h. genauer spezifiziert werden:

```
object type SORTIERTE-LISTE
        ...
        operations
                /* die Verpflichtung "die Groesse kennen" */
                /* wird durch eine Operation realisiert */
                groesse () returns Integer

                /* die Verpflichtung */
                /* "Operationen auf den Elementen ausfuehren" */
                /* wird durch mehrere Operationen */
                /* realisiert (Liste nicht vollstaendig) */
                fuerJedesElementDo (op: OPERATION)
                fuerJedesElementReverseDo (op: OPERATION)
                findeErstes (bed: BEDINGUNG) returns ELEMENT
                findeLetztes (bed: BEDINGUNG) returns ELEMENT
        ...
end object type SORTIERTE-LISTE
```

□

Beispiel 2.22 Der Objekttyp RESERVIERUNG eines Hotelreservierungssystems erfüllt u. a. zwei Verpflichtungen. Er kennt die Kundenwünsche und er regelt die Abrechnung bei der Abreise des Gastes. Diese beiden Verpflichtungen werden u. a. durch folgende Operationen genauer spezifiziert:

```
object type RESERVIERUNG
    ...
    operations
        /* Kundenwuensche kennen */
        spezialWuensche () returns String
        anzahlBetten () returns Integer

        /* Abrechnung regeln */
        aufRechnungSetzen (betrag: Real)
        erstelleRechnung ()
        zahlungsModalitaetWaehlen (mod: String)
    ...
end object type RESERVIERUNG
```

□

Kollaborationen und *uses*-Beziehungen

Einem Objekttyp werden Verpflichtungen bzw. Operationen zugeordnet, die die Instanzen dieses Objekttyps erfüllen. An der Erfüllung einer Operation sind neben Operationen, die auf demselben Objekt ausgeführt werden, oft auch Operationen, die auf anderen Objekten ausgeführt werden, beteiligt. In anderen Worten ausgedrückt, Objekte *kollaborieren* miteinander, um ihre Operationen zu erfüllen.

Das Prinzip der Kollaboration wird auch als *Klient-Anbieter-Prinzip (client/server model)* bezeichnet. Der Klient ist das Objekt, das von einem anderen Objekt die Erfüllung einer Operation erwartet bzw. durch das Senden einer Nachricht erbittet. Der Anbieter ist ein Objekt, das eine Menge von Operationen zur Ausführung anbietet. Die Beziehung zwischen einem Klientenobjekt und einem Anbieterobjekt heißt *uses*-Beziehung. Manchmal wird der synonyme Begriff *Kollaborationsbeziehung* verwendet.

Die *uses*-Beziehung ist eine gerichtete, mehrwertige Beziehung zwischen Instanzen desselben oder unterschiedlicher Objekttypen und legt fest, daß ein Objekt zur Erfüllung seiner Operationen die Ausführung von Operationen der assoziierten Objekte benötigt. Während der Modellierung wird die *uses*-Beziehung auf der Ebene von Objekttypen (und nicht von Objekten!) spezifiziert. Dabei sind unterschiedliche Detaillierungsgrade in der Spezifikation der *uses*-Beziehung denkbar:

1. Nur der Klientenobjekttyp und der Anbieterobjekttyp werden spezifiziert.

2. Zusätzlich zu 1. werden die Operationen des Klientenobjekttyps, die die Ausführung von Operationen des Anbieterobjekttyps benötigen, spezifiziert.

3. Zusätzlich zu 1. werden die benötigten Operationen des Anbieterobjekttyps spezifiziert.

4. Zusätzlich zu 1. wird spezifiziert, welche Operation des Klientenobjekttyps welche Operation(en) des Anbieterobjekttyps benötigt.

Ein Anbieterobjekt kann seinerseits wieder mit anderen Anbieterobjekten kollaborieren, um seine Operationen ausführen zu können. Die Kette von *uses*-Beziehungen zwischen Objekttypen wird in einem gerichteten Graphen dargestellt, dem *uses*-Graph.

Beispiel 2.23 Der Objekttyp SORTIERTE-LISTE benötigt den Objekttyp ELEMENT. Genauer spezifiziert, zur Realisierung der Operationen findeErstes (bed: BEDINGUNG) returns ELEMENT und findeLetztes (bed: BEDINGUNG) returns ELEMENT des Objekttyps SORTIERTE-LISTE wird die Operation pruefeBedingung (bed: BEDINGUNG) returns Boolean des Objekttyps ELEMENT ausgeführt. Der *uses*-Graph zu diesem Beispiel besteht aus einer Kante vom Objekttyp SORTIERTE-LISTE zum Objekttyp ELEMENT. Anders ausgedrückt: SORTIERTE-LISTE *uses* ELEMENT. □

Die *uses*-Beziehung gehört zu den wichtigsten Informationen, die während der Modellierung explizit spezifiziert werden. Sie zeigt Abhängigkeiten zwischen Objekttypen auf, die durch Nachrichtenaustausch entstehen. Bei einer Verbesserung der Modellierung wird die *uses*-Beziehung oft als Ausgangsbasis zur Verminderung der Abhängigkeiten zwischen Objekttypen herangezogen.

Eine weitere Tatsache wird durch die Spezifikation der *uses*-Beziehung aufgezeigt, nämlich, daß Objekttypen nicht in Isolation entworfen werden können, da sie in der Regel auch nicht in Isolation benutzt werden. Jeder Objekttyp bietet eine Menge von Operationen zur Benutzung durch andere Objekttypen an und gleichzeitig benutzt er Operationen anderer Objekttypen zur Erfüllung der eigenen Aufgaben. Das heißt, ein Objekttyp hat zwei Arten von Schnittstellen, die *angebotene Schnittstelle* (*suffered interface*) und die *benötigte Schnittstelle* (*required interface*). Die von einem Objekttyp angebotene Schnittstelle enthält die Spezifikationen der Operationen, die auf Instanzen dieses Objekttyps ausgeführt werden können. Die von einem Objekttyp benötigte Schnittstelle enthält die Spezifikationen der von anderen Objekttypen angebotenen Operationen.

Beispiel 2.24 Die angebotene und die benötigte Schnittstelle des Objekttyps SORTIERTE-LISTE können wie folgt spezifiziert werden:

```
object type SORTIERTE-LISTE
    ...
    operations
        /* angebotene Schnittstelle (unvollstaendig) */
        groesse () returns Integer
        fuegeEin (e: ELEMENT)
        loesche (e: ELEMENT)
        fuerJedesElementDo (op: OPERATION)
        fuerJedesElementReverseDo (op: OPERATION)
```

```
        findeErstes (bed: BEDINGUNG) returns ELEMENT
        findeLetztes (bed: BEDINGUNG) returns ELEMENT
        ...
        /* benoetigte Schnittstelle (unvollstaendig) */
        from object type ELEMENT:
            pruefeBedingung (bed: BEDINGUNG) returns Boolean
            istIdent (e: ELEMENT) returns Boolean
            istGleich (e: ELEMENT) returns Boolean
            istKleiner (e: ELEMENT) returns Boolean
        ...
    ...
end object type SORTIERTE-LISTE
```

□

Die angebotene und die benötigte Schnittstelle eines Objekttyps sind Teil des Modellierungsergebnisses. Beide bieten wichtige Information zur Implementierung der Operationen. Die angebotene Schnittstelle spiegelt sich auch in der Schnittstelle des implementierten Objekttyps wider. Die benötigte Schnittstelle ist im Code der implementierten Operationen verborgen. Obwohl hier Modellierungskonzepte behandelt werden, soll aufgrund der Bedeutung der beiden Arten von Schnittstellen auf dieses Manko in existierenden objektorientierten Sprachen kurz eingegangen werden. Die benötigte Schnittstelle eines Objekttyps ist nur implizit, im Code der Operationen, vorhanden und kann nur durch Inspektion des Quellcodes (sofern vorhanden) aus diesem extrahiert werden. Gerade diese Information ist aber zur Wiederverwendung des Objekttyps notwendig. Erstens ist bei (Wieder-)Verwendung eines Objekttyps auch von Interesse, welche zusätzlichen Objekttypen benötigt werden (z. B. wenn eine Klassenbibliothek erstellt werden soll). Zweitens ist bei einer Änderung einer Operation eines Objekttyps, unabhängig davon, ob Spezifikation oder Implementierung geändert wird, auch von Interesse, die Klienten der Operation zu benachrichtigen bzw. sie bezüglich unerwünschter Seiteneffekte aufgrund der Änderungen zu untersuchen. Diese Überlegungen waren mit ein Grund, in modularen Programmiersprachen zwei „Schnittstellen" in der Modulspezifikation einzuführen, nämlich die „exports"-Klausel und die „imports"-Klausel [151]. Eine ähnliche Erweiterung für objektorientierte Sprachen ist uns nur für Modula-3 [29], Oberon [261] und Oberon-2 [170] bekannt, jeweils objektorientierte Weiterentwicklungen von Modula-2.

Ein zusätzliches Abstraktionsniveau in der Beschreibung der *uses*-Beziehung ist durch die Einführung von Verträgen gegeben. Ein *Vertrag (contract)* zwischen zwei Objekttypen (Klient und Anbieter) ist eine Menge von logisch zusammengehörigen Verpflichtungen bzw. Operationen, die Instanzen des Klientenobjekttyps von Instanzen des Anbieterobjekttyps verlangen können. Verträge dienen dazu, *uses*-Beziehungen auf einem höheren Abstraktionsniveau als dem der benutzenden und benötigten Operationen zu beschreiben, und gleichzeitig mehr Information als nur die beteiligten Objekttypen zu spezifizieren. Es können mehrere Verträge zwischen denselben Objekttypen in derselben Abhängigkeitsrichtung existieren.

Beispiel 2.25 Aus dem im vorigen Beispiel besprochenen *uses*-Graphen läßt sich die Spezifikation des Vertrages Überprüfungen zwischen SORTIERTE-LISTE und ELEMENT ableiten. Der Vertrag Überprüfungen umfaßt die von ELEMENT angebotenen und von SORTIERTE-LISTE benötigten Operationen. □

Spezifikation von Operationen

Ein wesentliches Prinzip der objektorientierten Entwicklung ist das des *Information Hiding*. Dazu gehört einerseits das Verstecken von internen Datenstrukturen und die Einschränkung des Zugriffs darauf durch eine Menge von Operationen, und andererseits die Trennung zwischen Spezifikation und Implementierung von Operationen. Die Spezifikation von Operationen wird während der Modellierung sukzessive vervollständigt. Zur *Spezifikation einer Operation* gehören

- die Signatur der Operation,
- die Vor- und Nachbedingungen und invarianten Bedingungen, die vor Ausführung der Operation gelten müssen bzw. nach Ausführung der Operation gelten,
- die logischen und zeitlichen Ausführungsabhängigkeiten aller Operationen eines Objekttyps und
- die zum Modellierungszeitpunkt bekannten Seiteneffekte der Ausführung der Operation, d. h. welche anderen Operationen ebenfalls ausgeführt werden.

Die einzelnen Punkte werden im folgenden besprochen.

Die *Signatur einer Operation* besteht aus dem Namen der Operation, den Namen und Wertebereichen der Eingabeparameter und dem Wertebereich des Rückgabewertes. Der Wertebereich eines Parameters definiert die Menge der erlaubten Werte, die der Parameter zur Laufzeit als Wert annehmen kann. Der Wertebereich ist — abhängig vom zugrundeliegenden Typsystem — ein atomarer oder zusammengesetzter Datentyp oder ein Objekttyp. Die Signatur einer Operation wird auch als *syntaktische Spezifikation* bezeichnet, weil sie keine Aussagen über den eigentlichen Zweck der Operation zuläßt. Demgegenüber wird in der *semantischen Spezifikation* versucht, die Semantik der Operation u. a. durch Angabe von Vor- und Nachbedingungen, Ausführungsabhängigkeiten und Seiteneffekten, zu spezifizieren.

Vor- und Nachbedingungen einer Operation legen fest, was eine Operation vor ihrer Ausführung erwartet bzw. was sie nach ihrer erfolgreichen Ausführung sicherstellt. Zusätzlich können auch invariante Bedingungen auf der Ebene des Objekttyps spezifiziert werden, die immer, d. h. vor und nach jeder Ausführung der Operation, gelten müssen. Die Spezifikation von Vor- und Nachbedingungen wurde von Meyer treffend als *Programming is Contracting* [166] bezeichnet. Vor- und Nachbedingungen definieren einen Vertrag (= *contract*[8]) zwischen dem Klientenobjekt und dem die Operation anbietenden Objekt. Die Vorbedingung ist eine Obligation, die das Klientenobjekt erfüllen muß und die das Anbieterobjekt am Beginn der Ausführung der Operation erwarten kann. Die Nachbedingung ist eine Obligation, die nach erfolgreicher Ausführung der Operation gelten muß und die daher das Klientenobjekt erwarten kann.

Vor- und Nachbedingungen einer Operation umfassen in der Regel Aussagen über die Parameter der Operation, über den internen Zustand des Anbieterobjektes vor und nach Ausführung der Operation, und über den internen Zustand anderer im System vorhandener Objekte. (Natürlich kann auf den internen Zustand von Objekten nicht direkt, sondern nur über Leseoperationen zugegriffen werden.) Die Sprache, in der Vor- und Nachbedingungen formuliert werden, hängt vom jeweiligen zur Verfügung stehenden System ab. Beispiele sind logische Formeln oder Pseudocode.

Beispiel 2.26 Im nachfolgenden Pseudocode werden für die Operation fuegeEin (e: ELEMENT) des Objekttyps SORTIERTE-LISTE Vor- und Nachbedingung spezifiziert. Die verwendete Notation ist ähnlich der Notation, wie sie in der Programmiersprache EIFFEL[9] [169] definiert ist.

```
object type SORTIERTE-LISTE
    ...
    operations
        fuegeEin (e: ELEMENT)
            precondition:
                true
            postcondition:
                [self groesse ()] = [old(self) groesse ()] + 1 and [self in(e)]
        ...
end object type SORTIERTE-LISTE
```

Die Vorbedingung true besagt, daß die Operation keine Anforderung an das aufrufende Klientenobjekt stellt. Die Nachbedingung [self groesse ()] = [old(self) groesse ()] + 1 sichert eine Erhöhung der Anzahl der Listenelemente um eins zu. self ist eine Referenz auf das Objekt, auf dem die Operation ausgeführt wurde. Die Funktion old(self) beschreibt den internen Zustand von self vor Ausführung der Operation. self groesse () ist zu lesen als „die Nachricht groesse wird an das Objekt self geschickt“. Die Nachbedingung [self in(e)] garantiert, daß nach

[8] Hat hier jedoch eine andere Bedeutung als der Vertrag als Menge von Verpflichtungen und/oder Operationen, die ein Klientenobjekt von einem Anbieterobjekt erwartet. Das Ziel ist aber in beiden Fällen dasselbe: Kommunikation zwischen Objekten in abstrakter und dennoch eindeutiger und präziser Form zu beschreiben.

[9] EIFFEL gehört zu den wenigen objektorientierten Sprachen, die die Spezifikation von Vor- und Nachbedingungen sowie von invarianten Bedingungen explizit in der Sprache unterstützen.

erfolgreicher Ausführung der Operation das Objekt e in die Liste eingetragen ist. □

Die bisher besprochenen Vor- und Nachbedingungen haben eine Operation isoliert von den anderen Operationen des Objekttyps behandelt. Dies ist nur zum Teil realistisch. Oft können Operationen nur dann auf Objekten ausgeführt werden, wenn diese in einem bestimmten Zustand sind. Dieser Zustand wird durch die Ausführung anderer Operationen erreicht. Die gültigen Ausführungsfolgen von Operationen eines Objekttyps sind daher ebenfalls Teil der Spezifikation der Operationen. Diese Ausführungsfolgen werden auch als *gültiger Lebenszyklus eines Objekttyps* bezeichnet. Es wird dabei festgelegt, wie sich ein Objekt vom Zeitpunkt der Erzeugung an weiterentwickelt, und welche Operationen es in welchem Zustand ausführen kann. Die möglichen Zustände der Instanzen eines Objekttyps werden entweder als konkrete Zustände oder als abstrakte Zustände modelliert. Die *konkreten Zustände* ergeben sich aus den aktuellen Werten der Attribute und Beziehungen, die die Instanzen näher beschreiben. Die *abstrakten Zustände* werden vom Benutzer explizit spezifiziert und beschreiben Zeiträume in einem Lebenszyklus eines Objektes. Die gültigen Ausführungsfolgen von Operationen spezifizieren die zeitlichen Beziehungen zwischen den Operationen, d. h. in welcher Reihenfolge sie auf den Instanzen des betreffenden Objekttyps ausgeführt werden können.

Die Ausführung einer Operation kann die Ausführung weiterer Operationen (auf demselben oder anderen Objekten) zur Folge haben. Zur Modellierung dieser Information wurde die *uses*-Beziehung eingeführt. Ein wichtiger Aspekt dabei ist die transitive Hülle der *uses*-Beziehung auf der Ebene der Operationen. Die transitive Hülle der *uses*-Beziehung einer Operation t enthält alle Operationen, die direkt oder indirekt von der Ausführung von t betroffen sind und ebenfalls ausgeführt werden. Dadurch können Aussagen über die Kommunikationsstruktur, wie z. B. zyklische Aufruffolgen von Operationen und unerwartete Auswirkungen von Operationen, gemacht werden.

Wir haben zwei Arten von Schnittstellen eines Objekttyps kennengelernt, die die Menge der angebotenen Operationen und die Menge der benötigten Operationen charakterisieren. Aus Gründen der besseren Ausdrucksfähigkeit ist es aber von Vorteil, die Menge der angebotenen Operationen während der Modellierung abhängig von ihrer Sichtbarkeit von anderen Objekttypen in weitere Gruppen zu unterteilen. Wir unterscheiden zwischen *privaten*, *im Subtyp sichtbaren* und *öffentlichen* Operationen. *Private Operationen* sind nur von Instanzen des Objekttyps, für den die Operation definiert wurde, sichtbar. Eine weitere Einschränkung dieser Gruppe der Operationen in solche, die nur an self, d. h. an die gerade aktive Instanz geschickt werden dürfen, ist vorstellbar. Private Operationen werden zur Implementierung der übrigen Operationen eines Objekttyps verwendet. *Im Subtyp sichtbare Operationen* sind für alle Instanzen des Objekttyps, für den die Operationen definiert wurden, und für alle Instanzen seiner direkten und indirekten Subtypen sichtbar. Die Subtypen bzw. ihre Instanzen werden auch als *erbende Kunden (inheriting clients)* bezeichnet. *Öffentliche Operationen*, auch sichtbare Operationen genannt, sind für Instanzen aller Objekttypen sichtbar. Objekte, die öffentliche Nachrichten aufrufen, werden auch als *instanziierende Kunden* (*instantiating clients*) bezeichnet. Abhängig von der Problemstellung können unterschiedliche Gruppen von öffentlich sichtbaren Operationen definiert werden. Eine Einteilung der Operationen nach zunehmender Sichtbarkeit, ähnlich den Zugriffsrechten in Betriebssystemen, oder in disjunkte Gruppen ist vorstellbar. Ebenso könnten die Sichtbarkeitsregeln auch auf andere Abstraktionen, wie z. B. Objekttypen, angewendet werden. Verschiedene Ebenen der Sichtbarkeit, sowohl von Operationen als auch von Instanzvariablen, werden auch von manchen objektorientierten Sprachen angeboten. C++ [75] und Trellis/Owl [135] haben die ausgeprägtesten Sichtbarkeitsregeln, die zwischen *privaten*, *im Subtyp sichtbaren* und *öffentlichen* Operationen unterscheiden.

Welche Operation von welchem Klientenobjekt aufgerufen werden darf, kann auch von der Art der Operation beeinflußt werden. Abhängig von der Art des Zugriffs einer Operation auf ein Objekt unterscheidet man zwischen [32]

- *Konstruktoren*: Operationen, die neue Instanzen erzeugen
- *Destruktoren*: Operationen, die Instanzen löschen
- *Selektoren*: Operationen, die Informationen über ein Objekt zur Verfügung stellen; sie greifen nur lesend auf ein Objekt zu und haben keine Seiteneffekte
- *Modifikatoren*: Operationen, die den internen Zustand eines Objektes verändern; sie greifen schreibend auf ein Objekt zu und können auch Seiteneffekte auf andere Objekte haben
- *Iteratoren*: Operationen, die dieselbe Operation auf einer Menge von Objekten ausführen

Die wichtigsten zwei Gruppen sind die Selektoren und die Modifikatoren. Die Unterteilung in abfragende und verändernde Operationen und die davon abhängige Vergabe von Benutzerprofilen hat sich im Einsatz von Datenbanksystemen bereits bewährt. Abhängig von der Problemstellung sollten sie auch in der Modellierung objektorientierter Systeme beachtet werden.

Subsysteme

Operationen, Verpflichtungen und Verträge sind Abstraktionsmechanismen zur Spezifikation des *Verhaltens der Instanzen eines Objekttyps*. Eine durchschnittlich komplexe Problemstellung besteht aber in der Regel aus einer großen Anzahl von Objekttypen mit komplexen Kollaborationsbeziehungen. Bei genauerer Betrachtung können Gruppen von Objekttypen identifiziert werden, die jeweils gemeinsam einen Aufgabenkomplex erfüllen. Diese Beobachtung ist die

Ausgangsbasis für den Einsatz eines Abstraktionskonzeptes, das über der Abstraktionsebene von Objekttypen liegt, nämlich Subsysteme. Ein *Subsystem* besteht aus einer Menge interagierender Objekttypen und (wahlweise) weiteren Subsystemen, die gemeinsam einen Teil des geforderten Systemverhaltens anbieten. Ein Subsystem ist ein Abstraktionsmechanismus zur Spezifikation des *Verhaltens einer Menge von Objekttypen.* Konzepte für eine zusätzliche Abstraktionsebene, neben der der Objekttypen, werden von vielen objektorientierten Methoden angeboten. Die hier vorgestellten Subsysteme basieren auf dem Konzept der *Subsystems* in [259]. Synonyme in anderen Methoden mit grundsätzlich gleicher Bedeutung sind u. a. *Modules* in [205], *Class categories* in [32], *Clusters* in [168], *Services* in [113], *Ensembles* in [50] und *Subjects* in [55].

Subsysteme dienen dazu, ein objektorientiertes Modell übersichtlicher zu machen. Dabei werden sie sowohl bei einer anfänglichen Top-down-Zerlegung der Problemstellung als auch zur Verbesserung des Entwurfs in einem Bottom-up-Verfahren verwendet. Bei der *Top-down-Zerlegung* einer Problemstellung werden in der Regel Gruppen von Objekttypen mit unterschiedlicher Systemfunktionalität identifiziert. Jede Gruppe wird einem Subsystem zugeordnet, das in weiterer Folge in Objekttypen bzw. in weitere Subsysteme zerlegt wird. Während der Modellierung können Gruppen von Objekttypen basierend auf den Kollaborationsbeziehungen identifiziert werden. Die Kollaborationen zwischen Objekttypen innerhalb einer Gruppe sind komplexer und häufiger als zwischen Objekttypen in verschiedenen Gruppen. In einem *Bottom-up-Verfahren* kann eine Gruppe von Objekttypen mit komplexen Kollaborationsbeziehungen als Subsystem gekapselt werden. Die Operationen bzw. Verpflichtungen und Verträge, die die Objekttypen eines Subsystems für Objekttypen außerhalb des Subsystems anbieten, werden als sichtbare Schnittstelle des Subsystems spezifiziert. Das Innere eines Subsystems kann in weiterer Folge vor Objekttypen und Subsystemen außerhalb des betreffenden Subsystems verborgen bleiben. Subsysteme in der Bottom-up-Modellierung dienen zur Vereinfachung von Kollaborationsbeziehungen und damit zur Verbesserung eines objektorientierten Modells.

Die Objekttypen eines Subsystems haben vielfältige Beziehungen zueinander, die der Erfüllung der vom Subsystem angebotenen Operationen bzw. Verpflichtungen und Verträge dienen. Zusätzlich aber haben diese Objekttypen Beziehungen (in den meisten Fällen *uses*- und *subtypeOf*-Beziehungen) zu Objekttypen in anderen Subsystemen. Diese Information sollte ebenfalls in der Schnittstelle eines Subsystems in Form von Import- und Export-Klauseln sichtbar sein, um auch versteckte Beziehungen über die Grenzen eines Subsystems hinweg explizit zu machen. Beim Import von Objekttypen wird explizit zwischen Import zur Kollaboration und Import für die Spezifikation von Subtypen unterschieden. Subsysteme können natürlich nur zur Kollaboration importiert werden. Diese Unterscheidung ist speziell für eine mögliche spätere Reorganisation von Subsystemen relevant, weil die Beziehung zwischen Objekttypen und ihren Subtypen stärker als jene zwischen kollaborierenden Objekttypen ist. Die Spezifikation von Import- und Export-Klauseln ist eine Erweiterung des Konzepts der Subsysteme, wie es in [259] eingeführt wurde. In einem *uses*-Graph werden die Schnittstelle eines Subsystems sowie seine Elemente mit ihren *uses*-Beziehungen modelliert. Zur Verbesserung der Übersichtlichkeit können sehr häufig auftretende *uses*-Beziehungen zentral beschrieben und im *uses*-Graph weggelassen werden. Solche Beziehungen sind beispielsweise *uses*-Beziehungen zu Objekttypen, die Basisfunktionalität anbieten (Listen, Bäume, Mengen, etc.).

Beispiel 2.27 Das Subsystem RAUMVERWALTUNGS-SUBSYSTEM in einem Hotelreservierungssystem besteht aus den drei Objekttypen ZIMMERSERVICE, RESERVIERUNG und RAUM. Das Subsystem exportiert zwei Verträge, nämlich Raeume reservieren und Abrechnung. Diese Verträge werden vom Objekttyp RESERVIERUNG angeboten. Außerdem wird der Objekttyp ZIMMERSERVICE exportiert, d. h. er kann von anderen Subsystemen importiert und seine Schnittstelle benutzt werden. Das Subsystem DRUCKER-SUBSYSTEM wird importiert.

```
subsystem RAUMVERWALTUNGS-SUBSYSTEM
    consistsOf
        object types
            ZIMMERSERVICE,
            RESERVIERUNG,
            RAUM,
        subsystems
            -
    /* Spezifikation der Schnittstelle */
    imports
        for collaboration:
            DRUCKER-SUBSYSTEM
        for subtyping:
            -
    exports
        contracts:
            Raeume reservieren
            Abrechnung
        object types:
            ZIMMERSERVICE
end subsystem RAUMVERWALTUNG
```

□

Subsysteme sind Artefakte der objektorientierten Modellierung. Es gibt heute (noch) keine Implementierungsumgebung, die neben Objekttypen einen zusätzlichen Abstraktionsmechanismus ähnlich dem der Subsysteme unterstützt. Es sind aber mehrere Möglichkeiten der Umsetzung von Subsystemen in existierende objektorientierte Sprachen/Systeme vorstellbar.

1. Subsysteme können auf der Realisierungsebene völlig verschwinden. Die von einem Subsystem während der Modellierung angebotenen Verträge werden von Objekttypen innerhalb des Subsystems realisiert.

2. Subsysteme können als Objekttypen realisiert und daher auch instanziiert werden. In diesem Fall können die von einem Subsystem angebotenen Verträge direkt beim Subsystem durch eine Menge von Operationen realisiert werden. Auch die Modellierung struktureller Information, die den internen Zustand von Instanzen eines Subsystems näher beschreiben, ist möglich. Diese Lösung wird in [50] vorgeschlagen.

3. In Abwandlung der erstgenannten Lösung können Subsysteme auch zur Spezifikation von lokalen Namensräumen verwendet werden. Jedes Subsystem definiert einen Namensraum, in den importiert bzw. von dem exportiert werden kann. Bei der Realisierung müssen die lokal eindeutigen Namen der Objekttypen global eindeutig gemacht werden, zum Beispiel durch Konkatenation des Namens des Objekttyps mit dem Namen des Subsystems.

2.3 Objektorientierte Programmiersprachen

Die Entwicklung des objektorientierten Paradigmas geht auf die Programmiersprache SIMULA in den 60er Jahren zurück [24]. Während SIMULA noch in erster Linie für die Entwicklung von Simulationssoftware bestimmt war, ist die generelle Einsetzbarkeit von objektorientierten Programmiersprachen heute unumstritten. Im folgenden wird ein kurzer Abriß über die Entwicklung objektorientierter Sprachen gegeben.

Abbildung 2.3 zeigt den historischen Zusammenhang der bekanntesten objektorientierten Sprachen.

Objektorientierte Programmiersprachen werden nach den von ihnen angebotenen objektorientierten Konzepten bzw. nach ihrer Unterstützung von nicht objektorientierten Konzepten eingeteilt. Erstere Einteilung baut auf einer Klassifikation von Wegner auf [251]. Dabei wird zwischen objektbasierten, klassenbasierten und objektorientierten Sprachen unterschieden. *Objektbasierte* Sprachen unterstützen das Konzept der Kapselung und des Information Hiding oder anders ausgedrückt, sie bauen auf dem Konzept des Abstrakten Datentyps auf. Zu dieser Klasse von Sprachen gehören Ada und Modula-2. *Klassenbasierte* Sprachen bauen auf objektbasierten Sprachen auf und unterstützen zusätzlich das Konzept der Objektklassen (im Sinne von Objekttypen). Im Gegensatz zu objektbasierten Sprachen können beliebig viele Instanzen eines Abstrakten Datentyps dynamisch erzeugt werden. Zu dieser Klasse von Sprachen gehört CLU, eine am MIT entwickelte und hauptsächlich für die Lehre eingesetzte Sprache [151]. *Objektorientierte* Sprachen schließlich erweitern klassenbasierte Sprachen um das Konzept der Vererbung. Auf dieser Ebene setzt die zweite Klassifikation

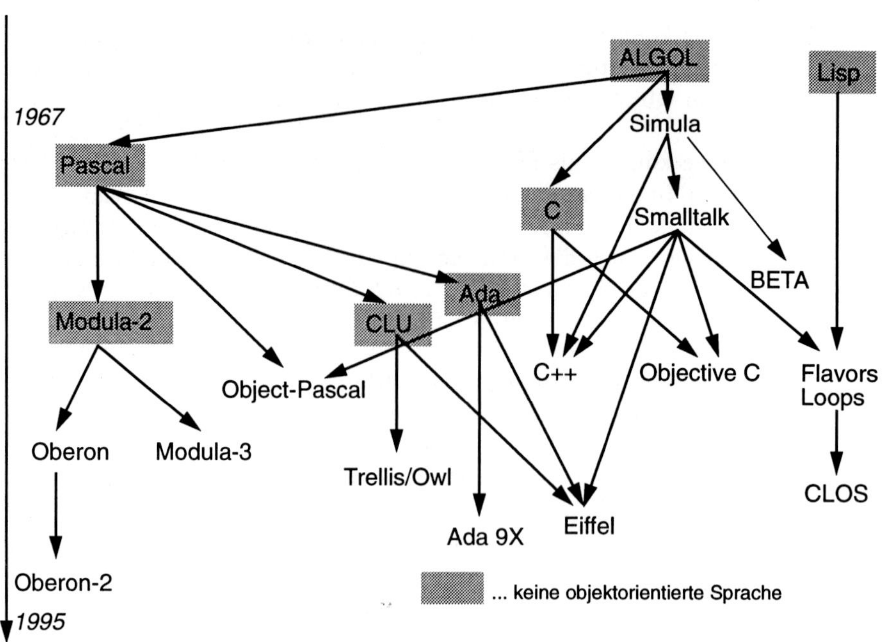

Abbildung 2.3 Geschichte objektorientierter Programmiersprachen

an. Dabei wird zwischen hybriden Sprachen und voll objektorientierten Sprachen unterschieden. *Hybride* Sprachen (*hybrid languages*) unterstützen neben den objektorientierten Konzepten auch nicht-objektorientierte Sprachkonzepte wie Datentypen und Prozeduren. Diese Sprachen stammen oft von nicht-objektorientierten Sprachen ab, die entweder teilweise oder ganz im Sprachumfang der hybriden Sprachen enthalten sind. Der Vorteil hybrider Sprachen ist, daß sie einen evolutiven Übergang von traditioneller Programmentwicklung zu objektorientierter Programmentwicklung anbieten. Dies ist aber gleichzeitig auch ihr Nachteil. Der Einsatz einer hybriden Sprache bedeutet nämlich nicht unbedingt, daß auch wirklich objektorientiert entwickelt wird. Beispiele für hybride Sprachen sind SIMULA [24], BETA [156], Trellis/Owl [135], C++ [75] und Objective-C [63] als Weiterentwicklung der Sprache C, CLOS [130, 133] als Weiterentwicklung der Sprache Lisp, Object-Pascal [213] als Weiterentwicklung von Pascal, Ada 9X [202] als Weiterentwicklung von Ada, und Modula-3 [29], Oberon [261] und Oberon-2 [170, 174] als Weiterentwicklung von Modula-2. Im Gegensatz zu hybriden Sprachen bauen *voll objektorientierte* Sprachen (*pure object-oriented languages*) ausschließlich auf objektorientierten Konzepten auf („*everything is an object*"). Vertreter dieser Sprachen sind Smalltalk [88] und Eiffel [169].

2.4 Objektorientierte Datenbanksysteme

Objektorientierte Datenbanksysteme (OODBS) haben sich aus den Bedürfnissen von Nicht-Standard-Anwendungen, d. h. in erster Linie von technischen Anwendungen wie Geographischen Informationssystemen und Computer Integrated Manufacturing-Systemen, heraus entwickelt. Dabei ist eine zentrale Forderung dieser Anwendungen, daß komplexe Objekte gemeinsam mit ihrer Struktur- und Verhaltensinformation persistent, d. h. den Durchlauf eines Programmes überdauernd, verwaltet und von mehreren Benutzern gleichzeitig manipuliert werden können. Aus dieser Forderung kann auch die Definition eines OODBS abgeleitet werden. Ein objektorientiertes Datenbanksystem ist ein Datenbanksystem mit einem objektorientierten Datenmodell[10] [69, 99, 154, 240]. Die Konzepte eines Datenbanksystems umfassen Persistenz, Sekundärspeicherverwaltung, Mehrbenutzerkontrolle, Wiederanlauf, (ad-hoc) Abfragesprachen und Benutzerberechtigungen [76, 100]. Diese Konzepte müssen auch von einem OODBS angeboten werden. Ein Datenmodell definiert die Konzepte, auf denen die Datendefinitions- und -manipulationssprache des zugrundeliegenden Datenbanksystems aufbaut. Im Gegensatz zu den traditionellen (relationalen, Netzwerk, hierarchischen) Datenbanksystemen, bei denen genau ein Datenmodell existiert, gibt es mehrere unterschiedliche objektorientierte Datenmodelle. Als Minimalforderung an ein objektorientiertes Datenmodell wird allgemein akzeptiert, daß es die Modellierung von komplexen Objekten, Objektidentität, Kapselung, Objekttypen, Vererbung, Überschreiben, Dynamisches Binden, Erweiterbarkeit und Sprachvollständigkeit unterstützt [13]. Diese Konzepte stellen die elementaren Konzepte objektorientierter Systeme dar (siehe Unterkapitel 2.1). Es ist daher einleuchtend, daß auf der Basis dieser Minimalforderung unterschiedliche objektorientierte Datenmodelle und in weiterer Folge unterschiedliche OODBS entwickelt worden sind. Diese bauen entweder auf objektorientierten Programmiersprachen wie C++ und Smalltalk auf oder stellen Neuentwicklungen dar. Bekannte kommerzielle Vertreter sind ObjectStore basierend auf C++ [145], GemStone basierend auf Smalltalk [42] und O_2 als Vertreter einer Neuentwicklung [16]. Um eine einheitliche Schnittstelle zu unterschiedlichen Systemen zu gewährleisten, wurde von einigen Datenbankherstellern im Rahmen der Object Database Management Group der ODMG-93 Standard, ein Referenzmodell für ein objektorientiertes Datenmodell und eine objektorientierte Abfragesprache, publiziert [45]. Inwieweit sich der ODMG-93 Standard als kleinster gemeinsamer Nenner von OODBS durchsetzen wird bzw. inwieweit ODMG-93 und SQL3, die objektorientierte Weiterentwicklung von SQL92 [165], zu einem gemeinsamen Standard verschmelzen, wird sicher in nicht allzuweiter Zukunft entschieden werden.

[10] Der Begriff *Daten*modell bedeutet nicht, daß nur Daten, d. h. statische Information betrachtet wird, sondern stellt vielmehr einen terminus technicus in der Datenbankliteratur dar.

2.5 Literaturhinweise

Für eine Einführung in elementare Konzepte der Objektorientierung siehe [38, 183, 251, 253]. Probleme und Lösungsmöglichkeiten bei der Unterscheidung zwischen Objekttyp und Objektklasse werden in [216] diskutiert. Die unterschiedlichen Interpretationen des Vererbungskonzeptes, vor allem kontravariante versus kovariante Subtypenbildung werden u. a. ausführlich in [54, 152, 153, 191, 208] behandelt. Die Definition von Objekttypen durch Bottom-up-Vererbung wird in [217] vorgestellt. Die Probleme mit Mehrfachvererbung werden in [44] aufgezeigt. Eine weiterführende Definition von Polymorphismus, die auch die Konzepte der Vererbung, generischer Typen und Überladen miteinschließt, wird in [43] vorgestellt.

Aufgrund von sich rasch ändernden Anforderungen wird es immer wichtiger, daß auch objektorientierte Systeme dynamisch änderbar sind. Ein wesentliches Konzept dazu sind Metatypen bzw. Metaklassen, die es erlauben, Typ- bzw. Klasseninformationen dynamisch zu ändern. Systeme basierend auf Metatypen bzw. Metaklassen werden in [68, 133, 139] vorgestellt. Ein zweites, in diesem Kapitel vorgestelltes Konzept zur dynamischen Änderbarkeit des Verhaltens von Objekten ist die Modellierung von Rollenhierarchien. In [92] wird die Erweiterung von objektorientierten Systemen um Rollenhierarchien detailliert erläutert und eine entsprechende Implementierung in Smalltalk vorgestellt. Andere objektorientierte Systeme, die ebenfalls das Rollenkonzept unterstützen, sind u. a. in [7, 194, 200, 206, 255] publiziert.

Kapitel 3

Objektorientierter Entwicklungsprozeß

In diesem Kapitel werden ein Lebenszyklusmodell sowie darauf basierende Verfahren und Richtlinien zur objektorientierten Systementwicklung vorgestellt. Ziel dieses Kapitels ist es, ein grundlegendes Verständnis für die objektorientierte Entwicklung von Informationssystemen zu vermitteln, ohne auf die Eigenheiten einer speziellen objektorientierten Methode einzugehen. Dabei werden im konkreten zwei Fragen beantwortet, die sowohl für den Anwender als auch für den Entwickler von objektorientierten Methoden gleich wichtig sind. Erstens, auf welchen essentiellen Konzepten, Verfahrensschritten und Richtlinien bauen Analyse, Entwurf und Implementierung in einem objektorientierten Lebenszyklusmodell auf und wie passen sie zusammen? Und zweitens, was sind die wesentlichen Vorteile der objektorientierten Systementwicklung im Vergleich zu traditionell strukturierten Entwicklungsmethoden, und wie verhalten sich objektorientierte und traditionelle Ansätze zueinander? Die Beantwortung der ersten Frage ermöglicht es, die wesentlichen Aspekte der objektorientierten Entwicklung von Informationssystemen zu erkennen und aufgrund dessen existierende Methoden zu bewerten. Die Beantwortung der zweiten Frage zeigt Gemeinsamkeiten und Unterschiede zwischen strukturierten und objektorientierten Ansätzen auf und ermöglicht dadurch einen evolutionären Übergang vom Einsatz strukturierter Methoden zum Einsatz objektorientierter Methoden.

3.1 Einleitung

Um die Vorteile der objektorientierten Entwicklung von Informationssystemen, nämlich langfristig den Produktions- und Wartungsaufwand zu reduzieren, wirklich umsetzen zu können, sind neue Modelle für den Entwicklungsprozeß notwendig. Der Produktions- und Wartungsaufwand kann vor allem durch die

Wiederverwendung existierender und getesteter Komponenten und durch die Entwicklung offener Systeme reduziert werden. Ersteres deshalb, weil durch die Wiederverwendung existierender Komponenten weniger Komponenten neu produziert werden müssen. Zweiteres deshalb, weil offene Systeme rasch an sich ändernde Anforderungen angepaßt werden können. Offene Systeme bauen auf einer Systemarchitektur auf, die rasch und zuverlässig änderbar, erweiterbar und wartbar ist. Die Entwicklung offener Systeme basierend auf Wiederverwendung muß durch einen entsprechenden Entwicklungsprozeß unterstützt werden.

Die *Wiederverwendung* von Komponenten, seien sie Analyseergebnisse, Entwurfsergebnisse oder Softwarekomponenten, setzt jedoch voraus, daß *wiederverwendbare* Komponenten entwickelt wurden und für die Wiederverwendung zur Verfügung stehen. Ein Lebenszyklusmodell, das Wiederverwendung als inhärentes Ziel unterstützt, muß daher auch die Entwicklung von wiederverwendbaren Komponenten unterstützen. Oder, in anderen Worten:

> „... the software development life-cycle must separate the issues of generic component design and reuse from that of constructing applications to meet specific requirements ...“ [239]

Das objektorientierte Paradigma per se stellt weder die Entwicklung wiederverwendbarer Komponenten noch die Entwicklung basierend auf wiederverwendbaren Komponenten sicher. Es stellt jedoch Modellierungs- und Implementierungstechniken wie Vererbung, Parametrisierung und Polymorphismus zur Verfügung, die bei richtiger Anwendung die Entwicklung objektorientierter Informationssysteme basierend auf Wiederverwendung unterstützen.

Die Entwicklung *offener Systeme* erfordert eine rasche Anpaßbarkeit an sich geänderte Anforderungen, die am besten durch folgendes Zitat beschrieben werden:

> „Open systems change both rapidly and continuously. It is hard to make a separation between development and maintenance. We need a notion of continuous development.“ [238]

Die objektorientierte Analyse (OOA), der objektorientierte Entwurf (OOE) und die objektorientierte Implementierung (OOI) von Informationssystemen sind ein wesentlicher Schritt zur Entwicklung offener, leichter wartbarer Systeme. OOA und OOE sind zentrale Phasen in einem objektorientierten Lebenszyklusmodell, die ausgehend von Begriffen und Konzepten des Problembereichs eine Systemarchitektur konstruieren, die dem menschlichen Verständnis des Problemfeldes nahe kommt. Für die Entwicklung offener Systeme ist wichtig, daß OOA und OOE auf dem Modell interagierender Objekte aufbauen. Änderungsanforderungen betreffen in der Regel die Systemfunktionalität, d. h. die Funktionalität, die ein Informationssystem einem Benutzer zur Verfügung stellt. In einem objektorientierten Informationssystem wird die Systemfunktionalität durch das koordinierte Verhalten der Objekte realisiert. Änderungen haben in der Regel keine Auswirkungen auf die gesamte Systemarchitektur, sondern können lokal durch Ändern bzw. Hinzufügen von Operationen zu Objekten durchgeführt werden.

In den folgenden Unterkapiteln wird ein objektorientiertes Lebenszyklusmodell vorgestellt, das den o. a. Anforderungen genügt. Dabei werden neben der Problematik der Wiederverwendung die grundlegenden Verfahrensschritte einer objektorientierten Analyse und eines objektorientierten Entwurfs sowie Richtlinien zur Entwicklung „guter“ Analyse- und Entwurfsergebnisse diskutiert. Die Richtlinien sind eine Sammlung von praktisch anwendbaren „Daumenregeln“, die auf der Erfahrung mit objektorientierten Entwicklungsprojekten basieren. Sie werden durch eine genaue Analyse der Kopplungs- und Kohäsionseigenschaften eines objektorientierten Systems in Kapitel 8 ergänzt. Für die praktische Systementwicklung, bei der strukturierte Konzepte für die Phasen Analyse und Entwurf breiten Einsatz finden bzw. gefunden haben und bei der auch das wesentliche Fachwissen der Mitarbeiter in den strukturierten Methoden verankert ist, ist die Möglichkeit eines evolutionären Übergangs von strukturierten zu objektorientierten Methoden von Bedeutung. Daher werden im folgenden Unterkapitel Gemeinsamkeiten und Unterschiede von strukturierten und objektorientierten Ansätzen aufgezeigt, bevor der objektorientierte Entwicklungsprozeß im Detail diskutiert wird.

3.2 Von strukturierter zu objektorientierter Entwicklung

Die strukturierte Entwicklung hat ihre Anfänge in den frühen 70er Jahren, maßgeblich beeinflußt durch den Einsatz strukturierter Programmiersprachen. Der klassische Ansatz zur strukturierten Analyse und zum strukturierten Entwurf, der auch als prozeßorientierter Ansatz bezeichnet wird [65], ist der objektorientierten Sichtweise am entferntesten. Die strukturierte Analyse baut fast ausschließlich auf dem Darstellungsmittel des Datenflußdiagrammes, der strukturierte Entwurf auf dem Darstellungsmittel der *Structure Charts* auf. Die klassische strukturierte Analyse wurde in den 80er Jahren jedoch stark erweitert. Die Erweiterungen betreffen im wesentlichen Komponenten zur Datenmodellierung basierend auf Entity/Relationship-Diagrammen [18] und Komponenten zur Echtzeitmodellierung basierend auf Zustandsdiagrammen und erweiterten Datenflußdiagrammen [244]. Die Zustandsdiagramme wurden zur Ereignismodellierung eingesetzt, die erweiterten Datenflußdiagramme zur Prozeßmodellierung. Ein erweitertes Datenflußdiagramm ermöglicht Kontrollflüsse neben Datenflüssen und damit explizite Ausführungssequenzen zu modellieren. Diese Erweiterungen, die anfangs nur für die Echtzeitmodellierung basierend auf strukturierten Methoden eingeführt worden waren, fanden rasch auch in der allgemeinen strukturierten Analyse ihren Niederschlag. Die bekanntesten Vertreter von erweiterten strukturierten Methoden sind „Modern Structured Analysis“ von Yourdon [264], „Real Time Structured Analysis“ von Ward und Mellor

[244] und „Information Engineering“ von Martin [159]. Während der Wechsel von klassischen strukturierten Methoden zu objektorientierten Methoden eine radikale Änderung der Sicht auf das zu entwickelnde Informationssystem darstellt, ist zwischen erweiterten strukturierten Ansätzen und objektorientierten Methoden ein evolutionärer Übergang möglich. Die Erläuterungen im folgenden Abschnitt sollen dies veranschaulichen.

3.2.1 Drei Sichten auf ein Informationssystem

Eine strukturierte Analyse bestehend aus Entity/Relationship-Diagrammen, Zustandsdiagrammen und erweiterten Datenflußdiagrammen verwendet im wesentlichen die gleichen Darstellungsmittel wie viele objektorientierte Ansätze (siehe dazu weiter unten in diesem Abschnitt und Abschnitt 3.4.1). Wo liegt nun der Unterschied zwischen strukturierten und objektorientierten Ansätzen?

Betrachten wir ein Informationssystem, so können die folgenden drei Sichten unterschieden werden [187]:

1. Daten (*WOMIT* wird etwas ausgeführt?)
2. Ereignisse (*WANN* wird etwas ausgeführt?)
3. Prozesse (*WAS* wird ausgeführt?)

Abhängig von den zugrundeliegenden Entwicklungskonzepten sind diesen drei Sichten auf ein Informationssystem unterschiedliche Prioritäten zugeordnet [187].

In der *strukturierten Systementwicklung* steht die Funktionalität des zu entwickelnden Systems immer im Vordergrund. Sie geht von der Frage „Was ist die Funktionalität?“ aus und zerlegt in einem Top-down-Verfahren mit Hilfe funktionaler Dekomposition das Gesamtsystem in implementierbare Einheiten. Daten und Prozeduren auf diesen Daten werden unabhängig voneinander analysiert, entworfen und implementiert. In der strukturierten Systementwicklung steht daher die Prozeßsicht im Mittelpunkt. Erst an zweiter Stelle wird nach den Ereignissen, die die Prozesse steuern, gefragt. Daten, die gelesen bzw. manipuliert werden, spielen im Vergleich dazu eine untergeordnete Rolle. Eine *Ordnung* der drei Systemsichten nach ihrer Priorität in der strukturierten Entwicklung ergibt *Prozesse — Ereignisse — Daten.*

In ereignisgesteuerten Systemen, wie z. B. in Echtzeitsystemen, stehen Ereignisse und das Reagieren auf Ereignisse im Mittelpunkt. Die *strukturierte Entwicklung von Echtzeitsystemen* geht daher von der Ereignismodellierung aus und analysiert in einem zweiten Schritt, welche Daten beim Reagieren auf ein Ereignis gelesen bzw. manipuliert werden. Die Prozeßsicht spielt dabei eine untergeordnete Rolle. Eine *Ordnung* der drei Systemsichten nach ihrer Priorität in der strukturierten Entwicklung von Echtzeitsystemen ergibt daher *Ereignisse — Daten — Prozesse.*

In der *objektorientierten Entwicklung* stehen die Daten, d. h. die Objekte des zu entwickelnden Systems im Mittelpunkt. In einem allerersten Schritt muß natürlich, ähnlich zur strukturierten Entwicklung, die geforderte Systemfunktionalität festgestellt werden — der Auftraggeber eines Informationssystems ist nicht an Objekten per se, sondern an einer bestimmten Funktionalität des Informationssystems interessiert! In den weiteren Entwicklungsschritten geht man aber immer von den Objekten aus, wobei diese Objekte natürlich nicht zum Selbstzweck entwickelt werden. Es wird immer hinterfragt, welche Objekte wann mit welchen Operationen bei der Erfüllung einer geforderten Systemfunktionalität beteiligt sind. Während aber in der strukturierten Entwicklung die Systemarchitektur aus einer Hierarchie von Prozeduren mit einer einzigen Prozedur an der Spitze besteht, setzt sich eine objektorientierte Systemarchitektur aus einer Menge interagierender Objekte zusammen. Komplexere Objekte bauen dabei auf einfacheren Objekten auf. Letztere repräsentieren Objekte des Problembereichs, die sich erfahrungsgemäß weniger häufig ändern. Erstere modellieren die geforderte Systemfunktionalität, äquivalent zu den Prozessen in der strukturierten Entwicklung. Ändern sich die Anforderungen an eine Systemfunktionalität bzw. kommen neue Anforderungen hinzu, so muß in der Regel nicht der Grundaufbau der Objekte geändert werden. Die wesentlichen Unterschiede zur strukturierten Systemarchitektur und damit auch die wesentlichen Vorteile gegenüber dieser sind jedoch, daß es nicht nur ein komplexes Objekt an der Spitze gibt, und daß Erweiterungen bzw. Änderungen an komplexen Objekten vorgenommen werden können, ohne die Grundstruktur der darunterliegenden Objekte zu verändern. Und Ereignisse? Ereignisse steuern das Verhalten der einzelnen Objekte. Eine Operation wird aufgrund eines Ereignisses, d. h. durch den Erhalt einer Nachricht von einem Objekt, ausgeführt. Die Prozeßsicht spielt dabei eine untergeordnete Rolle. Prozesse entsprechen den Operationen, die den Objekten zugeordnet sind. Eine *Ordnung* der drei Systemsichten nach ihrer Priorität in der objektorientierten Entwicklung ergibt daher *Daten — Ereignisse — Prozesse.*

Alle drei oben genannten Darstellungsmittel, nämlich Entity/Relationship-Diagramme, Zustandsdiagramme und erweiterte Datenflußdiagramme, können in der objektorientierten Entwicklung verwendet werden: Entity/Relationship-Diagramme zur Modellierung der Struktur der Objekte, Zustandsdiagramme zur Beschreibung der zeitlichen Abhängigkeiten zwischen den Operationen eines Objektes. Datenflußdiagramme, verpönt von vielen objektorientierten Verfechtern wegen ihrer Nähe zur strukturierten Entwicklung, haben auf den ersten Blick sogar zwei Anwendungen: einerseits zur Spezifikation einer Operation und andererseits zur Spezifikation der Systemfunktionalität. Diese scheinbar unterschiedlichen Modellierungsaufgaben betreffen jedoch genau dieselbe Aufgabe. Dies läßt sich folgendermaßen begründen: Eine Operation besteht in der Regel aus Aufrufen weiterer Operationen auf demselben Objekt oder auf anderen Objekten. Das heißt, eine Operation ist analog zu einer Prozedur bzw. zu einem Prozeß in der strukturierten Entwicklung und kann daher mit Hilfe eines Datenflußdiagrammes näher spezifiziert werden. Des weiteren wird das zu entwickelnde Gesamtsystem selbst als Objekt dargestellt, wobei jede Operation dieses komplexen Objektes eine gewünschte Systemfunktionalität repräsentiert.

Das wiederum heißt, daß die Spezifikation einer Systemfunktionalität auf die Spezifikation einer Operation zurückgeführt wird.

An dieser Stelle sei auch auf den Zusammenhang zwischen Systemfunktionalität und den in der Literatur häufig verwendeten Begriff *Vorgang* hingewiesen. Ein *Vorgang* beschreibt eine Menge von Aktivitäten und die darauf definierten Daten- und Kontrollflüsse zur Erledigung einer bestimmten Aufgabe. In einem objektorientierten Informationssystem entsprechen die Aktivitäten den Operationen. Ein Vorgang ist daher mit dem Begriff der Systemfunktionalität gleichzusetzen.

Zusammenfassend dargestellt ist ein evolutionärer Übergang von modernen strukturierten Ansätzen zu objektorientierten Methoden unter Einbeziehung des vorhandenen Fachwissens der Entwickler sicher möglich.

3.2.2 Vorteile der objektorientierten Entwicklung

Die wesentlichen Vorteile der objektorientierten Entwicklung von Informationssystemen im Vergleich zur strukturierten Entwicklung können in drei Gruppen zusammengefaßt werden:

1. Integration von Daten und Prozeduren zu Objekten,
2. Verwendung derselben Konzepte in Analyse, Entwurf und Implementierung,
3. keine Trennung in Datenbanksicht und Programmiersprachensicht.

Der erste Punkt, die Integration von Daten und Prozeduren zu Objekten, basiert auf dem Konzept der Kapselung und ist dem objektorientierten Paradigma inhärent (siehe Abschnitt 2.1). In Abbildung 3.1 wird dieser Sachverhalt vergleichend zur strukturierten Entwicklung nochmals veranschaulicht. In der strukturierten Entwicklung werden ausgehend von der Problemstellung Daten, d. h. statische Information, und Prozeduren, d. h. dynamische Information, getrennt analysiert, entworfen und implementiert. Dabei werden die Daten in der Analysephase mit Hilfe eines Entity/Relationship-Diagrammes modelliert und, falls kein Datenbanksystem verwendet wird, direkt in einer Programmiersprache implementiert. Kommt ein Datenbanksystem zum Einsatz, so wird in der Entwurfsphase das logische Datenbankschema entwickelt und in der Implementierungsphase das physische. In der Regel basiert die Entwicklung der statischen Information und die der dynamischen Information nicht nur auf unterschiedlichen Konzepten, sondern sie wird auch von unterschiedlichen Entwicklergruppen durchgeführt. Die Sicherstellung der Konsistenz zwischen statischer und dynamischer Information, z. B. daß jeder Datenspeicher in einem Datenflußdiagramm auch als Entität oder Beziehung in einem Entity/Relationship-Diagramm modelliert wird, wird im besten Fall durch vordefinierte Konsistenzprüfungen gewährleistet und im schlechtesten Fall dem Zufall überlassen. In der objektorientierten Entwicklung wird die Konsistenz zwischen statischer und dynamischer Information aufgrund der Kapselung gewährleistet.

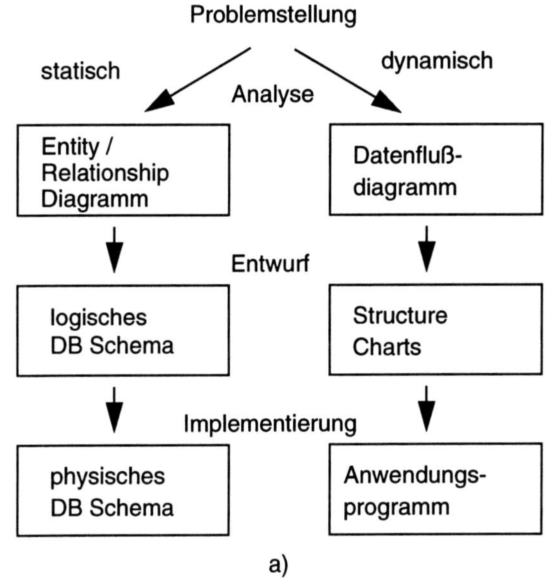

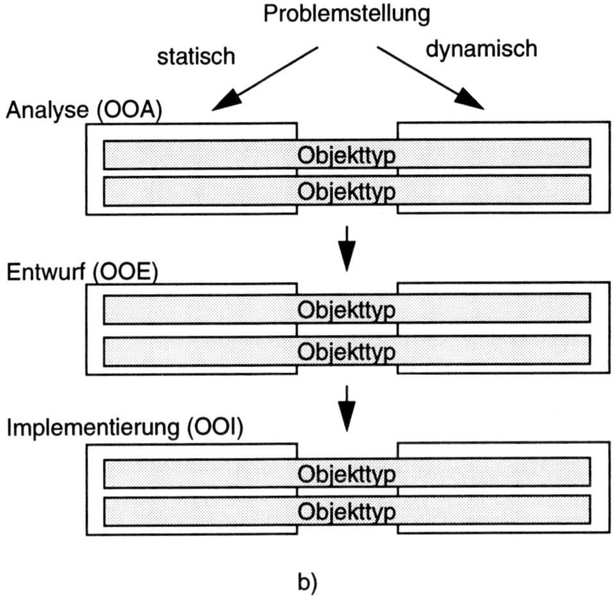

Abbildung 3.1 Strukturierte Entwicklung (a) versus Objektorientierte Entwicklung (b)

Der zweite Punkt, die Verwendung derselben Konzepte in Analyse, Entwurf und Implementierung, basiert auf dem Einsatz des objektorientierten Entwicklungsparadigmas in allen Phasen der Entwicklung. Wir beschränken uns in der folgenden Diskussion auf die Phasen Analyse und Entwurf, doch gilt Analoges für die Implementierung.

Die strikte Trennung zwischen Analyse und Entwurf in der strukturierten Entwicklung ist in der objektorientierten Entwicklung nicht gegeben. Objektorientierte Analyse und objektorientierter Entwurf bauen auf denselben Konzepten und Darstellungsmitteln auf, nur ihre Zielsetzungen sind unterschiedlich. Die folgenden Erläuterungen sollen dies veranschaulichen.

Das *Ziel der objektorientierten Analyse* ist die Beschreibung des *Problembereichs* in Form eines *Anwendungsmodells* bestehend aus Objekten, ihrem Verhalten und ihren Interaktionen zur Lösung der Problemstellung, d. h. der geforderten Systemfunktionalität. Die betrachteten Objekte basieren in der Regel auf Objekten der Realität. Der *Ausgangspunkt* für eine objektorientierte Analyse unterscheidet sich nicht vom Ausgangspunkt für eine strukturierte Analyse. Er besteht u. a. aus einer textuellen, teilweise unvollständigen oder widersprüchlichen Problemstellung, einer Beschreibung von Randbedingungen sowie einer Spezifikation der Benutzerprofile. Das *Ergebnis* einer objektorientierten Analyse ist eine vollständige und konsistente Beschreibung des Problembereichs in Form von Objekten. Diese Beschreibung sollte aus einem *Objektmodell (WOMIT)*, aus einem *dynamischen Modell (WANN)* und aus einem *Vorgangsmodell (WAS)* bestehen. Das Objektmodell beschreibt die statische Struktur der Objekte, das dynamische Modell beschreibt das Verhalten der Objekte, und das Vorgangsmodell beschreibt die Systemfunktionalität.

Das *Ziel des objektorientierten Entwurfs* ist die Beschreibung des *Lösungsbereichs* in Form eines *Systemmodells* als Erweiterung des Anwendungsmodells der Analyse. Dabei stehen Fragen der Systemoptimierung und Anpassung an die Implementierungsumgebung im Vordergrund. Der *Ausgangspunkt* für den Entwurf ist das Ergebnis der vorangegangenen Analyse sowie Implementierungsrestriktionen. Das *Ergebnis* ist eine vollständige und konsistente Beschreibung des Lösungsbereichs, wiederum in Form von Objekten. Diese Beschreibung besteht aus den erweiterten und optimierten Modellen der Analyse und aus der Gesamtarchitektur des zu implementierenden Systems. Ein wesentlicher Vorteil dabei ist, daß es keine großen Brüche zwischen Analyseergebnissen und Entwurfsergebnissen gibt. Letztere bauen auf ersteren auf. Änderungen, die erst in späteren Phasen der Systementwicklung bekannt werden, können einfacher und weniger fehleranfällig als in der strukturierten Entwicklung in die vorangegangenen Phasen und Dokumente übernommen werden.

Zusammenfassend dargestellt ist der Übergang von objektorientierter Analyse zu objektorientiertem Entwurf fließend. Die Erfahrung mit objektorientierten Projekten hat gezeigt, daß die objektorientierte Analyse zeit- und kostenaufwendiger als die strukturierte Analyse ist [203]. Dies vor allem deshalb, weil Objekte im allgemeinen mehr Operationen anbieten als für eine konkrete Problemstellung notwendig wäre. Dieser Mehraufwand wird jedoch beim Entwurf und im besonderen bei zukünftigen Änderungen eingespart. Daraus resultierende Auswirkungen auf das Projektmanagement werden in Abschnitt 3.3.2 diskutiert.

Der dritte und letzte Punkt, die Aufhebung der Trennung zwischen Datenbanksicht und Programmiersprachensicht, hat analoge Ursachen wie der zweite Punkt — er basiert auf dem Einsatz des objektorientierten Paradigmas sowohl im Programmiersprachenbereich als auch im Datenbankbereich. In der strukturierten Entwicklung gibt es eine strikte Trennung zwischen der Beschreibung der statischen Information mit Hilfe von Datenbanksystemen und der Beschreibung der dynamischen Information mit Hilfe von Programmiersprachen. Mit Hilfe von objektorientierten Datenbanken kann diese Trennung in der objektorientierten Entwicklung überwunden werden. Objekte, bestehend aus statischer und dynamischer Information, werden in einer objektorientierten Datenbank abgespeichert. Das Datenmodell einer objektorientierten Datenbank ist dabei ähnlich zu den Konzepten einer objektorientierten Programmiersprache (für eine nähere Erläuterung von objektorientierten Datenbanken siehe Unterkapitel 2.4). Das Schema einer objektorientierten Datenbank besteht aus der Spezifikation einer Menge von Objekttypen. Die Entwicklung eines solchen Schemas baut auf denselben Analyse- und Entwurfskonzepten wie die objektorientierte Entwicklung basierend auf objektorientierten Programmiersprachen auf. Diese Aufhebung des Schisma zwischen Datenbanksicht und Programmiersprachensicht hat wesentliche Vorteile, was in der Literatur auch als Überwindung des *impedance mismatch (= Fehlanpassung)* bezeichnet wird. Analog zu den Problemen bei der Fehlanpassung in elektrischen Systemen, wo es an der Schnittstelle zwischen Außenwiderstand und Innenwiderstand zu wesentlichen Leistungsverlusten kommt, wenn die Widerstände unterschiedlich sind, treten ähnliche Probleme beim Zusammenspiel zwischen strukturierten Programmiersprachen und traditionellen (relationalen) Datenbanksystemen auf. Programmiersprachen basieren auf der satzweisen Verarbeitung, während relationale Datenbanksysteme auf der mengenweisen Verarbeitung basieren. Außerdem haben Programmiersprachen in der Regel ein mächtigeres Typsystem als relationale Datenbanksysteme, um nur einige Probleme zu nennen. Da objektorientierte Datenbanksysteme und objektorientierte Programmiersprachen auf denselben bzw. ähnlichen Konzepten aufbauen, gibt es diese Probleme nicht bzw. nur in eingeschränkter Form.

Abschließend zu diesem Abschnitt soll nicht verschwiegen werden, daß auch die Synthese von strukturierten und objektorientierten Ansätzen in der Literatur diskutiert wird. Sollen zum Beispiel strukturierte Analyse und objektorientierter Entwurf in einem Entwicklungsprojekt verbunden werden, so sind im wesentlichen zwei zusätzliche Schritte beim Übergang von der Analyse zum Entwurf notwendig: erstens, eine Verschiebung der Prioritäten der einzelnen Systemsichten, und zweitens, die Einführung von objektorientierten Konzepten, vor allem Kapselung, Vererbung und Nachrichtenaustausch. Daß eine solche Vorgehensweise prinzipiell möglich ist, zeigen einige Vorschläge in der Literatur (siehe dazu Anhang A). Das Zusammenspiel von strukturierten und objektori-

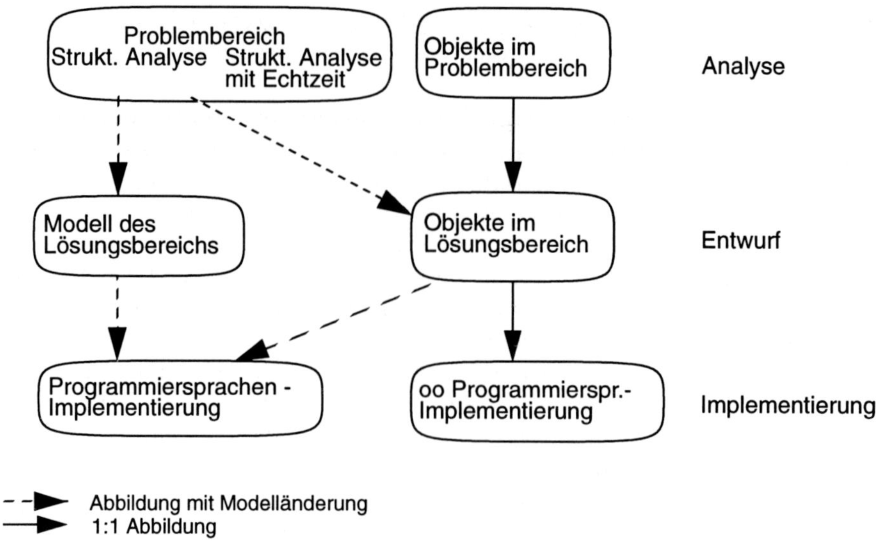

Abbildung 3.2 Migration zwischen Strukturierung und Objektorientierung (nach [98])

entierten Methoden wird in Abbildung 3.2 zusammengefaßt. Es zeigt die Migration von der Strukturierung zur Objektorientierung und vice versa zwischen den Phasen Analyse, Entwurf und Implementierung. Der Grund für hybride Ansätze ist vor allem in kurzfristigen wirtschaftlichen Überlegungen zu suchen. Dazu zwei Beispiele: Es wurden vielleicht teure CASE-Werkzeuge (Computer Aided Software Engineering) zur strukturierten Analyse angeschafft, die weiterhin eingesetzt werden sollen. Weiters sind Umschulungskosten sehr hoch und werden, so lange es geht, vermieden. Dennoch ist von einer hybriden Vorgehensweise abzuraten, weil dadurch gerade die Vorteile der objektorientierten Modellierung, wie einheitliche Konzepte und Darstellungsmittel in allen Phasen der Entwicklung, nicht zum Tragen kommen. Außerdem führt der Methodenbruch zwischen den Phasen Analyse und Entwurf bzw. zwischen Entwurf und Implementierung wie bei der strukturierten Entwicklung zu Mehraufwand und Mißverständnissen und stellt damit eine weitere Fehlerquelle dar.

3.3 Objektorientiertes Lebenszyklusmodell

Die Entwicklung wartbarer Systeme basierend auf Wiederverwendung muß nicht zuletzt durch ein entsprechendes Lebenszyklusmodell unterstützt werden. Im folgenden werden die Anforderungen an ein objektorientiertes Lebenszyklusmodell konkretisiert. Ein Modell, das den Anforderungen genügt, wird im Anschluß vorgestellt.

3.3.1 Anforderungen an ein objektorientiertes Lebenszyklusmodell

Das traditionelle Phasenmodell der Softwareentwicklung, das Wasserfallmodell [27], baut auf einer Sequenz der Phasen Analyse, Entwurf, Implementierung, Test und Abnahme auf. Jede Phase muß abgeschlossen sein, bevor mit der nächsten begonnen werden darf. In der frühen Version dieses Modells waren Rückkopplungen zwischen aufeinanderfolgenden Entwicklungsphasen nicht vorgesehen. Diese strikte Trennung der Phasen ohne Möglichkeit der Rückkopplung wurde sehr bald als Nachteil erkannt. Spätere Versionen des Wasserfallmodells sowie Erweiterungen davon erlauben die Rückkopplung von späteren Phasen zu früheren Phasen der Entwicklung. Bekanntester Vertreter dieser Modelle ist das Spiralmodell [28]. Das Spiralmodell und dessen Derivate werden auch als evolutionäre Prototypmodelle bezeichnet, da sie eine evolutionäre Softwareentwicklung unterstützen. Evolutionäre Softwareentwicklung bedeutet, daß ausgehend von einem ersten Prototyp des zu entwickelnden Systems dieser Prototyp immer weiterentwickelt wird [120, 196]. Zu einem bestimmten Zeitpunkt wird eine Version des Prototyps als erste Produktversion vom Kunden übernommen. Werden Änderungen oder Erweiterungen vom Kunden gewünscht, so wird die aktuelle Prototypversion evolutionär weiterentwickelt und als nächste Produktversion dem Kunden übergeben. Der wesentlichste Vorteil der evolutionären Softwareentwicklung ist, daß die *Wartung* der Software *nicht außer acht gelassen*, sondern als *integraler Bestandteil* der Softwareentwicklung behandelt wird. Die Wartung ist *Teil der Evolution* des zu entwickelnden Systems — die erste Produktversion ist gleichzeitig die erste Wartungsversion. Die *erste Forderung* an ein objektorientiertes Lebenszyklusmodell ist daher, daß es *evolutionäre Sotwareentwicklung* unterstützt.

Ein Nachteil des Spiralmodells ist jedoch, daß das Konzept der Wiederverwendung nicht explizit unterstützt wird. Man erwartet aber von objektorientierter Entwicklung, daß mit weniger Kosten qualitativ hochstehende Softwareprodukte entwickelt werden können. Das ist aber nur dann möglich, wenn das Prinzip der Wiederverwendung explizit in die Softwareentwicklung integriert ist. Dabei müssen zwei Fragen geklärt werden:

1. Was soll wiederverwendet werden?

2. Woher kommen die wiederverwendbaren Komponenten?

Zur Beantwortung der ersten Frage kann festgestellt werden, daß in objektorientierten Softwareentwicklungsprojekten Wiederverwendung auf der Implementierungsebene mit Hilfe von Klassenbibliotheken bereits praktiziert wird. Eine *Klassenbibliothek* ist eine Ansammlung von unabhängigen Objektklassen im Sinne von Objekttypen, die in einer objektorientierten Programmiersprache implementiert sind. Klassenbibliotheken für Basisdatenstrukturen, wie ARRAY, LIST und TREE, sowie für die Entwicklung von interaktiven Schnittstellen, wie WINDOW, SCROLLBAR und MENU, sind die bekanntesten und weitverbreitetsten Vertreter ihrer Art.

Um von dieser *Wiederverwendung im Kleinen*, beschränkt auf die Wiederverwendung von einzelnen, implementierten Typen, zu einer *Wiederverwendung im Großen* zu kommen, ist eine Weiterentwicklung der Konzepte zur Wiederverwendung in zwei Richtungen notwendig.

- *Erstens* sollten nicht nur einzelne Typen, sondern eine Menge von interagierenden Typen, die eine generische Lösung für eine Problemstellung zur Verfügung stellen, wiederverwendet werden. Diese Menge von interagierenden Typen wird auch als Application Framework bezeichnet. Ein *Application Framework* ist eine Sammlung von abstrakten und konkreten Objekttypen, die als Vorlage zur Lösung einer Menge von Problemstellungen dienen [117]. Ein Application Framework kann durch Vererbung, Parameterbindung und Instanziierung in eine konkrete, ausführbare Applikation weiterentwickelt werden. Am bekanntesten und auch am Markt erhältlich sind Application Frameworks für die Entwicklung interaktiver Applikationen mit ausgereiften Benutzerschnittstellen. Dazu zählen MacApp [214], NeXTSTEP [181], ET++ [84] und InterViews [149]. Diese Situation ist leicht erklärbar. Die Entwicklung eines Application Frameworks ist nicht nur eine sehr zeit- und arbeitsintensive Aufgabe. Sie setzt ein, beim Entwickler und beim Benützer des Application Frameworks gleichermaßen vorhandenes, gemeinsames Verständnis für die Funktionalität des Application Frameworks voraus. Zum Beispiel sollte ein Application Framework für interaktive Applikationen einen Event Handler zur Überwachung der Benutzereingaben implementieren. Dieser Event Handler ist dann Kernstück jeder interaktiven Applikation. Es ist eine Frage der Zeit und eine Frage des Kostendrucks, bis sich ein solches Verständnis auch für andere Anwendungsbereiche entwickelt haben wird.

- *Zweitens* sollten nicht nur implementierte Objekttypen, sondern auch Analyse- und Entwurfsergebnisse wiederverwendet werden. Das heißt, ein Application Framework sollte die Ergebnisse des gesamten Entwicklungszyklusses umfassen. Diese Formen der Wiederverwendung werden zur Zeit in der Praxis kaum eingesetzt, obwohl sie langfristig ein Weg aus der viel diskutierten Softwarekrise sind [23, 184].

Wiederverwendung setzt voraus, daß wiederverwendbare Komponenten vorhanden sind. Die zweite Frage kann daher dahingehend umformuliert werden, ob wiederverwendbare Komponenten gekauft oder selbst entwickelt werden. Standardkomponenten, wie die oben erwähnte Klassenbibliothek für Basisdatenstrukturen, werden in der Regel zugekauft. Dies ist billiger als sie selbst zu entwickeln. Applikationsspezifische Komponenten und Application Frameworks sollten jedoch selbst entwickelt werden. Einerseits deshalb, weil sie am Markt noch gar nicht angeboten werden, und andererseits, weil sie firmenspezifisches Wissen, das auch einen Wettbewerbsvorsprung gegenüber der Konkurrenz darstellt, beinhalten. Die Entwicklung von wiederverwendbaren Komponenten setzt jedoch eine Zweiteilung des traditionellen Lebenszyklusmodells voraus: Ein Teil ist für die Entwicklung eines konkreten Produktes verantwortlich und ein zweiter Teil für die Entwicklung von wiederverwendbaren Komponenten. Die *zweite Forderung* an ein objektorientiertes Lebenszyklusmodell ist daher, daß es *Softwareentwicklung basierend auf Wiederverwendung* sowie die *Entwicklung wiederverwendbarer Komponenten* unterstützt.

Ein letzter, aber sehr wichtiger Aspekt betrifft den evolutionären Übergang von Lebenszyklusmodellen ohne Wiederverwendung, wie sie in der Praxis weit verbreitet sind, zu solchen basierend auf Wiederverwendung. Dies ist aus zwei Gründen notwendig: Einerseits ist für eine Softwareentwicklungsabteilung eine evolutionäre Veränderung leichter in die Praxis umzusetzen, und andererseits wird die Entwicklung von wiederverwendbaren Komponenten für einen bestimmten Anwendungsbereich erleichtert, wenn Vorgängerprojekte für diesen Anwendungsbereich ohne Wiederverwendung durchgeführt wurden. Die Erfahrung aus diesen Projekten kann dann zur Entwicklung von wiederverwendbaren Komponenten benutzt werden. Die *dritte und letzte Forderung* an ein objektorientiertes Lebenszyklusmodell ist daher, daß es *objektorientierte Softwareentwicklung sowohl ohne als auch mit Wiederverwendung* explizit unterstützt.

3.3.2 Objektorientiertes Lebenszyklusmodell

Im folgenden wird ein objektorientiertes Lebenszyklusmodell vorgestellt, das den drei oben diskutierten Forderungen genügt. Das Modell unterscheidet zwei Arten von Entwicklungszyklen, einerseits zur Entwicklung von konkreten Produkten und andererseits zur Entwicklung von wiederverwendbaren Komponenten. Für die Produktentwicklung werden ebenfalls drei Entwicklungszyklen angeboten, die sich nach dem Grad der Wiederverwendung unterscheiden. Jeder dieser drei Entwicklungszyklen kennt drei Phasen, nämlich Analyse, Entwurf und Implementierung, die iterativ durchlaufen werden. Das Lebenszyklusmodell spezifiziert jedoch nicht, welche Entwicklungsmethode im konkreten verwendet werden soll und welche Schritte in den einzelnen Phasen durchlaufen werden. In diesem Sinne kann auch von einem *generischen* Lebenszyklusmodell gesprochen werden.

Objektorientierte Entwicklung ohne Wiederverwendung

Ausgangspunkt der Überlegungen ist der Grad der Wiederverwendung in einem Entwicklungsprojekt. Abbildung 3.3 zeigt das Lebenszyklusmodell für die traditionelle Produktentwicklung, die auf keiner Wiederverwendung aufbaut. Ausnahmen bilden die Verwendung von Klassenbibliotheken, z. B. für Basisdatenstrukturen und zur Entwicklung von interaktiven Benutzerschnittstellen (dies ist in der Abbildung nicht gezeigt). Die Ergebnisse der einzelnen Phasen werden in der sogenannten *Produkt-Datenbank* abgelegt, die das projektspezifische Configuration-Management-System repräsentiert. Die Pfeilrichtung ($\leftarrow$) von den einzelnen Entwicklungsphasen zur Produkt-Datenbank in Abbildung 3.3 soll andeuten, daß die Herausnahme von Komponenten aus der

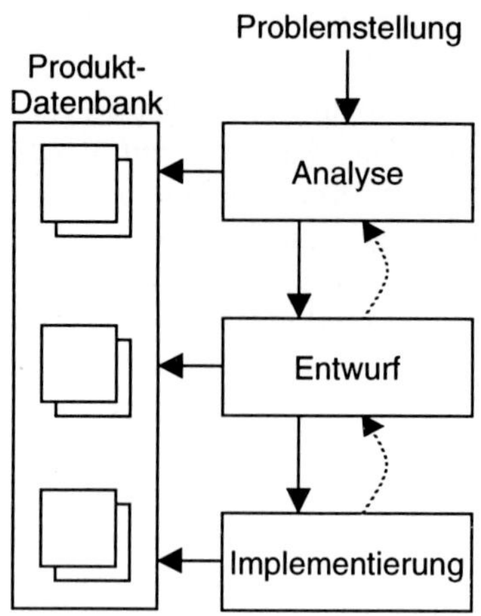

Abbildung 3.3 Sonderfertigung

Produkt-Datenbank zwischen unterschiedlichen Produktentwicklungen nicht möglich ist. Innerhalb derselben Produktentwicklung ist der Zugriff auf Komponenten in der Produkt-Datenbank natürlich möglich. Zu beachten ist, daß in der Produkt-Datenbank nicht nur die Ergebnisse der Implementierungsphase, d. h. Software, sondern auch Analyse- und Entwurfsergebnisse abgespeichert werden. Dies ist einerseits für die spätere Entwicklung von wiederverwendbaren Komponenten notwendig und erleichtert andererseits den iterativen Durchlauf durch die einzelnen Phasen. Solche Phasenrücksprünge sind jedoch vorsichtig durchzuführen, weil sie mehr Koordination von den für die Durchführung der einzelnen Phasen Verantwortlichen abverlangen. Um dies zu verdeutlichen, ist in Abbildung 3.3 der Rücksprung von späteren Phasen zu früheren Phasen der Entwicklung strichliert dargestellt. Die objektorientierte Entwicklung ohne Wiederverwendung ist anzuwenden, wenn für ein gegebenes Projekt keine wiederverwendbaren Komponenten vorliegen. In Analogie zu einem Produktionsbetrieb entspricht dies der *Sonderfertigung* eines Produktes, in unserem Fall eines Softwareproduktes.

Objektorientierte Entwicklung mit voller Wiederverwendung

Der Gegenpol zur Sonderfertigung ist die *Standardfertigung.* In diesem Fall werden aus vorgefertigten Komponenten neue Produkte zusammengebaut. Diese Analogie ist auch für die Softwareentwicklung anzuwenden. Abbildung 3.4 zeigt das Lebenszyklusmodell für die Produktentwicklung mit voller Wiederverwendung, die auf einer reinen Framework-Konfiguration aufbaut. Die wiederverwendbaren Komponenten, nämlich Analyseergebnisse, Entwurfsergebnisse und implementierte Objekttypen, sind in einer projektunabhängigen, unternehmensweiten *Framework-Datenbank* abgelegt. Abhängig von der Problemstel-

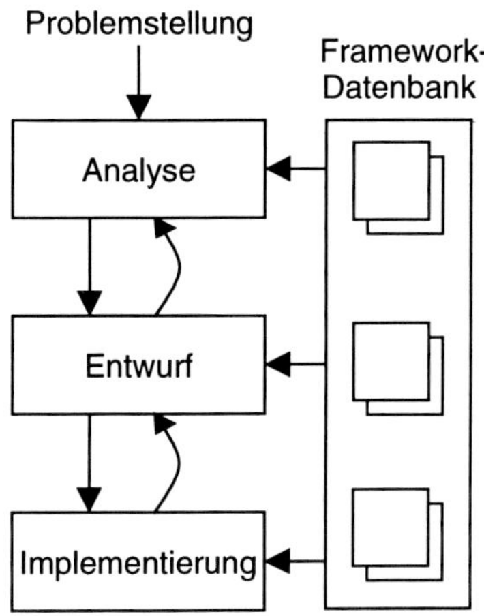

Abbildung 3.4 Standardfertigung

lung werden aus den vorhandenen Komponenten in der Framework-Datenbank die entsprechenden Analyse-, Entwurfs- und Implementierungsergebnisse konfiguriert. Wesentlich dabei ist, daß in der Regel nicht einzelne Komponenten, sondern ganze Frameworks, d. h. eine Menge von Komponenten, die eine generische Lösung für ein Problem zur Verfügung stellen, wiederverwendet werden. Die prinzipielle Vorgangsweise für solche Projekte ist wie folgt: Anhand der Problemstellung werden ein oder mehrere Analyse-Frameworks aus der Framework-Datenbank ausgewählt. Zu jedem Analyse-Framework sind ein oder mehrere Entwurfs-Frameworks in der Datenbank vorhanden, aus denen eines ausgewählt wird. Zu jedem Entwurfs-Framework sind in der Regel auch mehrere Implementierungs-Frameworks vorhanden, aus denen ebenfalls eines ausgewählt wird. Aus diesen Frameworks wird u. a. mit Hilfe von Vererbung, Typbindung für parametrisierte Objekttypen, Implementierung für abstrakte Objekttypen und Instanziierung ein Prototyp des zu entwickelnden Produktes gebaut und dem Kunden zur Begutachtung vorgeführt. Falls der Kunde Änderungswünsche hat, wird zur Entwurfsphase bzw. zur Analysephase zurückgegangen und die Framework-Datenbank erneut durchsucht. Für diese Art der Softwareentwicklung sind Phasenrücksprünge unverzichtbar. Sie werden daher auch als durchgezogene Pfeile in Abbildung 3.4 dargestellt.

Objektorientierte Entwicklung mit voller Wiederverwendung ist noch nicht Stand der Technik, da die derzeit verfügbaren wiederverwendbaren Komponenten in der Regel Klassenbibliotheken auf der Implementierungsebene sind. Als langfristiges Ziel ist jedoch diese Art der Softwareproduktion anzustreben.

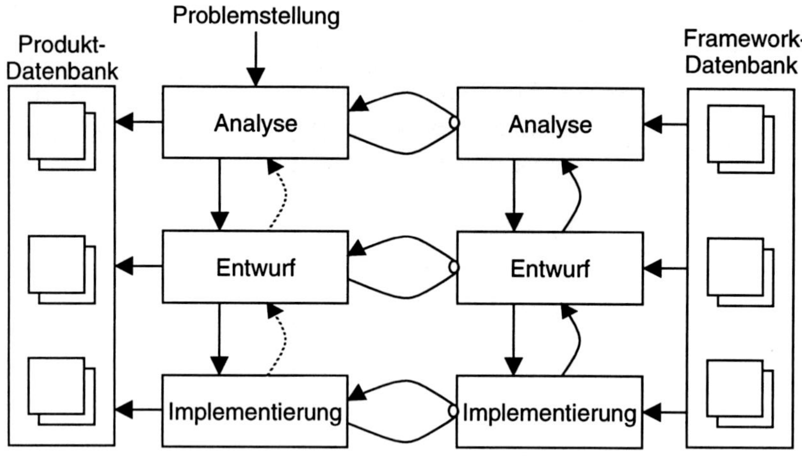

Abbildung 3.5 Standardfertigung mit Sonderwünschen

Objektorientierte Entwicklung mit teilweiser Wiederverwendung

Derzeitiger Stand der Technik in der Softwareproduktion kann als *Standardfertigung mit Sonderwünschen* bezeichnet werden. Diese Kombination aus den beiden bisher besprochenen Entwicklungszyklen ist in Abbildung 3.5 dargestellt. Dabei wird ausgehend von der Problemstellung in allen Phasen der Entwicklung die Framework-Datenbank auf wiederverwendbare Komponenten hin untersucht. Fehlende oder nicht ganz passende Komponenten werden neu entwickelt. Das Ergebnis der einzelnen Phasen wird, wie in der Sonderfertigung, in der Produkt-Datenbank abgelegt.

Objektorientierte Entwicklung wiederverwendbarer Komponenten

Notwendige Voraussetzung für die Entwicklung mit Wiederverwendung ist das Bestücken der Framework-Datenbank mit wiederverwendbaren Komponenten. In Analogie zu einem Produktionsbetrieb entspricht dies der *Halbfabrikatefertigung.* Dort wie da soll die Entwicklung dieser Komponenten vom Normalbetrieb, d. h. der Produktentwicklung, losgelöst sein, weil es sonst zu einer zu großen Zeitverzögerung im normalen Projektablauf kommen würde. Ausgehend von vorhandenem Wissen über einen Problembereich werden wiederverwendbare Analyse- und Entwurfsdokumente sowie implementierte Objekttypen entwickelt. Wesentliche Techniken dabei sind das Herausfaktorisieren von gemeinsamer Information aus unterschiedlichen Objekttypen, eine einheitliche Namensgebung und die Entwicklung von parametrisierten Objekttypen (siehe dazu auch Abschnitt 3.4.2 über Richtlinien zur Entwicklung von wiederverwendbaren Objekttypen). Abbildung 3.6 zeigt das Lebenszyklusmodell für die objektorientierte Entwicklung von wiederverwendbaren Komponenten. Analog

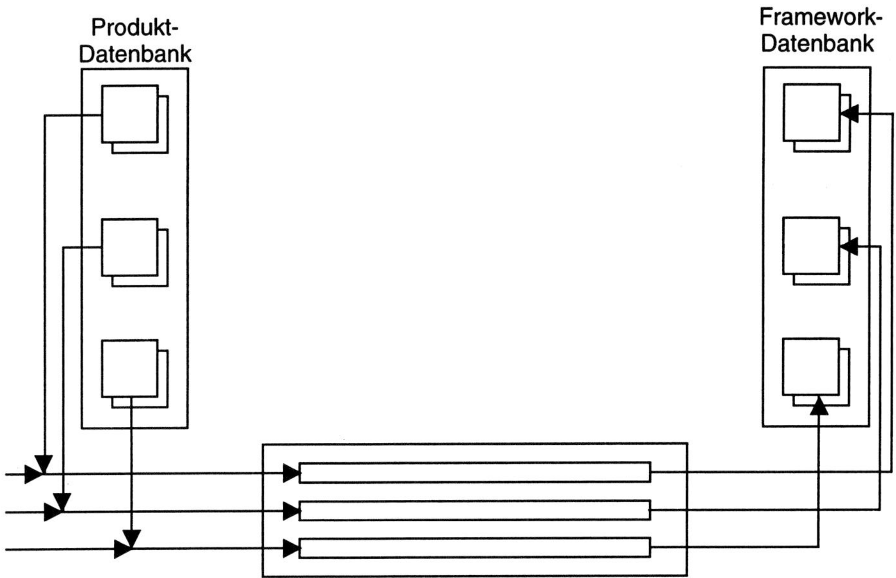

Abbildung 3.6 Halbfabrikatefertigung

zu den Phasen Analyse, Entwurf und Implementierung in der Produktentwicklung werden drei Phasen zur Entwicklung von wiederverwendbaren Komponenten unterschieden, nämlich die Entwicklung von wiederverwendbaren Analysedokumenten, Entwurfsdokumenten und implementierten Objekttypen. Dies wird durch geschachtelte Rechtecke in Abb. 3.6 dargestellt.

Die Komponentenfertigung kann im Vergleich zu laufenden Projekten zu unterschiedlichen Zeiten erfolgen:

1. *projektbegleitend:* Es wird versucht, für die Problemstellung eines laufenden Projektes wiederverwendbare Komponenten zu entwickeln. Die Anforderungen an das aktuelle Projekt werden als Spezialfälle aus diesen wiederverwendbaren Komponenten abgeleitet. Auf diese Weise stellt das aktuelle Projekt ein erstes Beispiel der Wiederverwendung dar, an dem sich zukünftige ähnliche Projekte orientieren können. Dabei darf es aber für das aktuelle Projekt zu keiner Zeitverzögerung kommen.

2. *projektanalysierend:* Nach Abwicklung mehrerer, inhaltlich verwandter Projekte werden die Ergebnisse der einzelnen Phasen nach Gemeinsamkeiten und allgemeingültigen Abstraktionen untersucht. Diese werden aus den konkreten Projekten herausgelöst und in die Framework-Datenbank übernommen. Auf diese Weise wird das Wissen über einen Anwendungsbereich in der Framework-Datenbank gesammelt und zukünftigen Projekten zur Verfügung gestellt.

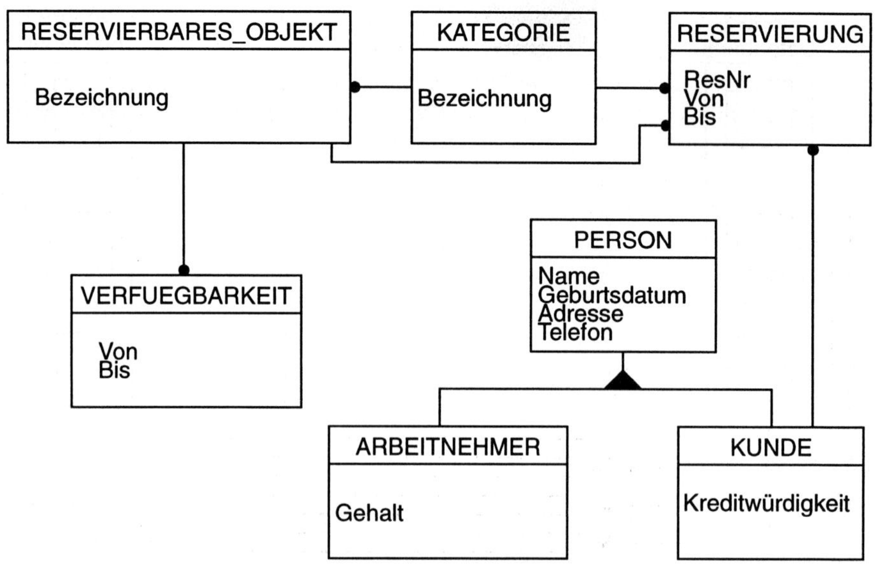

Abbildung 3.7 Reservierungs-Framework

3. *problemorientiert:* In diesem Fall wird ein Anwendungsbereich, für den zukünftige Projekte zu erwarten sind, auf wiederkehrende Abstraktionen hin untersucht. Diese werden als Ergebnisse der einzelnen Phasen in Form von Frameworks in der Framework-Datenbank abgelegt. Durch diese Vorgehensweise entsteht a priori eine Art Standardisierung für die spezifischen Lösungen der zu erwartenden Projekte.

4. *hybrid:* Jede beliebige Kombination der oben genannten Möglichkeiten ist denkbar. Beispielsweise kann während eines laufenden Projekes (1.) versucht werden, wiederverwendbare Komponenten zu entwickeln, wobei ähnliche, bereits abgeschlossene Projekte (2.) als zusätzliche Hilfe untersucht werden und gleichzeitig der Anwendungsbereich (3.) auf weitere allgemeine Abstraktionen hin analysiert wird.

Fallbeispiel: Reservierungs-Framework

Um den Leser mit einem konkreten Application Framework vertraut zu machen, wird die Modellierung eines Reservierungs-Framework vorgestellt. Dies stellt einen Vorgriff auf einige Beispiele, die im Buch verwendet werden, dar (Fahrzeugreservierungssystem in Unterkapitel 3.4 und Hotelzimmerreservierungssystem in Kapitel 4), doch fördert es das Verständnis dieses Abschnitts.

Beispiel 3.1 Es soll ein Application Framework für Reservierungsvorgänge entwickelt werden. Dieses Framework soll u. a. für Kartenreservierungen, Hotelzimmerreservierungen und Fahrzeugverleih Verwendung finden.

Stellvertretend für das gesamte Application Framework ist in Abbildung 3.7 das Objektmodell des Analyse-Framework dargestellt. (Die Notation basiert auf der objektorientierten Entwicklungsmethode OMT [205].) In einem Reservierungssystem gibt es reservierbare Objekte, die nach Kategorien eingeteilt sind. Diese Kategorien können sich nach dem Preis oder der Leistung der reservierbaren Objekte richten, was aber auf dem Abstraktionsniveau des Beispiel-Framework nicht modelliert wird. Ein reservierbares Objekt, z. B. ein Hotelzimmer, kann öfters und zu unterschiedlichen Zeitpunkten zur Verfügung stehen. Eine Reservierung wird von einem Kunden für ein reservierbares Objekt durchgeführt. Neben Kunden gibt es auch Arbeitnehmer in einem Reservierungssystem, und beide gemeinsam werden zu Personen generalisiert. Es gibt Personen, die sowohl Arbeitnehmer als auch Kunden sind. In der Abbildung werden Objekttypen durch Rechtecke, Beziehungen zwischen Objekttypen durch Kanten und die Kardinalität einer Beziehung durch das Vorhandensein bzw. Nichtvorhandensein von schwarz ausgefüllten Kreisen dargestellt. Kein Kreis bedeutet Kardinalität 1, ein schwarzer Kreis Kardinalität 0 bis n. Für jeden Objekttyp sind Attribute spezifiziert, die für Reservierungssysteme benötigt werden.

Angenommen, dieses Reservierungs-Framework dient als Grundlage zur Entwicklung eines Hotelzimmerreservierungssystems. Die Objekttypen PERSON, ARBEITNEHMER und KUNDE werden direkt aus dem Framework übernommen. Zusätzlich werden vier neue Objekttypen eingeführt, nämlich ZIMMERRSVG als Subtyp von RESERVIERUNG, ZIMMER als Subtyp von RESERVIERBARES_OBJEKT, ZIMMERVERFUEGBARKEIT als Subtyp von VERFUEGBARKEIT und ZIMMER_KATEGORIE als Subtyp von KATEGORIE (siehe Abbildung 5.1 auf Seite 142). Ähnliches gilt für die Entwicklung eines Fahrzeugreservierungssystems. Wiederum werden die Objekttypen PERSON, ARBEITNEHMER und KUNDE direkt aus dem Framework übernommen. Weiters wird KATEGORIE direkt aus dem Framework übernommen, und RESERVIERUNGSVERTRAG wird als Subtyp von RESERVIERUNG und FAHRZEUG als Subtyp von RESERVIERBARES_OBJEKT eingeführt (siehe Unterkapitel 3.4). □

Konsequenzen der Wiederverwendung

Abbildung 3.8 faßt alle vier Zyklen, beschriftet mit 1, 2, 3, 4, des vorgestellten objektorientierten Lebenszyklusmodells zusammen. In einem Softwareentwicklungsbetrieb muß projektspezifisch entschieden werden, welcher Entwicklungszyklus für ein konkretes Projekt zugrundegelegt wird. Damit Wiederverwendung nicht nur ein Lippenbekenntnis bleibt, müssen organisatorische Maßnahmen vom Softwareentwicklungsbetrieb getroffen werden. Diese werden in den folgenden Punkten zusammengefaßt:

- *Wiederverwendung erfordert neue Tätigkeitsprofile:* Objektorientierte Entwicklung mit voller oder teilweiser Wiederverwendung erfordert ein neues Tätigkeitsprofil in einer Projektorganisation, den *Reuse Promotor.* Er oder sie soll die Wiederverwendung innerhalb eines Projektes fördern. Der *Reuse Promotor* kennt den Inhalt der Framework-Datenbank und die

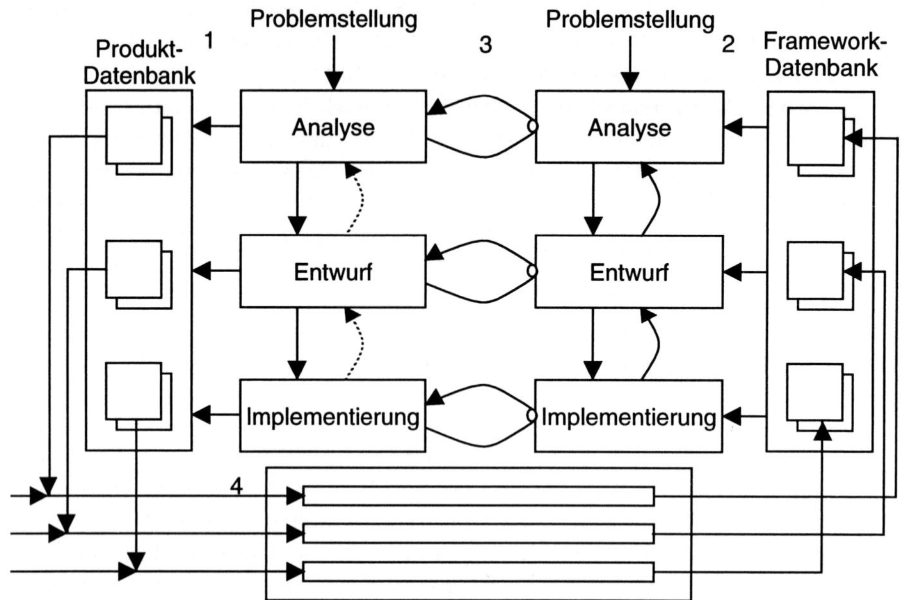

Abbildung 3.8 Objektorientiertes Lebenszyklusmodell

Anforderungen an aktuelle Projekte. Er oder sie ist dann dafür verantwortlich, daß wiederverwendbare Komponenten auch eingesetzt werden. Die Entwicklung wiederverwendbarer Komponenten erfordert ebenfalls ein neues Tätigkeitsprofil, den *Reuse Administrator*. Er oder sie prüft die Wiederverwendbarkeit von Komponenten und veranlaßt die Herstellung wiederverwendbarer Komponenten. Der *Reuse Administrator* ist auch dafür verantwortlich, daß ausschließlich jene Komponenten und Frameworks in der Framework-Datenbank abgespeichert werden, die auf Wiederverwendbarkeit getestet wurden.

- *Wiederverwendung erfordert Investitionen:* Wie in den vorangegangenen Abschnitten ausführlich diskutiert, muß Information zuerst *wiederverwendbar* gemacht werden, damit sie auch wiederverwendet werden kann. Dies bedeutet in der Regel erhöhten Aufwand und erhöhte Kosten. Diese können sicher nicht auf *einen* Kunden abgewälzt werden, sondern stellen eine Investition in die Zukunft dar. Softwareentwicklung für zukünftige Wiederverwendung ist „*development by investment*".

- *Wiederverwendung erfordert Vertrauen und Kompromisse:* Wiederverwendung erfordert Vertrauen in die Qualität der wiederverwendbaren Komponenten und Kompromisse, die notwendig sind, um standardisierte anstatt singulärer Lösungen anzustreben. Information muß auch tatsächlich *wiederverwendet* werden, damit Aufwand und Kosten gesenkt werden können. Das bekannte „*not-invented-here*-Syndrom“ muß dazu aufgegeben werden. Unterstützende organisatorische Maßnahmen sind u. a. die Einsetzung eines Reuse Promotors und finanzielle Begünstigungen für nachweislich praktizierte Wiederverwendung.

- *Wiederverwendung erfordert neue Metriken:* Sowohl Kostenschätzmodelle als auch qualitätssichernde Richtlinien müssen an eine Softwareentwicklung mit Wiederverwendung angepaßt werden. Nicht nur *lines of code*, sondern auch *lines of reused code* muß qualitätsbestimmender Maßstab werden.

3.4 Verfahren

Das in Unterkapitel 3.3 vorgestellte Lebenszyklusmodell trifft bewußt keine Annahmen über die einzusetzende Entwicklungsmethode. Es ist lediglich ein Rahmenmodell für eine Softwareentwicklung basierend auf Wiederverwendung. Ein ähnliches Ziel verfolgt auch dieses Unterkapitel. Es werden die essentiellen Verfahrensschritte und Richtlinien, die während der objektorientierten Analyse und des objektorientierten Entwurfs zu beachten sind, vorgestellt, ohne auf die spezifischen Eigenheiten einer konkreten Methode einzugehen. Wesentlich dabei ist, dem Leser ein Grundverständnis für die objektorientierte Entwicklung zu vermitteln. Dies ermöglicht ihm oder ihr in der Folge, eine der zahlreich vorhandenen objektorientierten Methoden auszuwählen und in einem Projekt einzusetzen. Eine kurze Zusammenstellung bekannter objektorientierter Methoden befindet sich in Anhang A. Die den Verfahrensschritten zugrundeliegenden Konzepte wurden in Kapitel 2 vorgestellt. Darstellungsmittel zur Repräsentation der unterschiedlichen Konzepte werden nach Bedarf bei der Erklärung der einzelnen Schritte eingeführt. Da zur Zeit keine allgemein akzeptierte Analyse- und Entwurfsmethode und daher auch keine einheitliche Notation existiert, wird bei der Erklärung der einzelnen Schritte jeweils ein Darstellungsmittel aus der Fülle der bekannten ausgewählt. Bei der Auswahl wurde versucht, auf Verständlichkeit und Verbreitungsgrad der jeweils benutzten Notation zu achten.

Es wurde bereits argumentiert, daß ein wesentlicher Vorteil einer objektorientierten Analyse- und Entwurfsmethode darin begründet ist, daß Analyse und Entwurf auf denselben Konzepten und Darstellungsmitteln aufbauen, und die Ergebnisse der Analyse nahtlos während des Entwurfs weiterentwickelt und optimiert werden. Dies hat zur Folge, daß der Übergang von der objektorientierten Analyse zum objektorientierten Entwurf fließend ist und die iterative Vorgangsweise sehr gefördert wird. Die Bestimmung einer Grenze, wo objektorientierte Analyse aufhört und objektorientierter Entwurf beginnt, kann, obwohl technisch nicht notwendig, aus organisatorischen Überlegungen notwendig sein, zum Beispiel, zur Beantwortung der Frage, wie weit die Analyse geht, wenn nur diese im Auftragsvolumen enthalten ist. Oder, wenn Analyse und Entwurf von verschiedenen, u. U. auch geographisch und organisatorisch getrenn-

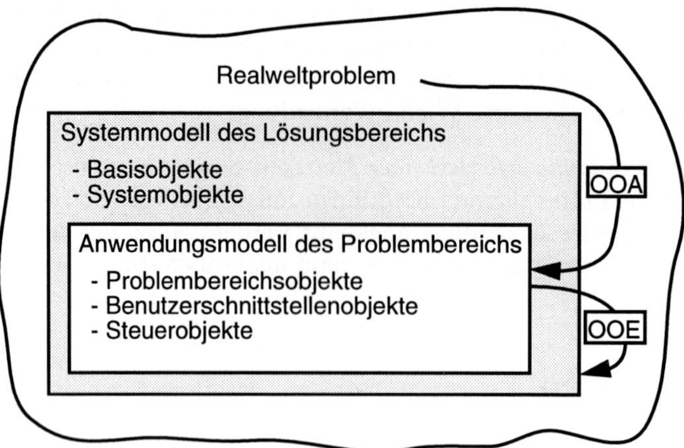

Abbildung 3.9 Beziehung zwischen OOA und OOE (nach [172])

ten Entwicklergruppen durchgeführt werden, müssen klare Kommunikations- und Änderungsrichtlinien zwischen den Phasen bestehen. Zum Letzteren sei jedoch angemerkt, daß bei der objektorientierten Entwicklung sinnvollerweise nicht mehr zwischen Analytikern, Entwerfern und Implementierern unterschieden wird, da dieselbe Person, der Entwickler, sämtliche Aufgaben erfüllt.

Eine kleine, aber effektive Hilfestellung ist die Trennung von Analyse und Entwurf nach ihren Aufgaben und Zielen. Während in der Analyse, ausgehend vom Problembereich, ein sogenanntes Anwendungsmodell desselben erstellt wird, wird im Entwurf das Anwendungsmodell zu einem sogenannten Systemmodell weiterentwickelt, das den Lösungsbereich repräsentiert. Wichtig dabei zu bemerken ist, daß das Systemmodell immer das Anwendungsmodell inkludiert, aber in der Regel mehr ist. Zum Beispiel ist die Datenverwaltungskomponente Teil der Lösung eines Problems, sicher aber nicht Teil des Problems selbst. Die *Aufgabe der objektorientierten Analyse* ist nun, die Objekte des Problembereichs, ihre Struktur, ihr Verhalten und ihre Interaktionen zur Realisierung der geforderten Systemfunktionalität zu identifizieren und zu spezifizieren. Demgegenüber ist die *Aufgabe des objektorientierten Entwurfs*, die Objekte des Lösungsbereichs zu spezifizieren. Dazu gehören neben den Objekten des Problembereichs zusätzliche Objekte, die für die Implementierung des Systems notwendig bzw. hilfreich sind. Welches sind nun die Objekte des Problembereichs, und welche Objekte kommen im Lösungsbereich hinzu?

Abbildung 3.9 zeigt eine Kategorisierung der Objekte. *Problembereichsobjekte* sind Dinge, d. h. physische Objekte und Konzepte, die im Problembereich vorkommen. Sie haben eine definierte Bedeutung in diesem Problembereich, die unabhängig von einer computerunterstützten Lösung ist. In einem Fahrzeugverleihunternehmen gibt es zum Beispiel unterschiedliche Fahrzeuge, wie Personenkraftwagen, Lastkraftwagen und Lieferwagen. Fahrzeug, Personenkraftwagen, Lastkraftwagen und Lieferwagen sind Beispiele für solche Problembereichsobjekte. Objektorientierte Analyse ist jedoch nicht nur für die Beschreibung des Problembereichs per se, d. h. für die Istanalyse, verantwortlich, sondern soll auch die Anforderungen des Kunden, d. h. ein Sollkonzept spezifizieren. Dazu gehört die Spezifikation von *Benutzerschnittstellenobjekten* und von *Steuerobjekten*. Benutzerschnittstellenobjekte realisieren das geforderte „look & feel“ der zu entwickelnden Applikation. Sie sind gleichzeitig auch Benutzersichten auf die implementierten Problembereichsobjekte. Steuerobjekte, auch als Applikationsobjekte in [172] bezeichnet, repräsentieren das zu entwickelnde Gesamtsystem. Ihre Operationen realisieren die geforderten Systemfunktionalitäten. Steuerobjekte entsprechen dem Hauptprogramm in einer prozeduralen Programmiersprache, wie z. B. dem *main* in der Programmiersprache C. Alle drei Kategorien von Objekten zeichnen sich dadurch aus, daß sie anwendungsabhängig sind und im Laufe der objektorientierten Analyse spezifiziert werden. Demgegenüber sind *Basisobjekte* und *Systemobjekte* anwendungsunabhängig. Diese werden während des objektorientierten Entwurfs zur Weiterentwicklung des Ergebnisses der Analyse in ein implementierbares Systemmodell benötigt. Beispiele für Basisobjekte sind Container zur Verwaltung von Mengen von Objekten, Zahlen, aber auch vordefinierte, anwendungsunabhängige Benutzerschnittstellenobjekte. Beispiele für Systemobjekte sind Schnittstellenobjekte zu Datenbanksystemen.

Um die Verfahrensschritte besser veranschaulichen zu können, wird den Erläuterungen folgendes vereinfachtes Fallbeispiel zugrundegelegt.

Fallbeispiel: Fahrzeugreservierungssystem

> Eine Fahrzeugvermietung vermietet Fahrzeuge unterschiedlichen Typs. Das Sortiment umfaßt Personenkraftwagen, Lastkraftwagen und Lieferwagen. Lieferwagen sind als Lastkraftwagen gemeldet, können aber von Personen mit einem Führerschein, der zum Lenken von Personenkraftwagen berechtigt, gelenkt werden. Ein Kunde kann ein Fahrzeug einer bestimmten Kategorie für eine bestimmte Periode reservieren lassen, indem er/sie einen Reservierungsvertrag unterschreibt. Sobald das Fahrzeug abgeholt wird, wird ein Mietvertrag und optional ein Versicherungsvertrag unterschrieben. Spätestens am Ende der reservierten Periode bringt der Kunde das Fahrzeug zurück und bezahlt die Rechnung. (Aus Gründen der Einfachheit werden keine Ausnahmesituationen berücksichtigt.)

3.4.1 Verfahrensschritte für Analyse und Entwurf

Die objektorientierte Analyse (OOA) gliedert sich in sechs, der objektorientierte Entwurf (OOE) in drei Schritte. Diese Schritte werden sequentiell erklärt, doch ist eine Iteration der Schritte, speziell innerhalb einer Phase, nicht nur erlaubt, sondern oft unumgänglich.

OOA - Schritt 1: Identifiziere Systemfunktionalitäten und beteiligte Objekte

Ausgangspunkt der objektorientierten Analyse ist u. a. eine textuelle Problemstellung. Diese ist Grundlage für die Bestimmung der geforderten Systemfunktionalitäten, auch Systemoperationen genannt, und der beteiligten Objekte. In einer ersten Näherung wird in der Methode von Abbott [1] vorgeschlagen, die textuelle Problemstellung auf ihre Hauptworte und Zeitworte hin zu untersuchen. Hauptworte repräsentieren Kandidaten für Objekte, Zeitworte repräsentieren Kandidaten für Operationen. Auch Systemoperationen werden durch Zeitwortphrasen beschrieben. Es sei jedoch erwähnt, daß die Methode von Abbott [1] nicht unreflektiert angewandt werden darf, denn jedes Verb kann substantiviert und jedes Substantiv verbisiert werden.

Beispiel 3.2 In unserem Fallbeispiel eines Fahrzeugreservierungssystems stellen die Phrasen *Fahrzeug reservieren*, *Fahrzeug abholen* und *Fahrzeug zurückbringen* Systemoperationen dar, die von dem zu realisierenden Fahrzeugreservierungssystem angeboten werden müssen. (Um die Verständlichkeit zu erhöhen, werden die Konjugationen der Zeitworte weggelassen und diese in der Nennform angegeben.) Kandidaten für Objekte des Problembereichs sind — in der Reihenfolge, wie sie in der Problemstellung erwähnt werden — *Fahrzeugvermietung*, *Fahrzeug*, *Sortiment*, *Personenkraftwagen*, *Lastkraftwagen*, *Lieferwagen*, *Person*, *Führerschein*, *Kunde*, *Kategorie*, *Periode*, *Reservierungsvertrag*, *Mietvertrag*, *Versicherungsvertrag* und *Rechnung*. □

Für jede identifizierte Systemoperation wird festgestellt, welche Objekte mit welchen Operationen zur Realisierung der Systemoperation beitragen. Zu diesem Zweck werden Ablaufszenarien für jede Systemoperation entwickelt. Ein *Ablaufszenario*, auch „was wäre, wenn"-Szenario genannt, zeigt *eine* mögliche Folge von Ereignissen auf, die vom zu entwickelnden System unterstützt werden muß. Ein *Ereignis* tritt zu einem bestimmten Zeitpunkt ein, wird von einem Objekt innerhalb oder außerhalb des Systems ausgelöst und ruft bei einem oder mehreren Objekten eine Reaktion hervor. Ereignisse in objektorientierten Systemen sind in der Regel das Senden und Empfangen von Nachrichten. Die Reaktion ist das Ausführen einer der Nachricht zugeordneten Operation. Diese Operation kann selbst wieder weitere Ereignisse auslösen. Ein Ablaufszenario baut auf autonomen, parallel agierenden Objekten auf. Jedes Objekt hat einen eigenen Kontrollfluß (*thread of control*). Das Senden einer Nachricht impliziert nicht automatisch eine Antwort vom Empfängerobjekt. Beispielhaft für verschiedene Ansätze zur Repräsentation von Ablaufszenarien wird das **Ereignisfolgendiagramm** *(event trace diagram)* der objektorientierten Modellierunsmethode OMT [205] im folgenden Beispiel eingesetzt. Ein Ereignisfolgendiagramm beschreibt eine zeitlich geordnete Liste von Ereignissen zwischen unterschiedlichen Objekten, die jeweils einer vertikalen Linie in einer Tabelle zugeordnet sind. Die zeitliche Reihenfolge der Ereignisse ergibt sich aus ihrer Anordnung auf den vertikalen Zeitachsen. Ein Ereignis, d. h. das

Senden einer Nachricht, wird durch gerichtete Pfeile vom Senderobjekt zum Empfängerobjekt dargestellt. Auf der Ebene von Ereignisfolgendiagrammen werden stellvertretend für die beteiligten Objekte deren Objekttypen angegeben.

Beispiel 3.3 In Abbildung 3.10 ist das Ereignisfolgendiagramm für die Abwicklung eines erfolgreichen Fahrzeugreservierungsvorganges dargestellt. Die daran beteiligten Objekte sind Instanzen der Objekttypen SACHBEARBEITER, UIMS (User Interface Management System), RESERVIERUNGSSYSTEM, KUNDE, RESERVIERUNGSVERTRAG und FAHRZEUG. Der Sachbearbeiter, der mit dem Reservierungssystem arbeitet, ist außerhalb des eigentlichen Systems, doch muß seine Interaktion auch spezifiziert werden. Eine Instanz des Objekttyps UIMS repräsentiert die Benutzerschnittstelle. Eine Instanz von RESERVIERUNGSSYSTEM steuert die gesamte Applikation. Sie ist daher Ausgangspunkt aller Systemoperationen. *Ein* mögliches Ablaufszenario der Systemoperation reserviereFahrzeug wird im laufenden Beispiel modelliert. In diesem Ablaufszenario wird ein erfolgreicher Reservierungsvorgang spezifiziert. KUNDE, RESERVIERUNGSVERTRAG und FAHRZEUG stehen für Problembereichsobjekte. Die Abwicklung eines Reservierungsvorganges wird durch das Anzeigen des Kundeninformationsfensters ausgelöst (Nachricht anzeigenKundenInfo von RESERVIERUNGSSYSTEM an UIMS). Wenn der Sachbearbeiter die richtige Nummer eines Kunden eingegeben hat, wird vom Reservierungssystem ein neuer Reservierungsvertrag erzeugt und nach der gewünschten Kategorie und Periode gefragt. Ersteres geschieht aufgrund des Sendens der Nachricht erzeugeResVertrag an RESERVIERUNGSVERTRAG, was dem Aufruf einer Typoperation entspricht. Zweiteres wird durch die Nachricht anzeigenKPInfo (steht für „Anzeigen der Aufforderung zur Eingabe der gewünschten Kategorie und Periode") an UIMS ausgelöst. In einem Ereignisfolgendiagramm wird nicht zwischen Instanzoperationen und Typoperationen unterschieden. Beide werden durch das Senden einer Nachricht an das entsprechende Objekt ausgelöst. Um die Verständlichkeit zu erhöhen, wird als sprachliche Konvention dem Namen einer Typoperation ein $-Zeichen vorangestellt. Nach Eingabe der gewünschten Kategorie und Periode wird beim Fahrzeugobjekt überprüft, ob das gewünschte Fahrzeug zur Verfügung steht. Die Nachricht überprüfeVerfügbarkeit löst wiederum eine Typoperation aus. Bei einer positiven Antwort werden die Fahrzeugdaten im Reservierungsvertrag eingetragen. Daraufhin gibt der Sachbearbeiter die Höhe der Anzahlung und den Zahlungsmodus bekannt und eine elektronische Unterschrift wird gespeichert. Ersteres wird durch die Nachricht anzeigenAZInfo (steht für „Anzeigen der Aufforderung zur Eingabe der gewünschten Anzahlung und des Zahlungsmodus") an UIMS ausgelöst, zweiteres durch die Nachricht anzeigenUInfo (steht für „Anzeigen der Aufforderung zur Leistung der Unterschrift") ebenfalls an UIMS.

Dieses Szenario simuliert *nur* den *erfolgreichen* Reservierungsvorgang. Zur Spezifikation von abgelehnten oder auf die Warteliste gesetzten Reservierungen sind eigene Ereignisfolgendiagramme notwendig. □

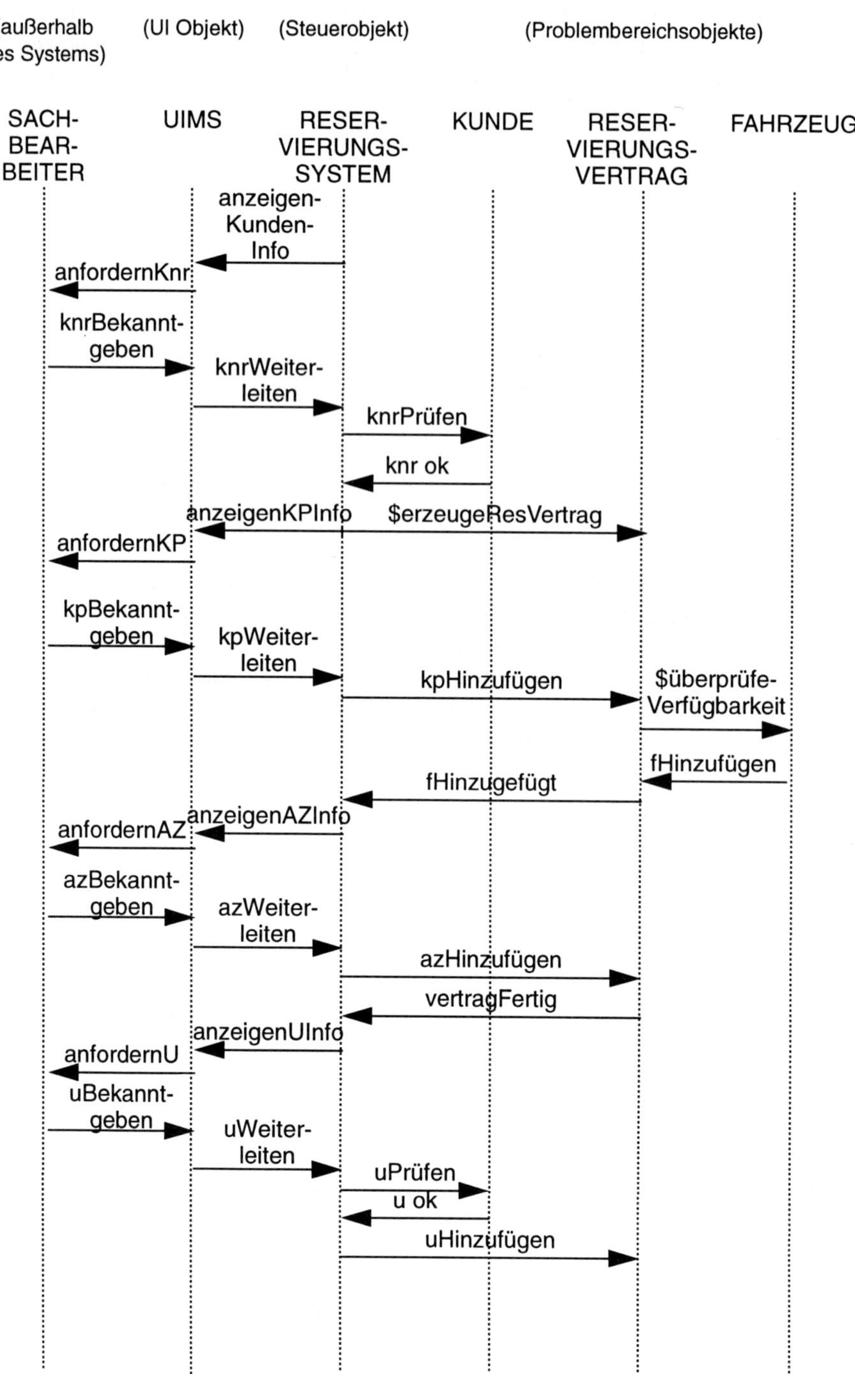

Abbildung 3.10 Ereignisfolgendiagramm für reserviereFahrzeug

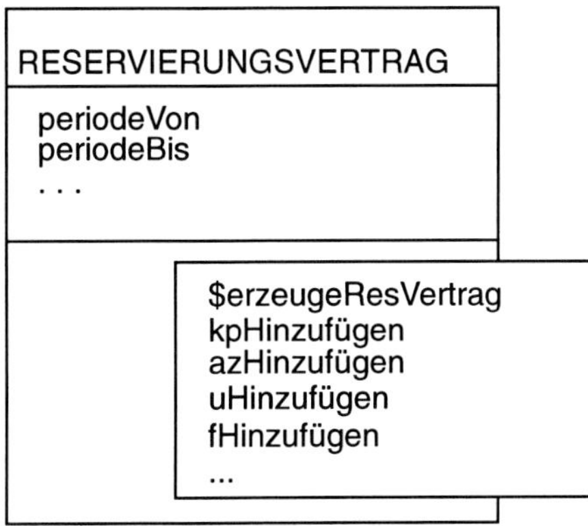

Abbildung 3.11 Klassendiagramm für RESERVIERUNGSVERTRAG

Zum Auffinden von nützlichen Objekten des Problembereichs werden die Problemstellung analysiert, Ablaufszenarien entworfen und — wenn notwendig — der Problembereich selbst untersucht. Die gefundenen Objektkandidaten werden u. a. hinsichtlich Redundanzen und ihrer möglichen Modellierung als Attribute untersucht.

Beispiel 3.4 Ausgangspunkt sind die Objektkandidaten des Fahrzeugreservierungssystems in Beispiel 3.2. *Sortiment* wird gelöscht, weil es in dieser Problemstellung als Synonym für *Fahrzeug* verwendet wird. Desgleichen wird *Periode* und *Führerschein* gelöscht, weil diese Information nicht in Form von Objekten, sondern als Attribute verwaltet wird. □

OOA - Schritt 2: Identifiziere Objekttypen und ihre sichtbaren Operationen

Objekttypen und ihre sichtbaren Operationen werden aus den in Schritt 1 gesammelten Informationen abgeleitet. Alle Ereignisfolgendiagramme zusammen, in denen Instanzen desselben Objekttyps involviert sind, modellieren Nachrichten, die eine Instanz des betreffenden Objekttyps erfolgreich empfangen und bearbeiten bzw. senden kann. (Das Senden einer Nachricht wird durch die *uses*-Beziehung in Schritt 4 modelliert.) Beispielhaft für verschiedene Ansätze zur Repräsentation von Objekttypen wird in abgewandelter Form das **Klassendiagramm** *(class diagram)* der objektorientierten Analyse- und Entwurfsmethode OOAD [33] im folgenden Beispiel eingesetzt.[1]

Beispiel 3.5 In Abbildung 3.11 wird das Klassendiagramm des Objekttyps RESERVIERUNGSVERTRAG dargestellt. Der Name des Objekttyps wird im obe-

[1] Obwohl wir in diesem Buch den Begriff des Objekttyps dem der Objektklasse vorziehen (siehe Diskussion dazu in Unterkapitel 2.1), benutzen wir den gängigen Begriff des Klassendiagramms, anstatt korrekterweise von einem Typdiagramm zu sprechen.

ren Teil des Klassendiagramms angegeben. Alle sichtbaren Operationen wurden u. a. aus dem Ereignisfolgendiagramm in Abbildung 3.10 abgeleitet. Sichtbare Operationen werden in einem das Objekttypsymbol überlappenden Rechteck zusammengefaßt. (Die dargestellten Attribute des Objekttyps werden im nächsten Schritt erklärt.) □

OOA - Schritt 3:
Identifiziere die Attribute und den Lebenszyklus jedes Objekttyps

Attribute werden wie sichtbare Operationen aus den in Schritt 1 gesammelten Informationen abgeleitet. Um zusätzliche Attribute zu finden, werden nach Abbott [1] auch die Adjektiva der Problemstellung analysiert sowie der Problembereich selbst untersucht. Attribute eines Objekttyps werden ebenfalls im dazugehörigen Klassendiagramm dargestellt.

Beispiel 3.6 In Abbildung 3.11 sind die Attribute periodeVon und periodeBis des Objekttyps RESERVIERUNGSVERTRAG dargestellt. □

Der Lebenszyklus eines Objekttyps wurde als grundlegendes Konzept der objektorientierten Verhaltensmodellierung bereits in Abschnitt 2.2.2 eingeführt. Der Lebenszyklus eines Objekttyps beschreibt die erlaubten Operationsfolgen, die auf Instanzen dieses Objekttyps ausgeführt werden dürfen. Würde man alle Ereignisfolgendiagramme, in die Instanzen desselben Objekttyps involviert sind, bezüglich ihrer Zeitachse übereinanderlegen, so hätte man die möglichen Operationsfolgen, d. h. den Lebenszyklus des Objekttyps modelliert. Ein übersichtliches und gleichzeitig detailliertes Darstellungsmittel zur Beschreibung von Lebenszyklen sind Zustandsdiagramme, wobei für jeden Objekttyp genau *ein* Zustandsdiagramm definiert wird. (Ein Klassendiagramm modelliert ebenfalls alle Operationen eines Objekttyps, jedoch nicht die erlaubten Operationsfolgen.) Ein **Zustandsdiagramm** *(state diagram)* ist ein gerichteter Graph, dessen Knoten die möglichen Zustände der Instanzen eines Objekttyps darstellen, und dessen Kanten die erlaubten Zustandsübergänge, auch Transitionen genannt, modellieren. Zustandsübergänge werden mit dem Namen des Ereignisses, das den Übergang auslöst, beschriftet. Ein Zustandsdiagramm spezifiziert die Zustandsfolge, die aufgrund einer Folge von Ereignissen durchlaufen wird. Befindet sich ein Objekt in einem Zustand, und ein Ereignis, das einen Übergang aus diesem Zustand auslöst, tritt ein, wechselt das Objekt in den entsprechenden Folgezustand. Operationen werden Zuständen zugeordnet. Kommt ein Objekt in einen Zustand, so wird die entsprechende Operation ausgeführt. Beispielhaft für verschiedene Dialekte zur Darstellung von Zustandsdiagrammen wird ein an OMT [205] angelehntes im folgenden Beispiel eingesetzt. Zustände werden benannt und durch Ellipsen dargestellt. Anfangszustände werden mit einem kleinen ausgefüllten Kreis dargestellt, und Endzustände mit einem hohlen Kreis, der einen kleinen schwarzen Kreis enthält. Zu einem Zustand können Operationen mit dem Schlüsselwort do: angegeben

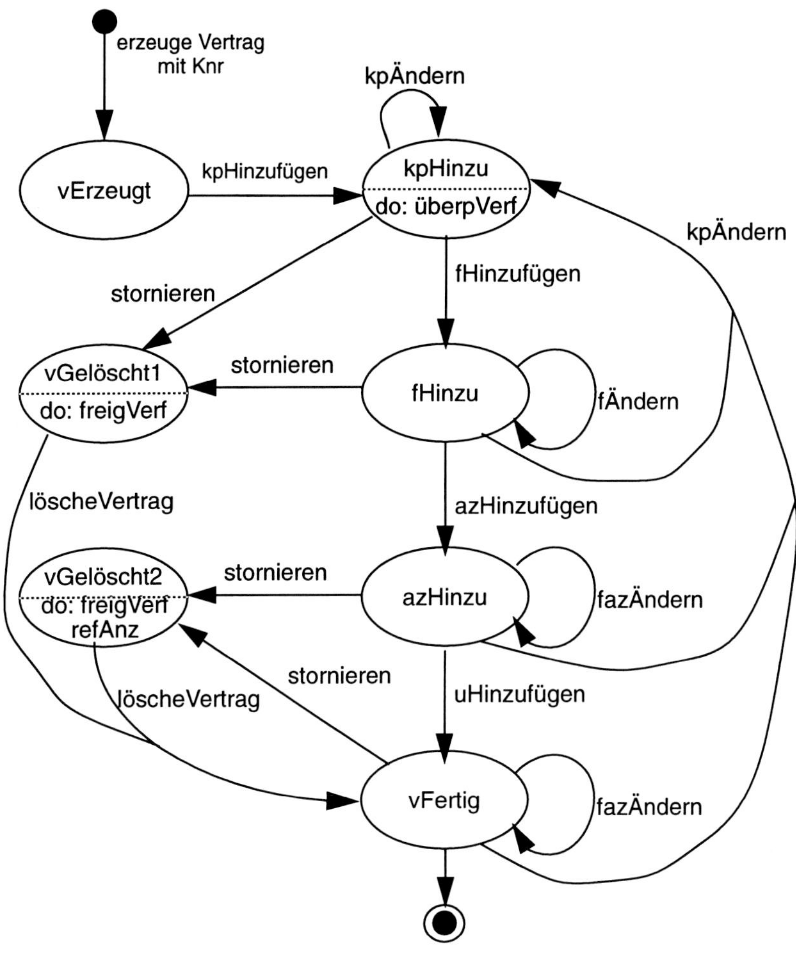

Abbildung 3.12 Zustandsdiagramm für RESERVIERUNGSVERTRAG

werden, die beim Eintreten eines Objektes in diesen Zustand ausgeführt werden.

Beispiel 3.7 Abbildung 3.12 zeigt das Zustandsdiagramm des Objekttyps RESERVIERUNGSVERTRAG. Ein Objekt des Typs RESERVIERUNGSVERTRAG kann in den Zuständen vErzeugt, kpHinzu, fHinzu, azHinzu, vGelöscht1, vGelöscht2 und vFertig sein. (vErzeugt steht für „Vertrag erzeugt", kpHinzu steht für „Kategorie und Periode hinzugefügt", fHinzu steht für „Fahrzeugdaten hinzugefügt", azHinzu steht für „Anzahlung und Zahlungsmodus hinzugefügt", vFertig steht für „Vertrag fertig ausgefüllt" und vGelöscht1 sowie vGelöscht2 stehen für „Vertrag gelöscht".) Wird ein neuer Reservierungsvertrag erzeugt, so kommt er in den Zustand vErzeugt. In diesem Zustand kann er das Ereignis kpHinzufügen (steht für „Kategorie und Periode hinzufügen") erkennen, was einen Übergang in den Folgezustand kpHinzu und die Ausführung der Operation überpVerf (steht für „überprüfe die Verfügbarkeit der gewünschten Fahrzeugkategorie in der gewünschten Periode") auslöst. Sobald das reservierte Fahrzeug vom Kunden abgeholt wird, wird der Reservierungsvertrag gelöscht und durch einen Mietvertrag abgelöst. Soll während des Aufbaus des Reservierungsvertrages dieser storniert werden, so werden beim Übergang in den Zustand vGelöscht1 bzw. vGelöscht2 die Operation freigVerf (steht für „Freigeben der Verfügbarkeit") und im zweiten Fall auch die Operation refAnz (steht für „refundiere Anzahlung") ausgeführt. □

OOA - Schritt 4:
Identifiziere gerichtete, strukturelle Beziehungen und Interaktionsbeziehungen

Gerichtete strukturelle Beziehungen und Interaktionsbeziehungen wurden bereits im Detail in Unterkapitel 2.2 erklärt. Wir spezifizieren nun die *isA*-, *componentOf*- und *uses*-Beziehungen unseres Fallbeispiels.

Die Notation zur Darstellung von *isA*- und *componentOf*-Beziehungen ist an OMT [205] angelehnt, jedoch mit einigen Erweiterungen, z. B. zur Darstellung von exklusiven und abhängigen Komponentenobjekten (siehe auch Abschnitt 2.2.1).

Beispiel 3.8 In Abbildung 3.13 werden *isA*-Beziehungen und *componentOf*-Beziehungen zwischen den in Beispiel 3.2 identifizierten Objekttypen dargestellt. Zwischen PERSON, ARBEITNEHMER und KUNDE besteht eine überlappende Vererbungsbeziehung, d. h. ein Arbeitnehmer einer Fahrzeugvermietung kann gleichzeitig auch Kunde bei diesem Unternehmen sein. Im Gegensatz dazu sind Rechtspersonen entweder juristische Personen, d. h. Unternehmen, oder natürliche Personen. Daher wird in diesem Fall eine disjunkte Vererbungsbeziehung modelliert. LIEFERWAGEN erbt sowohl von PKW als auch von LASTKRAFTWAGEN, da ein Lieferwagen als PKW und als Lastkraftwagen benutzt werden kann. Zu einem Mietvertrag kann es höchstens einen Versicherungsvertrag, dargestellt durch einen hohlen Kreis, geben. Außerdem gehört ein Versicherungsvertrag zu genau einem Mietvertrag und ist von diesem existenzabhängig, d. h. wenn ein Mietvertrag gelöscht wird, so wird der davon abhängige Versicherungsvertrag ebenfalls gelöscht, dargestellt durch ea. □

Zur Spezifikation von *uses*-Beziehungen können Darstellungsmittel mit unterschiedlichem Detaillierungsgrad verwendet werden. Zur Spezifikation der *uses*-Beziehung auf der Ebene der Operationen, d. h. zur Spezifikation, welche Operationen bei der Realisierung einer Operation in welcher Reihenfolge und mit welchen Daten aufgerufen werden, werden erweiterte **Datenflußdiagramme** *(data flow diagrams)* eingesetzt [205]. Zur Spezifikation der *uses*- Beziehung auf der Ebene der Objekttypen werden **Interaktionsdiagramme** *(interaction*

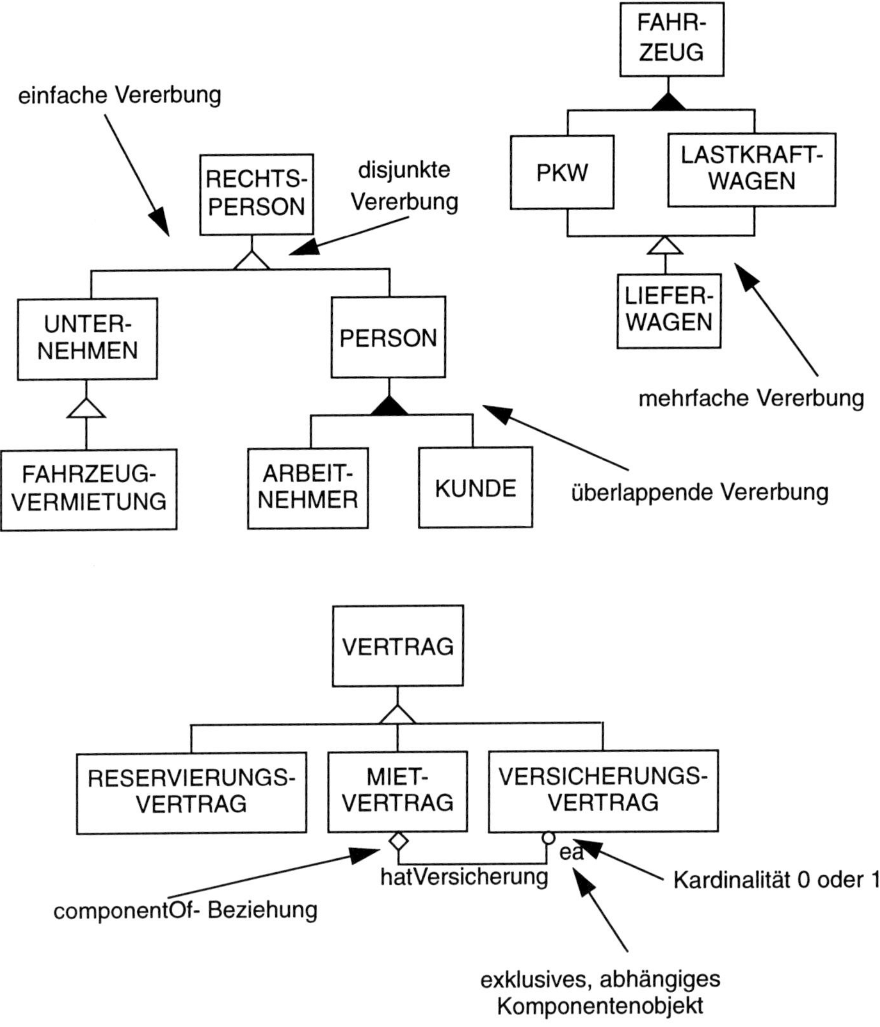

Abbildung 3.13 *isA*-Beziehungen und *componentOf*-Beziehungen

diagrams) verwendet [78, 227, 259]. Als eine mögliche Notation zur Darstellung von Interaktionsdiagrammen wird in abgewandelter Form jene der objektorientierten Analysemethode OOSA [78] im folgenden Beispiel eingesetzt.

Beispiel 3.9 Abbildung 3.14 zeigt die *uses*-Beziehungen, die durch Ausführung der Systemoperation reserviereFahrzeug über einer Instanz des Objekttyps RESERVIERUNGSSYSTEM aktiviert werden. Dabei benutzt das Reservierungssystem die Operationen knrPrüfen und uPrüfen des Objekttyps KUNDE und einige Operationen des Objekttyps RESERVIERUNGSVERTRAG. Letzterer wiederum benutzt die Typoperation überpVerf (steht für „überprüfe Verfügbarkeit“)

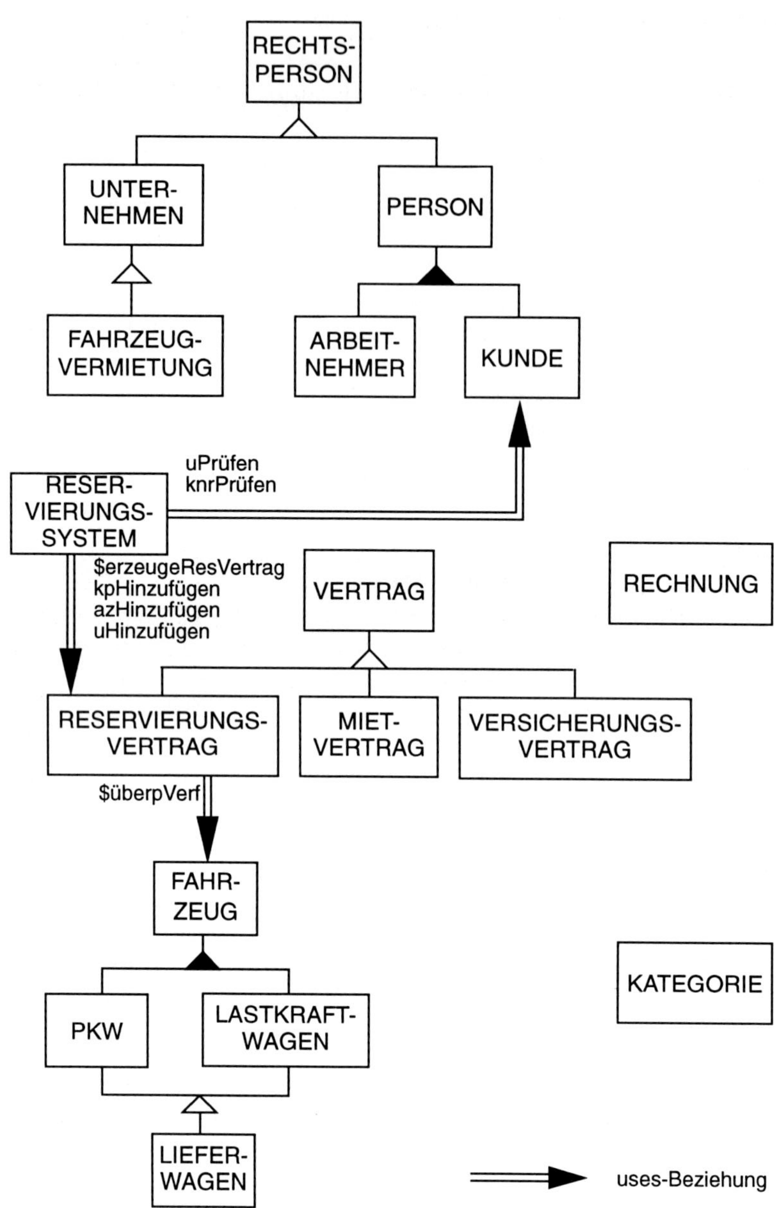

Abbildung 3.14 Interaktionsdiagramm für reserviereFahrzeug

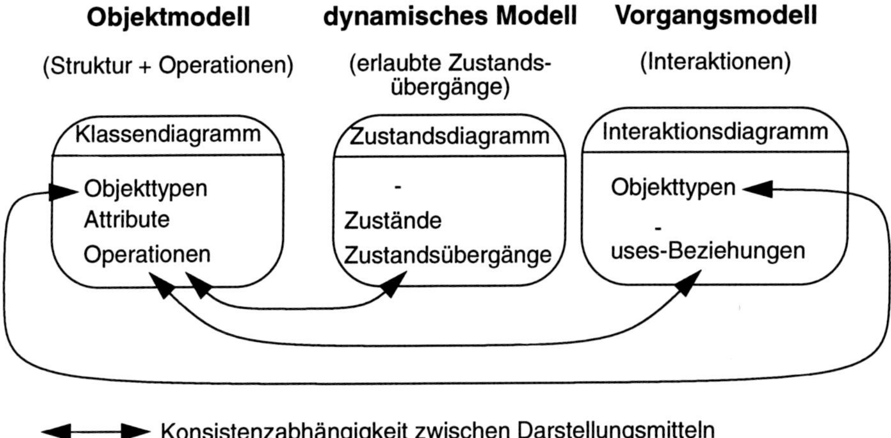

Abbildung 3.15 Zusammenspiel unterschiedlicher Darstellungsmittel

des Objekttyps FAHRZEUG. Aus Gründen der Übersichtlichkeit wird die *uses*-Beziehung zum User Interface Management System nicht dargestellt.

Die Information in Abb. 3.14 wird u. a. aus dem Ereignisfolgendiagramm in Abb. 3.10 abgeleitet. Einige Ereignisse werden nicht explizit als benutzte Operationen angeführt, da sie die Antwort auf zuvor gesendete Nachrichten modellieren. Dazu gehört z. B. die Nachricht fHinzugefügt von RESERVIERUNGSVERTRAG an RESERVIERUNGSSYSTEM, die den Rückgabewert aufgrund der vorher, in der umgekehrten Richtung gesendeten Nachricht kpHinzufügen, nämlich des ausgewählten Fahrzeugs, modelliert. □

Die bisher eingeführten Darstellungsmittel dienten der Modellierung der drei Sichten eines Informationssystems, nämlich der Modellierung des Objektmodells in Form von Klassendiagrammen, der Modellierung des dynamischen Modells in Form von Zustandsdiagrammen und der Modellierung des Vorgangsmodells in Form von Interaktionsdiagrammen und Datenflußdiagrammen. Diese Darstellungsmittel werden natürlich nicht unabhängig voneinander verwendet. Das Zusammenspiel der unterschiedlichen Darstellungsmittel, d. h. ihre Konsistenzabhängigkeiten, wird in Abbildung 3.15 nochmals zusammengefaßt. Da Datenflußdiagramme und Interaktionsdiagramme denselben Sachverhalt beschreiben, nämlich die Realisierung einer Operation mit Hilfe anderer Operationen, und die beiden Darstellungsmittel in der Regel ergänzend eingesetzt werden, werden in dieser Abbildung Datenflußdiagramme nicht gezeigt. Der Einsatz unterschiedlicher Darstellungsmittel wirft auch die Frage nach Konsistenzprüfungen auf. So muß zum Beispiel für jeden Objekttyp im Interaktionsdiagramm ein Klassendiagramm und ein Zustandsdiagramm modelliert werden, und jede in einem Interaktionsdiagramm angegebene Operation muß auch als solche in einem Klassendiagramm beschrieben sein. Eine manuelle Prüfung der Konsistenzbedingungen ist sicher zu fehleranfällig und zu zeitintensiv. Eine entsprechende Werkzeugunterstützung ist für den produktiven Einsatz von objektorientierten Methoden daher unbedingt notwendig.

OOA - Schritt 5:
Identifiziere ungerichtete strukturelle Beziehungen und Koordinierungsbedingungen zwischen Objekttypen

Ungerichtete strukturelle Beziehungen, auch allgemeine Beziehungen genannt, wurden bereits im Detail in Unterkapitel 2.2 diskutiert. Zur Darstellung der allgemeinen Beziehungen in unserem Fallbeispiel wird die Notation nach OMT [205] benutzt. Eine allgemeine Beziehung zwischen zwei Objekttypen wird durch eine ungerichtete Kante, die die Symbole der beiden Objekttypen verbindet, dargestellt. Der Name der allgemeinen Beziehung wird durch Annotierung der entsprechenden Kante angegeben. Die Kardinalität eines Objekttyps legt fest, wie viele Instanzen dieses Objekttyps mit einer Instanz des beteiligten Objekttyps in Beziehung treten können. Die Kardinalität eines Obekttyps wird durch das Nichtvorhandensein eines Kreises (genau eine Instanz), durch einen hohlen Kreis (keine oder eine Instanz) oder durch einen ausgefüllten Kreis (keine oder mehrere Instanzen) festgelegt.

Beispiel 3.10 Abbildung 3.16 zeigt alle strukturellen Beziehungen, d. h. *isA*-, *componentOf*- und allgemeine Beziehungen, zwischen den Objekttypen des Fahrzeugreservierungssystems. So existiert zum Beispiel zwischen dem Objekttyp FAHRZEUGVERMIETUNG und dem Objekttyp ARBEITNEHMER eine allgemeine Beziehung arbeitetFür. □

Koordinierungsbedingungen spezifizieren statische und dynamische Bedingungen zwischen Objekten desselben oder unterschiedlicher Objekttypen. Ein Beispiel für eine Koordinierungsbedingung ist, daß eine Operation nur dann auf einem Objekt ausgeführt werden darf, wenn ein anderes Objekt in einem speziellen Zustand ist. Koordinierungsbedingungen sind u. a. ein notwendiges Instrument, um die möglichen Interaktionen zwischen Objekten auf die gültigen Interaktionen innerhalb einer Problemstellung einzuschränken. Die meisten objektorientierten Analyse- und Entwurfsmethoden unterstützen die Spezifikation von Koordinierungsbedingungen nur in eingeschränkter Form bzw. gar nicht. Eine mögliche Form der Spezifikation von Koordinierungsbedingungen basiert auf Vor- und Nachbedingungen von Operationen (siehe auch Abschnitt 2.2.2). Diese werden explizit von der objektorientierten Entwicklungsmethode FUSION [61] angeboten. Eine andere Form von Koordinierungsbedingungen wird im Zusammenhang mit Objekt/Verhaltensdiagrammen in Abschnitt 4.2.3 vorgestellt.

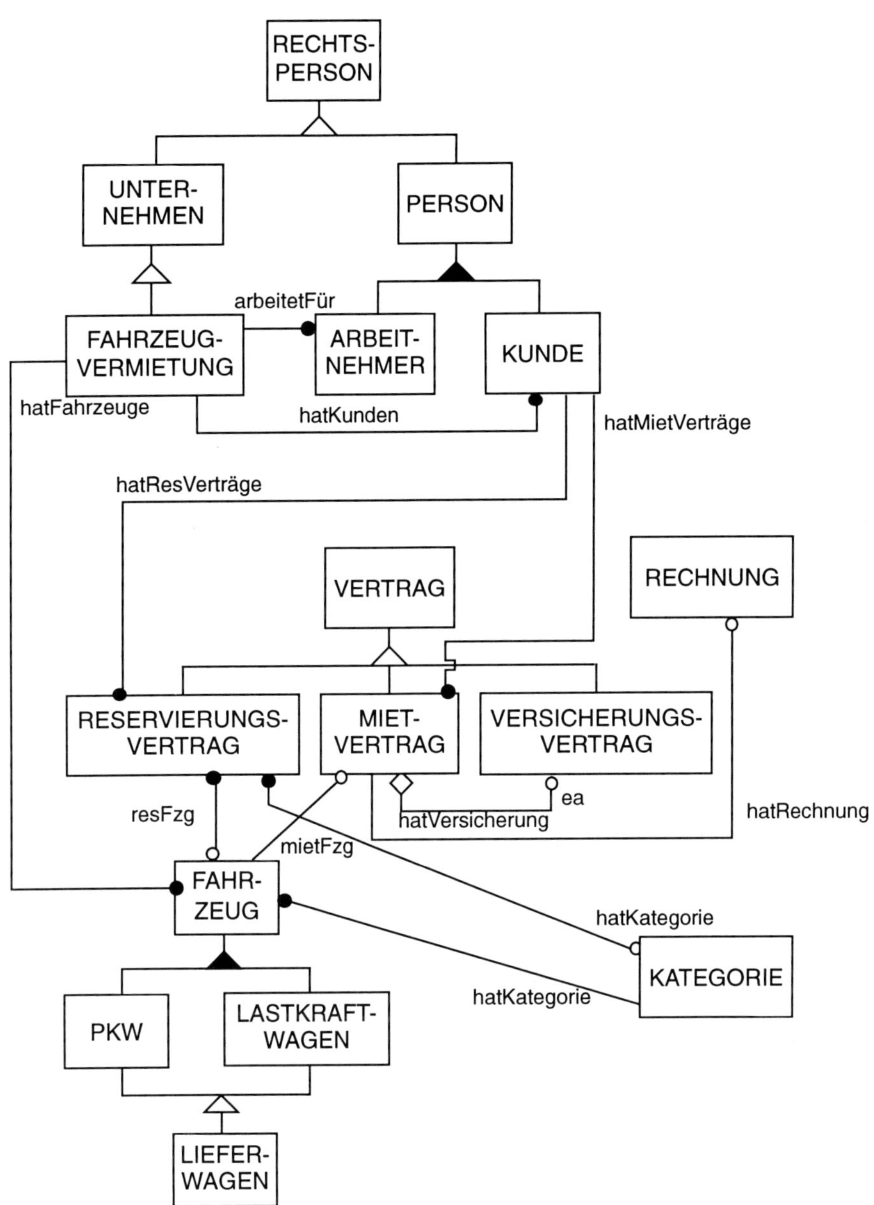

Abbildung 3.16 Strukturelle Beziehungen

OOA - Schritt 6:
Identifiziere Subsysteme

Sobald eine Problemstellung einen gewissen Komplexitätsgrad erreicht hat, ist die Einführung einer Abstraktionsebene zusätzlich zu Objekttypen anzuraten. Zu diesem Zweck wird das Konzept der Subsysteme als eine Ansammlung von funktional kohäsiven und stark gekoppelten Objekttypen und anderen Subsystemen eingeführt. Subsysteme wurden im Detail in Abschnitt 2.2.2 erklärt und textuell spezifiziert. Kopplung und Kohäsion in objektorientierten Systemen werden in Kapitel 8 diskutiert. Als ein Repräsentant eines graphischen Darstellungsmittels für Subsysteme werden im folgenden Beispiel **Clusterdiagramme** *(cluster diagrams)* der objektorientierten Modellierungsmethode BON [180] verwendet.

Beispiel 3.11 In Abbildung 3.17 werden alle Objekttypen des Fahrzeugreservierungssystems in drei disjunkte Subsysteme aufgeteilt, nämlich RECHTSPERSONEN, FAHRZEUGE und DOKUMENTE. Zwischen den Objekttypen unterschiedlicher Subsysteme existieren allgemeine Beziehungen. Für jede allgemeine Beziehung existiert auf der dynamischen Ebene auch eine gerichtete *uses*-Beziehung (im Beispiel nicht dargestellt). Zum Beispiel benutzt der Objekttyp RESERVIERUNGSVERTRAG des Subsystems DOKUMENTE den Objekttyp FAHRZEUG des Subsystems FAHRZEUGE (siehe Abbildung 3.14). In Anlehnung an die textuelle Spezifikation in Abschnitt 2.2.2 impliziert diese *uses*-Beziehung, daß das Subsystem DOKUMENTE das Subsystem FAHRZEUGE zur Kollaboration importiert. □

Bezüglich einer Diskussion des Einsatzes von Subsystemen, einerseits für eine Top-down-Zerlegung einer komplexen Problemstellung und andererseits für eine Bottom-up-Optimierung von Analysemodellen, wird auf Abschnitt 2.2.2 verwiesen.

OOE - Schritt 1:
Festlegen der Systemarchitektur

Ausgangspunkt des objektorientierten Entwurfs ist das Ergebnis der objektorientierten Analyse und die einzuhaltenden Randbedingungen bei der Implementierung. Der erste Schritt innerhalb des OOE wird traditionellerweise auch als *Architekturentwurf* bezeichnet. In diesem Schritt sind u. a. folgende Entscheidungen zu treffen:

- Welche Implementierungssprache wird verwendet?
- Auf welcher Datenverwaltung basiert das System? Wird ein Datenbanksystem oder nur ein Dateisystem eingesetzt? Falls ersteres, welches Datenbanksystem wird ausgewählt?

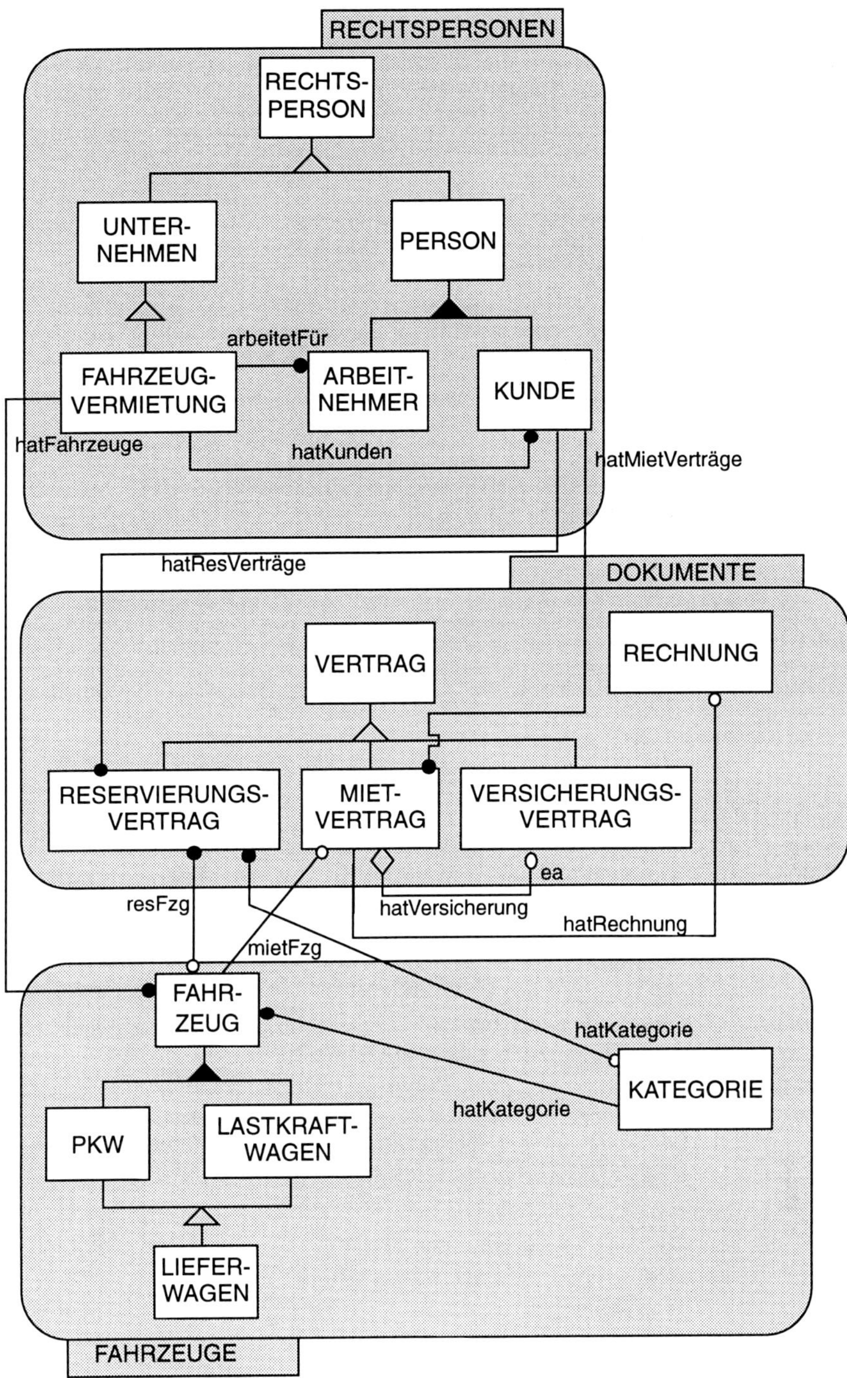

Abbildung 3.17 Clusterdiagramme

- Welche Softwarearchitektur wird verwendet, d. h. wie sieht die Implementierung des Kontrollflusses aus? Existiert genau ein Kontrollfluß (*single thread of control*) oder nebenläufige Prozesse (*multiple threads of control*)?
- Welches Benutzerschnittstellensystem (*UIMS*) wird verwendet?

OOE - Schritt 2:
Festlegen von Optimierungen aufgrund von Leistungsvorgaben

Der zweite und dritte Schritt innerhalb des OOE werden auch als *Detailentwurf* bezeichnet. Im zweiten Schritt wird das Anwendungsmodell dahingehend verändert bzw. erweitert, daß die Leistungsvorgaben erfüllt werden können. Dabei sind u. a. folgende Entscheidungen zu treffen bzw. Tätigkeiten durchzuführen:

- Speichern von abgeleiteten Attributen und Beziehungen, um sie nicht bei jedem Zugriff berechnen zu müssen.
- Speichern von redundanter Information. Dazu gehören zum Beispiel inverse Beziehungen, um einen schnelleren Zugriff auf Informationen zu ermöglichen.
- Festlegen von Zugriffsstrukturen, z. B. Indizes in Datenbanksystemen.
- Optimieren von Algorithmen.

OOE - Schritt 3:
Abbildung des Anwendungsmodells in ein Systemmodell unter Berücksichtigung eingeschränkter Konzepte in der Implementierungsumgebung

In Abschnitt 3.2.2 wurde der Vorteil der Verwendung derselben Konzepte in der objektorientierten Analyse, im Entwurf und in der Implementierung hervorgehoben. Dies stimmt aber nur bedingt. Es ist richtig, daß alle Phasen der Entwicklung auf dem Konzept der kommunizierenden Objekte basierend auf Nachrichtenaustausch, Vererbung und Polymorphismus aufbauen. Es stimmt aber auch, daß die Konzepte von objektorientierten Analysemethoden in der Regel ausdrucksstärker als die von objektorientierten Programmiersprachen sind. Beispiele sind die Verwendung von Mehrfachvererbung in der Analyse und ihre Abbildung auf Einfachvererbung in der Implementierung, sowie die Modellierung von allgemeinen Beziehungen in der Analyse und ihre Abbildung auf inverse Referenzen in den implementierten Objekttypen.

Aber nicht nur unterschiedliche Konzepte erfordern eine Abbildung, sondern auch dieselben Konzepte, die in der Analysemethode und in der Implementierungssprache unterschiedliche Semantiken haben. Prominentestes Beispiel ist das Vererbungskonzept. Während in der Analyse die *isA*-Beziehung verwendet wird, bauen sämtliche objektorientierten Programmiersprachen auf der

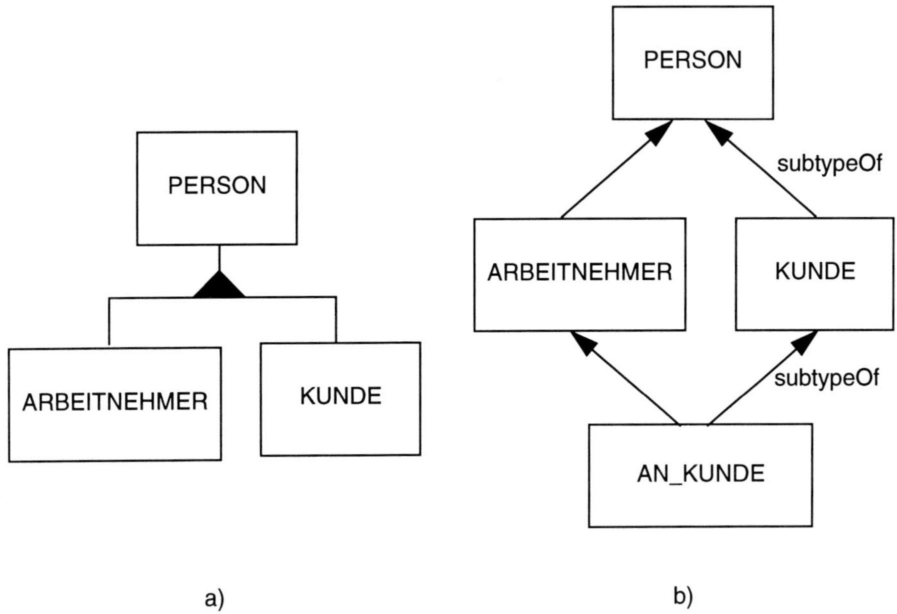

Abbildung 3.18 (a) *isA*-Hierarchie und (b) *subtypeOf*-Hierarchie

subtypeOf-Beziehung oder der *inheritsFrom*-Beziehung auf. Die *isA*-Beziehung geht von einer extensionalen Sicht aus und ist im wesentlichen eine Teilmengenbeziehung. Im Gegensatz dazu gehen die *subtypeOf*-Beziehung bzw. die *inheritsFrom*-Beziehung von einer intensionalen Sicht aus und dienen zur inkrementellen Typspezifikation (für eine genaue Definition der unterschiedlichen Vererbungsarten siehe auch Abschnitt 2.2.1).

Ein weiterer Unterschied zwischen *isA*-Vererbung und *subtypeOf*-Vererbung ist, daß Mehrfachinstanziierung bei der *subtypeOf*-Vererbung nicht unterstützt wird, sondern mit Hilfe von mehrfacher Vererbung aufgelöst werden muß.

Beispiel 3.12 In Abbildung 3.18 wird die Transformation einer *isA*-Hierarchie mit überlappender Vererbung in eine *subtypeOf*-Hierarchie mit mehrfacher Vererbung an einem Beispiel aufgezeigt. Personen können sowohl Kunden als auch Arbeitnehmer sein. D.h. es gibt Personen, auf die die Instanzvariablen und Operationen sowohl des Objekttyps ARBEITNEHMER als auch des Objekttyps KUNDE zusätzlich zu denen von PERSON zutreffen. Dieser Aspekt wird durch mehrfache Vererbung von ARBEITNEHMER und KUNDE nach AN_KUNDE auf der Implementierungsebene ausgedrückt. Weiters muß die Verwaltung der Mitglieder jedes Objekttyps vom Benutzer durch eigens definierte Variablen modelliert werden. □

Wird in der verwendeten Modellierungs- und Implementierungsmethode die *roleOf*-Beziehung unterstützt, wäre natürlich die beste Lösung des obigen Problems die Verwendung von Rollen (siehe Kapitel 2.2.1).

Mit diesem Beispiel soll dem Leser die Problematik der Abbildung des Anwendungsmodells der Analyse auf das Systemmodell der Implementierung exemplifiziert werden. Eine detailliertere Diskussion der innerhalb des objektorientierten Entwurfs zu treffenden Entscheidungen ist jedoch nicht Ziel dieser Arbeit. Für eine weiterführende Behandlung wird der interessierte Leser auf die Literatur verwiesen [33, 61, 114, 205].

3.4.2 Richtlinien für Analyse und Entwurf

Die wesentliche Frage im Rahmen der objektorientierten Analyse und des objektorientierten Entwurfs ist die nach „guten Analyseergebnissen" bzw. nach „guten Entwurfsergebnissen". Kriterien, nach denen die Qualität bewertet werden kann, sind dieselben wie für die objektorientierte Entwicklung im allgemeinen. Objektorientierte Modelle sollen *wartbar*, in hohem Maße *wiederverwendbar* und *verständlich* für Kunden und Endbenutzer sein [166]. Wie schon in Unterkapitel 3.1 diskutiert, legt die Wartbarkeit von Modellen auch fest, inwieweit diese Modelle *änderbar* und *erweiterbar* sind. Diese Qualitätskriterien müssen für den Entwickler dahingehend operationalisiert werden, daß er ihren Erfüllungsgrad messen bzw. verbessern kann. Für ersteres wurden Metriken eingeführt, für zweiteres Richtlinien. Eine *Metrik* ist eine quantifizierbare Größe und erlaubt, Aussagen über die Güte von objektorientierten Modellen zu machen. Kopplung und Kohäsion sind Eigenschaften von objektorientierten Modellen, die Rückschlüsse auf die Güte dieser Modelle zulassen. Kopplung und Kohäsion in objektorientierten Systemen werden in Kapitel 8 im Detail behandelt. *Richtlinien* zeigen Möglichkeiten der Verbesserung von objektorientierten Modellen auf. Richtlinien sind zur Zeit ein sehr aktives Forschungsgebiet, nicht zuletzt deshalb, weil gerade die Anwendbarkeit und praktische Umsetzbarkeit des objektorientierten Paradigmas von Richtlinien für OOA und OOE abhängen. Das Vorstellen von Richtlinien ist Ziel dieses Abschnittes.

Richtlinien können nach dem Zweck, den ihre Einhaltung verfolgt, eingeteilt werden, wie z. B. das Finden von Objekttypen und die Zuordnung von Operationen zu Objekttypen. Wir teilen die vorzustellenden Richtlinien in fünf Kategorien ein, nämlich

1. Spezifikation von Objekttypen
2. Spezifikation von Beziehungen zwischen Objekttypen
3. Spezifikation und Standardisierung der Schnittstelle eines Objekttyps
4. Spezifikation von Subsystemen
5. Spezifikation von wiederverwendbaren Objekttypen und Application Frameworks.

Diese fünf Kategorien ergeben keine disjunkte Partitionierung der Richtlinien. Ganz im Gegenteil helfen Richtlinien in unterschiedlichen Kategorien aber dasselbe Problem betreffend die Bedeutung des jeweiligen Problems zu unterstreichen. Die hier diskutierten Richtlinien können nur eine Teilmenge aller möglichen Richtlinien sein. Sie sollten, auch abhängig von der jeweiligen Problemstellung in einem Projekt, laufend ergänzt und vervollständigt werden.

Richtlinien zur Spezifikation von Objekttypen

- *Namensgebung beachten*
  Jeder Objekttyp muß eindeutig im System benannt sein. Instanzvariablen und Operationen eines Objekttyps müssen eindeutige Namen innerhalb desselben haben.

- *Instanzvariablen nicht zur Parameterübergabe verwenden*
  Instanzvariablen sollen nicht implizit zum Datenaustausch zwischen Operationen benutzt werden, sondern den internen Zustand von Objekten modellieren. Die Ausführungen von Operationen sind auch vom Wert der Instanzvariablen abhängig und initialisieren diese nicht immer von neuem.

- *Zugriff auf Instanzvariablen gewährleisten*
  Für jede Instanzvariable muß es eine Initialisierungsoperation, eine Leseoperation und eine Schreiboperation geben. Damit ist gewährleistet, daß bei Änderung der Instanzvariable ausschließlich die genannten Operationen mitgeändert werden müssen, sofern diese zum Zugriff auf die jeweilige Instanzvariable verwendet werden.

- *Finden von Objekttypen*
  Für jeden potentiellen Objekttyp beantworte die folgenden Fragen: (1) Kommt der Objekttyp im Problembereich vor und stellt er eine sinnvolle Abstraktion dar? (2) Wird der Objekttyp zur Erfüllung einer geforderten Systemfunktionalität benötigt? (3) Repräsentiert der Objekttyp eher einen komplexen Wert als ein Objekt des Problembereichs? Wenn die letzte Frage mit „ja“ beantwortet wird, dann sollte statt eines Objekttyps eine Instanzvariable mit passendem Datentyp modelliert werden.

Richtlinien zur Spezifikation von Beziehungen zwischen Objekttypen

- *Abhängigkeiten zwischen Objekttypen minimieren*
  Ein Objekttyp sollte nur dann eine Beziehung zu einem anderen Objekttyp haben, wenn es unbedingt notwendig ist.

- *Kopplung zwischen Objekttypen explizit machen*
  Der Informationsaustausch zwischen zwei Objekttypen soll explizit über das Senden von Nachrichten erfolgen. Globale Datenbereiche sowie der Zugriff auf Instanzvariablen anderer Objekte desselben oder unterschiedlicher Objekttypen sind zu vermeiden, weil damit die Prinzipien der Kapselung und des Information Hiding verletzt werden.

Richtlinien zur Spezifikation und Standardisierung der Schnittstelle eines Objekttyps

- *Die Schnittstelle eines Objekttyps besteht ausschließlich aus Operationen*
  Instanzvariablen sollen nicht öffentlich sichtbar sein, womit unerwünschte Kopplung und die Verletzung von Kapselung und Information Hiding vermieden werden.

- *Komponentenobjekte sind in der Regel versteckt*
  Ein Komponentenobjekt, das der internen Repräsentation eines Objektes dient, darf keine Nachricht von einem anderen Objekt als dem, von dem es Komponente ist, erhalten.

- *Sichtbarkeit von Operationen einschränken*
  Eine Operation soll ausschließlich dann öffentlich sichtbar sein, wenn sie von Instanzen anderer Objekttypen durch Senden einer Nachricht ausgeführt werden muß. Alle anderen Operationen sollen ausschließlich privat oder eingeschränkt öffentlich sichtbar sein.

- *Vor- und Nachbedingungen für jede Operation festlegen*
  Jede Operation soll durch Vor- und Nachbedingungen semantisch spezifiziert sein. Dies dient sowohl der Verifikation als auch der Dokumentation der Operationen.

- *Namenskonventionen für Operationen in verschiedenen Objekttypen einhalten*
  Operationen mit ähnlicher Semantik sollen in allen Objekttypen denselben Namen haben. Damit wird der Aufbau von standardisierten Schnittstellen unterstützt. Ebenso soll eine Operation, die durch wiederholte Ausführung von ähnlichen Operationen auf Komponentenobjekten implementiert wird, denselben Namen wie die aufgerufenen Operationen in den Komponentenobjekten haben.

- *Operationen mit gleichem Namen haben äquivalente Semantik*
  Zum Beispiel soll die Operation move des Objekttyps WINDOW die gleiche Semantik wie die Operation move des Objekttyps MENU haben.

- *Fallunterscheidungen eliminieren*
  Implementierungsunterschiede einer Operation in unterschiedlichen Objekttypen sollen durch Subtypenbildung, durch Überschreiben und durch dynamisches Binden aufgelöst werden. Fallunterscheidungen aufgrund des Typs eines Objektes (CASE-Anweisungen) sind, wenn möglich, zu vermeiden.

- *Anzahl der Parameter einer Operation reduzieren*
  Zu vermeiden sind mehr als sieben Parameter. Bei mehr als sieben Parametern soll eine Operation in mehrere Operationen zerlegt werden, oder die Parameter definieren den internen Zustand eines neuen Objekttyps.

Dieser Objekttyp beschreibt in der Regel eine Beziehung zwischen den Objekten, die als Parameter spezifiziert waren. Eine Ausnahme für diese Richtlinie ist die Erzeugungsoperation eines Objekttyps, die gleichzeitig auch Initialisierungsoperation ist. Diese kann so viele Parameter wie zu initialisierende Instanzvariablen haben.

- *Größe einer Operation reduzieren*
  Eine Operation sollte nicht mehr als 30 Befehle enthalten. Eine größere Operation sollte in mehrere kleinere Operationen zerlegt werden, wobei jede Operation genau eine elementare Funktionalität erfüllt.

- *Operationale und strategische Operationen unterscheiden*
  Nach den Zielsetzungen einer Operation werden operationale und strategische Operationen unterschieden. Jede Operation beschreibt entweder die Implementierung einer Grundfunktionalität (operationale Operation) oder ihre Auswirkungen (strategische Operation). Zum Beispiel ist die Berechung der Zinsen eine Frage der Implementierung, jedoch die Bestimmung des Zeitpunktes, wann die Zinsen aufgebucht werden, eine Frage der Geschäftspolitik der jeweiligen Bank.

- *Implizite Parameterübergaben vermeiden*
  Bei einer impliziten Parameterübergabe verändert eine Operation den Wert einer Instanzvariable, und eine andere Operation liest den geänderten Wert. Dies sollte durch eine explizite Parameterübergabe zwischen den beteiligten Operationen ersetzt werden.

- *Funktional kohäsive Operationen entwerfen*
  Eine Operation ist funktional kohäsiv, wenn sie genau eine (möglichst atomare) Aufgabe des Problembereichs erfüllt. Ist dies nicht der Fall, so soll die Operation in zwei oder mehrere Operationen zerlegt werden.

Richtlinien zur Spezifikation von Subsystemen

- *Kandidaten für Subsysteme bestimmen*
  Werden Subsysteme zur Vereinfachung des objektorientierten Modells eingeführt, so ist jene Menge von Objekttypen ein Kandidat für ein Subsystem, deren Objekttypen eine hohe Kopplung mit den anderen Objekttypen derselben Menge haben, jedoch eine geringe Kopplung mit den Objekttypen außerhalb dieser Menge.

  Ebenso eignen sich zusammengesetzte Objekttypen und Vererbungshierarchien als Kandidaten für Subsysteme. Bei ersteren bilden die Komponententypen die Elemente des Subsystems, bei letzteren die Subtypen.

Richtlinien zur Spezifikation von wiederverwendbaren Objekttypen und Application Frameworks

- *Implementierungsvererbung vermeiden*
  Die realisierte Vererbungsbeziehung soll in der Regel eine Spezifikationsvererbung sein, d. h. die öffentliche Schnittstelle des Supertyps ist Teil der öffentlichen Schnittstelle des Subtyps. Eine Implementierungsvererbung kann durch Delegation basierend auf dem Klient-Anbieterprinzip aufgelöst werden. Eine Operation, die von einem Supertyp mittels Implementierungsvererbung geerbt worden war, wird nun an eine Instanz dieses Objekttyps „delegiert", d. h. auf dieser Instanz aufgerufen.

- *Typkompatibles Überschreiben von Operationen*
  Eine Operation soll nur so überschrieben werden, daß die ursprünglich intendierte Semantik erhalten bleibt. Analoges gilt für die Signatur einer Operation. Die Signatur sollte abhängig von dem zugrundeliegenden Vererbungsmodell entweder kovariant oder kontravariant (für eine Erklärung siehe Unterkapitel 2.1) überschrieben werden.

- *Wurzeltyp und innere Typen einer Vererbungshierarchie soll abstrakt sein*
  Der Wurzeltyp einer Vererbungshierarchie soll das abstrakte Modell eines Konzeptes der Realität darstellen, das durch die Subtypen verfeinert wird. Lediglich die Blattknoten der Vererbungshierarchie sind konkret, was einer vollständigen Klassifikation der durch die Vererbungshierarchie modellierten Objekte entspricht.

- *Zugriffsoperationen für Instanzvariablen verwenden*
  Der Zugriff auf Instanzvariablen, auch von Operationen innerhalb eines Objektes, soll ausschließlich über vordefinierte oder benutzerdefinierte Initialisierungs-, Lese- und Schreiboperationen erfolgen. Damit wird eine Unabhängigkeit der Operationen von internen Datenstrukturen erreicht, und Änderungen einer Instanzvariable wirken sich nur lokal auf die drei oben genannten Operationen aus.

- *Große Objekttypen in Komponententypen teilen*
  Ein Objekttyp mit sehr vielen Operationen (mehr als fünfzig) beinhaltet oft mehrere Abstraktionen, die besser als eine Menge von Komponententypen realisiert werden. Mögliche Kandidaten für eine Zerlegung sind Operationen, die auf eine disjunkte Teilmenge von Instanzvariablen zugreifen. Jede dieser Mengen von Operationen bildet einen Komponententyp, der via Instanzvariable vom ursprünglichen Objekttyp referenziert wird.

- *Nachrichten an Komponenten, nicht an* self *schicken*
  Möglichst viel Funktionalität eines Objekttyps sollte in Komponententypen mit genau definierter Schnittstelle verlagert werden und nicht über demselben Objekt, auch als self bezeichnet, ausgeführt werden. Damit ist es möglich, in der Zukunft jedes Objekt, das die Schnittstelle des Komponententyps besitzt (= *plugcompatible object*), als Komponente zu benutzen.

- *Faktorisierung von Information möglichst weit oben in der Vererbungshierarchie*
  Der umgekehrte Vorgang zur Vererbung, das Herausziehen von Gemeinsamkeiten aus einer Menge von Objekttypen (= *factoring out*) sollte weit oben in der Vererbungshierarchie ansetzen und wiederholt durchgeführt werden. Die Vererbungshierarchie sollte tief und schmal sein, was ebenfalls durch ein wiederholtes factoring out unterstützt wird.

- *Abstrakte Objekttypen erben nicht von konkreten*
  Abstrakte Objekttypen sollten implementierungsunabhängig sein. Alle Operationen eines konkreten Objekttyps sind aber implementiert und bauen in der Regel auf dem implementierungsspezifischen internen Zustand des Objekttyps auf. Daher sollte ein abstrakter Objekttyp nicht von einem konkreten erben.

3.5 Zusammenfassung

In diesem Kapitel wurde der objektorientierte Entwicklungsprozeß als Ganzes untersucht. Wesentliche Meilensteine waren ein objektorientiertes Lebenszyklusmodell, Verfahrensschritte zur Durchführung der objektorientierten Analyse und des objektorientierten Entwurfs und Richtlinien zur Entwicklung „guter“ Analyse- und Entwurfsergebnisse. Das Lebenszyklusmodell unterstützt das Prinzip der Wiederverwendung, indem es zwei Arten von Entwicklungszyklen unterscheidet, einerseits zur Entwicklung von konkreten Produkten und andererseits zur Entwicklung von wiederverwendbaren Komponenten. Für die Produktentwicklung werden ebenfalls drei Entwicklungszyklen angeboten, die sich nach dem Grad der Wiederverwendung unterscheiden. Darüberhinaus baut das Lebenszyklusmodell auf dem Prinzip der evolutionären Softwareentwicklung auf, d. h. die Wartung ist integraler Bestandteil der Softwareentwicklung.

Ziel dieses Kapitels war es nicht, eine konkrete objektorientierte Analyse- und Entwurfsmethode vorzustellen, sondern die wesentlichen Bausteine, d. h. die Konzepte, Verfahrensschritte und Richtlinien einer solchen Methode aufzuzeigen. Damit soll es dem Leser ermöglicht werden, die wesentlichen Aspekte der objektorientierten Entwicklung von Informationssystemen zu erkennen und aufgrund derer existierende Methoden zu bewerten. Da es noch keine Standards im Bereich der objektorientierten Modellierung gibt, gewinnt diese generische Behandlung der Analyse- und Entwurfsproblematik noch mehr an Bedeutung.

3.6 Literaturhinweise

In der Literatur bekannte objektorientierte Lebenszyklusmodelle, die ebenfalls das Prinzip der Wiederverwendung explizit unterstützen und zwischen der konkreten Projektentwicklung und der Komponentenentwicklung unterscheiden, sind das *cluster model* [167], das *fountain model* [98], die *experience factory* [17], und das *Ithaca model* [184]. Das in diesem Kapitel vorgestellte Lebenszyklusmodell unterscheidet sich gegenüber den genannten Modellen, indem es zusätzlich unterschiedliche Grade der Wiederverwendung in der Projektentwicklung explizit unterstützt.

Verfahrensschritte sowie Richtlinien der objektorientierten Entwicklung basierend auf konkreten Entwicklungsmethoden werden u. a. in [33, 51, 55, 57, 61, 205, 259] behandelt. Die in diesem Kapitel vorgestellten Richtlinien bauen auf Arbeiten in [103, 115, 117, 141, 146, 201, 258] auf. Sämtliche Darstellungsmittel, die in diesem Kapitel eingeführt wurden, oder Dialekte von diesen Darstellungsmitteln werden in der Methode OMT von Rumbaugh et al. [205] und in der überarbeiteten Methode OOAD von Booch [33] eingesetzt.

Ein hochaktuelles Forschungsgebiet ist die Entwicklung von Application Frameworks. Die Grundidee, nämlich nicht einzelne Objekttypen, sondern eine Menge von interagierenden Objekttypen, die eine generische Lösung für einen Problembereich anbieten, als Ganzes wiederzuverwenden, wurde erstmals für die Entwicklung von interaktiven Applikationen in Smalltalk realisiert [66]. Das *Model-View-Controller-Paradigma* (MVC) [142] von Smalltalk ist ein Beispiel für ein Application Framework für interaktive Applikationen. Entwurfsrichtlinien für Application Frameworks sind in [117, 141] publiziert.

Die Motivation zur Entwicklung von wiederverwendbaren Frameworks kommt u. a. aus einem völlig anderen Bereich, nämlich aus der Architektur. Dort entwickelte der Architekt Christopher Alexander eine sogenannte *pattern language* [8]. Diese besteht aus Mustern (*patterns*) für architektonische Einheiten, z. B. Türen, Fenster, Wände und Wohneinheiten, und genau definierten Schnittstellen zwischen diesen Mustern. Diese pattern language soll es einem Nicht-Fachmann und einer Nicht-Fachfrau ermöglichen, komplexere architektonische Einheiten wie eine Wohnung oder ein Haus zu entwerfen. In Analogie wird der Begriff der wiederverwendbaren Muster in Abwandlung des Begriffs des Application Framework auch in der objektorientierten Softwareentwicklung eingesetzt [58, 60, 62, 84, 85, 128, 198].

Kapitel 4

Objekt/Verhaltensdiagramme

In diesem Kapitel werden Objekt/Verhaltensdiagramme (*Object/Behavior Diagrams*, abgekürzt *OBD*) als ein Beispiel einer graphischen objektorientierten Spezifikationssprache zur objektorientierten Modellierung von Informationssystemen vorgestellt. Ziel dieses Kapitels ist es, anhand einer konzeptuell mächtigen, objektorientierten Spezifikationssprache die Modellierungsmöglichkeiten bei der Entwicklung von Informationssystemen aufzuzeigen. Dabei wird ein Informationssystem durch eine Menge von interagierenden Objekttypen dargestellt, die den zu beschreibenden Realweltausschnitt repräsentieren. Die Definition der Objekttypen und ihrer Interaktionen wird als *OBD-Schema* bezeichnet. Das zugrundeliegende Modell folgt den objektorientierten Konzepten der Kapselung, des Information Hiding, der Kommunikation durch Nachrichtenaustausch und der Vererbung (für eine Einführung in objektorientierte Konzepte siehe Unterkapitel 2.1). Weiters baut das Modell auf Konzepten zur Strukturmodellierung basierend auf semantischen Datenmodellen (siehe auch Unterkapitel 2.2.1) und auf Konzepten zur Verhaltensmodellierung basierend auf objektorientierten Analyse- und Entwurfsmethoden und objektorientierten Sprachen (siehe auch Unterkapitel 2.2.2) auf.

Objekt/Verhaltensdiagramme bieten eine einheitliche graphische Notation zur Darstellung der Struktur und des Verhaltens einer Menge von Objekttypen. Die Struktur von Objekttypen, d. h. die Menge der Eigenschaften, wird in Objektdiagrammen repräsentiert, das Verhalten von Objekttypen, d. h. die Menge der Operationen, in Verhaltensdiagrammen. Ein Objekttyp beschreibt Struktur und Verhalten von Objekten, die als Instanzen dieses Objekttyps erzeugt werden. Die Verwaltung der Instanzen eines Objekttyps erfolgt durch eine mehrwertige Eigenschaft eines anderen Objekttyps. Damit erübrigt sich die Unterscheidung zwischen Objekttypen zur Beschreibung von intensionaler Information und Objektklassen zur Verwaltung von extensionaler Information, wie sie in der semantischen und objektorientierten Datenmodellierung oft zur Anwendung kommt [215, 265]. (Objektklassen werden hier nicht im Sinne von Smalltalk [89] verwendet — diese entsprechen eher dem Begriff des Objekttyps — sondern im Sinne eines Containers zur Verwaltung von Objekten; siehe dazu auch die Diskussion dieser Begriffe in Unterkapitel 2.1.)

In diesem Kapitel werden Struktur- und Verhaltensmodellierung einer Menge von Objekttypen mit Objekt/Verhaltensdiagrammen vorgestellt. Aus Gründen der Übersichtlichkeit wird das Problem der Vererbung in OBD in Kapitel 5 behandelt. Als Beispiel einer Problemstellung wird das Zimmerreservierungssystem verwendet (siehe auch Unterkapitel 1.3). Einzelne zu modellierende Details, wie z. B. die Eigenschaften der Hotels, werden im Verlauf des Kapitels bei Bedarf eingeführt.

Die mit OBD darstellbaren Informationen sowie Modellierungsregeln werden auch formal definiert. Die Definitionen sind in Anhang B.1 zusammengefaßt.

4.1 Strukturmodellierung

Ziel der Strukturmodellierung ist es, die Struktur eines Objekttyps durch eine Menge von Eigenschaften zu beschreiben. Eigenschaften haben einen Namen und einen Wertebereich und sind entweder einwertig oder mehrwertig. Eigenschaften werden in Attribute und Beziehungen eingeteilt, abhängig davon, ob sie elementare Eigenschaften von Objekten oder Beziehungen zu anderen Objekten beschreiben. Die Eigenschaften eines Objekttyps beschreiben die *konzeptuelle Struktur* des Objekttyps, aber nicht seine interne (physische) Datenstruktur. Ob eine Eigenschaft direkt abgespeichert oder berechnet wird, ist eine Entscheidung auf der physischen Ebene, und daher auf der konzeptuellen Ebene nicht relevant. Dieses Prinzip der physischen Datenunabhängigkeit wird auch dadurch unterstützt, daß jede Eigenschaft eines Objekttyps als *Leseoperation* dieses Objekttyps zu interpretieren ist, die, abhängig davon, ob die Eigenschaft einwertig oder mehrwertig ist, ein Objekt oder eine Menge von Objekten als Rückgabewert zur Verfügung stellt. Eigenschaften werden in öffentlich sichtbare und private Eigenschaften eingeteilt. Erstere repräsentieren *öffentlich sichtbare Leseoperationen*, letztere *private Leseoperationen.* Damit ist die Modellierung der Struktur von Objekttypen auch im Einklang mit dem objektorientierten Prinzip des Information Hiding, wonach die interne Struktur und private Operationen eines Objekttyps versteckt sind und nur seine öffentlich sichtbaren Operationen gezeigt werden. Da in diesem Kapitel fast ausschließlich öffentlich sichtbare Eigenschaften modelliert werden, wird, wenn nicht anders spezifiziert, mit Eigenschaft immer eine öffentlich sichtbare Eigenschaft bezeichnet.

Die Struktur eines Objekttyps wird in einem Objektdiagramm dargestellt. *Objektdiagramme* werden als Rechtecke mit einer schattierten Kopfzeile, die den Namen des Objekttyps enthält, gezeichnet. Für ein Beispiel eines Objektdiagramms siehe Abb. 4.1. Eigenschaften werden durch geschachtelte graphische

Symbole im Objektdiagramm dargestellt, und zwar Attribute durch geschachtelte Ovale und Beziehungen durch geschachtelte Rechtecke. Der Name der Eigenschaft steht oberhalb des Ovals oder Rechtecks, der Wertebereich innerhalb des graphischen Symbols.

4.1.1 Eigenschaften

Wie bereits erwähnt, werden Eigenschaften in Attribute und Beziehungen eingeteilt. *Attribute* modellieren elementare Eigenschaften von Objekten, wie z. B. den Namen eines Angestellten oder seine Sozialversicherungsnummer. Der Wertebereich eines Attributs ist ein vordefinierter Datentyp, wie z.B. Integer und String. Benutzerdefinierte Datentypen, die mit Hilfe von Typkonstruktoren wie TUPEL, SET oder ARRAY) gebildet werden, werden in Objektdiagrammen nicht unterstützt. Die Instanzen von Datentypen heißen *Datenwerte* und sind direkt darstellbar. Beispiele für Datenwerte sind die Zahl 15 als Instanz des Datentyps Integer oder die Zeichenkette „Hugo“ als Instanz des Datentyps String.

Beziehungen modellieren verschiedene Arten von Referenzen auf und Abhängigkeiten von Objekten. Der Wertebereich einer Beziehung ist ein benutzerdefinierter Objekttyp wie z. B. PERSON oder KUNDE. Die Instanzen von Objekttypen heißen *Objekte* und werden durch einen nicht darstellbaren *Objektidentifikator (object identifier)* eindeutig identifiziert.

Eigenschaften sind entweder einwertig oder mehrwertig. Eine *einwertige Eigenschaft* hat zu einem Zeitpunkt genau eine Instanz eines Datentyps oder eines Objekttyps als Wert. Eine *mehrwertige Eigenschaft* kann eine Menge von Instanzen eines Datentyps oder eines Objekttyps als Wert besitzen. Einwertige Eigenschaften werden durch eine einfache Umrandung der Ovale und Rechtecke dargestellt, mehrwertige Eigenschaften durch eine doppelte Umrandung.

Attribute können als *Schlüsselattribute* spezifiziert werden. Ein Schlüsselattribut ist immer einwertig und wird durch eine dicke Umrandung dargestellt. Schlüsselattribute haben eine ähnliche Funktion wie der Objektidentifikator. Sie dienen zur eindeutigen Identifikation der Instanzen eines Objekttyps. Im Gegensatz zum Objektidentifikator sind Schlüsselattribute benutzerdefinierbar, und ihre Werte sind direkt abfragbar und darstellbar. Schlüsselattribute können nur einmal initialisiert und nicht geändert werden. Schlüsselattribute sind ähnlich ihrem Pendant im Relationenmodell. Im Gegensatz zum Relationenmodell gibt es aber bei objektorientierten Systemen auch einen implizit vorhandenen, systemverwalteten Schlüssel, eben den Objektidentifikator. Daher ist die Verwendung von Schlüsselattributen optional und nicht obligat wie im Relationenmodell.

Beispiel 4.1 In Abbildung 4.1.a ist das Objektdiagramm des Objekttyps ZIMMERRSVG, dessen Instanzen Zimmerreservierungen in Hotels beschreiben, dargestellt. Das Diagramm zeigt das Schlüsselattribut ResNr, die sonstigen Attribute Von und Bis und die Beziehungen Kunde, Zimmer und Kategorie. Die *componentOf*-Beziehung wird in Abschnitt 4.1.2 erklärt. Abbildung 4.1.b zeigt

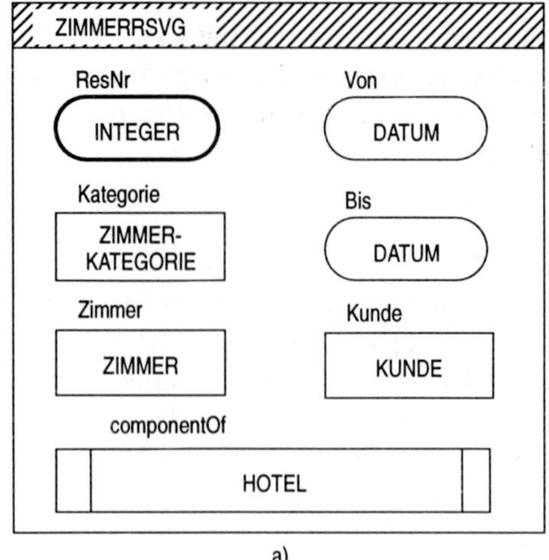

a)

ZIMMERVERFUEGBARKEIT
Von
DATUM
Bis
DATUM
Zimmer
ZIMMER
componentOf
HOTEL

b)

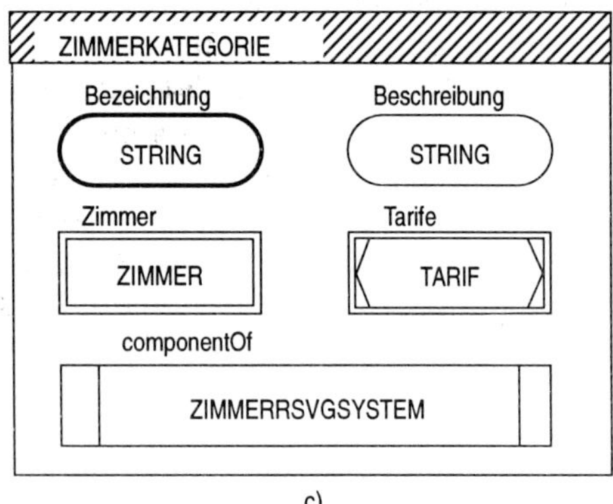

c)

Abbildung 4.1: Objektdiagramme für ZIMMERRSVG, ZIMMERVERFUEGBARKEIT, ZIMMERKATEGORIE

das Objektdiagramm des Objekttyps ZIMMERVERFUEGBARKEIT, dessen Instanzen die noch für neue Reservierungen verfügbaren Perioden der Zimmer eines Hotels modellieren. □

4.1.2 Beziehungen

Um die unterschiedliche Semantik von Beziehungen ausdrücken zu können, werden diese in verschiedene Beziehungsarten klassifiziert, nämlich in *allgemeine* Beziehungen, *componentOf*-Beziehungen und *hasComponent*-Beziehungen, *constituentOf*-Beziehungen und *hasConstituent*-Beziehungen, sowie *roleOf*-Beziehungen und *hasRole*-Beziehungen. (Für eine Einführung in diese Beziehungsarten, unabhängig von OBD, siehe Abschnitt 2.2.1.)

Zwei Beziehungen im selben Objekttyp oder in verschiedenen Objekttypen können als zueinander *invers* vereinbart werden. Um die Menge der im Objektdiagramm dargestellten Information überschaubar zu halten, wird dies nicht direkt im Objektdiagramm angezeigt, sondern in einem eigenen Beschreibungsfenster, das in einem OBD-Editor für jede Beziehung existiert. Inverse Beziehungen können nur gemeinsam geändert bzw. erzeugt und gelöscht werden, um ihre gegenseitige Konsistenz sicherzustellen. Die Manipulation von inversen Beziehungen sowie ihre Konsistenzerhaltung wird in Unterkapitel 4.2 im Detail diskutiert.

Eine *allgemeine Beziehung* in OBD repräsentiert eine gerichtete Beziehung zwischen zwei unabhängigen Instanzen desselben oder unterschiedlicher Objekttypen. Eine allgemeine Beziehung wird durch ein Rechteck dargestellt. Oberhalb des Rechtecks wird der Name der Beziehung angegeben und innerhalb des Rechtecks ihr Wertebereich, d. h. der Name des Objekttyps, zu dessen Instanzen eine allgemeine Beziehung modelliert werden soll. Zwei allgemeine Beziehungen können als zueinander invers vereinbart werden.

Beispiel 4.2 Die Beziehungen Kunde, Zimmer und Kategorie des Objekttyps ZIMMERRSVG (siehe Abbildung 4.1.a) sind einwertige allgemeine Beziehungen. Die Beziehung Zimmer des Objekttyps ZIMMERKATEGORIE (siehe Abbildung 4.1.c), deren Instanzen unterschiedliche Zimmerkategorien modellieren, ist eine mehrwertige allgemeine Beziehung. Die dazu inverse Beziehung ist die einwertige allgemeine Beziehung Kategorie des Objekttyps ZIMMER (siehe Abbildung 4.3). □

Es ist zu beachten, daß die Semantik von allgemeinen Beziehungen in OBD als gerichtete Beziehungen von der Einführung in allgemeine Beziehungen als ungerichtete Beziehungen in Abschnitt 2.2.1 abweicht. Dies ist darin begründet, daß bei der Spezifikation mit OBD bereits die Entscheidung getroffen werden kann, ob die allgemeine Beziehung nur bei einem beteiligten Objekt (eine gerichtete Beziehung) oder bei beiden beteiligten Objekten (zwei gerichtete, zueinander inverse Beziehungen) direkt abfragbar ist.

Eine *componentOf*-Beziehung repräsentiert eine gerichtete Beziehung zwischen einem Komponentenobjekt und einem übergeordneten zusammengesetz-

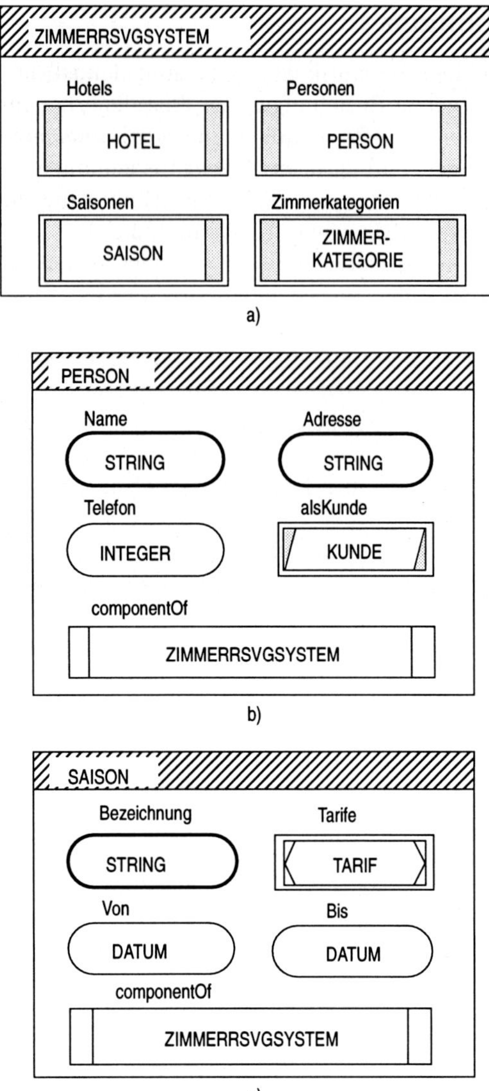

Abbildung 4.2 Objektdiagramme für ZIMMERRSVGSYSTEM, PERSON, SAISON

ten Objekt. In einer Folgearbeit zu [136] unterscheiden Kim et al. vier Arten von Komponentenobjekten, je nachdem, ob sie abhängig oder unabhängig vom übergeordneten Objekt sind, und ob sie exklusiv zu einem übergeordneten Objekt gehören oder von mehreren übergeordneten Objekten geteilt werden [137].

In Objekt/Verhaltensdiagrammen werden ausschließlich abhängige, exklusive Komponentenobjekte unterstützt. Das Komponentenobjekt ist abhängig vom und gehört exklusiv zum übergeordneten Objekt. Ein Komponentenobjekt kann selbst wieder als zusammengesetztes Objekt definiert werden und weitere abhängige und exklusive Komponentenobjekte besitzen. Die dabei entstehende Hierarchie ist eine Komponentenhierarchie [136]. Eine *componentOf*-Beziehung wird durch ein Rechteck mit Seitenleisten dargestellt, das als Wertebereich den Namen des übergeordneten Objekttyps enthält. Der Name der Beziehung ist immer componentOf, da ein Objekttyp höchstens eine *componentOf*-Beziehung haben kann. d. h. er ist genau einmal Komponententyp eines anderen Objekttyps. Die zur *componentOf*-Beziehung inverse Beziehung ist die *hasComponent*-Beziehung. Ein Objekttyp kann beliebig viele *hasComponent*-Beziehungen mit unterschiedlichen Wertebereichen haben, d. h. ein Objekttyp kann aus mehreren Komponententypen aufgebaut sein. Die *hasComponent*-Beziehung wird ebenfalls durch ein Rechteck dargestellt und hat einen benutzerdefinierten Namen. Das Rechteck hat schattierte Seitenleisten und enthält den Namen des Komponententyps, oder das Rechteck repräsentiert direkt das Objektdiagramm des Komponententyps. Ist letzteres der Fall, wird die (implizit natürlich vorhandene) *componentOf*-Beziehung im geschachtelten Objektdiagramm des Komponententyps nicht angezeigt.

Beispiel 4.3 Abbildung 4.1 zeigt eine *componentOf*-Beziehung zwischen ZIMMERRSVG und HOTEL, eine *componentOf*-Beziehung zwischen ZIMMERVERFUEGBARKEIT und HOTEL und eine *componentOf*-Beziehung zwischen ZIMMERKATEGORIE und ZIMMERRSVGSYSTEM. Jede Reservierung und jede Verfügbarkeit eines Zimmers gehört zu genau einem Hotel. Zimmerkategorien werden global für alle Hotels festgelegt und sind daher eindeutig für das gesamte Zimmerreservierungssystem (siehe auch Abbildung 4.2.a).

Die Abbildungen 4.2 und 4.3 zeigen weitere Objekttypen zur Modellierung eines Zimmerreservierungssystems. Alle Objekttypen sind in einer Komponentenhierarchie mit dem übergeordneten Wurzeltyp ZIMMERRSVGSYSTEM angeordnet (Abbildung 4.2.a). Das Objektdiagramm des Wurzeltyps zeigt die mehrwertigen *hasComponent*-Beziehungen Hotels, Personen, Saisonen, und Zimmerkategorien. Die Wertebereiche der *hasComponent*-Beziehungen werden in eigenen Objektdiagrammen (Abbildungen 4.1.c, 4.2.b, 4.2.c und 4.3) modelliert. Die *hasComponent*-Beziehungen dienen zur Verwaltung der bekannten Hotels, der bekannten Personen und der verschiedenen Zimmerkategorien und Saisonen. Anders ausgedrückt, eine Instanz von ZIMMERRSVGSYSTEM ist ein „Sammelobjekt“ zur Verwaltung aller Objekte in einem konkreten Zimmerreservierungssystem.

Nun zur Erklärung des Objekttyps HOTEL, dargestellt in Abbildung 4.3. Die Struktur von HOTEL ist definiert durch die beiden Schlüsselattribute Name und Adresse, das Attribut Hotelkategorie sowie die *hasComponent*-Beziehungen Zimmer, Reservierungen, Kunden, Verfuegbarkeiten und Tarife. Die Wertebereiche von Zimmer, Kunden und Tarife sind direkt dargestellt, während die Wertebereiche von Reservierungen und Verfuegbarkeiten in eigenen Objektdiagrammen gezeichnet sind (siehe Abbildungen 4.1.a und 4.1.b). Reservierungen werden abhängig von einem Hotel, aber nicht abhängig von einem Zimmer modelliert. Dadurch ist es möglich, das einer Reservierung zugeordnete Zimmer nachträglich zu ändern, falls es aus organisatorischen Gründen notwendig ist. Die mehrwertige allgemeine Beziehung Reservierungen des Objekttyps ZIMMER enthält alle aktuellen Reservierungen für ein Zimmer. Sie ist invers zur einwertigen allgemeinen Beziehung Zimmer von ZIMMERRSVG. □

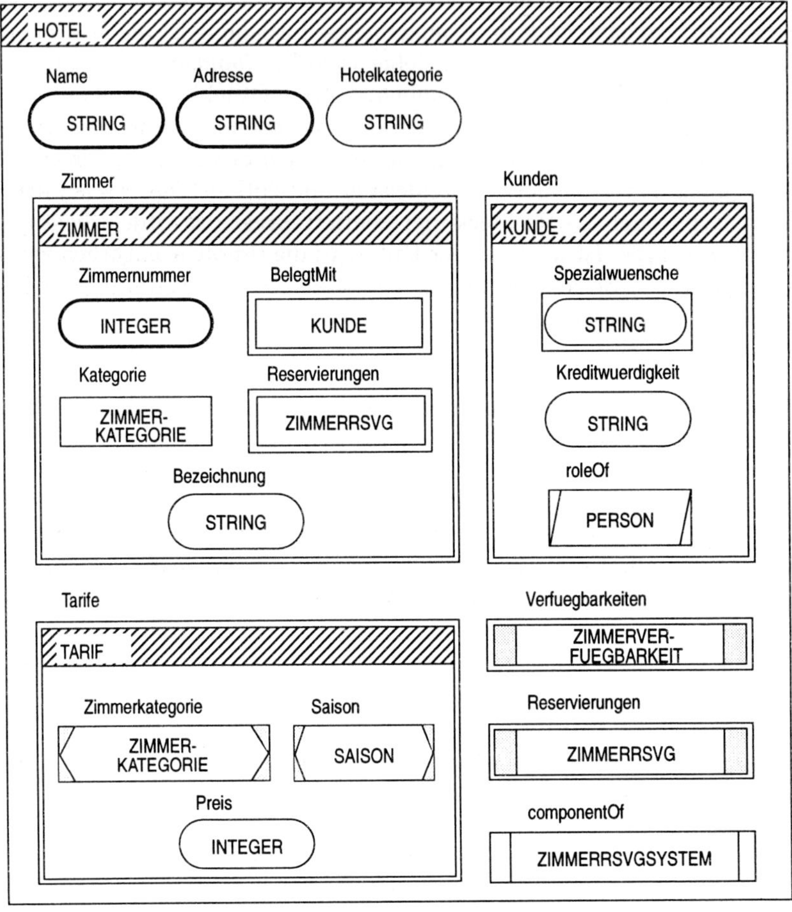

Abbildung 4.3 Objektdiagramm für HOTEL

Eine *constituentOf*-Beziehung repräsentiert eine gerichtete Beziehung zwischen einem Objekt und einem davon abhängigen Beziehungsobjekt. Ein Beziehungsobjekt repräsentiert eine n-äre Beziehung zwischen zwei oder mehr ($n \geq 2$) unabhängigen Objekten und ist von diesen abhängig. Ein Beziehungsobjekt kann durch weitere Attribute und Beziehungen näher beschrieben werden. Die an der Beziehung teilnehmenden Objekte werden auch konstituierende Objekte genannt, weil sie zusammen ein Beziehungsobjekt „konstituieren". Die *constituentOf*-Beziehung ist eine mehrwertige Beziehung, wenn das konstituierende Objekt gleichzeitig an verschiedenen Beziehungsobjekten desselben Beziehungstyps teilnehmen kann. Eine *constituentOf*-Beziehung wird durch ein Rechteck mit rhomboidförmiger Innenstruktur dargestellt, das den Namen des Wertebereichs, d. h. den Namen des Beziehungstyps enthält. Der benutzerdefinierte Name der *constituentOf*-Beziehung wird oberhalb des Rechtecks angegeben. Die zur *constituentOf*-Beziehung inverse Beziehung ist die *hasConstituent*-Beziehung. Die *hasConstituent*-Beziehung wird durch ein Rechteck mit schattierter, rhomboidförmiger Innenstruktur dargestellt. Ein Beziehungsobjekt, das eine n-äre Beziehung repräsentiert, wird durch n *hasConstituent*-Beziehungen definiert.

Beispiel 4.4 Der Wertebereich der *hasComponent*-Beziehung Tarife des Objekttyps HOTEL ist der Beziehungstyp TARIF, der durch die zwei *hasConstituent*-Beziehungen Zimmerkategorie und Saison definiert wird (siehe Abbildung 4.3). Damit wird zum Ausdruck gebracht, daß der Zimmerpreis eines Hotels durch die Zimmerkategorie und die gerade aktuelle Saison bestimmt wird. Es ist interessant zu bemerken, daß ein Objekttyp, in unserem Beispiel TARIF, gleichzeitig Komponententyp und Beziehungstyp sein kann. Die Instanzen von TARIF sind sowohl vom übergeordneten Hotelobjekt als auch von den jeweils konstituierenden Zimmerkategorie- und Saisonobjekten abhängig. Die inversen *constituentOf*-Beziehungen sind im Objekttyp SAISON (Abbildung 4.2.c) und im Objekttyp ZIMMERKATEGORIE (Abbildung 4.1.c) als mehrwertige Beziehungen modelliert. □

Eine *roleOf*-Beziehung repräsentiert eine gerichtete Beziehung zwischen zwei Objekten, die beide dasselbe Realweltobjekt in verschiedenen Rollen bzw. Kontexten beschreiben. Die *roleOf*-Beziehung ist eine einwertige und abhängige Beziehung, d. h. ein Objekt o, das eine *roleOf*-Beziehung zu einem anderen Objekt o' hat, ist existenzabhängig von o'. Ein Objekttyp kann durch eine *roleOf*-Beziehung definiert werden und gleichzeitig Wertebereich mehrerer *roleOf*-Beziehungen anderer Objekttypen sein. Die dabei entstehende Hierarchie wird Rollenhierarchie genannt. Ein Realweltobjekt wird durch eine Instanz des Stammtyps — das ist der Wurzeltyp einer Rollenhierarchie — und durch beliebig viele Instanzen der direkt und indirekt abhängigen Rollentypen modelliert. Eine *roleOf*-Beziehung wird durch ein Rechteck mit parallelogrammförmiger Innenstruktur dargestellt, das den Namen des übergeordneten Objekttyps enthält. Der Name der Beziehung ist immer roleOf. Die zur *roleOf*-Beziehung inverse Beziehung ist die (optional) mehrwertige *hasRole*-Beziehung.

Die *hasRole*-Beziehung wird durch ein Rechteck mit schattierter, parallelogrammförmiger Innenstruktur dargestellt. Der Name des Rollentyps wird in das Rechteck geschrieben. Da ein Objekttyp beliebig viele *hasRole*-Beziehungen haben kann, wird der benutzerdefinierte Name der Beziehung oberhalb des Rechtecks angegeben.

Beispiel 4.5 Personen sollten nur einmal in einem Zimmerreservierungssystem abgespeichert werden. Sie können aber gleichzeitig Kunden in verschiedenen Hotels sein. Daher hat der Objekttyp KUNDE eine *roleOf*-Beziehung zum Objekttyp PERSON (Abbildung 4.3). KUNDE ist sowohl Komponententyp von HOTEL als auch Rollentyp von PERSON, d. h. ein Kundenobjekt ist sowohl von einem Hotel als auch von einer Person abhängig. Im Objekttyp PERSON wird die zur *roleOf*-Beziehung von KUNDE inverse Beziehung als mehrwertige Beziehung alsKunde modelliert (Abbildung 4.2.b). Ein Kundenobjekt kann nach seinem Namen, seiner Adresse und seiner Telephonnummer gefragt werden. Diese Information ist nicht direkt beim Kundenobjekt dargestellt, sondern wird automatisch vom *roleOf*-assoziierten übergeordneten Personenobjekt geerbt (Abbildung 4.2.b und 4.3). □

Die *componentOf*-Beziehung, die *hasConstituent*-Beziehung und die *roleOf*-Beziehung sind *objektdefinierende Beziehungen.* Enthält ein Objekttyp objektdefinierende Beziehungen, so müssen diese beim Erzeugen einer neuen Instanz sofort initialisiert und dürfen während des Bestehens der Instanz nicht geändert werden. Objektdefinierende Beziehungen modellieren die Existenzabhängigkeit des referenzierenden Objektes von den referenzierten Objekten. Wird ein Objekt gelöscht, so müssen alle Referenzen auf dieses Objekt und von diesem Objekt abhängige Objekte ebenfalls gelöscht werden. Grundsätzlich unterscheidet man drei Arten von Löschsemantiken für Referenzen auf zu löschende Objekte [158]:

1. *Nullifizieren:* die Referenz auf das zu löschende Objekt wird gelöscht. Im Falle einer einwertigen Beziehung wird diese auf *NIL* gesetzt, im Falle einer mehrwertigen Beziehung wird die Referenz aus der Menge gelöscht. (*NIL* ist eine in OBD vordefinierte symbolische Konstante. Beim Erzeugen eines Objektes werden alle Eigenschaften, sofern nicht anders spezifiziert, mit *NIL* initialisiert.)
2. *Kaskadierendes Löschen:* das referenzierende Objekt wird ebenfalls gelöscht.
3. *Verhindern:* das referenzierte Objekt kann nicht gelöscht werden, solange das referenzierende Objekt existiert.

Für die verschiedenen Beziehungen in OBD gelten folgende Löschregeln:

1. *Nullifizierungsregel:* allgemeine Beziehungen, *hasComponent*-Beziehungen, *constituentOf*-Beziehungen und *hasRole*-Beziehungen werden nullifiziert.

2. *Kaskadierungsregel: componentOf*-Beziehungen und *roleOf*-Beziehungen bewirken kaskadierendes Löschen.

3. *Verhinderungsregel: hasConstituent*-Beziehungen wirken verhindernd.

Die Verhinderungsregel scheint auf den ersten Eindruck nicht intuitiv. Die Existenz eines Beziehungsobjektes verhindert das Löschen der konstituierenden Objekte. Die Motivation für diese Löschregel ist folgende: Ein Beziehungsobjekt ist eine Art „Vertrag" zwischen unabhängigen Objekten. Dieser Vertrag muß explizit gekündigt und darf nicht aufgrund eines kaskadierenden Löschvorganges aufgelöst werden.

Die Löschregeln sind rekursiv anzuwenden. Dabei kann es zu widersprüchlichen Auswirkungen der Regeln kommen. Eine *hasConstituent*-Beziehung kann das Löschen eines aufgrund der Anwendung der Kaskadierungsregel zu löschenden Objektes verhindern. Der Konflikt wird wie folgt aufgelöst: Wird das referenzierende Objekt der *hasConstituent*-Beziehung ebenfalls aufgrund der rekursiven Anwendung der Kaskadierungsregel gelöscht, so wirkt die *hasConstituent*-Beziehung nicht verhindernd. Andernfalls wird auch das Löschen des Objektes, das die Kaskadierungsregel ausgelöst hat, verhindert.

Die Löschregeln sind Richtlinien, die bei der Spezifikation des Verhaltens von Objekten mittels Verhaltensdiagrammen beachtet werden sollen; ihre Einhaltung wird jedoch von OBD nicht erzwungen (siehe Abschnitt 4.2.3).

4.2 Verhaltensmodellierung

Ziel der Verhaltensmodellierung ist, das Verhalten von Objekttypen durch eine Menge von Operationen und ihre Interaktionen mit anderen Objekttypen zu spezifizieren. Zur Unterstützung der Verhaltensmodellierung und zur Darstellung des Verhaltens von Objekttypen werden in diesem Unterkapitel Verhaltensdiagramme und eine Methode zum Verhaltensmodellierung basierend auf Verhaltensdiagrammen vorgestellt.

Ein *Verhaltensdiagramm* gehört zu genau einem Objekttyp und modelliert das Verhalten der Instanzen dieses Objekttyps durch eine Menge von Aktivitäten und eine Menge von Zuständen. Aktivitäten repräsentieren die öffentlich sichtbaren Änderungsoperationen des Objekttyps, Zustände die Vor- und Nachbedingungen der Operationen. Der Begriff Aktivitäten wurde für Operationen, die während der Spezifikation eines Informationssystems beschrieben werden, deshalb gewählt, damit davon die Operationen, die bei der Implementierung, d. h. bei der Übersetzung in eine objektorientierte Programmiersprache oder in ein objektorientiertes Datenbanksystem entstehen, unterschieden werden können. Aufgrund der Komplexität und Menge der darzustellenden Information werden verschiedene Darstellungsebenen eines Verhaltensdiagramms unterschieden, nämlich ein Lebenszyklusdiagramm, mehrere Aktivitätsspezifikationsdiagramme und mehrere Aktivitätsrealisierungsdiagramme.

Die verschiedenen Diagrammtypen spiegeln einzelne Schritte einer Modellierungsmethode basierend auf Verhaltensdiagrammen wider, und zwar:

1. Verhaltensverfeinerung,
2. Verhaltenskonkretisierung und Festlegung von Objektinteraktionen,
3. Verhaltenskomposition.

Ziel der *Verhaltensverfeinerung* ist es, für einen Objekttyp eine Menge von Basisaktivitäten sowie ihre Vor- und Nachzustände zu identifizieren. Eine *Basisaktivität* ist eine nicht weiter zerlegte Aktivität. Deren Effekt kann nicht durch Ausführung anderer Aktivitäten des betrachteten Objekttyps erreicht werden. Ausgehend von einer Aktivität und einem Zustand wird durch schrittweise Verfeinerung ein Lebenszyklus eines Objekttyps bestehend aus Basisaktivitäten und Basiszuständen entwickelt. Eine Aktivität, die weiter verfeinert, d. h. zerlegt wurde, heißt *abstrakt*; ebenso ein Zustand, der weiter zerlegt wurde. Abstrakte Aktivitäten und abstrakte Zustände sind eine Modellierungshilfe und haben kein Pendant bei der Übersetzung von Objekt/Verhaltensdiagrammen in eine objektorientierte Sprache bzw. in ein objektorientiertes Datenbanksystem. Basisaktivitäten und Basiszustände sowie abstrakte Aktivitäten und abstrakte Zustände werden in einem Lebenszyklusdiagramm dargestellt.

Ziel der *Verhaltenskonkretisierung* ist es, die Schnittstelle von Basisaktivitäten und ihre Auswirkungen auf das Objekt, auf dem sie ausgeführt werden, und möglicherweise auf andere Objekte zu spezifizieren und mögliche Interaktionen und Abhängigkeiten zwischen den Lebenszyklen verschiedener Objekttypen aufzuzeigen. Diese Information wird in Aktivitätsspezifikationsdiagrammen und Aktivitätsrealisierungsdiagrammen dargestellt.

Ziel der *Verhaltenskomposition* ist es, *zusammengesetzte Aktivitäten* aus Basisaktivitäten und anderen zusammengesetzten Aktivitäten zu spezifizieren. Basisaktivitäten modellieren die erlaubten elementaren Änderungen auf den Instanzen eines Objekttyps, während zusammengesetzte Aktivitäten die benutzerspezifischen Anforderungen an das Verhalten der modellierten Objekttypen widerspiegeln. In der Regel wird die Benutzung mehrerer Basisaktivitäten in einem Ausführungsschritt durch zusammengesetzte Aktivitäten, die mit Aktivitätsrealisierungsdiagrammen entwickelt werden, modelliert. Zusammengesetzte Aktivitäten können auch in Lebenszyklusdiagrammen — neben Basisaktivitäten, Basiszuständen, abstrakten Aktivitäten und abstrakten Zuständen — dargestellt werden.

Die einzelnen Schritte werden in dieser Reihenfolge in den nächsten Abschnitten diskutiert. Diese Reihenfolge ist aber nicht zwingend vorgeschrieben. Vielmehr werden die Schritte iterativ und teilweise auch gleichzeitig in verschiedenen Phasen der Modellierung durchgeführt. Um die Lesbarkeit zu erhöhen, wird die Spezifikation von Objektlebenszyklen mit Hilfe von Lebenszyklusdiagrammen der Diskussion der Modellierungsschritte vorangestellt.

4.2.1 Objektlebenszyklen

Die Ausführungsfolgen von Basisaktivitäten eines Objekttyps auf einer Instanz dieses Objekttyps sind in der Regel nicht willkürlich. Zum Beispiel muß einer Reservierung ein freies Zimmer zugeordnet worden sein, bevor eine positive Bestätigung an den Kunden ergehen kann. Daher werden die einzelnen Basisaktivitäten eines Objekttyps nicht isoliert entworfen, sondern gemeinsam mit ihren zeitlichen Abhängigkeiten in einem Lebenszyklusdiagramm dargestellt. Das Lebenszyklusdiagramm eines Objekttyps modelliert die möglichen Lebenszyklen der Instanzen dieses Objekttyps. Wie bereits erwähnt, können in einem Lebenszyklusdiagramm auch abstrakte Aktivitäten, abstrakte Zustände und zusammengesetzte Aktivitäten dargestellt werden. Diese Unterscheidung ist für uns erst in den nächsten Abschnitten über Verhaltensverfeinerung und Verhaltenskomposition relevant. Wenn nicht anders spezifiziert, wird mit „Aktivität" immer eine „Basisaktivität" bezeichnet.

Ein *Lebenszyklusdiagramm* repräsentiert das öffentlich sichtbare Verhalten eines Objekttyps in Form von Aktivitäten, Zuständen und Kanten zwischen Aktivitäten und Zuständen bzw. zwischen Zuständen und Aktivitäten. *Zustände* beschreiben Perioden, in denen sich die Instanzen des Objekttyps befinden können. Zu einem gegebenen Zeitpunkt ist jede Instanz in einem oder in mehreren Zuständen. Für jeden Objekttyp existiert ein implizit definiertes, mehrwertiges Attribut mit dem Namen inStates, das für jede Instanz die gerade aktuellen Zustände der Instanz verwaltet. Zusätzlich enthält inStates die abstrakten Zustände und einen Aktivitätszustand, sofern sich das betreffende Objekt in diesem Zustand befindet. Für eine Erklärung von abstrakten Zuständen und Aktivitätszuständen siehe Abschnitt 4.2.2 sowie die Erläuterungen im folgenden Absatz. *Aktivitäten* modellieren die erlaubten Zustandsübergänge. Jede Aktivität kann eine Menge von Vorzuständen und eine Menge von Nachzuständen haben.

Lebenszyklusdiagramme haben ihren Ursprung in Petri-Netzen [195]. Zustände entsprechen den Plätzen in Petri-Netzen und Aktivitäten den Transitionen. Eine Instanz in einem Zustand entspricht einem Token in einem Platz. In Erweiterung zu Petri-Netzen werden in Lebenszyklusdiagrammen individuelle Token und getypte Zustände eingeführt. Jedes Token repräsentiert genau eine Instanz. Jeder Zustand wird genau einem Objekttyp zugeordnet und kann ausschließlich Instanzen (Token) dieses Objekttyps enthalten. Basierend auf der zugrundeliegenden Ausführungssemantik von Petri-Netzen beschreibt ein Lebenszyklusdiagramm die möglichen Ausführungsfolgen von durch die Aktivitäten repräsentierten Operationen auf Instanzen des Objekttyps. Eine Operation (repräsentiert durch eine Aktivität) kann auf einem Objekt ausgeführt werden, falls sich das Objekt in jedem Vorzustand der Operation befindet. Nach erfolgreicher Ausführung einer Operation auf einem Objekt ist das betreffende Objekt in jedem Nachzustand der Operation, aber in keinem Vorzustand, der nicht auch Nachzustand ist. Vor- und Nachzustände von Operationen sind Vor- bzw. Nachbedingungen, die die Operation erwartet bzw. erfüllen muß. Im Ge-

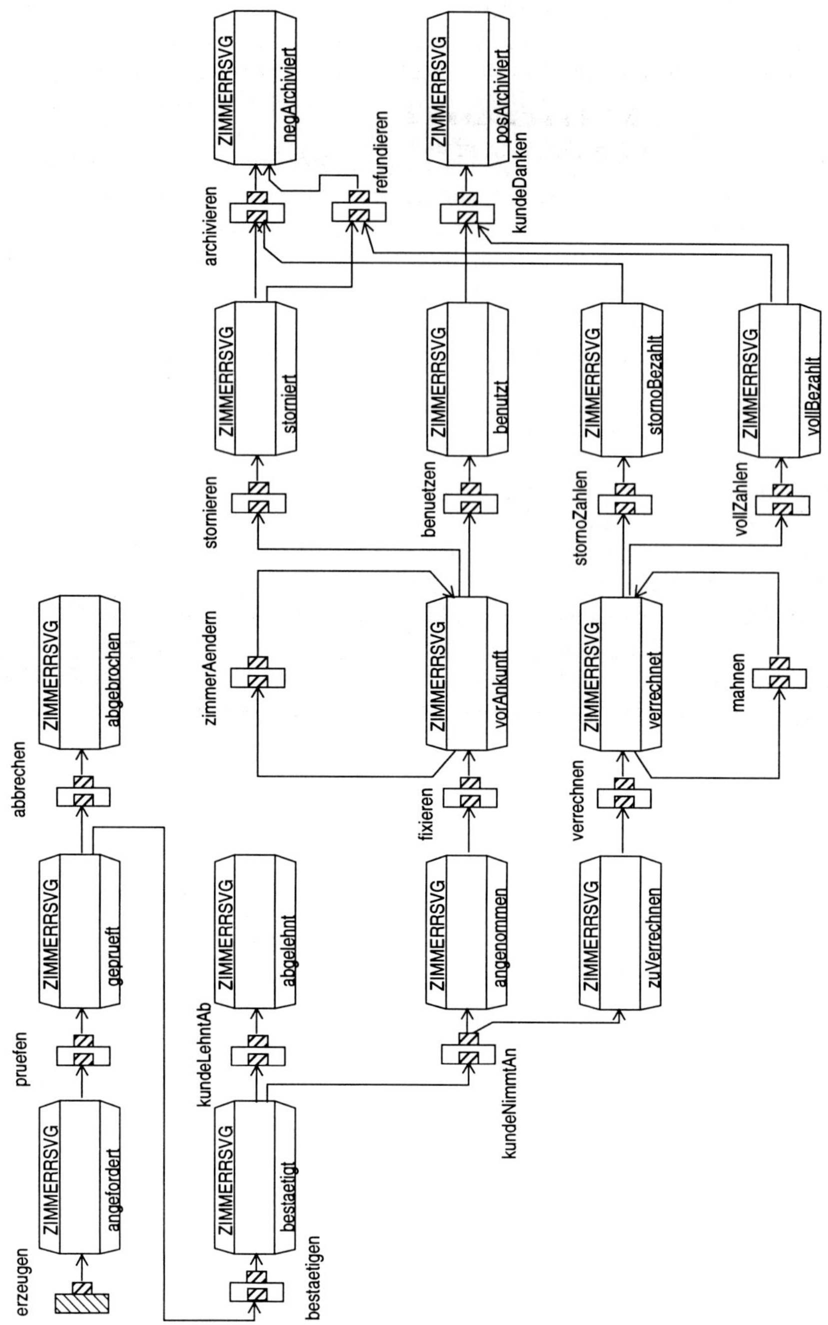

Abbildung 4.4 Lebenszyklusdiagramm des Objekttyps ZIMMERRSVG

gensatz zu Petri-Netzen, in denen eine Transition automatisch schaltet, wenn alle Vorzustände mit Token belegt sind, muß eine Operation bzw. eine Aktivität explizit für ein Objekt, das sich in allen Vorzuständen befindet, aufgerufen werden. Dies ist im Einklang mit dem objektorientierten Prinzip der Kommunikation zwischen Objekten, das auf dem Konzept des Sendens von Nachrichten beruht. Während der Ausführung einer Aktivität auf einem Objekt befindet sich das Objekt in einem implizit definierten Zustand, der denselben Namen wie die Aktivität trägt. Dieser Zustand wird *Aktivitätszustand* genannt. Auch das Konzept von Aktivitätszuständen ist eine Erweiterung zu Petri-Netzen, die der Ausführung einer Transition üblicherweise keine Zeit zuordnen.

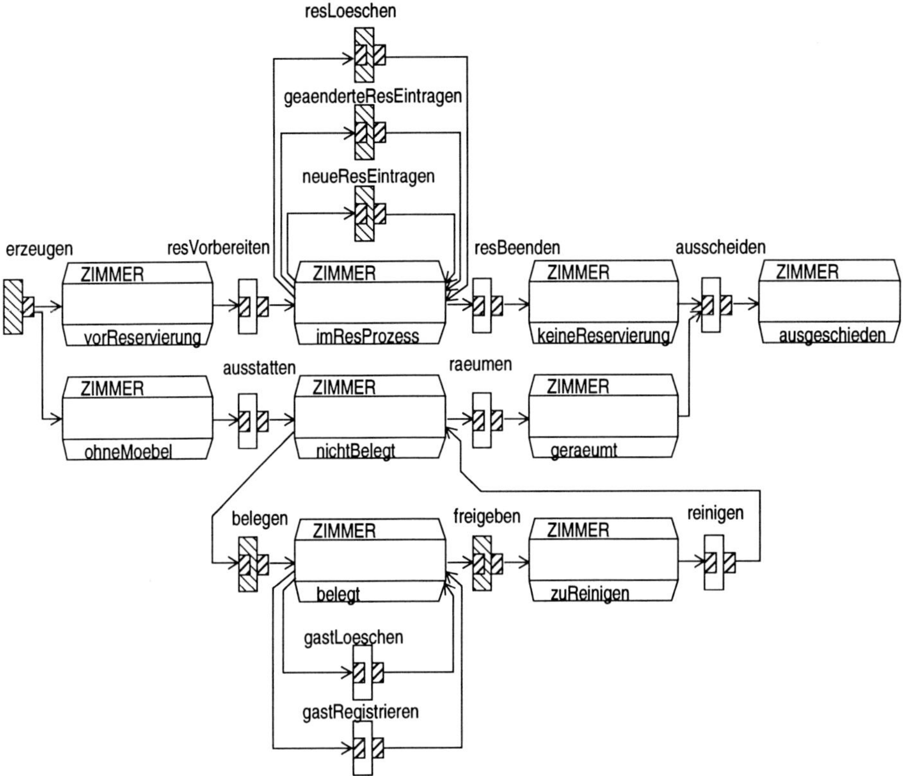

Abbildung 4.5 Lebenszyklusdiagramm des Objekttyps ZIMMER

Zustände werden als Rechtecke mit Trapezen an der Ober- und Unterseite der Rechtecke dargestellt. Das obere Trapez enthält den Namen des Objekttyps, für den das Lebenszyklusdiagramm modelliert wird. Das untere Trapez enthält den Namen des Zustandes. Eine Aktivität ist durch ein Rechteck, das den Namen der Aktivität zeigt, dargestellt und durch eine Menge von gerichteten Kanten mit ihren Vor- und Nachzuständen verbunden. Die Namen der

Zustände und der Aktivitäten müssen innerhalb eines Lebenszyklusdiagramms eindeutig sein. Ein Element (Aktivität oder Zustand) ohne Eingangskanten in einem Lebenszyklusdiagramm wird Quelle (*source*) genannt, ein Element ohne Ausgangskanten Senke (*sink*).

Beispiel 4.6 Die Abbildungen 4.4 und 4.5 zeigen die Lebenszyklusdiagramme der Objekttypen ZIMMERRSVG und ZIMMER. Es sind ausschließlich Basisaktivitäten und Basiszustände dargestellt. Aktivitäten mit schattierten Rechtecken repräsentieren eingeschränkt öffentlich sichtbare Operationen. Diese werden in Abschnitt 4.2.3 eingeführt. In Abbildung 4.4 ist die Aktivität erzeugen des Objekttyps ZIMMERRSVG eine Quellenaktivität, die Zustände ZIMMERRSVG abgebrochen, ZIMMERRSVG abgelehnt, ZIMMERRSVG negArchiviert und ZIMMERRSVG posArchiviert sind Senken. □

4.2.2 Verhaltensverfeinerung

Die prinzipielle Idee der Verhaltensverfeinerung basiert auf der Top-down strukturierten Entwicklung komplexer Systeme. Ausgehend von einer abstrakten Aktivität mit einem abstrakten Nachzustand wird durch rekursive Anwendung von Verfeinerungsprimitiva und Verfeinerungsregeln eine Menge von Basisaktivitäten und Basiszuständen entwickelt. Die Verfeinerungsprimitiva ermöglichen die strukturierte Verfeinerung jedes Elementes (Aktivität oder Zustand) in eine Menge von Aktivitäten, Zuständen und Kanten zwischen diesen. Die Verfeinerungsregeln basieren auf semantischen Kriterien und stellen die Konsistenz der Aktivitäten und Zustände, die bei der Verfeinerung entstanden sind, mit dem Element, das verfeinert wurde, sicher.

Eine abstrakte Aktivität kann in ein Lebenszyklusdiagramm, dessen Quellen und Senken Aktivitäten sind, zerlegt werden. Die abstrakte Aktivität repräsentiert dann einen Prozeß im Lebenszyklus der betroffenen Objekte, der durch die Quellenaktivität(en) gestartet wird und durch die Senkenaktivität(en) beendet wird. Ebenso kann ein abstrakter Zustand in ein Lebenszyklusdiagramm mit Quellen und Senken als Zustände zerlegt werden. Der abstrakte Zustand repräsentiert dann eine Periode im Lebenszyklus der Objekte, die durch das Eintreten in den oder die Quellenzustände beginnt und durch die Entnahme aus dem oder den Senkenzuständen beendet wird.

Zur Unterstützung der Verfeinerung von abstrakten Elementen werden Verfeinerungsregeln eingeführt, die — aufbauend auf semantischen Kriterien — die strukturierte Vorgehensweise bei der Verfeinerung fördern. Zusätzlich werden zu den Regeln konforme Verfeinerungsprimitiva eingeführt (siehe unten). Aus Gründen der besseren Darstellung werden die Verfeinerungsregeln nach den Verfeinerungsprimitiva diskutiert. Diese bauen auf dem bewährten Prinzip der strukturierten Verfeinerung auf und sind aus den Struktogrammen [179], erweitert um parallele Verfeinerung, abgeleitet. Die Verfeinerungsprimitiva umfassen *sequentielle* Verfeinerung, *alternative* Verfeinerung, *iterative* Verfeinerung und *parallele* Verfeinerung, und zwar für Aktivitäten und für Zustände. Ihre graphischen Repräsentationen sind in Abbildung 4.6 dargestellt. Die Semantik der

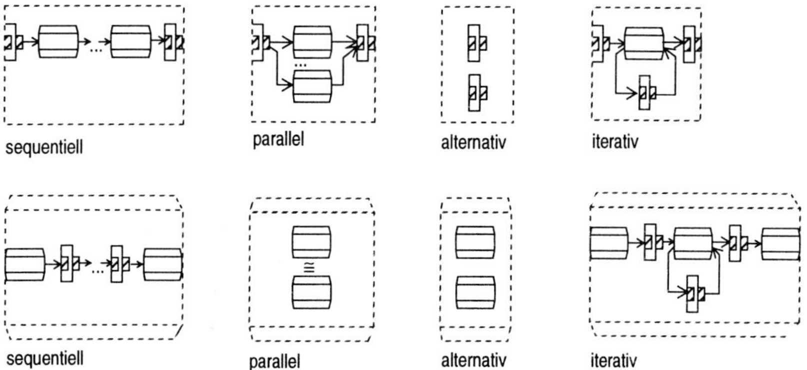

Abbildung 4.6 Verfeinerungsprimitiva

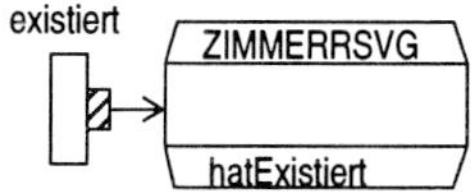

Abbildung 4.7 Ausgangspunkt einer Verhaltensverfeinerung

parallelen bzw. alternativen Zustandsverfeinerung ist wie folgt: ein Objekt ist in allen Subzuständen oder in keinem Subzustand eines parallel verfeinerten Zustandes, und ein Objekt ist in höchstens einem Subzustand eines alternativ verfeinerten Zustandes.

Beispiel 4.7 Abbildung 4.7 zeigt das Lebenszyklusdiagramm des Objekttyps ZIMMERRSVG am Beginn der Verhaltensverfeinerung. Es besteht aus der abstrakten Aktivität existiert mit dem abstrakten Nachzustand ZIMMERRSVG hatExistiert.

In Abbildung 4.8.a wird die abstrakte Aktivität existiert mit Hilfe einer sequentiellen Verfeinerung in die Aktivitäten erzeugen, pruefen und bearbeiten und in die Zustände ZIMMERRSVG angefordert und ZIMMERRSVG geprueft zerlegt. Die Aktivität erzeugen ist Quelle und bearbeiten ist Senke der Zerlegung der abstrakten Aktivität existiert. Die abstrakte Aktivität bearbeiten wird alternativ in die Aktivitäten abbrechen und annehmen zerlegt. Beide Aktivitäten sind sowohl Quelle als auch Senke in dieser Zerlegung. Der abstrakte Zustand ZIMMERRSVG hatExistiert wird ebenfalls alternativ in die Subzustände ZIMMERRSVG abgebrochen und ZIMMERRSVG behandelt zerlegt. Die Abbildung zeigt auf einer bestimmten Abstraktionsebene die Aktivitäten, in die eine Zimmerreservierung involviert ist. Die Aktivität annehmen und der Zustand ZIMMERRSVG behandelt werden in den Abbildungen 4.8.b–c und 4.9.a–c weiter verfeinert.

Die Aktivitäts- und Zustandsverfeinerungen der Abbildungen 4.8.a–c und 4.9.a–c repräsentieren die vollständige Verfeinerungshierarchie des Lebenszyklusdiagramms des Objekttyps ZIMMERRSVG (vergleiche Abbildung 4.4). Aus Gründen der Übersichtlichkeit werden die Verfeinerungen nicht in einem, sondern in mehreren Diagrammen dargestellt. Alle Verfeinerungen wurden unter Anwendung der Verfeinerungsprimitiva aus Abbildung 4.6 entwickelt. □

Zur Unterstützung der Verfeinerung von abstrakten Elementen werden zusätzlich zu den Verfeinerungsprimitiva eine Menge von Verfeinerungsregeln eingeführt. Die ersten beiden Regeln spezifizieren gültige Topologien von Elementverfeinerungen. Die weiteren Regeln legen die Einbettung der Verfeinerung eines Elementes, d. h. seines Lebenszyklusdiagramms, in die Umgebung des Elementes, d. h. in das Lebenszyklusdiagramm, dem das Element angehört, fest.

Damit eine Aktivität bzw. ein Zustand durch ihre bzw. seine Verfeinerung ersetzt werden kann, müssen die Quellen und Senken ebenfalls Aktivitäten bzw. Zustände sein (*Kompatibilitätsregel für die Verfeinerung*), und es muß mindestens eine Quelle und mindestens eine Senke existieren (*Durchgangsregel*).

Beispiel 4.8 Die in Abbildung 4.8.b dargestellten Verfeinerungen genügen der Kompatibilitätsregel und der Durchgangsregel. Die abstrakte Aktivität annehmen hat die Aktivitäten bestaetigen bzw. kundeEntscheidet als Quelle bzw. als Senke. Der abstrakte Zustand ZIMMERRSVG behandelt ist alternativ in die Subzustände ZIMMERRSVG abgelehnt und ZIMMERRSVG archiviert verfeinert, die beide sowohl Quelle als auch Senke der Verfeinerung sind. Das gleiche gilt analog für die abstrakte Aktivität kundeEntscheidet. Sie ist alternativ in die Aktivitäten kundeLehntAb und kundeAkzeptiert verfeinert, die beide sowohl Quelle als auch Senke der Verfeinerung sind. □

Damit Verfeinerungen einfacher analysiert und verifiziert werden können, dürfen nur Quellenelemente und Senkenelemente mit Elementen, die nicht Teil der Verfeinerung sind, verbunden werden (*Regel der strukturierten Verfeinerung*). Damit ist sichergestellt, daß es eindeutig definierte „Eingänge“ in und „Ausgänge“ aus der Verfeinerung gibt. Dies entspricht dem „goto“-freien Programmierstil. Die ausschließliche Verwendung der Verfeinerungsprimitiva stellt die Einhaltung der bisher vorgestellten Regeln (Kompatibilitätsregel, Durchgangsregel und Regel der strukturierten Verfeinerung) sicher.

Verfeinerungen einer abstrakten Aktivität sollten mindestens die gleichen Vor- und Nachbedingungen wie die abstrakte Aktivität erfüllen. Das heißt, daß jeder Vorzustand einer abstrakten Aktivität t auch Vorzustand jeder Quelle der Verfeinerung von t ist und daß jeder Nachzustand von t auch Nachzustand jeder Senke der Verfeinerung von t ist (*Erfüllungsregel für Vor- und Nachzustände*). Es ist nicht erlaubt, neue Vor- bzw. Nachzustände für Quellen bzw. Senken einer Verfeinerung einer abstrakten Aktivität t zu definieren, die in keinem Zusammenhang mit den Vor- bzw. Nachzuständen von t stehen. Ein Vor- bzw. Nachzustand einer Quelle bzw. einer Senke von t ist entweder bereits ein Vor-

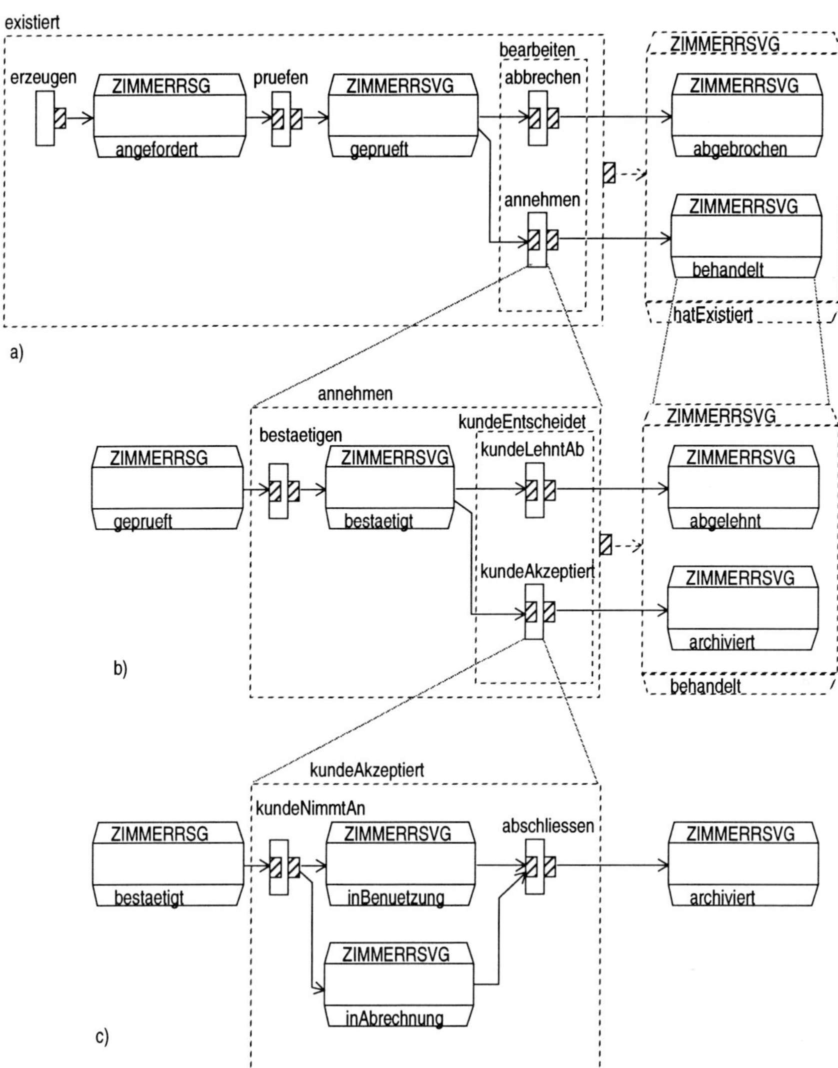

Abbildung 4.8 Verhaltensverfeinerung für ZIMMERRSVG (Teil 1)

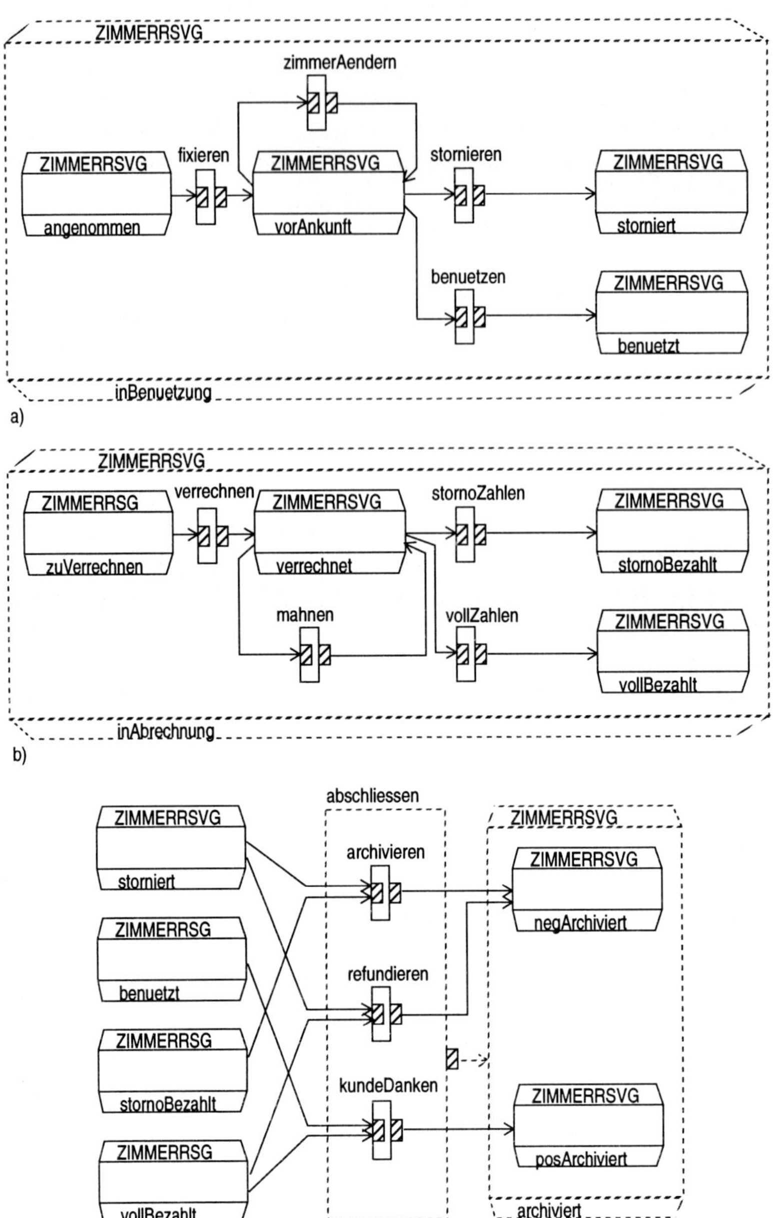

Abbildung 4.9 Verhaltensverfeinerung für ZIMMERRSVG (Teil 2)

bzw. Nachzustand von t oder ein Subzustand eines Vor- bzw. Nachzustandes von t (*Spezialisierungsregel für Vor- und Nachzustände*).

Beispiel 4.9 Die in Abbildung 4.8.c gezeigte Verfeinerung der abstrakten Aktivität kundeAkzeptiert ist konform zur Erfüllungsregel für Vor- und Nachzustände. Die Quellenaktivität kundeNimmtAn hat denselben Vorzustand wie kundeAkzeptiert, und die Senkenaktivität abschliessen hat denselben Nachzustand (siehe auch Abbildung 4.8.b).

Die Aktivität kundeAkzeptiert ist Senke der Verfeinerung für kundeEntscheidet und hat daher den Nachzustand ZIMMERRSVG behandelt (Abbildung 4.8.b). Aufgrund der Spezialisierungsregel für Nachzustände kann auch der Zustand ZIMMERRSVG archiviert, ein Subzustand von ZIMMERRSVG behandelt, als Nachzustand spezifiziert werden. Um die Verfeinerungen übersichtlich zu entwerfen, ist es optional, ob die Eingangs- und Ausgangskanten von abstrakten Aktivitäten (redundant) angezeigt oder nicht angezeigt werden. □

Die Petri-Netz-basierte Ausführungssemantik von Objektlebenszyklen muß auch von Zustandsverfeinerungen beibehalten werden. Das heißt, wird ein Objekt aus dem Vorzustand s einer Aktivität entnommen, so muß das Objekt auch aus dem Superzustand von s entnommen werden. Analoges gilt für den Nachzustand. Wird ein Objekt in den Nachzustand s einer Aktivität eingefügt, so muß es auch in den Superzustand von s eingefügt werden (*Einfüge- und Entnahmeregel für Zustände*).

Das Ergebnis des Verfeinerungsprozesses ist eine Menge von Basisaktivitäten mit Basisvorzuständen und Basisnachzuständen. Damit dies sichergestellt ist, muß für jede Basisaktivität t, die einen abstrakten Vor- bzw. Nachzustand hat, mindestens eine Senke des abstrakten Vorzustandes bzw. eine Quelle des abstrakten Nachzustandes ebenfalls als Vor- bzw. Nachzustand von t spezifiziert sein (*Basisverfeinerungsregel für Vor- und Nachzustände*). Der analoge Fall, daß jeder Basiszustand auch mit Basisaktivitäten verbunden ist, wird bereits durch die Erfüllungsregel für Vor- und Nachzustände sichergestellt.

Aufgrund der Semantik der alternativen Zustandsverfeinerung muß für eine Basisaktivität t, die einen alternativ verfeinerten abstrakten Vorzustand (Nachzustand) s kennt, genau eine Senke (Quelle) von s als Vorzustand (Nachzustand) von t spezifiziert sein. Im allgemeinen erfolgt die Zuordnung von Senken bzw. Quellen von alternativ verfeinerten Zuständen zu Basisaktivitäten nicht automatisch, sondern durch den Entwerfer. Für sequentielle, iterative und parallele Zustandsverfeinerungen gilt, daß die Quellen (Senken) einer Aktivitätsverfeinerung die Eingangskanten (Ausgangskanten) des abstrakten Zustandes automatisch erben.

Beispiel 4.10 In Abbildung 4.9.c wird die abstrakte Aktivität abschliessen alternativ in drei Basisaktivitäten verfeinert. Die abstrakten Vorzustände von abschliessen, ZIMMERRSVG inBenuetzung und ZIMMERRSVG inAbrechnung (siehe Abbildung 4.8.c) haben jeweils zwei Senken, die aus einer alternativen Verfeinerung entstanden sind (siehe Abbildungen 4.9.a und 4.9.b). Der abstrakte

Nachzustand ZIMMERRSVG archiviert ist in zwei Subzustände alternativ zerlegt. Stellvertretend für die drei Basisaktivitäten wird die Zuordnung der Vor- und Nachzustände zur Aktivität refundieren im folgenden untersucht. Wir beginnen mit den Vorzuständen. Aufgrund der Semantik der parallelen und alternativen Zustandsverfeinerung müssen genau eine Senke von ZIMMERRSVG inBenuetzung und genau eine Senke von ZIMMERRSVG inAbrechnung als Vorzustände von refundieren spezifiziert werden. Das ist erfüllt mit den Zuständen ZIMMERRSVG storniert und ZIMMERRSVG vollBezahlt. Nun zum Nachzustand: Aufgrund der alternativen Verfeinerung des abstrakten Nachzustandes wird genau eine Quelle als Nachzustand ausgewählt, und zwar ZIMMERRSVG negArchiviert.

Die in den Abbildungen 4.8 und 4.9 dargestellten Verfeinerungen legen das Basisverhalten von ZIMMERRSVG fest (siehe Abbildung 4.4). □

4.2.3 Verhaltenskonkretisierung und Festlegung von Objektinteraktionen

Mit einem Lebenszyklusdiagramm wird das Verhalten der Instanzen eines Objekttyps durch eine Menge von Aktivitäten mit Vor- und Nachzuständen definiert. Aktivitäten werden nur durch ihren Namen und durch Vor- und Nachbedingungen bezüglich der Objekte, auf denen die Aktivität ausgeführt wird, beschrieben, jedoch nicht weiter spezifiziert. Mögliche Interaktionen zwischen verschiedenen Objekten desselben oder unterschiedlicher Objekttypen werden ebenfalls nicht beachtet. Ziel dieses Modellierungsschrittes ist es daher, die Schnittstellen der Aktivitäten vollständig zu spezifizieren, die Auswirkungen einer Aktivitätsausführung auf die beteiligten Objekte festzulegen und Abhängigkeiten von Aktivitäten, die auf verschiedenen Objekten ausgeführt werden, aufzuzeigen. Diese drei Modellierungsaufgaben werden in der Folge im Detail diskutiert.

Für eine vollständige Spezifikation der Schnittstellen der Aktivitäten des Lebenszyklusdiagramms wird für jede Aktivität ein *Aktivitätsspezifikationsdiagramm* erstellt. In diesem werden die Signatur der Aktivität sowie Vor- und Nachbedingungen, die unmittelbar vor bzw. nach Ausführung der Aktivität gelten müssen, repräsentiert. Die *Signatur* einer Aktivität besteht aus dem Namen der Aktivität, den Namen und Wertebereichen der Eingabeparameter und dem Wertebereich des Rückgabeparameters. Die mit Aktivitätsspezifikationsdiagrammen darstellbaren *Vor- und Nachbedingungen* sind Zustandseinschränkungen bezüglich der Parameter. Für jeden Eingabeparameter kann eine Menge von Vorzuständen spezifiziert werden und für den Rückgabeparameter ein Menge von Nachzuständen. Die Zustandseinschränkungen bezüglich der Objekte, auf denen die Aktivität ausgeführt werden kann, werden vom Lebenszyklusdiagramm übernommen.

Ein Aktivitätsspezifikationsdiagramm enthält ein mit dem Namen der Aktivität beschriftetes Rechteck und mit dem Rechteck verbundene Eingabeports und Ausgabeports, die das Objekt, auf dem die Aktivität ausgeführt wird, die Eingabeparameter und den Rückgabeparameter repräsentieren. Für ein Beispiel eines Aktivitätsspezifikationsdiagrammes siehe Abb. 4.10. Eingabeports sind als Rechtecke an der Innenseite des die Aktivität repräsentierenden Rechtecks dargestellt, Ausgabeports als Rechtecke an der Außenseite. Ports sind durch einen Namen und einen Wertebereich näher spezifiziert. Der Wertebereich ist entweder ein vordefinierter Datentyp oder ein Objekttyp. Ist ersteres der Fall, so ist der Port durch eine gerichtete Kante mit einem Oval verbunden, das den Namen des Datentyps enthält. Ist letzteres der Fall, so ist der Port durch gerichtete Kanten mit Vorzuständen bzw. Nachzuständen verbunden, die sowohl den Objekttyp als auch die Zustandseinschränkungen des durch den Port repräsentierten Parameters festlegen. Alle Vor- und Nachzustände eines Ports müssen für denselben Objekttyp spezifiziert sein. Anderenfalls wäre der Wertebereich des Ports nicht eindeutig spezifiziert. Ports können einwertig oder mehrwertig sein. Mehrwertige Ports werden durch doppelt umrandete Rechtecke dargestellt. Ein Port, der sowohl Eingabe- als auch Ausgabeport ist, wird zweimal mit demselben Namen dargestellt.

Es werden spezielle Eingabe- und Ausgabeports unterschieden. Das Objekt, auf dem die Aktivität ausgeführt wird, wird durch einen *Primärport*, dargestellt als schraffiertes Rechteck, modelliert. Vor- und Nachzustände werden aus dem Lebenszyklusdiagramm übernommen. Der Primärport existiert als Eingabeport und als Ausgabeport, wenn die spezifizierte Aktivität direkt auf dem Objekt ausgeführt wird. Wird das Objekt durch die Aktivität erzeugt, ist der Primärport ausschließlich ein Ausgabeport. Wird das Objekt durch die Aktivität gelöscht, ist der Primärport ausschließlich ein Eingabeport. Alternativ zum spezifizierten Namen des Primärports kann auch *self* verwendet werden, um das Objekt, auf dem die Aktivität ausgeführt wird bzw. das erzeugt wird, zu bezeichnen.

Darf der Eingabeparameter nur gelesen werden (*read-only*), wird dies durch strichlierte Kanten (Lesekanten) zwischen allen Vorzuständen und dem Eingabeport dargestellt. Der Rückgabeparameter wird durch einen speziellen Ausgabeport, den *Rückgabeport*, dargestellt mit einem überlagerten Halbkreis, repräsentiert. Ist das Objekt, auf dem die Aktivität ausgeführt wird, gleichzeitig auch Rückgabewert, so wird der Primärport an der Außenseite des Rechtecks mit einem Halbkreis überlagert.

Die Semantik eines Aktivitätsspezifikationsdiagramms für eine Basisaktivität t ist wie folgt:

- Die Aktivität t kann mit den Objekten und Datenwerten, die ihren Eingabeports zugewiesen sind, aufgerufen werden, falls die folgenden *Eingabeportzuweisungsregeln* erfüllt sind:

  1. Jedem einwertigen Eingabeport ist genau ein Objekt bzw. ein Datenwert zugewiesen und jedem mehrwertigen Eingabeport eine Menge von Objekten bzw. Datenwerten.
  2. Jeder einem Eingabeport zugewiesene Datenwert muß zum Wertebereich des Eingabeports gehören.

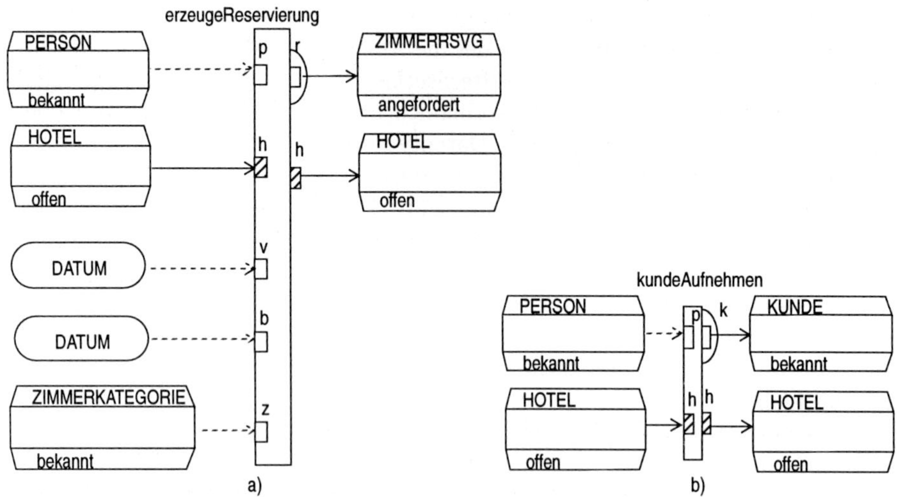

Abbildung 4.10. Aktivitätsspezifikationsdiagramme für erzeugeReservierung, kundeAufnehmen

3. Jedes einem Eingabeport zugewiesene Objekt muß in allen Vorzuständen des Ports sein. Das impliziert auch die Zugehörigkeit zum Wertebereich des Ports.

- Nach erfolgreicher Ausführung von t müssen die folgenden *Ausgabeportzuweisungsregeln* erfüllt sein:

  1. Jedem einwertigen Rückgabeport ist genau ein Objekt bzw. ein Datenwert zugewiesen und jedem mehrwertigen Rückgabeport eine Menge von Objekten bzw. Datenwerten.
  2. Jeder einem Rückgabeport zugewiesene Datenwert muß zum Wertebereich des Rückgabeports gehören.
  3. Jedes einem Ausgabeport zugewiesene Objekt muß in allen Nachzuständen des Ports sein, aber in keinen Vorzuständen, die nicht auch Nachzustände sind oder die nicht mit Lesekanten mit dem entsprechenden Eingabeport verbunden sind.
  4. Jedes einem Eingabeport zugewiesene Objekt muß noch immer in allen mit einer Lesekante verbundenen Vorzuständen des Ports sein.

Beispiel 4.11 Abbildung 4.10 zeigt die Aktivitätsspezifikationsdiagramme für die Aktivitäten erzeugeReservierung und kundeAufnehmen des Objekttyps HOTEL. Die Aktivität erzeugeReservierung kann auf Instanzen des Objekttyps HOTEL im Zustand HOTEL offen ausgeführt werden. Die Aktivität kann wiederholt auf demselben Objekt ausgeführt werden, was durch denselben Vor- und Nachzustand des Primärports ausgedrückt wird. Das betroffene Hotel ist vor und nach erfolgreicher Ausführung der Aktivität im selben Zustand. Die Aktivität hat vier einwertige „read-only"-Eingabeparameter, nämlich eine Person im Zustand PERSON bekannt, eine Zimmerkategorie im Zustand ZIMMERKATEGORIE bekannt und die gewünschte Reservierungsperiode mit Beginn- und Endedatum. Die Aktivität erzeugt eine neue Zimmerreservierung, die im Zustand ZIMMERRSVG angefordert als Rückgabewert zurückgegeben wird.

Die Aktivität kundeAufnehmen registriert eine Person als Kunde eines Hotels. Sie kann auf Instanzen des Objekttyps HOTEL im Zustand HOTEL offen wiederholt ausgeführt werden. □

Die bisher vorgestellte Modellierungsmächtigkeit von Aktivitätsspezifikationsdiagrammen erlaubt, alle an einer Aktivität beteiligten Objekte zu identifizieren. Damit allein können aber keine Ereignisse modelliert werden, an denen mehrere Objekte beteiligt sind und gleichzeitig geändert werden müssen. Das objektorientierte Prinzip der Kapselung und des Information Hiding erfordert nämlich, daß eine Aktivität über genau einem Objekt ausgeführt wird, und daß diese Aktivität ausschließlich über einen expliziten Aktivitätsaufruf auf ein anderes Objekt zugreifen kann. Typische Beispiele für Ereignisse mit mehreren beteiligten Objekten sind das Festlegen bzw. Auflösen von inversen Beziehungen und das Löschen von Objekten mit objektdefinierenden Eigenschaften. Ersteres betrifft die konsistenzerhaltende Änderung von inversen Beziehungen, letzteres die Einhaltung von Löschregeln. Eine zum objektorientierten Paradigma konforme Lösung sind *eingeschränkt öffentlich sichtbare Aktivitäten*. Eine eingeschränkt öffentlich sichtbare Aktivität t darf nur von genau einer Aktivität t' und muß immer von t' aufgerufen werden. Um kein zusätzliches Modellierungskonstrukt einführen zu müssen (zumal diese Form der Sichtbarkeit auch von keiner uns bekannten objektorientierten Sprache oder objektorientierten Datenbank direkt unterstützt wird), wird eine eingeschränkt öffentlich sichtbare Aktivität t, sichtbar nur von t', mit Hilfe eines zusätzlichen Eingabeparameters modelliert. Sein Wertebereich ist der Objekttyp o, bei dem t' definiert ist, und sein Vorzustand ist der Aktivitätszustand von t'. Dies gewährleistet, daß t nur von Instanzen von o, die sich im Aktivitätszustand t' befinden, aufgerufen werden kann. Ein Aktivitätszustand ist immer implizit definiert und wird im Lebenszyklusdiagramm nicht explizit dargestellt. Der Name des Aktivitätszustandes ist äquivalent zum Namen der Aktivität, die er repräsentiert. Überdies wird der Eingabeparameter zum Setzen bzw. Auflösen von inversen Beziehungen benötigt, da er das Objekt, mit dem eine Beziehung aufgebaut bzw. abgebrochen werden soll, zur Verfügung stellt.

Damit ist aber nur eine Richtung der Einschränkung (*darf nur* von t' aufgerufen werden) sichergestellt. Die andere Richtung (*muß immer* von t' aufgerufen werden) wird durch die Realisierung von t' sichergestellt (auf Seite 125 erklärt). Die Unterscheidung in öffentlich sichtbare Aktivitäten und eingeschränkt öffentlich sichtbare Aktivitäten eines Objekttyps wird auch im Le-

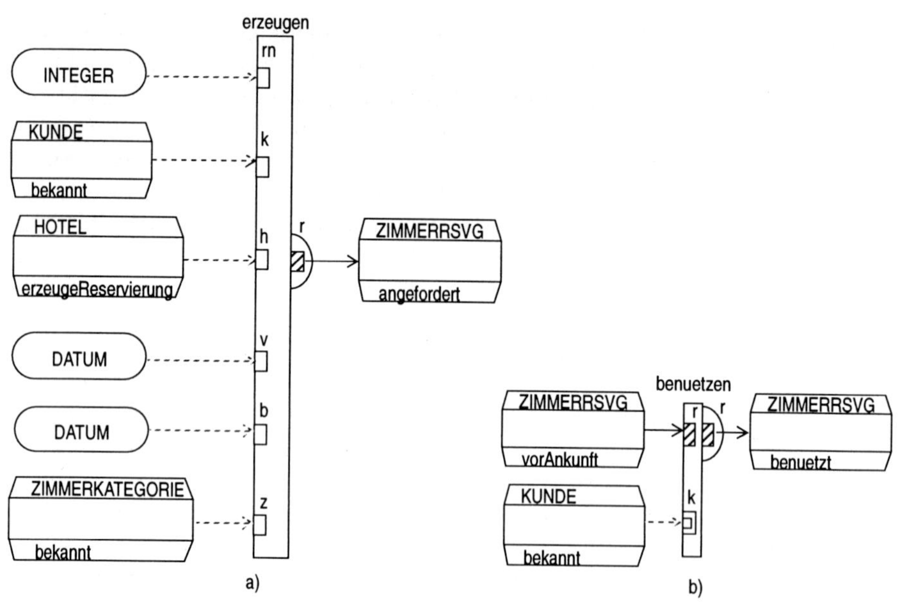

Abbildung 4.11 Aktivitätsspezifikationsdiagramme für erzeugen, benuetzen

benszyklusdiagramm angezeigt. Eingeschränkt öffentlich sichtbare Aktivitäten werden durch Schraffierung des Rechtecks dargestellt (vgl. Abbildungen 4.4 und 4.5).

Beispiel 4.12 Abbildung 4.11 zeigt die Aktivitätsspezifikationsdiagramme für die Aktivitäten erzeugen (Abbildung 4.11.a) und benuetzen (Abbildung 4.11.b) des Objekttyps ZIMMERRSVG. Die Aktivität erzeugen erzeugt eine neue Zimmerreservierung (daher kein Primärport als Eingabeport), die es im Zustand ZIMMERRSVG angefordert als Rückgabewert zurückgibt. Die Aktivität hat sechs einwertige „read-only"-Eingabeparameter, und zwar eine Reservierungsnummer, einen Kunden, für den die Reservierung gemacht werden soll, seinen Wunsch bezüglich Zimmerkategorie und Aufenthaltsperiode und das Hotel, für das die Reservierung angelegt wird. Die Aktivität erzeugen ist eingeschränkt öffentlich sichtbar von der Aktivität erzeugeReservierung des Objekttyps HOTEL. Daher ist das Hotel im Aktivitätszustand HOTEL erzeugeReservierung, wenn es als Eingabeparameter übergeben wird. Für die andere Richtung der Abhängigkeit siehe das Aktivitätsrealisierungsdiagramm der Aktivität erzeugeReservierung (Abbildung 4.16).

Die Aktivität benuetzen wird auf einem Zimmerreservierungsobjekt im Zustand vorAnkunft ausgeführt und erwartet eine Menge von Kunden als Eingabeparameter, die dann als Gäste in dem Zimmer, das zur Reservierung gehört, registriert werden. □

Mit eingeschränkt öffentlich sichtbaren Aktivitäten können konsistenzerhaltende Änderungen von inversen Beziehungen und das Löschen von Objekten gemäß vorgegebener Löschregeln modelliert werden. Die Motivation dafür, daß die Konsistenz inverser Beziehungen und die Einhaltung von Löschabhängigkeiten zwischen Objekten nicht automatisch vom Modell sichergestellt werden, ist die prinzipielle Überlegung, daß Objekte autonom sind, die aufgrund eines Aktivitätsaufrufs reagieren, die aber nicht willkürlich geändert werden können. Zum Beispiel soll ein Objekt nicht gelöscht werden können, ohne daß es sich in einem dazu bereiten Zustand befindet. Dies schränkt die Modellierungsmächtigkeit zum Teil ein, fördert aber die Spezifikation von lokalem, d. h. objektspezifischem Verhalten mit klaren Kommunikationsstrukturen zwischen den Objekten. Eingeschränkt öffentlich sichtbare Aktivitäten unterstützen dieses Modellierungsprinzip. Es ist möglich, daß einerseits — konform zum objektorientierten Paradigma — alle Änderungen auf einem Objekt von Aktivitäten ausgeführt werden, die für den Objekttyp des Objektes definiert wurden, und daß andererseits Abhängigkeiten zwischen Objektlebenszyklen explizit dargestellt und nicht als versteckte Abhängigkeiten realisiert werden.

Mit Aktivitätsspezifikationsdiagrammen können die an einer Aktivität beteiligten Objekte identifiziert werden. Damit ist aber nicht festgelegt, in welcher Form sie beteiligt sind und wie sie durch Ausführung der Aktivität verändert werden. Diese Information wird in *Aktivitätsrealisierungsdiagrammen* spezifiziert. Für jedes Aktivitätsspezifikationsdiagramm existiert ein Aktivitätsrealisierungsdiagramm, das die Realisierung der durch die Aktivität repräsentierten Operation enthält. Basierend auf dem Prinzip des Information Hiding kann eine Aktivität nur auf die Eigenschaften jenes Objektes direkt lesend oder schreibend zugreifen, auf dem die Aktivität ausgeführt wird, d. h. für dessen Objekttyp die Aktivität definiert wurde. Um die Eigenschaften anderer Objekte lesen oder verändern zu können, müssen Aktivitäten auf diesen anderen Objekten aufgerufen werden. Die Unterscheidung in lesenden bzw. schreibenden Zugriff auf Eigenschaften und in Aktivitätsaufrufe wird ebenfalls in Aktivitätsrealisierungsdiagrammen berücksichtigt.

Eine Aktivitätsrealisierung wird durch ein Rechteck mit denselben Eingabe- und Ausgabeports wie das dazugehörige Aktivitätsspezifikationsdiagramm dargestellt. Für ein Beispiel eines Aktivitätsdiagrammes siehe Abb. 4.14. Das Rechteck besteht aus zwei Hälften. Die obere Hälfte zeigt Teile des Objektdiagramms des Objektes *self* mit ausschließlich jenen Eigenschaften, die von der Aktivität gelesen oder geschrieben werden. *self* ist der Name eines Pseudospeichers und enthält immer das Objekt, auf dem die gerade betrachtete Aktivität ausgeführt wird. Außerdem können Hilfsspeicher mit Namen und Wertebereich dargestellt werden. Sie werden in der Realisierung der Aktivität in lokale Variable der durch die Aktivität repräsentierten Operation übersetzt. Die Namen der Hilfsspeicher müssen eindeutig innerhalb der Namen der Ports, der Namen der dargestellten Eigenschaften und der Namen der über *self* ausführbaren Aktivitäten sein. Ein Hilfsspeicher kann einwertig oder mehrwertig sein. Letzteres ist durch eine doppelte Umrandung des graphischen Symbols dargestellt.

Die untere Hälfte zeigt die Aktionen der Aktivitätsausführung. Dem Prinzip des Information Hiding folgend, gibt es zwei Arten von Aktionen: (1) den lesenden oder schreibenden Zugriff auf die Eigenschaften des Objektes *self*, auf Hilfsspeicher und auf Ports, (2) Aktivitätsaufrufe auf *self* oder auf anderen Objekten. Ersteres wird durch gerichtete Kanten von und zu lokalen Speichern dargestellt (Lokale Speicher sind ein Sammelbegriff für Ports, Eigenschaften und Hilfsspeicher), letzteres durch schraffierte Rechtecke, die mit dem Namen der aufzurufenden Aktivität annotiert sind. Der Datenfluß wird, wie oben angeführt, durch gerichtete Kanten dargestellt, der Kontrollfluß durch überlagerte Struktogramme [179]. Im folgenden werden Kanten, Aktivitätsaufrufe und die Verwendung von Struktogrammen diskutiert.

Für das Lesen und Schreiben von Eigenschaften des Objektes *self*, von Ports und von Hilfsspeichern unterscheidet man zwischen *Zuweisungskanten*, *Einfügekanten* und *Löschkanten*. Zuweisungskanten werden zwischen zwei einwertigen oder zwischen zwei mehrwertigen lokalen Speichern spezifiziert. Ist die Quelle (= lokaler Speicher, von dem die Kante wegführt) einer Zuweisungskante mehrwertig und die Senke (= lokaler Speicher, zu dem die Kante hinführt) einwertig, muß eine Bedingung spezifiziert werden, die ein Element aus der Quelle auswählt. Einfügekanten, markiert durch das Zeichen „ + “ neben der Pfeilspitze, werden zum Einfügen von Elementen in einen mehrwertigen lokalen Speicher benützt. Löschkanten, markiert durch das Zeichen „ − “ neben der Pfeilspitze, zum Löschen von Elementen aus einem mehrwertigen lokalen Speicher. Für Kanten zwischen zwei mehrwertigen lokalen Speichern kann eine Bedingung spezifiziert werden, die eine Menge von Elementen aus der Quelle auswählt. Kanten werden während der Ausführung einer Aktivität aktiviert (siehe Seite 129 ueber Struktogramme). Dabei wird abhängig vom Kantentyp folgende Semantik zugrundegelegt (t und h bezeichnen die Quelle (*tail*) bzw. Senke (*head*) einer Kante):

- *Zuweisungskanten:* sind t und h einwertig, so wird der Wert (Datenwert oder Objekt) von t an h zugewiesen. Sind beide mehrwertig, so wird der mengenwertige Wert von t an h zugewiesen. Sind beide mehrwertig und eine Auswahlbedingung ist spezifiziert, so werden nur jene Datenwerte oder Objekte von t an h zugewiesen, welche die Auswahlbedingung erfüllen. Ist t mehrwertig und h einwertig, so wird durch eine Auswahlbedingung ein Datenwert oder ein Objekt aus t ausgewählt und an h zugewiesen.

- *Einfügekanten:* ist t einwertig, so wird der Wert von t zu h hinzugefügt. Ist t mehrwertig, so wird der mengenwertige Wert von t zu h hinzugefügt. Ist eine Auswahlbedingung spezifiziert, werden nur jene Elemente von t zu h hinzugefügt, die die Auswahlbedingung erfüllen.

- *Löschkanten:* die Semantik ist analog zu Einfügekanten, nur daß anstatt des Hinzufügens zu h ein Löschen aus h erfolgt.

Die Kantensemantik in Aktivitätsrealisierungsdiagrammen wird in Abbildung 4.12 zusammengefaßt. Kanten werden durch strichlierte Linien in Aktivitätsrealisierungsdiagrammen dargestellt.

Die Auswahlbedingung wird textuell als Annotation zur betreffenden Kante spezifiziert. Man unterscheidet zwei Arten von Auswahlbedingungen:

1. ein Element wird ausgewählt, das die angegebene Bedingung erfüllt (*detection condition*, dargestellt in eckigen Klammern)

2. eine Menge von Elementen wird ausgewählt, die die angegebene Bedingung erfüllen (*selection condition*, dargestellt in geschwungenen Klammern)

In der Formulierung der Bedingung können logische Operatoren (AND, OR, NOT), Vergleichsoperatoren ($=$, $\neq$, $<$, $>$, $\leq$, $\geq$) und der Mengenoperator IN zur Überprüfung der Elementszugehörigkeit verwendet werden. Die Operanden sind Ports, Hilfsspeicher, Konstanten und die Bedingungsvariablen, oder sie werden aus kaskadierenden Aktivitätsaufrufen und aus Pfadausdrücken berechnet. Die Bedingungsvariable enthält ein Element des lokalen Speichers, von dem die betreffende Kante wegführt. Das ist entweder ein mehrwertiger Port, ein mehrwertiger Hilfsspeicher oder eine mehrwertige Eigenschaft des Objektes *self*. Kaskadierende Aktivitätsaufrufe sind eine Folge von Aktivitätsaufrufen. Dabei wird die erste Aktivität über dem spezifizierten Objekt ausgeführt, die zweite Aktivität über dem Rückgabewert der ersten Aktivität und so fort. Zwei spezielle Aktivitäten, *instanceOf* und *memberOf(...)*, können über jedem Objekt aufgerufen werden. Erstere gibt den Namen des Objekttyps, von dem das Objekt Instanz ist, zurück. Letztere überprüft, ob das Objekt eine direkte oder indirekte Instanz des als Parameter spezifizierten und durch seinen Namen beschriebenen Objekttyps ist. Mit Hilfe des Operators „." kann durch Angabe des Namens einer Eigenschaft der Wert dieser Eigenschaft des Objektes, das ein einwertiger lokaler Speicher enthält, angesprochen werden. Durch rekursive Anwendung des Operators „." können Pfadausdrücke definiert werden. In Abbildung 4.13 wird die Grammatik von Auswahlbedingungen in Erweiterter Backus-Naur Form (EBNF) spezifiziert. Für die mit dieser Grammatik ebenfalls spezifizierten Verzweigungsbedingungen und Iterationsbedingungen siehe weiter unten in diesem Abschnitt.

In Abbildung 4.13 bezeichnen die Symbole `::=` `|` `[` `]` `{` `}` `(` `)` Metasymbole, die Teil des EBNF-Formalismus sind. Die eckigen Klammern bezeichnen ein höchstens einmaliges Vorkommen der durch sie geklammerten Symbole. Die geschwungenen Klammern bezeichnen ein null- oder mehrmaliges Vorkommen der durch sie geklammerten Symbole. Die senkrechten Striche bezeichnen Alternativen, die durch runde Klammern als Einheit gekennzeichnet sind. Treten Metasymbole als Terminalsymbole auf, so werden diese in einfache Hochkommas gesetzt. {} beschreibt die leere Menge. Alle Namen, die durch die nichtterminalen Symbole ⟨`portName`⟩, ⟨`propertyName`⟩, ⟨`containerName`⟩, ⟨`messageName`⟩, ⟨`paramName`⟩ und ⟨`loopVarName`⟩ repräsentiert werden, sind

Kante	*Tail t*	*Head h*	*Semantik*
→	□	□	$h := t$
→	▣	▣	$h := t$
→ $\{o \mid c(o)\}$	▣	▣	$h := \{e \in t \mid c(e)\}$
→ $[:o \mid c(o)]$	▣	□	$h := e' \in \{e \in t \mid c(e)\}$
$\xrightarrow{+}$	□	▣	$h := h \cup \{t\}$
$\xrightarrow{+}$	▣	▣	$h := h \cup t$
$\xrightarrow{+}$ $\{o \mid c(o)\}$	▣	▣	$h := h \cup \{e \in t \mid c(e)\}$
$\xrightarrow{-}$	□	▣	$h := h \setminus \{t\}$
$\xrightarrow{-}$	▣	▣	$h := h \setminus t$
$\xrightarrow{-}$ $\{o \mid c(o)\}$	▣	▣	$h := h \setminus \{e \in t \mid c(e)\}$

Legende:

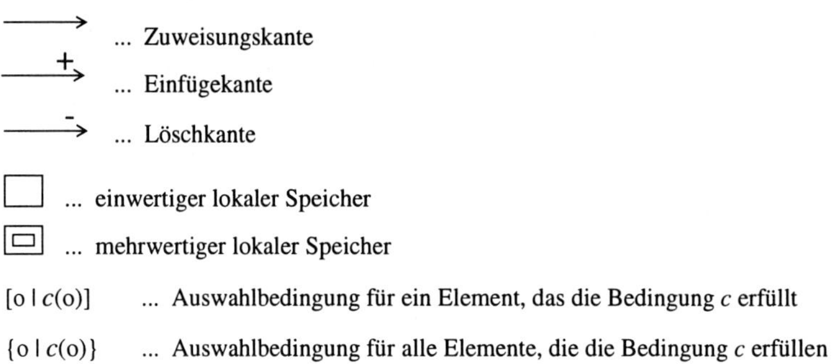

Abbildung 4.12 Kantensemantik

```
⟨selection⟩    ::= ‘{’ ⟨loopVarName⟩ | ⟨cond⟩ ‘}’
⟨detection⟩    ::= ‘[’ ⟨loopVarName⟩ | ⟨cond⟩ ‘]’
⟨ifCond⟩       ::= ⟨cond⟩ ‘|’ ⟨selection⟩ ( = | ≠ | IN ) ⟨selection⟩
⟨itCond⟩       ::= ⟨cond⟩ ‘|’ ⟨selection⟩ ( = | ≠ | IN ) ⟨selection⟩
⟨cond⟩         ::= ⟨term⟩ | NOT ⟨cond⟩ | ⟨cond⟩ AND ⟨cond⟩ |
                   ⟨cond⟩ OR ⟨cond⟩ | ‘(’ ⟨cond⟩ ‘)’
⟨term⟩         ::= ⟨operand⟩ ⟨message⟩
                   [⟨op⟩ ( ⟨operand⟩ ⟨message⟩ | {} ) ]
⟨op⟩           ::= = | ≠ | < | <= | > | >= | IN
⟨operand⟩      ::= ⟨constant⟩ | ⟨pathExpr⟩
⟨pathExpr⟩     ::= ⟨portName⟩ { .⟨propertyName⟩ } |
                   ⟨containerName⟩ { .⟨propertyName⟩ } |
                   self { .⟨propertyName⟩ } |
                   ⟨loopVarName⟩ { .⟨propertyName⟩ }
⟨message⟩      ::= ⟨messageName⟩ [ ‘(’ ⟨parList⟩ ‘)’ ] |
                   instanceOf | memberOf ‘(’ ⟨string⟩ ‘)’
⟨parList⟩      ::= ⟨parName⟩ { , ⟨parName⟩ }
⟨constant⟩     ::= ⟨string⟩ | ⟨integer⟩ | TRUE | FALSE | NIL
⟨string⟩       ::= „ ⟨char⟩ { ⟨char⟩ } “
⟨integer⟩      ::= ⟨digit⟩ { ⟨digit⟩ }
```

Abbildung 4.13 Grammatik zur Spezifikation von Bedingungen

Literale, bestehend aus Buchstaben, Ziffern und Sonderzeichen. Jeder Name beginnt mit einem Buchstaben. Das Symbol ε bezeichnet das Ersetzen der linken Seite einer Produktionsregel, d. h. eines nichtterminalen Symbols, mit einem Leerstring.

Wie bereits erwähnt werden Aktivitätsaufrufe durch schraffierte Rechtecke mit den Eingangs- und Ausgangsports, wie sie im entsprechenden Aktivitätsspezifikationsdiagramm spezifiziert wurden, dargestellt. Jeder Eingangsport muß Senke genau einer Zuweisungskante sein. Der Rückgabeport kann Quelle mehrerer Kanten sein. Damit werden die aktuellen Parameter des Aktivitätsaufrufs und die Verwendung des Rückgabewertes festgelegt. Der Name der Aktivität wird oberhalb des Rechtecks angegeben. Ist kein Primärport als Eingabeport spezifiziert, d. h. die Aktivität erzeugt ein neues Objekt, muß zusätzlich zum Namen der Aktivität der Name des Objekttyps, von dem eine Instanz erzeugt wird, angegeben werden.

Ein Struktogramm, bekannt aus der strukturierten Programmierung [179], spezifiziert den Kontrollfluß einer Aktivitätsrealisierung, d. h. die Aktivierungsfolge von Aktivitätsaufrufen und von Kanten. Das Struktogramm wird den Aktivitätsaufrufen und den Kanten überlagert und muß hier von links nach rechts gelesen werden. Die in Aktivitätsrealisierungsdiagrammen verwendeten Strukturierungsprimitiva sind die genormten Konstrukte *Folge*, *Alternative*, *Wiederholung mit vorausgehender Bedingungsprüfung (While-Iteration)* und zusätzlich

ForEach-Iteration, mit denen ein Ausführungsblock rekursiv in Teilblöcke zerlegt werden kann. Ein Ausführungsblock, der nicht weiter zerlegt ist, wird als *Basisblock* bezeichnet. Ein Ausführungsblock, der sequentiell weiter zerlegt ist, ist ein *sequentieller Block*; einer, der alternativ zerlegt ist, ist ein *alternativer Block*; einer, der bedingt bzw. unbedingt iterativ zerlegt ist, ist ein *While-Iterationsblock* bzw. ein *ForEach-Iterationsblock*. Jeder Aktivitätsaufruf und jede Kante, die einen lesenden oder schreibenden Zugriff auf einen Hilfsspeicher oder auf eine Eigenschaft modelliert, werden genau einem Basisblock, in dem sie ausgeführt werden, zugewiesen. Aufgrund der graphischen Darstellung verlaufen Kanten im allgemeinen durch eine Menge von Basisblöcken. Die eindeutige Zuordnung einer Kante, die zwei lokale Speicher verbindet, zu einem Basisblock, in dem sie aktiviert wird, erfolgt mit einem Aktivierungspfeil ($\downarrow$), mit dem die Kante im entsprechenden Basisblock annotiert wird. Zusätzlich zu Kanten und Aktivitätsaufrufen kann auch geschriebener Pseudocode in einem Basisblock angegeben werden. Die Entscheidung, ob eine graphische oder textuelle Darstellung gewählt wird, ist im Einzelfall aus Überlegungen zur Übersichtlichkeit zu treffen.

Die Semantik eines Struktogramms ist wie folgt: Sequentiell zerlegte Teilblöcke werden nacheinander ausgeführt. Bei alternativen Blöcken entscheidet ein textuell spezifizierter Boolescher Ausdruck (*Verzweigungsbedingung*), welcher der Teilblöcke ausgeführt wird. Bei einer While-Iteration wird der zugeordnete Teilblock immer wieder ausgeführt, solange die *Iterationsbedingung* wahr ist. Bei einer *ForEach*-Iteration wird der zugeordnete Teilblock für jedes Element einer eindeutig spezifizierten Iterationsmenge, d. h. eines mehrwertigen lokalen Speichers, ausgeführt. Wird eine Zuweisungskante, deren Quelle die Iterationsmenge ist, im Iterationsblock aktiviert, so weist sie bei jedem Durchlauf das nächste, noch nicht zugewiesene Objekt zu. Die erlaubte Syntax einer Verzweigungsbedingung bzw. einer Iterationsbedingung ist in Abbildung 4.13 in EBNF spezifiziert.

Die Ausführungssemantik des Aktivitätsrealisierungsdiagramms einer Basisaktivität t eines Objekttyps o ist wie folgt:

- *Vorbereitung:*

  1. Die Aktivität t wird nur dann ausgeführt, wenn die Eingabeportzuweisungsregeln (siehe Aktivitätsspezifikationsdiagramme) erfüllt sind.

  2. Falls die Aktivität t einen primären Eingabeport besitzt, wird das dem Port zugewiesene Objekt aus allen seinen Vorzuständen, mit denen es nicht durch eine Lesekante verbunden ist, entfernt, in den Aktivitätszustand von t eingefügt und dem Pseudospeicher *self* zugewiesen. Besitzt t keinen primären Eingabeport, wird eine neue Instanz von o erzeugt, ebenfalls in den Aktivitätszustand von t eingefügt und dem Pseudospeicher *self* zugewiesen.

- *Ausführung:*

  Die Kanten, Aktivitätsaufrufe und textuell spezifizierter Pseudocode werden aufgrund des durch das überlagerte Struktogramm definierten Kontrollflusses aktiviert. Sind einem Basisblock mehrere Kanten und Aktivitätsaufrufe zugeordnet, so ist keine spezielle Aktivierungsfolge vorgegeben. Die Semantik eines Aktivitätsaufrufes beinhaltet die Zuweisung der aktuellen Eingabeparameter aufgrund der Zuweisungskanten zu den jeweiligen Eingabeports, und nach erfolgreicher Ausführung der Aktivität die Zuweisung des Rückgabewertes aufgrund der vom Rückgabeport wegführenden Kanten.

- *Nachbereitung:*

  1. Das dem Primärport zugewiesene Objekt wird aus dem Aktivitätszustand von t entfernt und in alle Nachzustände des Primärports eingefügt.
  2. Die Aktivität t schließt erfolgreich ab, falls die Ausgabeportzuweisungsregeln (siehe Aktivitätsspezifikationsdiagramme) erfüllt sind.

Weiters wird angenommen, daß eine Aktivität wie eine Transaktion ausgeführt wird, d. h. entweder die gesamte Aktivität wird ausgeführt oder sie wird überhaupt nicht ausgeführt. Im folgenden werden die Aktivitätsrealisierungen zu den Aktivitätsspezifikationen aus den Abbildungen 4.10 und 4.11 diskutiert.

Beispiel 4.13 Abbildung 4.14 zeigt das Aktivitätsrealisierungsdiagramm für die Aktivität erzeugen des Objekttyps ZIMMERRSVG. Eine Instanz von ZIMMERRSVG wird erzeugt und mit den aktuellen Parameterwerten initialisiert. Da das neu erzeugte Zimmerreservierungsobjekt ein abhängiges Komponentenobjekt eines Hotels ist, wird dieses als Wert der *componentOf*-Beziehung eingetragen. Alle Zuweisungskanten werden im selben Ausführungsblock aktiviert, d. h. es wird keine Reihenfolge für die Initialisierung der Eigenschaften vorgegeben. □

Beispiel 4.14 Abbildung 4.15 zeigt das Aktivitätsrealisierungsdiagramm für die Aktivität kundeAufnehmen des Objekttyps HOTEL. Es wird überprüft, ob eine Person p als Kunde in einem Hotel h noch nicht bekannt ist. Falls dies der Fall ist, wird eine neue Instanz des Rollentyps KUNDE erzeugt und in die mehrwertige *hasComponent*-Beziehung Kunden von h hinzugefügt. Beim Erzeugen eines Kunden müssen seine objektdefinierenden Beziehungen componentOf und roleOf initialisiert werden. Dies geschieht mit den Werten der Eingabeports h und p. Die Aktivität liefert den Kunden k, der dasselbe Realweltobjekt wie p beschreibt, als Rückgabewert. Die Zuweisungskante, die die mehrwertige Beziehung Kunden mit dem einwertigen Rückgabeport k verbindet, hat eine

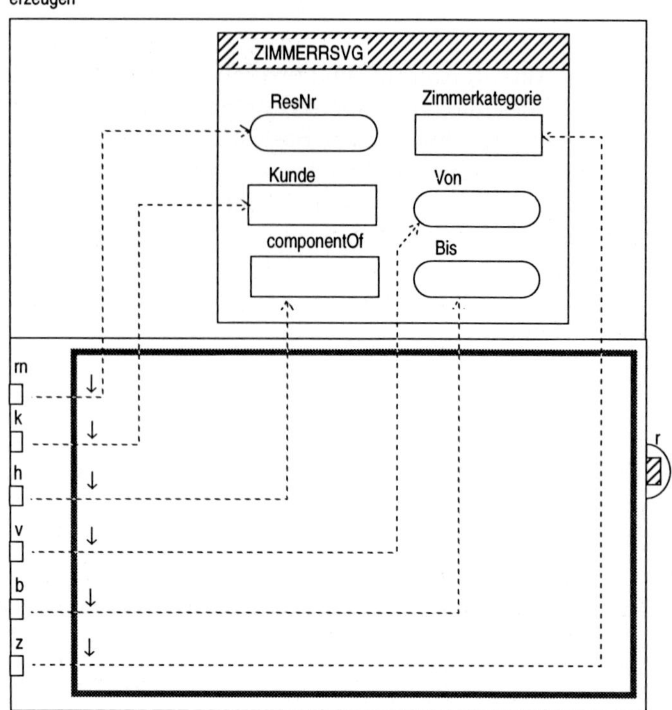

Abbildung 4.14 Aktivitätsrealisierungsdiagramm für ZIMMERRSVG.erzeugen

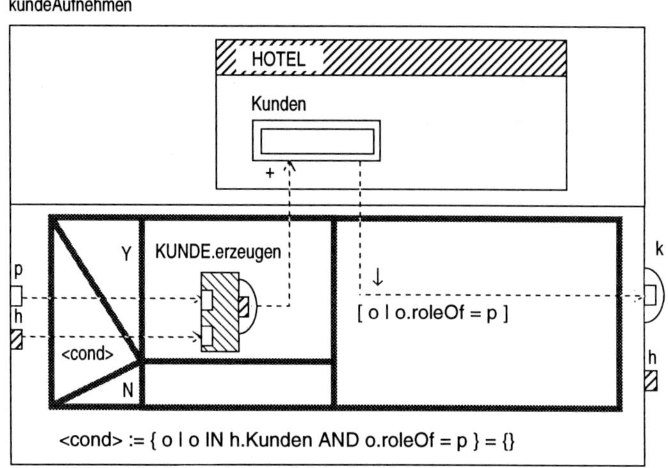

Abbildung 4.15 Aktivitätsrealisierungsdiagramm für HOTEL.kundeAufnehmen

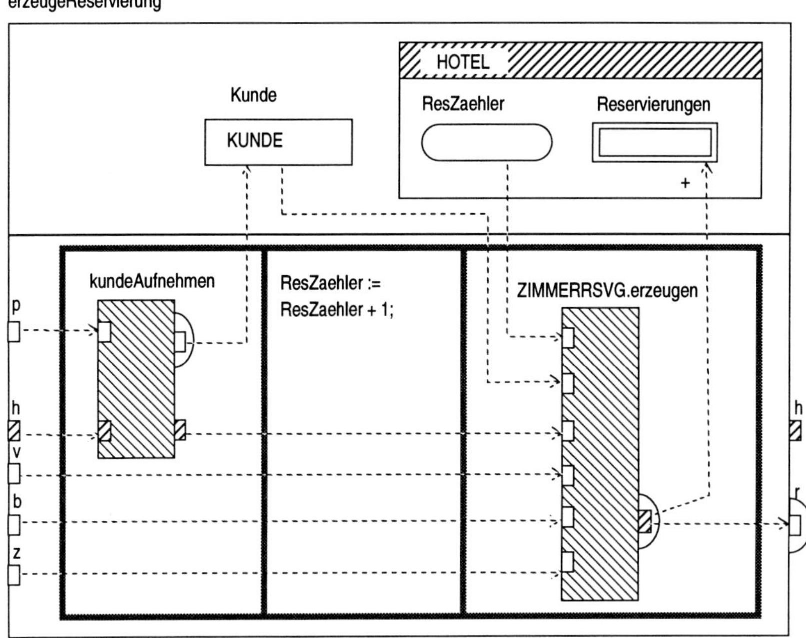

Abbildung 4.16 Aktivitätsrealisierungsdiagramm für HOTEL.erzeugeReservierung

Auswahlbedingung annotiert ($[o \mid o.roleOf = p]$), die einen Kunden, der diese Bedingung erfüllt, an k zuweist. Unsere Modellierungsvariante erlaubt uns aber, mehrere Konzepte in einem Beispiel darzustellen. □

Beispiel 4.15 Abbildung 4.16 zeigt das Aktivitätsrealisierungsdiagramm für die Aktivität erzeugeReservierung des Objekttyps HOTEL. Diese Aktivität ruft die in den beiden vorangegangenen Beispielen besprochenen Aktivitäten auf und besteht aus drei aufeinanderfolgenden Ausführungsblöcken. Zuerst wird die Aktivität kundeAufnehmen über *self*, d. h. über dem Hotel, auf das der Primärport h zeigt, ausgeführt. Der Wert des Rückgabeports von kundeAufnehmen wird im Hilfsspeicher Kunde eingetragen. Im nächsten Ausführungsblock wird durch geschriebenen Code der Reservierungszähler ResZaehler um eins erhöht. Das Attribut ResZaehler ist eine private Eigenschaft. Private Eigenschaften können während der Strukturmodellierung in Objektdiagrammen weggelassen werden. Diese Option wurde aus Gründen des besseren Verständnisses im Objektdiagramm von HOTEL (Abbildung 4.3) angewandt. ResZaehler wird zur fortlaufenden Numerierung von Reservierungen benützt. Im letzten Ausführungsblock wird eine neue Reservierung erzeugt. Das Hotel wird im Ausführungszustand HOTEL erzeugeReservierung als aktueller Eingabeparameter übergeben. Durch den Aufruf der eingeschränkt öffentlich sichtbaren Aktivität ZIMMERRSVG.erzeugen wird die Bedingung „muß immer von erzeugeReservierung des Objekttyps

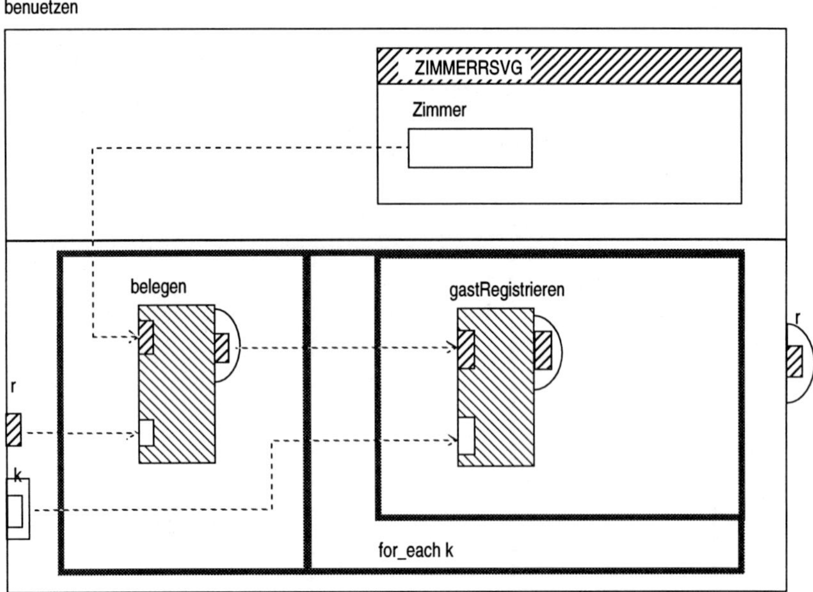

Abbildung 4.17 Aktivitätsrealisierungsdiagramm für ZIMMERRSVG.benuetzen

HOTEL aufgerufen werden" erfüllt. Die neu erzeugte Zimmerreservierung wird in die mehrwertige *hasComponent*-Beziehung Zimmerreservierungen des Hotels eingefügt und dem Rückgabeport r zugewiesen. □

Beispiel 4.16 Abbildung 4.17 zeigt das Aktivitätsrealisierungsdiagramm für die Aktivität benuetzen des Objekttyps ZIMMERRSVG. Auf dem Zimmer, das für die aktuelle Reservierung vorgesehen ist, wird die eingeschränkt öffentlich sichtbare Aktivität belegen aufgerufen, um danach alle Gäste, die im Zimmer vorübergehend wohnen werden, registrieren zu können. Die Aktivität belegen darf nur von Reservierungen aufgerufen werden, die im Aktivitätszustand ZIMMERRSVG benuetzen sind. (Die Aktivitätsspezifikation von belegen wird im Beispiel nicht explizit gezeigt.) Dies wird durch die Zuweisung des Wertes des Primärports r an den Eingabeport von belegen sichergestellt. Danach wird für jedes Element der Iterationsmenge, spezifiziert durch den mehrwertigen Eingabeport k, die Aktivität gastRegistrieren aufgerufen. Die Schleifenannotation for_each k legt die Iterationsmenge fest. Zu beachten ist, daß der Rückgabewert der Aktivität benuetzen das Objekt ist, auf dem die Aktivität ausgeführt wird, dargestellt durch den mit einem Halbkreis überlagerten primären Ausgabeport r. Da r definitionsgemäß bei Abschluß der Aktivität benuetzen das Objekt *self* enthält, ist keine Zuweisungskante zu r notwendig. □

4.2.4 Verhaltenskomposition

Ziel der Verhaltenskomposition ist es, den sich ändernden, benutzerspezifischen Anforderungen an das Verhalten der modellierten Objekttypen gerecht zu werden. Im Falle des Zimmerreservierungssystems ist es zum Beispiel vorstellbar, daß eine konkrete Fremdenverkehrsorganisation Kunden sofort über die Verfügbarkeit eines Zimmerwunsches informieren will, während eine andere Organisation positive Erledigungen getrennt von den Ablehnungen behandeln will. Mit Hilfe der Verhaltenskomposition können beide Anforderungen basierend auf demselben Basisverhalten realisiert werden.

Die prinzipielle Idee der *Verhaltenskomposition* baut auf der Beobachtung auf, daß verschiedene Arbeitsgänge meist aus denselben Basisaktivitäten zusammengesetzt sind, jedoch eine benutzerspezifische Ausführungsfolge haben. Daher wird zwischen Basisaktivitäten und zusammengesetzten Aktivitäten zur Modellierung von benutzerspezifischen Arbeitsgängen unterschieden.

Eine *Basisaktivität* ist eine nicht weiter zerlegte Aktivität. Deren Effekt kann bei einer gegebenen Modellierung nicht durch Ausführung einer Menge anderer Aktivitäten auf einem oder auf mehreren Objekten erreicht werden. Der Effekt einer Basisaktivität auf dem Objekt, auf dem sie ausgeführt wird, ist in der Regel ein Zustandswechsel, eine Wertzuweisung zu einer Eigenschaft oder das konsistente Ändern von inversen Beziehungen. Mit Hilfe einer Basisaktivität wird ein Informationssystem von einem konsistenten Zustand in einen anderen übergeführt.

Eine *zusammengesetzte Aktivität* besteht ausschließlich aus Basisaktivitäten und anderen zusammengesetzten Aktivitäten eines Objekttyps oder mehrerer Objekttypen und der Spezifikation eines individuellen Kontrollflusses auf den ausgewählten Aktivitäten. Eine zusammengesetzte Aktivität, die von einer anderen zusammengesetzten Aktivität aufgerufen wird, wird rekursiv in Basisaktivitäten zerlegt. Eine zusammengesetzte Aktivität ist — wie eine Basisaktivität — genau einem Objekttyp zugeordnet und kann das Objekt, auf dem die Aktivität aufgerufen wird, nur über Basisaktivitäten oder indirekt durch andere über diesem Objekt definierte zusammengesetzte Aktivitäten ändern. Ähnlich wie eine Basisaktivität eine Basisoperation in der Übersetzung in eine objektorientierte Sprache oder in eine objektorientierte Datenbank repräsentiert, entspricht einer zusammengesetzten Aktivität eine zusammengesetzte Operation. Der Zweck einer zusammengesetzten Aktivität ist ähnlich dem von Prozeduren in Programmiersprachen, nämlich komplexere Funktionalität aus Basisfunktionalität zur Verfügung zu stellen. Die wesentlichen Vorteile der Modellierung mit zusammengesetzten Aktivitäten sind:

Typevolution ohne Instanzanpassung: zusammengesetzte Aktivitäten erweitern das (zusammengesetzte) Verhalten eines Objekttyps, ohne das Basisverhalten zu ändern. Daher ist es nicht notwendig, existierende Instanzen des Objekttyps an die „neue“ Typdefinition anzupassen. Die neu definierte zusammengesetzte Aktivität kann sofort auf allen existierenden Instanzen ausgeführt werden.

Reorganisationsfähigkeit: bei der Reorganisation von Arbeitsvorgängen bleibt das Basisverhalten meist gleich; nur das zusammengesetzte Verhalten wird neu spezifiziert.

Wiederverwendung: verwandte Systeme haben oft ein sehr ähnliches Basisverhalten, aber ein unterschiedliches zusammengesetztes Verhalten.

Die Definition einer zusammengesetzten Aktivität besteht, ähnlich der einer Basisaktivität, aus der Spezifikation der Schnittstelle der Aktivität und der Angabe ihrer Realisierung. Ersteres erfolgt mit Hilfe eines Aktivitätsspezifikationsdiagramms, letzteres mit Hilfe eines Aktivitätsrealisierungsdiagramms. Beide werden im folgenden diskutiert.

Die Spezifikation der Schnittstelle einer zusammengesetzten Aktivität umfaßt die Signatur sowie Vor- und Nachbedingungen der Aktivität. Beide werden in einem Aktivitätsspezifikationsdiagramm dargestellt. Abweichend von der Spezifikation von Basisaktivitäten ist die Modellierung von disjunktiv verknüpften Vor- und Nachbedingungen möglich.

Eine zusammengesetzte Aktivität t kann auf Objekten aufgerufen werden, die sich in einem von mehreren Vorzuständen befinden bzw. die nach erfolgreicher Ausführung von t in einem von mehreren Nachzuständen sind. Eingabeparameter können ebenfalls in einem von mehreren Vorzuständen sein. Dies ist notwendig, um alternative Aufruffolgen modellieren zu können. Die zugrundeliegende Petri-Netz-Semantik, die nur eine konjunktive Verknüpfung aller Vorzustände bzw. aller Nachzustände einer Aktivität erlaubt, wird daher um die Möglichkeit der disjunktiven Verknüpfung von Vorzuständen bzw. Nachzuständen erweitert. Dies wird im Aktivitätsspezifikationsdiagramm durch Annotation der Kanten, die einen Port mit seinen disjunktiven Vor- bzw. Nachzuständen verbinden, mit dem Wort OR dargestellt.

Zusammengesetzte Aktivitäten modellieren benutzerspezifische Anforderungen an das Verhalten der Objekttypen im Informationssystem und bauen auf dem Basisverhalten existierender Objekttypen auf. Weiters gibt es keine Aktivitätszustände für zusammengesetzte Aktivitäten. Dies resultiert aus einer wesentlich vereinfachten Ausführungssemantik für zusammengesetzte Aktivitäten. Die Eingabe- und Ausgabeportzuweisungsregeln gelten in modifizierter Form für zusammengesetzte Aktivitäten mit disjunktiv verknüpften Vor- und Nachzuständen. Für Punkt 3 der Eingabeportzuweisungsregel (siehe Abschnitt 4.2.3) gilt:

- Jedes einem Eingabeport zugewiesene Objekt muß in einem Vorzustand des Ports sein.

Äquivalentes gilt für Punkt 3 der Ausgabeportzuweisungsregel (siehe auch Abschnitt 4.2.3):

- Jedes einem Ausgabeport zugewiesene Objekt muß in einem Nachzustand des Ports sein, aber in keinen Vorzuständen, die nicht auch Nachzustände

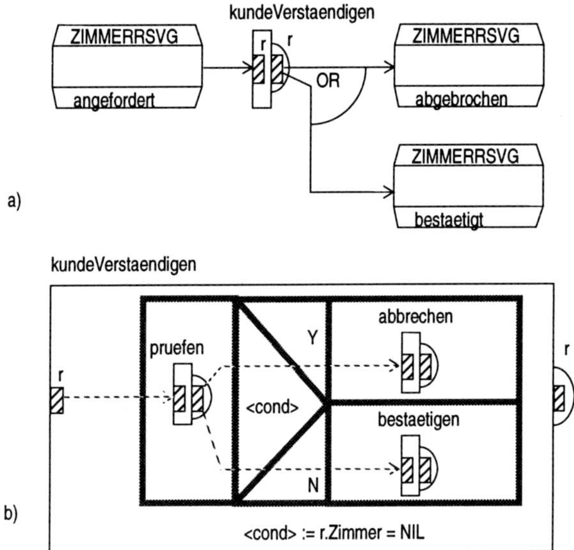

Abbildung 4.18 Zusammengesetzte Aktivität kundeVerstaendigen

sind oder die nicht mit Lesekanten mit den entsprechenden Eingabeport verbunden sind.

Beispiel 4.17 Das Basisverhalten des Objekttyps ZIMMERRSVG ist durch das Lebenszyklusdiagramm in Abbildung 4.4 gegeben. Eine Fremdenverkehrsorganisation bevorzugt, ihre Kunden sofort über die Verfügbarkeit eines Zimmerwunsches zu verständigen. Dies wird mit der zusammengesetzten Aktivität kundeVerstaendigen in Abbildung 4.18 modelliert. Abbildung 4.18.a zeigt das Aktivitätsspezifikationsdiagramm. Die Aktivität kundeVerstaendigen kann auf Reservierungen ausgeführt werden, die im Zustand ZIMMERRSVG angefordert sind. Nach erfolgreicher Ausführung der Aktivität ist das betroffene Reservierungsobjekt im Zustand ZIMMERRSVG abgebrochen oder im Zustand ZIMMERRSVG bestaetigt, abhängig davon, ob ein Zimmer der gewünschten Kategorie für die gewünschte Periode frei ist oder nicht. □

Die Realisierung einer zusammengesetzten Aktivität wird in einem Aktivitätsrealisierungsdiagramm dargestellt. Dieses ist einem Aktivitätsrealisierungsdiagramm für Basisaktivitäten ähnlich, enthält jedoch kein Objektdiagramm. Es besteht ausschließlich aus einer Menge von Aktivitätsaufrufen unter Angabe eines individuellen Kontrollflusses mit Hilfe eines überlagerten Struktogramms. Zusätzlich können Hilfsspeicher als Unterstützung der Modellierung des Datenflusses zwischen Ports verwendet werden. Kanten spezifizieren die aktuellen Werte der Eingabeports. Die Eingabeparameter sowie die Objekte, auf denen die Aktivitäten ausgeführt werden, sind jene der zusammengesetzten

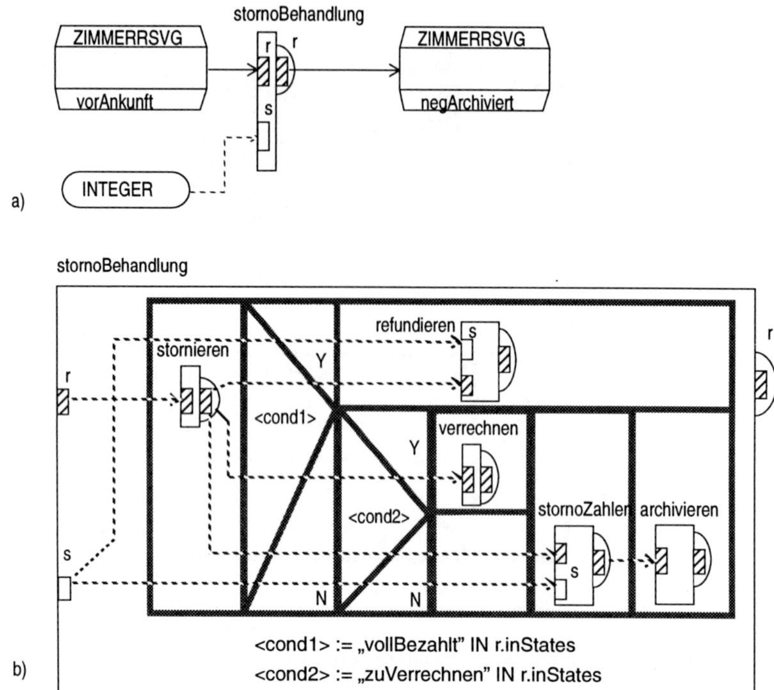

Abbildung 4.19 Zusammengesetzte Aktivität stornoBehandlung

Aktivität oder Rückgabewerte bereits ausgeführter Aktivitäten.

Die Ausführungssemantik des Aktivitätsrealisierungsdiagramms einer zusammengesetzten Aktivität *t* basiert auf einem sehr vereinfachten Vorbereitungsschritt und einem ebenso vereinfachten Nachbereitungsschritt: Bei der Ausführung einer zusammengesetzten Aktivität wird das Objekt, auf dem die Aktivität ausgeführt wird, weder aus den Vorzuständen entfernt noch in die Nachzustände eingefügt, da dies ausschließlich über Basisaktivitäten erfolgt. Auch ein Einfügen in einen Aktivitätszustand erübrigt sich, da für zusammengesetzte Aktivitäten kein Aktivitätszustand existiert.

Beispiel 4.18 Abbildung 4.18.b zeigt das Aktivitätsrealisierungsdiagramm der zusammengesetzten Aktivität kundeVerstaendigen. Nach Ausführung der Aktivität pruefen auf dem Objekt *self* wird abhängig vom Ergebnis der Prüfung die Aktivität abbrechen oder die Aktivität bestaetigen auf *self* aktiviert. Die Verzweigungsbedingung *r.Zimmer = NIL* ist genau dann erfüllt, wenn kein freies Zimmer der gewünschten Kategorie für die gewünschte Periode zur Verfügung steht. Es gibt keine Zuweisungskante, die auf den Rückgabeport der zusammengesetzten Aktivität zeigt. Der Grund ist, daß der Rückgabeport der Primärport ist, der definitionsgemäß bei Abschluß der Aktivität das Objekt *self* enthält. Daher erübrigt sich eine eigene Zuweisung. □

Beispiel 4.19 Abbildung 4.19 zeigt die Spezifikation und die Realisierung der zusammengesetzten Aktivität stornoBehandlung. Eine Hotelorganisation zieht vor, die verschiedenen Arten der Stornobehandlung in einem Arbeitsvorgang zu erledigen. Lediglich die Höhe des Stornos wird vorgegeben. Ein Reservierungsobjekt muß im Zustand ZIMMERRSVG vorAnkunft sein, damit die Aktivität stornoBehandlung auf dem Objekt aufgerufen werden kann. Da das Objekt auch in einen Bezahlungsvorgang involviert ist (vergleiche das Lebenszyklusdiagramm in Abbildung 4.4), muß abhängig vom Zustand, in dem sich das Objekt befindet (*„vollBezahlt" IN r.inStates* oder *„zuVerrechnen" IN r.inStates*), eine Refundierung oder eine Stornozahlung durchgeführt werden. Man beachte, daß das Reservierungsobjekt gleichzeitig in mehreren Zuständen ist. Die aktuellen Zustände eines Objektes werden durch das implizit definierte Attribut inStates verwaltet. □

4.3 Zusammenfassung

In diesem Kapitel wurden Objekt/Verhaltensdiagramme zur objektorientierten Spezifikation von Informationssystemen vorgestellt. Ein Informationssystem wird als Menge von Objekttypen definiert. Objekt/Verhaltensdiagramme modellieren die Struktur von Objekttypen mit Objektdiagrammen und das Verhalten von Objekttypen mit verschiedenen Arten von Verhaltensdiagrammen, nämlich mit Lebenszyklusdiagrammen, Aktivitätsspezifikationsdiagrammen und Aktivitätsrealisierungsdiagrammen. In einem Objektdiagramm werden die Attribute eines Objekttyps und seine Beziehungen zu anderen Objekttypen dargestellt. Ein Lebenszyklusdiagramm legt die Aktivitäten eines Objekttyps und ihre erlaubten Aufruffolgen fest. Für jede Aktivität existiert ein Aktivitätsspezifikationsdiagramm und ein Aktivitätsrealisierungsdiagramm. Ersteres dient zur Spezifikation der Schnittstelle der Aktivität, letzteres zur Spezifikation der Realisierung. Die Objekt/Verhaltensdiagrammen zugrundeliegende Methode unterstützt die strukturierte Spezifikation aller Aktivitäten eines Objekttyps basierend auf Verhaltensverfeinerung. Die Änderung bzw. Erweiterung des Verhaltens eines Objekttyps basiert auf Verhaltenskomposition. Die wesentlichen Vorteile von Objekt/Verhaltensdiagrammen gegenüber existierenden objektorientierten Methoden (siehe Anhang A) sind (1) die Unterstützung unterschiedlicher, semantisch relevanter Beziehungstypen, allen voran das Rollenkonzept, (2) die Darstellung der Realisierung von Aktivitäten, (3) die Konzepte der Verhaltensverfeinerung und der Verhaltenskomposition und (4) die explizite Unterstützung der Verhaltensvererbung durch Verfeinerung und Erweiterung von Verhaltensdiagrammen (siehe Kapitel 5).

4.4 Literaturhinweise

Für einen Überblick über objektorientierte Methoden mit detaillierten Literaturhinweisen siehe Anhang A.

Ähnlich zum Rollenkonzept in OBD wird von immer mehr Modellierungsmethoden die Möglichkeit der Modellierung von unterschiedlichen Rollen eines Objektes angeboten. Zu den bekanntesten zählen die Methode *TROLL* [119, 206], *Data Model with Roles* [7], *Objects with Roles* [194], *Aspects* [200], *Clovers* [231] und die Methode von Wieringa et al. [255, 256].

Die Modellierung des Verhaltens, d. h. der erlaubten Operationsfolgen eines Objektes, mit Hilfe von Lebenszyklusdiagrammen hat die Objektorientierung nicht neu erfunden. Das dynamische Verhalten eines Systems wurde und wird mit endlichen Zustandsmaschinen (*finite state automatons*) [107], mit Petri-Netzen (*Petri nets*) [195] oder mit Derivaten davon spezifiziert. Den meisten Einfluß auf die unterschiedlichen Zustandsdiagrammdialekte der gängigen objektorientierten Modellierungsmethoden hatten die *Statecharts* von Harel [94, 95].

Objekt/Verhaltensdiagramme wurden in [121, 122] eingeführt. Eine Methode zur schrittweisen Modellierung des Verhaltens von Objekttypen basierend auf Verhaltensverfeinerung wurde in [218] vorgestellt. Die Erweiterung des Verhaltens von Objekttypen basierend auf Verhaltenskomposition ist Thema von [123]. Das Rollenkonzept, die Spezifikation seiner Semantik und seine Anwendung in Workflow-Systemen wurden in [91, 92, 127] publiziert. Die Erweiterung von OBD um aktive Konzepte zur Modellierung von aktiven objektorientierten Datenbanksystemen wurde in [22] behandelt.

Kapitel 5

Vererbung von Objekt/ Verhaltensdiagrammen

In diesem Kapitel wird die Vererbung zwischen Objekttypen mit Hilfe von Objekt/Verhaltensdiagrammen diskutiert. Vererbung zwischen Objekttypen umfaßt die Vererbung von Struktur und von Verhalten. Strukturvererbung bedeutet, daß jeder Objekttyp die Eigenschaften seines Supertyps erbt. Verhaltensvererbung bedeutet, daß jeder Objekttyp das Verhalten seines Supertyps, d. h. Lebenszyklus, Aktivitätsspezifikationen, Aktivitätsimplementierungen und Aktivitätskompositionen erbt. Zusätzlich kann jeder Subtyp geerbte Information verändern bzw. um neue Eigenschaften und neues Verhalten erweitern. Es werden Regeln angegeben, die festlegen, inwieweit ein Subtyp die Struktur und das Verhalten eines Supertyps ergänzen bzw. modifizieren darf. Mit Objekt/Verhaltensdiagrammen soll eine intuitive Modellierung eines Ausschnittes der Realität unterstützt werden. Die Semantik der Vererbungsregeln basiert daher auf der Spezialisierungsvererbung (für eine Diskussion der unterschiedlichen Vererbungssemantiken siehe Unterkapitel 2.1). Die Vererbungsregeln werden in den folgenden Unterkapiteln, getrennt nach Strukturvererbung und Verhaltensvererbung, vorgestellt.

Vererbung von Objekt/Verhaltensdiagrammen baut ausschließlich auf einfacher Vererbung auf. Die verwendeten Beispiele sind Erweiterungen des aus Kapitel 4 bekannten Beispiels eines Zimmerreservierungssystems.

Die Vererbung von OBD und Modellierungsregeln dazu werden auch formal definiert. Die Definitionen sind in Anhang B.2 zusammengefaßt.

5.1 Strukturvererbung

Objekttypen, die voneinander erben, werden in einer Vererbungshierarchie angeordnet. Alle Vererbungshierarchien zusammen bilden graphentheoretisch einen Vererbungsgraphen. Die Knoten des Graphen sind Objekttypen. Gerichtete

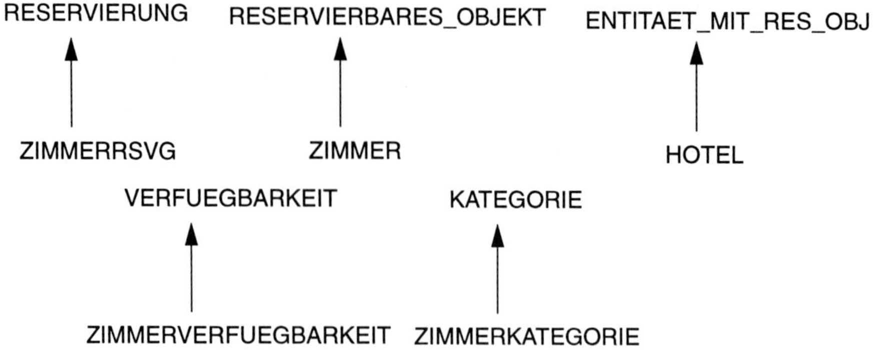

Abbildung 5.1 Vererbungsgraph

Kanten zeigen vom Subtyp zum Supertyp. Eine Kante vom Knoten o' zum Knoten o gibt an, daß Objekttyp o' ein Subtyp des Objekttyps o ist. Der Vererbungsgraph ist ein Wald, d. h. der Vererbungsgraph besteht aus einer Menge von untereinander nicht zusammenhängenden Vererbungshierarchien, den sogenannten Bäumen. Jeder Objekttyp hat höchstens einen Supertyp, und es treten keine Zyklen im Vererbungsgraphen auf.

Beispiel 5.1 Abbildung 5.1 zeigt ausgewählte Teile des Vererbungsgraphen für ein Zimmerreservierungssystem, das auf der Basis von Vererbung spezifiziert ist. Der Objekttyp ZIMMER ist ein Subtyp des Objekttyps RESERVIERBARES_OBJEKT, ZIMMERRSVG ist Subtyp von RESERVIERUNG, ZIMMERKATEGORIE ist Subtyp von KATEGORIE, ZIMMERVERFUEGBARKEIT ist Subtyp von VERFUEGBARKEIT und HOTEL ist Subtyp von ENTITAET_MIT_RES_OBJ.

Die Supertypen in diesem Beispiel modellieren einen Ausschnitt der Objekttypen eines Application Frameworks für Reservierungssysteme (dazu siehe Abbildung 3.7 auf Seite 70). □

Der Entwurf einer Menge von Objekttypen zur Modellierung eines Informationssystems wird klarer und übersichtlicher, wenn Objekttypen, die instanziiert werden können, nur an den Blättern der Bäume des Vererbungsgraphen auftreten. Ein Objekttyp, der instanziiert werden kann, heißt *konkret*. Ein Objekttyp, der nicht instanziiert werden darf, heißt *abstrakt*. Deswegen wird für ein OBD-Schema gefordert, daß die konkreten Objekttypen genau die Blätter der Bäume des Vererbungsgraphen sind.

Die Forderung, daß konkrete Objekttypen nur an den Blättern auftreten dürfen, bedeutet keine Einschränkung der Modellierungsfähigkeit. Indem neue Subtypen eingeführt werden, können vormals konkrete Objekttypen abstrakt gemacht und ihre Instanzen als Instanzen der neuen Subtypen modelliert werden.

Beispiel 5.2 Abbildung 5.2.a zeigt einen Vererbungsgraph für Reservierungen. Der Objekttyp RESERVIERUNG ist abstrakt, und die Objekttypen ZIM-

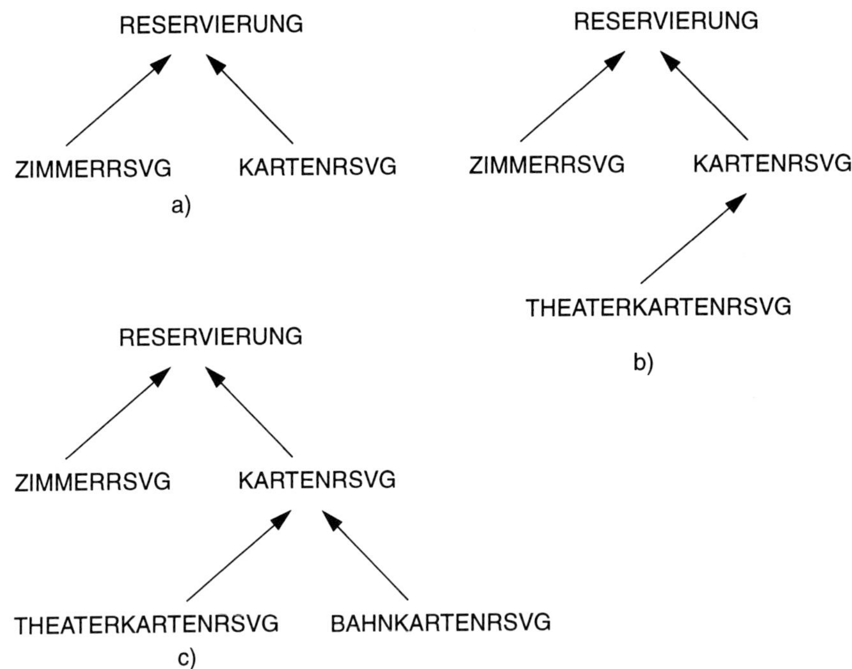

Abbildung 5.2 Konsistente Erweiterung eines Vererbungsgraphen

MERRSVG und KARTENRSVG sind konkret. Die Instanzen des Objekttyps KARTENRSVG modellieren Reservierungen für Bahnkarten und für Theaterkarten. Aufgrund einer Änderung in der Zahlungsabwicklung wird für die Reservierung von Theaterkarten ein eigener Objekttyp THEATERKARTENRSVG als Subtyp von KARTENRSVG eingeführt (Abbildung 5.2.b). Die Instanzen von KARTENRSVG, die Theaterkartenreservierungen modellieren, werden als Instanzen des neuen Subtyps THEATERKARTENRSVG erzeugt und als Instanzen von KARTENRSVG gelöscht. Da KARTENRSVG nun ein abstrakter Objekttyp ist, der nicht instanziiert werden darf, wird für die noch existierenden Instanzen von KARTENRSVG, die Bahnkartenreservierungen darstellen, ein weiterer Subtyp BAHNKARTENRSVG eingeführt (Abbildung 5.2.c). Die noch verbliebenen Instanzen von KARTENRSVG werden als Instanzen des neuen Subtyps erzeugt und als Instanzen von KARTENRSVG gelöscht. □

Die Struktur eines Objekttyps wird durch ein Objektdiagramm beschrieben (siehe Unterkapitel 4.1). Das Objektdiagramm eines Objekttyps $o \in O$, der von keinem anderen Objekttyp $o' \in O$ erbt, definiert alle Eigenschaften von o.

Strukturvererbung bedeutet, daß ein Subtyp alle Eigenschaften seines Supertyps erbt, den Wertebereich geerbter Eigenschaften redefinieren sowie zusätzlich neue Eigenschaften definieren kann. In einem Objektdiagramm eines Subtyps o werden nur die neu definierten und die redefinierten Eigenschaften von o dargestellt, jedoch nicht die geerbten. Dies trägt wesentlich zur Lesbarkeit und Überschaubarkeit von Objektdiagrammen bei.

Im folgenden werden die Vererbungsregeln für die Strukturvererbung motiviert und beschrieben. Die Regeln der Strukturvererbung sind relativ einfach und ähnlich den verwendeten Regeln in der semantischen Datenmodellierung [34, 108].

Die *Erweiterungsregel für Eigenschaften* besagt, daß ein Subtyp alle Eigenschaften seines Supertyps erbt und zusätzlich neue Eigenschaften definieren kann.

Die *Herkunftsregel für Eigenschaften* besagt, daß jede Eigenschaft bei genau einem Objekttyp ursprünglich definiert wird. Gehört eine Eigenschaft zu mehreren Objekttypen, so enthält das Objektdiagramm eines gemeinsamen Supertyps ebenfalls die betreffende Eigenschaft.

Die *Unmittelbarkeitsregel für die Festlegung von objektdefinierenden Eigenschaften* besagt, daß jede objektdefinierende Eigenschaft eines Objekttyps bereits bei einem Supertyp definiert sein muß. Das heißt, objektdefinierende Eigenschaften können nicht zusätzlich in einem Subtyp definiert werden.

Die *Spezialisierungsregel für Eigenschaftswertebereiche* besagt, daß der Wertebereich einer geerbten Eigenschaft beim Subtyp dahingehend redefiniert werden darf, daß der Wertebereich der redefinierten Eigenschaft ein direkter oder indirekter Subtyp oder äquivalent zum Wertebereich der ursprünglich definierten Eigenschaft ist. Dies gilt nur für Objekttypen als Wertebereiche. Ist der Wertebereich ein Datentyp, ist keine Redefinition des Wertebereichs der Eigenschaft beim Subtyp möglich.

Beispiel 5.3 Abbildung 5.3 zeigt die Objektdiagramme des Objekttyps RESERVIERUNG (a) und seines Subtyps ZIMMERRSVG (b). Die von RESERVIERUNG geerbten und nicht veränderten Eigenschaften ResNr, Von, Bis und Kunde werden im Objektdiagramm von ZIMMERRSVG mit strichlierten Symbolen angezeigt. Die Wertebereiche der geerbten Eigenschaften ReservierbaresObjekt vom Typ RESERVIERBARES_OBJEKT, Kategorie vom Typ KATEGORIE und componentOf vom Typ ENTITÄT_MIT_RES_OBJ werden beim Objekttyp ZIMMERRSVG redefiniert. Der Wertebereich von ReservierbaresObjekt wird zu ZIMMER redefiniert, der Wertebereich von Kategorie zu ZIMMERKATEGORIE und der Wertebereich von componentOf zu HOTEL. Dies ist konform mit der Spezialisierungsregel, die besagt, daß ein Wertebereich nur mit einem direkten oder indirekten Subtyp des geerbten Wertebereichs überschrieben werden darf. □

Bei der Redefinition einer Eigenschaft muß die ursprüngliche Wertigkeit der Eigenschaft und die ursprüngliche Art der Eigenschaft beibehalten werden. Dies wird bereits durch die Funktionen *multiplicity* und *relshipType*, die im Objektdiagramm definiert sind, sichergestellt (für die Definition von Objektdiagrammen siehe Anhang B.1).

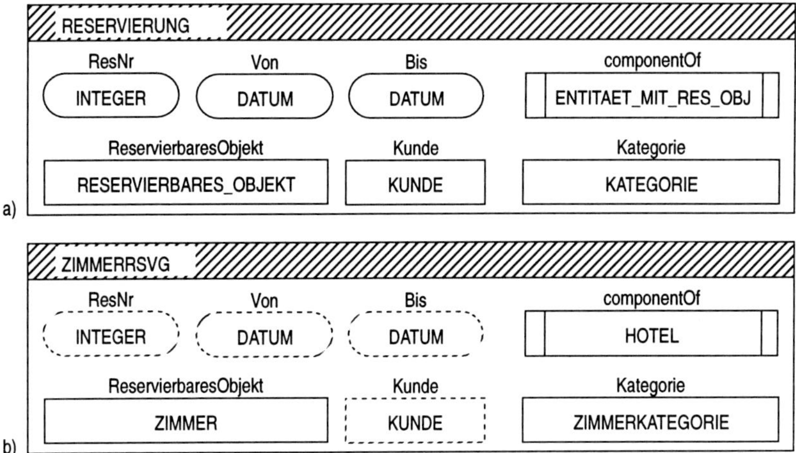

Abbildung 5.3 Objektdiagramme für Objekttyp (a) und Subtyp (b)

5.2 Verhaltensvererbung

Die Regeln der Verhaltensvererbung bedürfen einer genaueren Betrachtung und gehen über die allgemein angeführten Regeln für die Vererbung von Operationen basierend auf Kovarianz (siehe dazu Unterkapitel 2.1) hinaus. Eine umfassendere Betrachtungsweise der Verhaltensvererbung für Verhaltensdiagramme ist aus mehreren Gründen notwendig. Diese Gründe ergeben sich aus der gegenüber traditionellen objektorientierten Sprachen und objektorientierten Datenbanken erhöhten semantischen Ausdrucksfähigkeit von Verhaltensdiagrammen.

1. *Modellierung von Objektlebenszyklen:*
   Die einzelnen Aktivitäten eines Objekttyps werden nicht isoliert sondern als ein zusammenhängendes Ganzes in Form von Lebenszyklusdiagrammen betrachtet. Wie hängen das Lebenzyklusdiagramm eines Typs und das seines Supertyps zusammen?

2. *Trennung zwischen Spezifikation und Realisierung einer Aktivität:*
   Ein Subtyp kann entweder nur die Spezifikation einer Aktivität oder nur die Realisierung einer Aktivität oder sowohl die Spezifikation als auch die Realisierung einer Aktivität redefinieren. Inwiefern darf eine Aktivitätsspezifikation redefiniert werden? Inwiefern eine Aktivitätsrealisierung? Wann bedingt die Redefinition einer Aktivitätsspezifikation die Redefinition einer Aktivitätsrealisierung?

3. *Verhaltensverfeinerung:*
   Das Basisverhalten eines Typs kann durch schrittweise Verfeinerung von abstrakten Aktivitäten und von abstrakten Zuständen gewonnen werden.

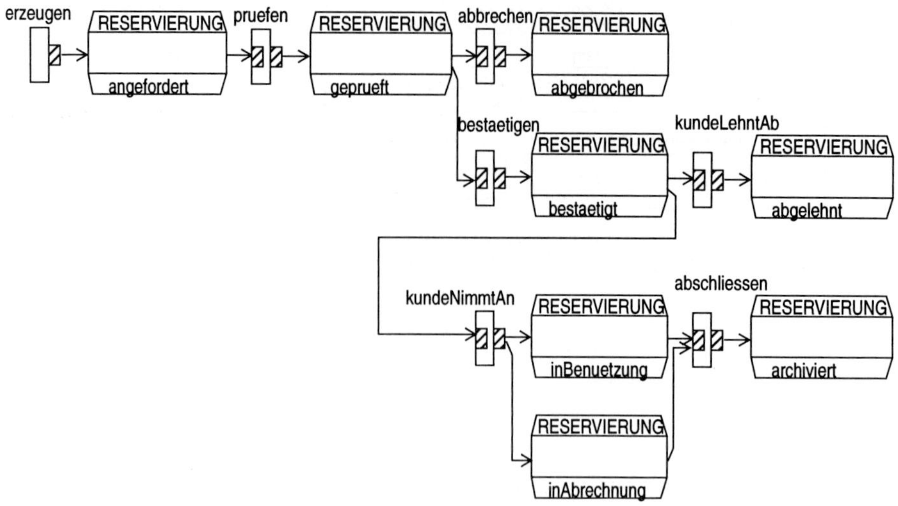

Abbildung 5.4 Lebenszyklusdiagramm für den Objekttyp RESERVIERUNG

> Wie hängt die Verhaltensverfeinerungshierarchie eines Typs mit der seines Supertyps zusammen? Wie hängen Verhaltensverfeinerung und Vererbung zusammen?

Wir betrachten jeden dieser Punkte getrennt in den folgenden Abschnitten.

5.2.1 Objektlebenszyklen

Die möglichen Lebenszyklen der Instanzen eines Objekttyps werden durch ein Lebenszyklusdiagramm beschrieben (siehe Abschnitt 4.2.1). Ein Lebenszyklusdiagramm besteht aus einer Menge von Zuständen, einer Menge von Aktivitäten sowie der Zuordnung von Vor- und Nachzuständen zu Aktivitäten.

Beispiel 5.4 Abbildung 5.4 zeigt das Lebenszyklusdiagramm des Objekttyps RESERVIERUNG. □

Ein Objekttyp erbt das Lebenzyklusdiagramm seines Supertyps. Jeder Zustand und jede Aktivität des Supertyps treten auch im Lebenszyklusdiagramm des Subtyps auf. Ferner gelten die für jede Aktivität beim Supertyp definierten Vor- und Nachzustände auch beim Subtyp. Das Lebenszyklusdiagramm eines Subtyps kann zusätzliche Zustände, zusätzliche Aktivitäten sowie zusätzliche Vor- und Nachzustände für geerbte Aktivitäten definieren. Dafür müssen aber bestimmte Regeln eingehalten werden, die in diesem Abschnitt motiviert und beschrieben werden.

Beispiel 5.5 Abbildung 5.5 zeigt das Lebenszyklusdiagramm des Objekttyps ZIMMERRSVG. Objekttyp ZIMMERRSVG ist Subtyp des Objekttyps RESERVIERUNG. Daher enthält das Lebenszyklusdiagramm des Objekttyps ZIMMERRSVG auch die Zustände, Aktivitäten und Kanten des Lebenszyklusdiagramms des Objekttyps RESERVIERUNG. Die abstrakten Aktivitäten und abstrakten Zustände, sowie die zusammengesetzten Aktivitäten im Lebenszyklusdiagramm von ZIMMERRSVG sind aus Gründen der Übersichtlichkeit nicht dargestellt. Das Lebenszyklusdiagramm von ZIMMERRSVG definiert zusätzliche Zustände und Aktivitäten mit den jeweiligen Vor- und Nachzuständen. Diese werden in den folgenden Beispielen im Detail besprochen.

Aus Gründen der Verständlichkeit ist das spezialisierte Lebenszyklusdiagramm von ZIMMERRSVG in Abbildung 5.5 äquivalent zu dem Lebenszyklusdiagramm in Abbildung 4.4 auf Seite 112. □

Die Vererbungsregeln orientieren sich im Gegensatz zu den meisten objektorientierten Programmiersprachen nicht an der Forderung der vollständigen statischen Typüberprüfbarkeit (Kontravarianzregel) sondern vielmehr an semantischen Kriterien, insbesondere am Prinzip der Spezialisierung, wie sie in semantischen Netzen der Künstlichen Intelligenz und in semantischen Datenmodellen auftreten (Kovarianzregel; für eine Diskussion unterschiedlicher Vererbungssemantiken siehe Unterkapitel 2.1).

Die *Erweiterungsregel* besagt, daß ein Subtyp zumindest das Verhalten des Supertyps umfassen muß. Ein Subtyp erbt Aktivitäten, Zustände sowie Vor- und Nachzustände der Aktivitäten von seinem Supertyp.

Beispiel 5.6 Das Lebenszyklusdiagramm des Subtyps ZIMMERRSVG des Objekttyps RESERVIERUNG genügt der Erweiterungsregel. □

Die *Herkunftsregel* besagt, daß jede Aktivität und jeder Zustand bei genau einem Objekttyp ursprünglich definiert wird. Gehört ein Zustand oder eine Aktivität zu den Lebenszyklusdiagrammen mehrerer Objekttypen, so enthält das Lebenzyklusdiagramm jedes gemeinsamen Supertyps den betreffenden Zustand bzw. die betreffende Aktivität. Die Herkunftsregel trifft keine Aussage über die Benennung, sondern nur eine Aussage über die Identität von Zuständen und Aktivitäten. Zwei verschiedene Aktivitäten können bei verschiedenen Subtypen eines Objekttyps denselben Namen tragen. Tragen zwei Aktivitäten (Zustände) verschiedener Objekttypen denselben Namen und ist keine Aktivität mit diesem Namen beim gemeinsamen Supertyp dieser Objekttypen definiert — vorausgesetzt der gemeinsame Supertyp existiert — so sind aufgrund der Herkunftsregel diese Aktivitäten (Zustände) verschieden.

Beispiel 5.7 Angenommen, es existiert ein Lebenszyklusdiagramm für den Objekttyp KARTENRSVG mit der Aktivität verrechnen. Die Aktivität verrechnen des Objekttyps KARTENRSVG und die Aktivität verrechnen des Objekttyps ZIMMERRSVG sind verschiedene Aktivitäten, da im Lebenszyklusdiagramm des Objekttyps RESERVIERUNG (siehe Abbildung 5.4) keine Aktivität mit dem Namen verrechnen definiert ist. □

Die *Unmittelbarkeitsregel für die Festlegung von Vor- und Nachzuständen* besagt, daß eine Aktivität bei einem Subtyp einen Zustand nicht als zusätzlichen

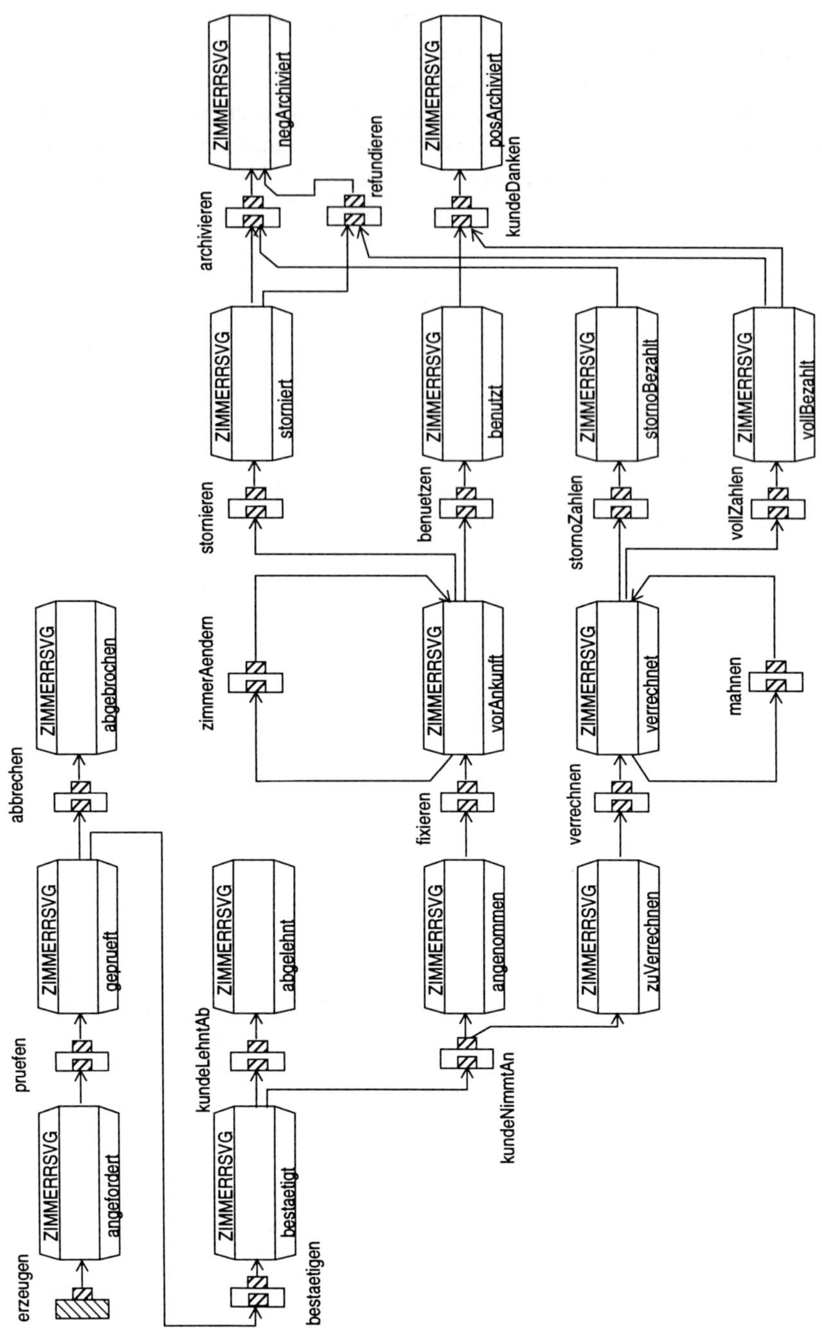

Abbildung 5.5 Lebenszyklusdiagramm für den Objekttyp ZIMMERRSVG

Vor- oder Nachzustand erhalten darf, wenn Aktivität und Zustand bereits zum Verhalten des Supertyps gehört haben.

Beispiel 5.8 Aufgrund der Unmittelbarkeitsregel darf die Aktivität kundeNimmtAn des Subtyps ZIMMERRSVG des Objekttyps RESERVIERUNG keinen Vor- oder Nachzustand erhalten, der bereits im Lebenszyklusdiagramm des Objektkyps RESERVIERUNG auftritt, aber dort nicht als Vor- oder Nachzustand von kundeNimmtAn definiert wurde. □

Aus der Unmittelbarkeitsregel für die Festlegung von Vor- und Nachzuständen, aus der Erweiterungsregel und aus der Herkunftsregel für Aktivitäten und Zustände folgt die Herkunftsregel für Vor- und Nachzustände: Tritt ein Zustand als Vorzustand (Nachzustand) einer Aktivität t bei zwei Objekttypen o und o' auf, so ist dieser Zustand auch Vor- und Nachzustand der Aktivität t bei jedem gemeinsamen Supertyp von o und o'.

Die *Spezialisierungsregel* besagt, daß das Verhalten eines Subtyps das Verhalten des Supertyps nicht willkürlich erweitern, sondern nur detaillieren darf. Eine präzise Festlegung dieser Regel kann erst bei der Beschreibung der Interaktion zwischen Vererbung und Verfeinerung (Abschnitt 5.2.3) angegeben werden.

5.2.2 Aktivitäten

Eine Aktivitätsspezifikation wird durch einen Aktivitätsnamen und durch eine Menge von Ports mit zugehörigen Vor- und Nachzuständen beschrieben.

Beispiel 5.9 Abbildung 5.6 zeigt das Aktivitätsspezifikationsdiagramm der Aktivität erzeugen des Objekttyps RESERVIERUNG. □

Jeder Objekttyp erbt alle Aktivitätsspezifikationsdiagramme seines Supertyps. Beim Subtyp können zusätzliche Ports definiert werden sowie geerbte Ports redefiniert werden. Die Wertigkeit und die Art eines geerbten Ports dürfen nicht verändert werden. Für einen geerbten Port dürfen jedoch ein neuer Wertebereich sowie neue Vor- und Nachzustände angegeben werden. Die Redefinition unterliegt bestimmten Beschränkungen, die in diesem Abschnitt beschrieben werden.

Beispiel 5.10 Abbildung 5.7 zeigt die Redefinition des von RESERVIERUNG geerbten Aktivitätsspezifikationsdiagramms für die Aktivität erzeugen beim Objekttyp ZIMMERRSVG. Die vorgenommenen Redefinitionen werden in den folgenden Beispielen genau erklärt. □

Die *Erweiterungsregel* besagt, daß eine geerbte Aktivitätsspezifikation um Ports erweitert werden kann und geerbte Ports zusätzliche Vor- und Nachzustände erhalten dürfen.

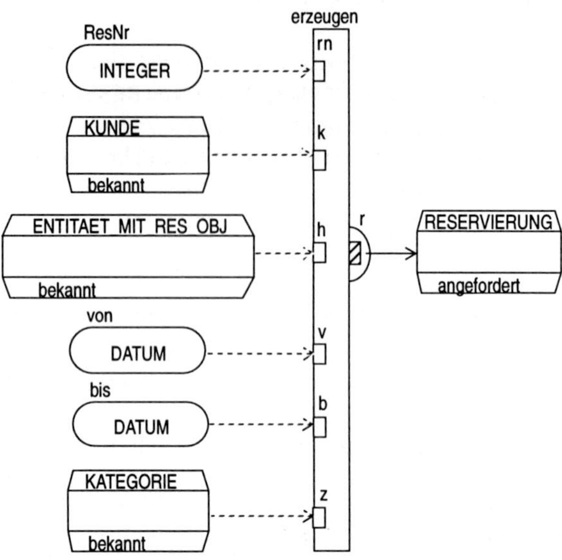

Abbildung 5.6 Aktivitätsspezifikationsdiagramm für RESERVIERUNG.erzeugen

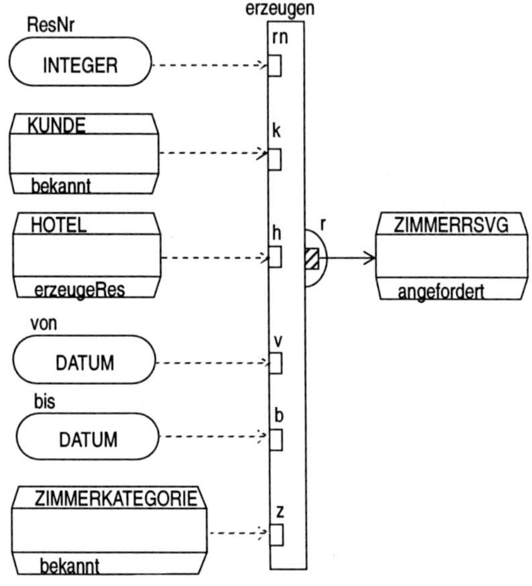

Abbildung 5.7 Aktivitätsspezifikationsdiagramm für ZIMMERRSVG.erzeugen

Beispiel 5.11 Die Aktivität erzeugen des Objekttyps ZIMMERRSVG (Abbildung 5.7) erbt alle Ports von der Aktivität erzeugen des Objekttyps RESERVIERUNG. □

Die *Herkunftsregel für Ports* besagt, daß jeder Port einer Aktivität bei genau einem Objekttyp ursprünglich definiert wird. Gehört ein Port mehreren Aktivitätsspezifikationsdiagrammen einer Aktivität bei mehreren Objekttypen an, so besitzen diese Objekttypen einen gemeinsamen Supertyp, der ein Aktivitätsspezifikationsdiagramm für die betreffende Aktivität spezifiziert, welches den betreffenden Port enthält.

Beispiel 5.12 Die Objekttypen ZIMMERRSVG und KARTENRSVG kennen die Aktivität erzeugen, die bei beiden Objekttypen mit dem Port rn spezifiziert ist (die Spezifikation von erzeugen für KARTENRSVG ist nicht gezeigt). Der Port rn ist das erste Mal im Aktivitätsspezifikationsdiagramm beim Supertyp RESERVIERUNG spezifiziert (siehe Abbildung 5.6). □

Die *Unmittelbarkeitsregel der Definition von Port-Vorzuständen und Port-Nachzuständen* besagt, daß ein Port bei einem Objekttyp einen Zustand nicht als zusätzlichen Vor- oder Nachzustand erhalten darf, wenn der Port und der Zustand bereits bei einem Supertyp spezifiziert worden sind.

Beispiel 5.13 Alle Ports der Aktivität erzeugen des Objekttyps ZIMMERRSVG erfüllen diese Regel (siehe Abbildungen 5.6 und 5.7). □

Die *Spezialisierungsregel für Port-Wertebereiche* besagt, daß der Wertebereich eines redefinierten Ports ein direkter oder indirekter Subtyp des Wertebereichs des überschriebenen Ports sein muß. Wiederum gilt die Spezialisierungsregel nur für Objekttypen als Wertebereiche. Ist der Wertebereich ein Datentyp, darf er nicht überschrieben werden.

Beispiel 5.14 In Abbildung 5.7 wird der Wertebereich des Ports z von KATEGORIE zu ZIMMERKATEGORIE redefiniert, der Wertebereich des Ports r von RESERVIERUNG zu ZIMMERRSVG und der Wertebereich des Ports h von ENTITAET_MIT_RES_OBJ zu HOTEL. □

Die *Spezialisierungsregel für Port-Vorzustände und Port-Nachzustände* schränkt die Definition neuer Port-Vorzustände und Port-Nachzustände auf die Verfeinerung von geerbten Port-Vorzuständen und Port-Nachzuständen ein. Sie kann erst in Abschnitt 5.2.3 im Detail besprochen werden, in dem die Interaktion zwischen Verhaltensvererbung und Verhaltensverfeinerung diskutiert wird.

5.2.3 Vererbung und Verfeinerung

In Abschnitt 4.2.2 wurde erläutert, wie das Basisverhalten eines Objekttyps durch schrittweise Verfeinerung von abstrakten Aktivitäten und abstrakten

Zuständen entworfen werden kann. In diesem Abschnitt betrachten wir die Interaktion zwischen Verhaltensvererbung und Verhaltensverfeinerung.

Die *Erweiterungsregel für die Verfeinerung* besagt, daß eine Verfeinerungsbeziehung zwischen zwei Elementen (Zustand oder Aktivität) eines Typs an seine Subtypen vererbt wird.

Beispiel 5.15 Die Verfeinerungshierarchie des Objekttyps RESERVIERUNG wird an den Objekttyp ZIMMERRSVG vererbt. Diese Verfeinerungshierarchie ist äquivalent zu den in den Abbildungen 4.8.a–c auf Seite 117 gezeigten Verfeinerungen. □

Eine Verfeinerungsbeziehung zwischen zwei Elementen tritt entweder bei jedem Objekttyp in einer Vererbungshierarchie auf, dem beide Elemente angehören, oder bei keinem Objekttyp, dem beide Elemente angehören. Dies garantieren die Herkunftsregel für die Verfeinerung und die Unmittelbarkeitsregel für die Verfeinerung. Die *Herkunftsregel für die Verfeinerung* besagt, daß wenn eine Verfeinerungsbeziehung zwischen zwei Elementen bei zwei Objekttypen definiert ist, diese auch bei einem gemeinsamen Supertyp dieser Objekttypen auftritt. Die *Unmittelbarkeitsregel für die Verfeinerung* besagt, daß eine bei einem Objekttyp definierte Verfeinerungsbeziehung zwischen zwei Elementen bereits bei jedem Supertyp definiert sein muß, dem beide Elemente angehören.

Es kann wiederum gezeigt werden, daß die Herkunftsregel für die Verfeinerung aus der Unmittelbarkeitsregel für die Verfeinerung und aus den Erweiterungsregeln für Aktivitäten, für Zustände und für die Verfeinerung folgt.

Die *Spezialisierungsregel* für Lebenszyklusdiagramme besagt, daß jede Aktivität und jeder Zustand eines Objekttyps entweder auch zu dessen Supertyp gehört oder eine Verfeinerung einer Basisaktivität oder eines Basiszustandes des Supertyps ist.

Aktivitäten und Zustände eines Objekttyps, der als innerer Knoten im Typgraphen auftritt, können aus der Sicht dieses Knotens Basisaktivitäten und Basiszustände sein. Das heißt, im Lebenszyklusdiagramm des Objekttyps sind diese Aktivitäten und Zustände nicht weiter verfeinert. Im Lebenszyklusdiagramm eines Subtyps können diese Aktivitäten und Zustände jedoch abstrakt sein, das heißt, sie sind dort in Subaktivitäten und Subzustände verfeinert.

Beispiel 5.16 Der Basiszustand RESERVIERUNG inAbrechnung des Objekttyps RESERVIERUNG wird im Lebenszyklusdiagramm des Objekttyps ZIMMERRSVG verfeinert (siehe Abbildung 4.9.b auf Seite 118). Das gleiche gilt für die Aktivität abschließen. Sie ist Basisaktivität für den Objekttyp RESERVIERUNG und abstrakte Aktivität für den Subtyp ZIMMERRSVG, wo sie verfeinert wird (siehe Abbildung 4.9.c auf Seite 118). □

Analog dazu besagt die *Spezialisierungsregel für Port-Vorzustände* folgendes: Falls eine Aktivität eines Objekttyps zu dessen Supertyp gehört, so gilt für jeden bereits bei diesem Supertyp definierten Port dieser Aktivität, daß jeder Port-Vorzustand eines Ports auch als Port-Vorzustand beim Supertyp auftritt oder eine Verfeinerung eines Port-Vorzustandes beim Supertyp ist. Analoges gilt für Port-Nachzustände.

Beispiel 5.17 Die Port-Vorzustände der Ports z und k und der Port-Nachzustand des Ports r der Aktivität erzeugen des Objekttyps ZIMMERRSVG sind bereits beim Supertyp RESERVIERUNG spezifiziert. Der Port-Vorzustand des Ports h, nämlich HOTEL erzeugeReservierung, ist eine Verfeinerung des Port-Vorzustandes des selben Ports h der Aktivität erzeugen des Supertyps RESERVIERUNG. □

Die *Regel der einheitlichen Unterscheidung zwischen Basiselementen und abstrakten Elementen* besagt, daß eine Aktivität oder ein Zustand entweder bei jedem konkreten Objekttyp, zu dem das Element gehört, abstrakt oder bei jedem Basiselement ist.

Die *Regel der vorhandenen Implementierung von Basisaktivitäten* besagt, daß für jede Basisaktivität eines konkreten Objekttyps entweder eine Implementierung direkt definiert ist oder geerbt wird.

5.3 Zusammenfassung

In diesem Kapitel wurde das Vererbungskonzept in Objekt/Verhaltensdiagrammen eingeführt. Vererbung zwischen Objekttypen beinhaltet die Strukturvererbung und die Verhaltensvererbung. Strukturvererbung bedeutet, daß jeder Objekttyp die Eigenschaften seines Supertyps erbt. Verhaltensvererbung bedeutet, daß jeder Objekttyp das Verhalten seines Supertyps erbt. Zusätzlich kann jeder Objekttyp die geerbte Information modifizieren und ergänzen. Es wurden Regeln diskutiert, welche die in Objekt/Verhaltensdiagrammen erlaubten Änderungen von geerbter Information festlegen. Diese Regeln bauen auf dem Konzept der Spezialisierungsvererbung, bekannt aus der Wissensrepräsentation [35] und der semantischen Datenmodellierung [108], und dem der Spezifikationsvererbung mit Kovarianz [54, 252] auf. In Objekt/Verhaltensdiagrammen wird nur Einfachvererbung unterstützt. Der wesentliche Vorteil von Objekt/Verhaltensdiagrammen gegenüber existierenden Entwurfsmethoden sind die Regeln zur Struktur- und Verhaltensvererbung, die eine mit dem Verhalten des Supertyps konsistente Modifikation sicherstellen.

Subtypen können die von Supertypen geerbte Struktur- und Verhaltensinformation auf zwei Arten modifizieren: (1) durch Verfeinerung und (2) durch Erweiterung. Wir haben in diesem Kapitel hinsichtlich der Vererbung von Objektlebenszyklen nur die Verfeinerung von geerbten Aktivitäten und Zuständen behandelt. In zwei neueren Arbeiten haben wir auch die Erweiterung von Objektlebenszyklen betrachtet [125, 220]. Die Kritierien und Regeln für eine konsistente Erweiterung von Objektlebenszyklen sollen hier kurz zusammengefaßt werden.

Ähnlich wie verschiedene Arten der Konsistenz zwischen Operationen eines Subtyps und Operationen eines Supertyps vorgeschlagen wurden (Kontravarianz und Kovarianz, vergleiche Unterkapitel 2.1), können wir für verschiedene Zielsetzungen unterschiedliche Arten der *konsistenten Erweiterung* von Objektlebenszyklen definieren. *Beobachtungskonsistenz* gewährleistet, daß jeder Lebenszyklus einer Instanz des Subtyps auch als Lebenszyklus einer Instanz des Supertyps beobachtet werden kann, wenn beim Subtyp neu hinzugefügte Aktivitäten und Zustände — obwohl vorhanden — nicht beobachtet werden. *Schwache Aufrufkonsistenz* gewährleistet, daß jede Folge von Aktivitäten, die auf einer Instanz des Supertyps ausgeführt werden kann, auch auf Instanzen des Subtyps ausgeführt werden kann, wobei ein beim Supertyp erwarteter Effekt produziert wird. *Starke Aufrufkonsistenz* gewährleistet darüberhinaus, daß jede Folge von Aktivitäten, die auf einer Instanz des Supertyps ausgeführt werden kann, auch auf Instanzen des Subtyps ausgeführt werden kann, selbst wenn in diese Folge beim Subtyp hinzugefügte Aktivitäten aufgenommen wurden.

Folgende Regeln können bei der Vererbung von Lebenszyklusdiagrammen verwendet werden, um zu überprüfen, ob eine Erweiterung mit starker Aufrufkonsistenz vorliegt: (1) die Erweiterungsregel, (2) die Herkunftsregel, (3) die Unmittelbarkeitsregel für die Festlegung von Vor- und Nachzuständen, (4) die parallele Erweiterungsregel, und (5) die alternative Erweiterungsregel. Die Regeln (1) bis (3) entsprechen den gleichnamigen in diesem Kapitel vorgestellten Regeln. Die parallele Erweiterungsregel besagt, daß eine beim Subtyp hinzugefügte Aktivität keinen vom Supertyp geerbten Zustand als Vorzustand oder Nachzustand besitzt. Die alternative Erweiterungsregel besagt, daß eine geerbte Aktivität keinen beim Subtyp hinzugefügten Zustand als Vorzustand oder Nachzustand besitzt. Werden die Regeln 1, 2, 3 und 4 eingehalten, so liegt eine Erweiterung mit Beobachtungskonsistenz vor; werden die Regeln 1, 2, 3 und 5 eingehalten, so liegt eine Erweiterung mit schwacher Aufrufkonsistenz vor; werden die Regeln 1 — 5 eingehalten, so liegt eine Erweiterung mit starker Aufrufkonsistenz vor.

5.4 Literaturhinweise

Die Frage der „richtigen“ Vererbung nimmt einen prominenten Platz in der objektorientierten Literatur ein. Besonders das Problem der Verhaltensvererbung, wozu Lösungsalternativen in diesem Kapitel vorgestellt wurden, ist noch wenig erforscht. So wird, zum Beispiel, die Vererbung von Objektlebenszyklen in den objektorientierten Methoden OMT [205] und OOSA [78] zwar angesprochen, doch ohne konkrete Hilfestellung für den Entwickler zu bieten. Die Arbeiten von Ebert und Engels [70] sowie von Saake et al. [207] stellen Regeln zur Spezialisierung von Objektlebenszyklen auf der Basis von Zustandsdiagrammen vor. Diese Arbeiten haben ihre formale Grundlage im Bereich der Graph(homo)morphismen, die eingehend von Ehrich und Sernadas in [74, 222] und von Lopes und Costa in [155] untersucht wurden. Eine der ersten Arbeiten zur Thematik der Vererbung von Zustandsdiagrammen ist [162].

Das Problem der Vererbung von Objektlebenszyklen, ohne es jedoch so zu nennen, wird in letzter Zeit auch im Bereich der parallelen objektorientierten Programmiersprachen (*concurrent object-oriented languages*) diskutiert [10, 161, 185]. In diesen Sprachen werden Objekte als aktive Prozesse, die auf parallel eintreffende Anfragen reagieren und daher diese Anfragen synchronisieren müssen, definiert. Es wurde erkannt, daß zur konsistenten Spezialisierung von geerbtem Verhalten die im Supertyp definierten, dort aber in der Implementierung der Operationen versteckten Synchronisationsmechanismen auch im Subtyp bekannt sein müssen. Dies widerspricht aber dem Prinzip des Information Hiding. Daher wird diese Problematik von Yonezawa et al. auch als „inheritance anomaly“ bezeichnet [161]. Es ist damit zu rechnen, daß sich die Arbeiten zur Vererbung von Objektlebenszyklen aus dem Bereich der objektorientierten Modellierung und dem der objektorientierten Programmiersprachen in der Zukunft mehr beeinflussen und zu einem einheitlichen Verständnis mit konsistenten Lösungen führen werden.

Kapitel 6

Lokale referentielle Integrität

In diesem Kapitel wird eine neue, für die objektorientierte Modellierung wichtige Integritätsbedingung vorgestellt: lokale referentielle Integrität (*local referential integrity*). Lokale referentielle Integrität erweitert die bekannte Integritätsbedingung der referentiellen Integrität für zusammengesetzte Objekte. Referentielle Integrität besagt, daß jedes referenzierte Objekt tatsächlich existiert. Lokale referentielle Integrität stellt zusätzlich sicher, daß ein Objekt nur solche Objekte referenziert, die zum selben zusammengesetzten Objekt gehören. Lokale referentielle Integrität ist zum Beispiel erfüllt, wenn Mitarbeiter einer Produktionsabteilung ausschließlich für die Arbeit an Maschinen der selben Produktionsabteilung eingeteilt werden. In traditionellen Datenbank- und Informationssystemen muß diese Integritätsbedingung explizit in einem Anwendungsprogramm implementiert werden. Der Grund dafür liegt in der fehlenden Unterstützung zur Modellierung von zusammengesetzten Objekten (für eine Erklärung von zusammengesetzten Objekten siehe Abschnitt 2.2.1). Objektorientierte Modelle unterstützen das Konzept der referentiellen Integrität und das der zusammengesetzten Objekte. Lokale referentielle Integrität verbindet nun beide Konzepte, in dem es das Konzept der referentiellen Integrität um die Anwendung innerhalb von zusammengesetzten Objekten erweitert.

In diesem Kapitel wird das Konzept der lokalen referentiellen Integrität und seine Umsetzung mit Hilfe lokaler Objektklassen im Detail vorgestellt. Lokale Objektklassen können als einfache Erweiterung zu bestehenden objektorientierten Modellen realisiert werden oder mit traditionellen Konzepten simuliert werden. Eine Diskussion alternativer Lösungsansätze beschließt dieses Kapitel.

6.1 Einleitung

Die Möglichkeit zur Spezifikation von modellinhärenten Integritätsbedingungen und deren automatische Überwachung ist ein wesentliches Charakteristikum von Datenmodellen.

Eines der bekanntesten Beispiele für eine Integritätsbedingung ist die referentielle Integrität, wie sie im Relationenmodell erstmals definiert wurde [64]. Referentielle Integrität ist im Relationenmodell erfüllt, wenn der Wert eines Attributs a einer Relation r bereits als Wert eines Schlüsselattributes a' in einer anderen Relation r' existiert. Die referentielle Integrität wird durch die explizite Spezifikation des Attributs a als Fremdschlüsselattribut gewährleistet.

Objektorientierte Modelle haben gegenüber dem Relationenmodell u.a. den Vorteil, daß sie referentielle Integrität implizit gewährleisten. Nur Objekte, die auch existieren, können referenziert werden. Diese Aussage gilt unter der Annahme, daß die zugrundeliegende Löschsemantik eine *garbage collection*-Semantik ist. Das heißt, Objekte werden nicht explizit vom Benutzer gelöscht, sondern vom System „entsorgt", sobald sie nicht mehr durch ein anderes Objekt referenziert werden. Ein weiterer Vorteil von objektorientierten Modellen ist das Konzept der zusammengesetzten Objekte, die auch Operationen mit kaskadierender Semantik unterstützen (siehe Abschnitt 2.2.1). Solche Operationen erfüllen zum Beispiel die Integritätsbedingung, daß das Löschen eines zusammengesetzten Objektes auch das Löschen seiner abhängigen, exklusiven Komponentenobjekte impliziert.

Eine weitere, wichtige Integritätsbedingung, die *lokale referentielle Integrität*, findet in den meisten objektorientierten Modellen jedoch noch keine Beachtung. Lokale referentielle Integrität erweitert das Konzept der referentiellen Integrität für zusammengesetzte Objekte mit abhängigen, exklusiven Komponentenobjekten. Lokale referentielle Integrität ist erfüllt, wenn in einer gerichteten Beziehung das referenzierende Objekt und das referenzierte Objekt bzw. die referenzierenden Objekte im Falle einer mehrwertigen Beziehung zum selben zusammengesetzten Objekt gehören.

Beispiel 6.1 In einem Produktionsbetrieb gibt es mehrere Produktionsabteilungen mit zugeordneten Mitarbeitern und Maschinen. Jeder Mitarbeiter hat eine gerichtete Beziehung „eingeschultFür" zu einer oder mehreren Maschinen. Die lokale referentielle Integrität ist erfüllt, falls einem Mitarbeiter nur Maschinen aus seiner eigenen Produktionsabteilung zugeteilt werden können. □

Beispiel 6.2 In einem Zimmerreservierungssystem ist die Reservierung eines bestimmten Zimmers in einem bestimmten Hotel nur dann sinnvoll, wenn das Zimmer auch wirklich zum selben Hotel wie die Reservierung gehört. □

In diesem Kapitel wird lokale referentielle Integrität für zusammengesetzte Objekte mit abhängigen, exklusiven Komponentenobjekten definiert. Zur Realisierung wird das Konzept lokaler Objektklassen herangezogen. Eine *lokale Objektklasse* beschreibt eine Menge von Objekten, die exklusiv zu einem zusammengesetzten Objekt gehören. Man beachte die differenzierte Verwendung der Begriffe „Objektklasse“ und „lokale Objektklasse“. Der Begriff „Objektklasse“ ist hier nicht im Sinne von Smalltalk zur Definition von statischer und dynamischer Information für potentiell unendlich viele Objekte verwendet. Vielmehr bezeichnet eine Objektklasse, ähnlich zu einigen objektorientierten Datenmodellen [16, 216] einen Behälter für eine Menge von Objekten vom selben Objekttyp (für eine Diskussion der Begriffe Objektklasse und Objekttyp siehe auch Unterkapitel 2.1). Während eine Objektklasse in der Regel *beliebig viele* Objekte eines Objekttyps beinhaltet, beschreibt eine lokale Objektklasse *genau jene* Objekte eines Objekttyps, die als Komponentenobjekte genau *eines zusammengesetzten Objektes* auftreten. Lokale Objektklassen werden auch lokale Klassen genannt. Letzterer Begriff wird im Rest dieses Kapitels verwendet.

Das Konzept der lokalen referentiellen Integrität ist nicht auf ein bestimmtes objektorientiertes Modell beschränkt. Da Objekt/Verhaltensdiagramme (OBD) in diesem Buch bereits vorgestellt wurden (siehe Kapitel 4 und 5) und es sehr einfach ist, OBD um lokale referentielle Integrität zu erweitern, wird in den folgenden Unterkapiteln OBD als Basismodell verwendet. Auf neue oder geänderte Konzepte wird explizit hingewiesen. Ähnlich zur Einführung von OBD wird die Einführung lokaler referentieller Integrität ohne Vererbung der Diskussion mit Vererbung vorangestellt.

6.2 Beispiel einer Problemstellung

Alle weiteren Beispiele in diesem Kapitel bauen auf der Problemstellung des bereits bekannten Zimmerreservierungssystems auf [187]. Wir beschränken uns aber auf jene Teile des Beispieles, die notwendig sind, um das Konzept der lokalen referentiellen Integrität zu erklären.

Es soll ein Zimmerreservierungssystem entworfen werden, das die Verwaltung von Zimmern verschiedener Hotels unterstützt. Zusätzlich zu den Hotels müssen Kunden oder Personen, die noch Kunden werden wollen, modelliert werden. Ein Hotel wird durch einen Namen und eine Adresse eindeutig beschrieben. Ein Hotel besteht aus einer Menge von Zimmern, einer Menge von Kunden und einer Menge von Reservierungen für Zimmer dieses Hotels. Für jedes Zimmer gibt es einen oder mehrere Schlüssel, deren Hersteller bekannt sind. Für jedes Zimmer ist bekannt, mit welchen Kunden das Zimmer belegt ist. Dieses Beispiel enthält zwei lokale referentielle Integritätsbedingungen: (1) Ein Zimmer kann nur mit solchen Personen belegt sein, die Kunden desselben Hotels sind. (2) Der Hersteller eines Schlüssels muß eine Person sein, die demselben Zimmerreservierungssystem wie der Schlüssel bekannt ist.

Personen können Kunden verschiedener Hotels sein. Als solche werden sie durch hotelspezifische Attribute, wie z. B. ihre Spezialwünsche, näher beschrieben.

Fünf-Sterne-Hotels sind Hotels, die spezielle Fünf-Sterne-Zimmer und Suiten anbieten. Kunden von Fünf-Sterne-Hotels werden durch weitere Attribute beschrieben, deren genaue Spezifikation für das Beispiel nicht relevant ist. Nur eine Teilmenge der Kunden in Fünf-Sterne-Hotels, die „Very Important Persons" (VIPs), können Suiten mieten.

6.3 Objekttypen und lokale Klassen

Die Realisierung lokaler referentieller Integrität mit Hilfe lokaler Klassen baut auf drei wesentlichen Annahmen auf, die das zugrundeliegende objektorientierte Modell erfüllen soll:

1. *Unterscheidung zwischen Objekttypen und Objektklassen*
   Objekttypen spezifizieren die Struktur und das Verhalten ihrer Instanzen. Objektklassen werden ausschließlich als Behälter für eine Menge von Objekten verwendet.

2. *Lokale Klassen sind Eigenschaften von zusammengesetzten Objekten*
   Eine lokale Klasse eines zusammengesetzten Objektes beschreibt eine Menge von Komponentenobjekten, die von genau diesem Objekt abhängig sind und exklusiv zu ihm gehören.

3. *Das zu modellierende Informationssystem ist selbst ein Objekt*
   Die lokalen Klassen dieses „Informationssystemobjektes" entsprechen den gefüllten Relationen in einer relationalen Datenbank bzw. den Objektbehältern in einer objektorientierten Datenbank. Die Elemente der lokalen Klassen entsprechen den Ausprägungen in der Datenbank, d. h. den Tupeln einer Relation bzw. den Objekten in einer objektorientierten Datenbank. Als Konsequenz dieser Modellierungssicht gilt, daß jede Objektklasse eine lokale Klasse ist.

Lokale referentielle Integrität wird durch die Modellierung einer Lokalitätshierarchie, entsprechend einer Komponentenhierarchie, sichergestellt. Alle Objekte in der Datenbank sind in einer Lokalitätshierarchie zusammengefaßt. Die Lokalitätshierarchie wird auf der Typebene durch lokale Klassen repräsentiert. Auf der Instanzebene gilt folgende Beziehung: ein Objekt i ist *lokal zu* einem anderen Objekt i', falls i Element einer lokalen Klasse von i' ist. Lokale referentielle Integrität ist erfüllt, falls ein Objekt i eine Beziehung zu einem anderen Objekt i' hat, und i' lokal zu einem Objekt i'' ist, das auf dem Pfad von i zum Wurzelobjekt der Lokalitätshierarchie liegt.

Zur Modellierung von lokaler referentieller Integrität in OBD sind die Konzepte zur Strukturmodellierung in OBD geringfügig anzupassen. Die Verhaltensmodellierung ist von der Einführung der lokalen referentiellen Integrität nicht betroffen:

1. Ein Objekttyp in OBD besteht aus Attributen und gerichteten Beziehungen. Lokale Klassen ersetzen die *hasComponent*-Beziehung und haben dieselbe Semantik wie diese. Der Wertebereich einer lokalen Klasse ist,

ähnlich zur ursprünglichen *hasComponent*-Beziehung, ein Objekttyp. Dieser wird auch als Elementtyp bezeichnet, weil er den Typ der Elemente der lokalen Klasse spezifiziert.

2. Alle anderen gerichteten Beziehungen in OBD bleiben erhalten. Jedoch wird für jede dieser gerichteten Beziehungen der Wertebereich auf eine lokale Klasse geändert, deren Elementtyp der ursprüngliche Wertebereich der gerichteten Beziehung ist.

Im folgenden werden das Schema und eine mögliche Ausprägung eines Informationssystems auf der Basis von OBD vorgestellt und Regeln für die Einhaltung von lokaler referentieller Integrität definiert.

6.3.1 Schema

Das Schema eines Informationssystems besteht aus einer Menge von Objekttypen. Jeder Objekttyp hat eine Menge von Eigenschaften, die entweder Attribute, lokale Klassen oder gerichtete Beziehungen darstellen. Zur graphischen Darstellung der Struktur von Objekttypen werden Objektdiagramme verwendet (für eine Erklärung der Konzepte siehe Unterkapitel 4.1). Als Konvention werden Namen von Objekttypen mit Großbuchstaben geschrieben und Namen lokaler Klassen mit einem Großbuchstaben begonnen und mit Kleinbuchstaben fortgesetzt.

Beispiel 6.3 Abbildung 6.1 zeigt Teile des Schemas eines Informationssystems zur Verwaltung von Zimmerreservierungen. Das Schema wird durch den Objekttyp ZIMMERRESERVIERUNGSSYSTEM mit den lokalen Klassen Hotels, 5*Hotels und Personen beschrieben. Die lokalen Klassen modellieren die im Informationssystem bekannten Hotels und Fünf-Sterne-Hotels als eine spezielle Hotelkategorie und Personen, die als Kunden, potentielle Kunden oder als Zulieferer bekannt sind. Die Schreibweise 5*Hotels $\subseteq$ Hotels definiert 5*Hotels als Subklasse von Hotels. Subklassen werden in Unterkapitel 6.4 erklärt. □

Der Wertebereich eines Attributs ist ein vordefinierter *Datentyp*. Der Wertebereich einer Objektklasse ist ein Objekttyp, auch als *Elementtyp* bezeichnet, und der Wertebereich einer gerichteten Beziehung ist eine lokale Klasse, genannt *Klassenwertebereich*. OBD unterstützt unterschiedliche, gerichtete Beziehungen. Aus Gründen des leichteren Verständnisses werden aber in diesem Kapitel nur allgemeine Beziehungen und *roleOf*-Beziehungen im Zusammenhang mit lokaler referentieller Integrität untersucht. Eine Erweiterung der Integritätsbedingung unter Einbeziehung der *hasConstituent*-Beziehung sowie der inversen Beziehungen bedeutet keine semantische Änderung des Konzeptes.

Der Wertebereich einer *roleOf*-Beziehung wird auch als *Rollenwertebereich* bezeichnet. Objekttypen, die rollenspezifische Information von Objekten in einem Rollenwertebereich spezifizieren, werden auch *Rollentypen* genannt. Für jedes Objekt in einem Rollenwertebereich können beliebig viele Objekte, sogenannte Rollen, als Instanzen des jeweiligen Rollentyps erzeugt und mit Hilfe

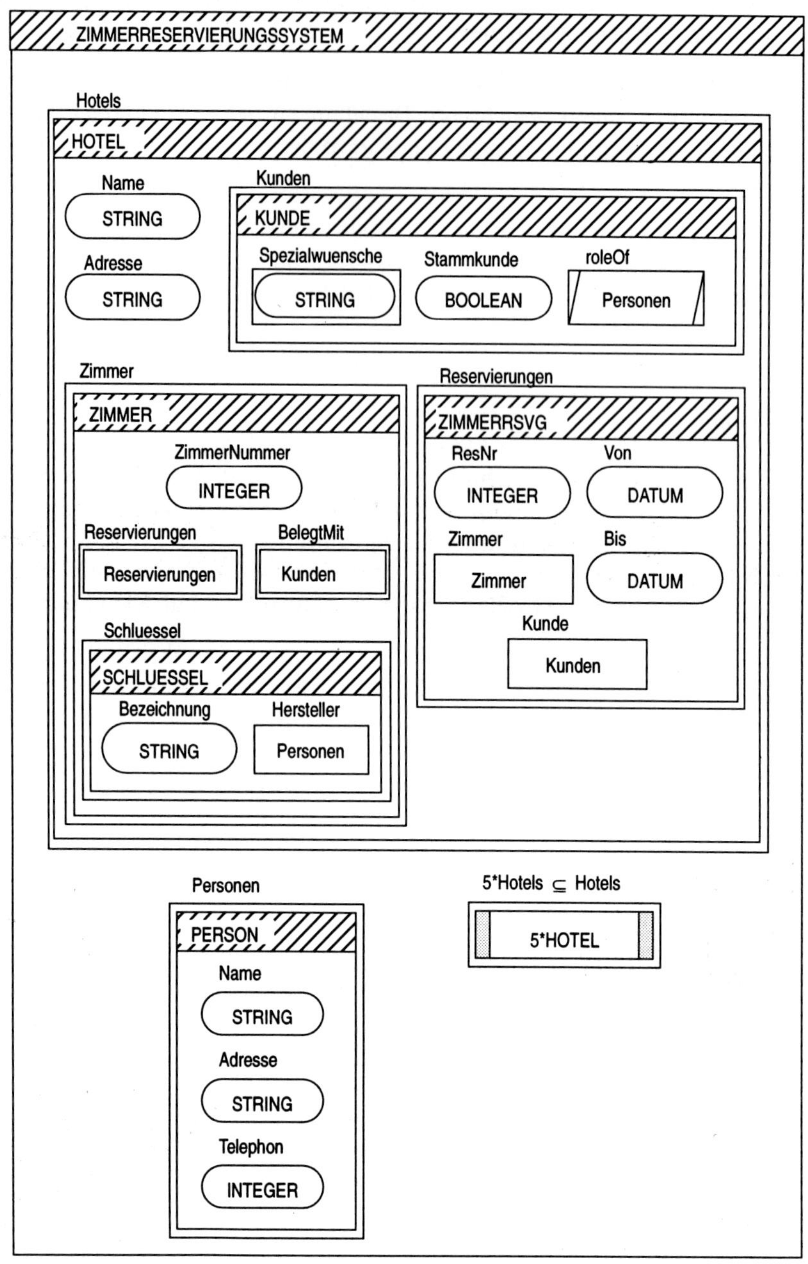

Abbildung 6.1 Objekttyp ZIMMERRESERVIERUNGSSYSTEM

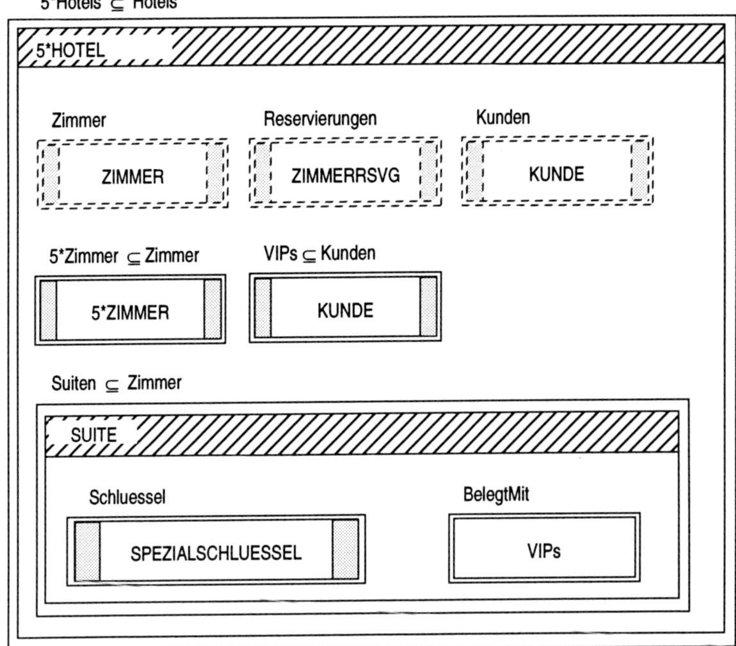

Abbildung 6.2 Objekttyp 5*HOTEL

der *roleOf*-Beziehung mit dem entsprechenden Objekt im Rollenwertebereich verbunden werden (für eine detaillierte Erklärung des Rollenkonzeptes siehe Abschnitt 2.2.1).

Welche Klasse als Klassenwertebereich bzw. als Rollenwertebereich einer gerichteten Beziehung erlaubt ist, wird in der Folge in Form von Regeln spezifiziert.

Beispiel 6.4 Der Wertebereich der lokalen Klasse Hotels ist der Objekttyp HOTEL. Dieser besteht aus den Attributen Name und Adresse sowie aus den lokalen Klassen Zimmer, Kunden und Reservierungen. Der Wertebereich von Zimmer ist ZIMMER, der von Kunden ist KUNDE und der von Reservierungen ist ZIMMERRSVG. Der Objekttyp ZIMMER besteht wiederum aus der lokalen Klasse Schluessel mit dem Wertebereich SCHLUESSEL. Für diesen Objekttyp ist die gerichtete Beziehung Hersteller mit der lokalen Klasse Personen als Wertebereich definiert. Der Objekttyp ZIMMERRSVG hat zwei gerichtete Beziehungen zu den lokalen Klassen Zimmer und Kunden. Der Elementtyp KUNDE hat eine *roleOf*-Beziehung zur lokalen Klasse Personen. Die Subklasse 5*Hotels hat den Elementtyp 5*HOTEL, der in einem eigenen Objektdiagramm in Abb. 6.2 spezifiziert ist. □

6.3.2 Ausprägung

Die Ausprägung eines Informationssystems besteht aus einer Menge von Objekten. Alle Objekte sind in einer einzigen Lokalitätshierarchie strukturiert, wobei das Wurzelobjekt das Informationssystemobjekt ist. Jedes Objekt wird durch die Werte seiner Eigenschaften näher beschrieben.

Beispiel 6.5 Angenommen, für eine Instanz des Objekttyps ZIMMERRESERVIERUNGSSYSTEM aus Abb. 6.1 hat die lokale Klasse Hotels zwei Elemente mit den Namen Weißes-Rössl und Goldenes-Dachl. Für jedes dieser Hotelobjekte existiert eine lokale Klasse Zimmer, die die Zimmer des Hotels „Weißes Rössl" bzw. des Hotels „Goldenes Dachl" beinhaltet. □

Zu einem Objekt kann es beliebig viele Rollenobjekte vom selben Rollentyp geben, falls diese lokal zu verschiedenen Objekten sind.

Beispiel 6.6 In Weiterführung des Beispiels 6.5 nehmen wir an, daß eine Person mit dem Namen Bond in unserem Zimmerreservierungssystem bekannt und auch Kunde der Hotels „Weißes Rössl" und „Goldenes Dachl" ist. Die Informationen über Herrn Bond werden in einem Personenobjekt und in zwei Kundenobjekten repräsentiert, wobei jedes Kundenobjekt die spezifische Information für genau ein Hotel enthält. □

6.3.3 Gültige Schemata

Dieser Abschnitt definiert Regeln zur Spezifikation eines gültigen Schemas, die die lokale referentielle Integrität auf der Typebene gewährleisten. Aus Gründen der einfacheren Darstellung wird angenommen, daß die Namen von Objekttypen und von Eigenschaften global eindeutig sind.

Lokale Klassen modellieren gemeinsam mit ihren Elementtypen die Lokalitätshierarchie der Objekte auf der Typebene. Eine Instanz eines Objekttyps o_c ist *lokal* zu einer Instanz des Objekttyps o, falls o eine lokale Klasse c mit Elementtyp o_c spezifiziert. Der Objekttyp o_c ist *lokaler Typ* zum Objekttyp o. Um die Eindeutigkeit der Position eines Objekttyps in der Lokalitätshierarchie der Objekttypen zu gewährleisten, kann ein Objekttyp als Elementtyp von lokalen Klassen genau eines (übergeordneten) Objekttyps auftreten (*Lokalitätsregel für Objekttypen*). Ein Objekttyp darf nicht transitiv zu sich selbst lokal sein (*Azyklizität der Lokalitätshierarchie der Objekttypen*).

Beispiel 6.7 Da der Objekttyp PERSON bereits als Elementtyp der lokalen Klasse Personen des Objekttyps ZIMMERRESERVIERUNGSSYSTEM verwendet wird, kann er nicht mehr als Elementtyp der Objektklasse Kunden des Objekttyps HOTEL verwendet werden (siehe Abb. 6.1). □

Die Lokalitätsregel für Objekttypen ist auf den ersten Blick sehr restriktiv, weil sie die Verwendung eines Objekttyps auf ein einziges Auftreten in der Lokalitätshierarchie einschränkt. Unterschiedliche Situationen, in denen Instanzen eines Objekttyps auftreten, können aber sehr einfach und intuitiv mit dem Rollenkonzept modelliert werden. Ein weiterer Vorteil des Rollenkonzeptes ist die einfache Erweiterbarkeit für neue, nicht vordefinierte Situationen.

Lokale referentielle Integrität wird auf der Typebene durch die Verwendung von lokalen Klassen als Wertebereiche für gerichtete Beziehungen modelliert. Welche lokale Klasse als Wertebereich einer Beziehung verwendet werden darf, wird durch eine Sichtbarkeitsregel festgelegt. Eine lokale Klasse c ist für einen Objekttyp o *sichtbar*, falls c als lokale Klasse von o definiert ist, oder falls ein Objekttyp o' existiert, sodaß o Elementtyp einer lokalen Klasse von o' ist und c für o' sichtbar ist (*Sichtbarkeitsregel für lokale Klassen*). Aufgrund der Lokalitätsregel für Objekttypen ist o' eindeutig definiert.

Eine lokale Klasse c kann als Wertebereich einer allgemeinen Beziehung r, die bei dem Objekttyp o definiert ist, benutzt werden, falls c für o sichtbar ist (*Gültigkeitsbereich für Wertebereiche von allgemeinen Beziehungen*).

Beispiel 6.8 Die lokale Klasse Kunden ist für den Objekttyp ZIMMER sichtbar, weil ZIMMER eine lokaler Objekttyp von HOTEL ist, und Kunden eine lokale Klasse von HOTEL. Es ist daher erlaubt, die lokale Klasse Kunden als Wertebereich der Beziehung BelegtMit des Objekttyps ZIMMER zu verwenden (siehe Abb. 6.1). □

Die Regel über den Gültigkeitsbereich für Wertebereiche von allgemeinen Beziehungen gilt natürlich analog für *roleOf*-Beziehungen. Das heißt, der Rollenwertebereich eines Objekttyps o muß für o sichtbar sein; er darf aber kein lokaler Typ von o sein (*Gültigkeitsbereich für Rollenwertebereiche*). Des weiteren wird eine azyklische Rollenhierarchie vorausgesetzt (*Azyklizität der Rollenhierarchie*).

Beispiel 6.9 Der Rollentyp KUNDE hat die lokale Klasse Personen als Rollenwertebereich definiert. KUNDE ist ein lokaler Objekttyp von HOTEL, und HOTEL ist wiederum ein lokaler Objekttyp von ZIMMERRESERVIERUNGSSYSTEM. Da die Klasse Personen als lokale Klasse von ZIMMERRESERVIERUNGSSYSTEM definiert ist, ist die Klasse Personen für den Objekttyp HOTEL sichtbar und daher als gültiger Rollenwertebereich verwendbar (siehe Abb. 6.1). □

6.3.4 Gültige Ausprägungen

Dieser Abschnitt definiert Regeln zur Spezifikation einer gültigen Ausprägung eines Informationssystems, die die lokale referentielle Integrität auf der Instanzebene gewährleisten. Wir beschränken uns hierbei auf die für die lokale referentielle Integrität wesentlichen Regeln.

Die Verwaltung aller Objekte in einer einzigen Lokalitätshierarchie ist eine Voraussetzung zur Unterstützung von lokaler referentieller Integrität. Die Lokalitätshierarchie wird durch Objektklassen und Objekte als Elemente dieser Objektklassen dargestellt. Ein Objekt i ist *lokal* zu einem Objekt i', falls i Element einer lokalen Klasse von i' ist.

Damit die Position eines Objektes in der Lokalitätshierarchie bestimmbar ist, ist folgende Regel notwendig: Jede Instanz eines Elementtyps o einer lokalen Klasse c eines Objekttyps o' ist Element einer lokalen Klasse einer Instanz von o' (*Existenzregel für Objektlokalität*). Damit die Position eines Objektes in der Lokalitätshierarchie eindeutig ist, kann jedes Objekt Element einer lokalen Klasse von höchstens einem Objekt sein (*Eindeutigkeit der Objektlokalität*).

Lokale referentielle Integrität ist erfüllt, falls ein Objekt i nur solche Objekte referenziert, die lokal zu einem Objekt i' sind, das auf dem Pfad von i zum Wurzelobjekt der Lokalitätshierarchie liegt. In anderen Worten, der Wert einer Beziehung r des Objektes i mit der lokalen Klasse c als Wertebereich kann nur aus der *Ausprägung von c in bezug auf i* ausgewählt werden. Diese ist wie folgt definiert:

1. falls c eine lokale Klasse von i ist, so ist die Ausprägung von c in Bezug auf i die Menge aller Elemente von c

2. falls c keine lokale Klasse von i ist und i Element der lokalen Klasse c' des Objektes i' ist, so ist die Ausprägung von c in Bezug auf i rekursiv als die Ausprägung von c in Bezug auf i' definiert.

Aufgrund der Regel über die Eindeutigkeit von Objektlokalität ist das Objekt i' eindeutig definiert.

Beispiel 6.10 Die Ausprägung der lokalen Klasse Kunden in bezug auf das Zimmerobjekt mit der Bezeichnung roter-Salon-des-Weißen-Rössls ist die Menge der Elemente der lokalen Klasse Kunden des Hotelobjektes mit dem Namen Weißes-Rössl. Dies deshalb, weil das Zimmerobjekt roter-Salon-des-Weißen-Rössls ein Element der lokalen Klasse ZIMMER des Objektes Weißes-Rössl ist. Daher können nur Elemente der lokalen Klasse Kunden des Objektes Weißes-Rössl vom Zimmerobjekt roter-Salon-des-Weißen-Rössls durch die Beziehung BelegtMit referenziert werden. Die lokale referentielle Integrität stellt damit sicher, daß ausschließlich Kunden des „Weißen Rössls" ein Zimmer in diesem Hotel zugeordnet bekommen. □

Lokale referentielle Integrität ist analog für *roleOf*-Beziehungen definiert. *Die lokale referentielle Integrität für roleOf-Beziehungen* ist erfüllt, falls für jede Instanz i eines Rollentyps o ein Objekt i' im Rollenwertebereich der *roleOf*-Beziehung von o existiert und i eine Rolle von i' ist. Für jedes Objekt i' in einem Rollenwertebereich kann es beliebig viele Instanzen in einem zugeordneten Rollentyp geben, die Rollen von i' sind. Jede Rolle eines Objektes i' vom selben Rollentyp muß lokal zu einem anderen Objekt sein (*Identifikation von Rollen aufgrund eindeutiger Objektlokalität*). Schließlich kann ein Objekt i nicht gleichzeitig Rolle eines Objektes i' und lokal zu i' sein (*Orthogonalität von Objektlokalität und Rollenlokalität*).

Beispiel 6.11 Angenommen, der Objekttyp ZIMMERRESERVIERUNGSSYSTEM hat mehrere Instanzen. Dann stellt die lokale referentielle Integrität für *roleOf*-

Beziehungen sicher, daß Personen, die in einem speziellen Zimmerreservierungssystem bekannt sind, Kunden von ausschließlich solchen Hotels sein können, die im selben Zimmerreservierungssystem verwaltet werden. Zusätzlich stellt die Regel zur Identifikation von Rollen aufgrund eindeutiger Objektlokalität sicher, daß eine Person höchstens einmal als Kunde eines Hotels repräsentiert ist. □

6.4 Subtypen und Subklassen

In diesem Abschnitt wird die Spezifikation von lokaler referentieller Integrität um das Konzept der Vererbung erweitert. Dabei wird die Vererbungssemantik der Spezialisierungsvererbung, wie sie für OBD in Kapitel 5 definiert wurde, zugrundegelegt. Das heißt, Objekttypen erben statische und dynamische Information von einem Supertyp und können diese Information durch Spezialisierung überschreiben. Es werden Regeln definiert, die sicherstellen, daß die geerbten Integritätsbedingungen der lokalen referentiellen Integrität höchstens spezialisiert aber nicht willkürlich in Subtypen überschrieben werden. Analog zu OBD wird ausschließlich Einfachvererbung betrachtet. Die Vererbungsbeziehung zwischen den Objekttypen eines Schemas eines Informationssystems wird in *Vererbungshierarchien* modelliert.

Die wesentliche Erweiterung gegenüber der Vererbung in OBD betrifft die *Spezialisierung von lokalen Klassen zu Subklassen.* Eine Subklasse enthält eine Teilmenge der Elemente ihrer Superklasse. Die Subklassenbeziehung wird in Form von *Klassenhierarchien* dargestellt.

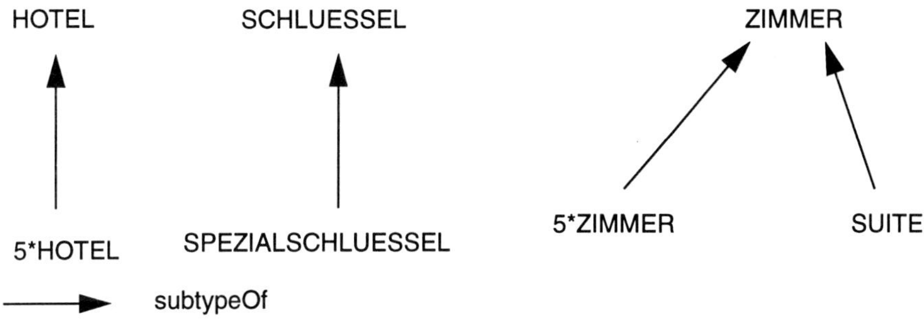

Abbildung 6.3 Vererbungshierarchien

Beispiel 6.12 Abbildung 6.2 zeigt die Spezifikation des Objekttyps 5*HOTEL, der als Subtyp von HOTEL definiert ist (siehe Vererbungshierarchie in Abb. 6.3). Die Attribute Name und Adresse sowie die lokalen Klassen Zimmer, Reservierungen und Kunden werden unverändert von HOTEL geerbt. Dies wird durch die Strichlierung der Rechtecke bzw. der Ovale dargestellt. Die lokalen Klassen 5*Zimmer und Suiten werden als Subklassen von Zimmer neu definiert, sowie die lokale Klasse VIPs als Subklasse von Kunden. Der Elementtyp der lokalen Klasse Suiten

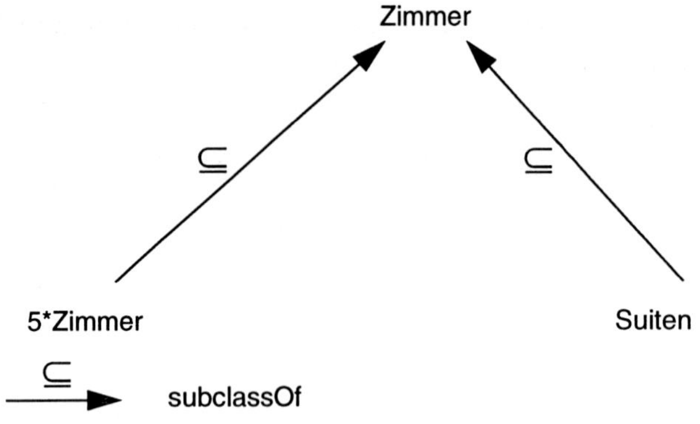

Abbildung 6.4 Klassenhierarchie mit der Wurzelklasse Zimmer

ist SUITE, ein Subtyp des Objekttyps ZIMMER. Abbildung 6.2 zeigt auch, daß im Objekttyp SUITE der Wertebereich der gerichteten Beziehung BelegtMit zu VIPs spezialisiert wurde, und der Elementtyp der lokalen Klasse Schluessel zu SPEZIALSCHLUESSEL.

In Abb. 6.3 sind die Vererbungshierarchien mit den Wurzeltypen HOTEL, SCHLUESSEL und ZIMMER dargestellt. Abbildung 6.4 zeigt die Klassenhierarchie mit der Wurzelklasse Zimmer, wie sie beim Objekttyp 5*HOTEL sichtbar ist. □

6.4.1 Gültige Schemata

Dieser Abschnitt erweitert die Regeln zur Spezifikation eines gültigen Schemas unter Einbeziehung von Vererbungs- und Klassenhierarchien.

Für eine effiziente Überprüfung der lokalen referentiellen Integritätsbedingung ist eine Voraussetzung, daß der Pfad zur Bestimmung der Ausprägung einer lokalen Klasse c in Bezug auf ein Objekt i bereits zur Übersetzungszeit bekannt ist. Diese Forderung impliziert, daß der Pfad aufgrund der Typinformation von i und der Information über den Wertebereich von c bestimmbar ist. Die zwei Regeln über die Lokalität von Objekttypen und über die Azyklizität der Lokalitätshierarchie von Objekttypen gewährleisten das für ein Schema ohne Vererbung. Diese Regeln müssen nun für Vererbung erweitert werden. Die Lokalitätsregel wird dahingehend zur *Lokalitätsregel für Objekttypen mit Vererbung* erweitert, daß ein Objekttyp o', der Subtyp eines lokalen Typs o von $\hat{o}$ ist, ebenfalls lokal zu $\hat{o}$ oder zu einem direkten oder indirekten Subtyp von $\hat{o}$ sein muß.

Beispiel 6.13 Der Objekttyp 5*ZIMMER ist ein Subtyp von ZIMMER. ZIMMER ist der Elementtyp der lokalen Klasse Zimmer und daher ein lokaler Typ von HOTEL. Aus diesem Grund muß 5*ZIMMER ebenfalls ein lokaler Typ von HOTEL oder von einem Subtyp von HOTEL sein. Letzteres ist der Fall. 5*ZIMMER ist der Elementtyp der lokalen Klasse 5*Zimmer des Objekttyps 5*HOTEL (siehe Abb. 6.1, 6.2 und 6.3). □

Die Azyklizitätsregel für Lokalitätshierarchien wird um die *Orthogonalitätsregel für Vererbungshierarchien und Lokalitätshierarchien* ergänzt. Diese besagt, daß ein Objekttyp o, der lokal zu einem Objekttyp $\hat{o}$ ist, kein direkter oder indirekter Subtyp oder Supertyp von $\hat{o}$ sein darf.

Beispiel 6.14 Objekttyp 5*ZIMMER ist lokaler Typ von 5*HOTEL. Beide Objekttypen müssen daher unterschiedlichen Vererbungshierarchien angehören, was auch der Fall ist (siehe Abb. 6.2 und 6.3). □

Lokale referentielle Integritätsbedingungen können in Subtypen nur spezialisiert aber nicht willkürlich überschrieben werden. Dies gewährleisten die Regel für die erstmalige Definition einer Subklasse (*Einführungsregel für Subklassen*) sowie die Regeln für die Spezialisierung der Wertebereiche von lokalen Klassen und Beziehungen. Die *Einführungsregel für Subklassen* stellt sicher, daß eine Subklasse einer lokalen Klasse c entweder beim selben Objekttyp wie c oder bei einem direkten oder indirekten Subtyp dieses Objekttyps definiert ist.

Beispiel 6.15 Objekttyp 5*HOTEL definiert die lokale Klasse Suiten als Subklasse der lokalen Klasse Zimmer. Die Einführungsregel für Subklassen ist erfüllt, weil Zimmer beim Objekttyp HOTEL definiert ist, und 5*HOTEL ein Subtyp von HOTEL ist (siehe Abb. 6.1, 6.2 und 6.3). □

Die *Spezialisierungsregel für Elementtypen von Subklassen* legt fest, daß der Elementtyp einer Subklasse entweder identisch zum Elementtyp der Superklasse oder ein direkter oder indirekter Subtyp desselben ist. Die *Spezialisierungsregel für Elementtypen von Klassen* legt fest, daß der Elementtyp einer geerbten Klasse unverändert bleibt oder zu einem Subtyp spezialisiert wird.

Beispiel 6.16 Die lokale Klasse Suiten ist eine Subklasse der lokalen Klasse Zimmer. Die Spezialisierungsregel für Elementtypen von Subklassen ist erfüllt, weil der Elementtyp von Suiten, der Objekttyp SUITE, ein Subtyp des Elementtyps von Zimmer ist. Die Elementtypen der geerbten lokalen Klassen Zimmer, Kunden und Reservierungen des Objekttyps 5*HOTEL bleiben unverändert und erfüllen damit die Spezialisierungsregel für Elementtypen von Klassen (siehe Abb. 6.2, 6.3 und 6.4). □

Schließlich stellt die *Spezialisierungsregel für Wertebereiche von Beziehungen* sicher, daß der Wertebereich einer geerbten Beziehung unverändert bleibt oder zu einer Subklasse spezialisiert wird.

Beispiel 6.17 Der Wertebereich der Beziehung BelegtMit des Objekttyps ZIMMER ist die lokale Klasse Kunden. Dieser Wertebereich wird beim Subtyp von ZIMMER, beim Objekttyp SUITE mit der lokalen Klasse VIPs überschrieben. VIPs ist eine Subklasse von Kunden, womit die Spezialisierungsregel für Wertebereiche von Beziehungen erfüllt ist (siehe Abb. 6.1, 6.2, 6.3 und 6.4). □

6.4.2 Gültige Ausprägungen

Die Regeln zur Spezifikation einer gültigen Ausprägung eines Informationssystems basierend auf lokaler referentieller Integrität unter Einbeziehung von Vererbungs- und Klassenhierarchien sind analog zu jenen ohne Vererbung. Präzise Definitionen einer gültigen Ausprägung und der Regeln zur Gewährleistung lokaler referentieller Integrität mit Vererbungs- und Klassenhierarchien werden in Anhang B.3 zusammengefaßt.

6.5 Zusammenfassung

In diesem Kapitel wurde eine neue, für die objektorientierte Strukturmodellierung wichtige Integritätsbedingung, die lokale referentielle Integrität, eingeführt. Lokale referentielle Integrität erweitert das bekannte Konzept der referentiellen Integrität für zusammengesetzte Objekte. Referentielle Integrität ist erfüllt, falls das referenzierte Objekt auch wirklich existiert. Lokale referentielle Integrität ist erfüllt, falls das referenzierte Objekt und das referenzierende Objekt zum selben zusammengesetzten Objekt gehören. Objektorientierte Modellierung bietet mächtige Konzepte zur Modellierung zusammengesetzter Objekte mit abhängigen oder unabhängigen, und exklusiven oder geteilten Komponentenobjekten. Lokale referentielle Integrität ergänzt diese Konzepte, indem es gewährleistet, daß abhängige und exklusiv zu einem zusammengesetzten Objekt gehörende Komponentenobjekte nur zu solchen anderen Komponentenobjekten eine Beziehung haben, die auch zum selben zusammengesetzten Objekt gehören.

Lokale referentielle Integrität kann sehr einfach und intuitiv mit dem Konzept der lokalen Klassen als Wertebereiche für Beziehungen realisiert werden. Eine lokale Klasse ist eine Eigenschaft eines Objektes und enthält abhängige und exklusiv zu diesem Objekt gehörende Komponentenobjekte, die Instanzen des Elementtyps der lokalen Klasse sind. Lokale referentielle Integrität mit lokalen Klassen wurde auf der Basis von OBD mit wenigen Erweiterungen vorgestellt. Die Erweiterungen betreffen die Modellierung von *hasComponent*-Beziehungen durch lokale Klassen und die Verwendung von lokalen Klassen als Wertebereiche aller anderen in OBD bekannten Beziehungen.

Lokale referentielle Integrität ist aber nicht an die Umsetzung mit Hilfe lokaler Klassen gebunden. Lokale referentielle Integrität kann durch jede objektorientierte Modellierungsmethode unterstützt werden, indem lokale Klassen durch mehrwertige Eigenschaften simuliert werden. Wenn das zugrundeliegende Implementierungsmodell lokale referentielle Integrität nicht unterstützt, muß die Überprüfung der Integritätsbedingung explizit programmiert werden. Alternative Lösungsansätze dazu sind u.a. die folgenden:

1. Jede lokale referentielle Integritätsbedingung wird durch ein Prädikat spezifiziert. Die Prädikate werden zum Beispiel in Produktionsregeln über-

setzt, die immer dann ausgeführt werden, wenn eine Objektreferenz verändert wird [47, 116].

2. Jede lokale referentielle Integritätsbedingung wird durch Vor- und Nachbedingungen in Operationen realisiert. Jede Operation, die eine Objektreferenz verändert, überprüft in ihrer Vorbedingung und in ihrer Nachbedingung, ob die Veränderung die Integritätsbedingung verletzen würde.

3. Lokale referentielle Integrität wird durch aktive Datenbankkonzepte, nämlich Ereignis-Bedingung-Aktionsregeln (*event-condition-action rules*), realisiert. Diese Regeln kontrollieren das Verändern von Objektreferenzen und spezifizieren, welche korrigierenden Aktionen im Fall der Verletzung der Integritätsbedingung ausgeführt werden müssen, bzw. verhindern eine etwaige Verletzung durch einen Transaktionsabbruch [164].

Abschließend sei noch auf eine Einschränkung der Modellierungsmächtigkeit aufgrund von Einfachvererbung verwiesen. Angenommen, es existiert ein Objekttyp o mit der lokalen Klasse c mit Elementtyp o_c und und der lokalen Klasse d, einer Subklasse von c, mit Elementtyp o_d. In einem Subtyp o' von o sollen die Elementtypen o_c bzw. o_d zu o'_c bzw. o'_d spezialisiert werden. Zur korrekten Modellierung dieser Situation ist Mehrfachvererbung notwendig, weil gemäß der Spezialisierungsregel für Elementtypen von Klassen der Objekttyp o'_d ein Subtyp von o_d sein muß, und gemäß der Spezialisierungsregel für Elementtypen von Subklassen der Objekttyp o'_d ein Subtyp von o'_c sein muß. Auf der Basis von Einfachvererbung ist es daher nicht möglich, sowohl den Elementtyp einer Superklasse (in unserem Beispiel o_c) als auch den Elementtyp einer Subklasse (in unserem Beispiel o_d) zu spezialisieren.

6.6 Literaturhinweise

Lokale referentielle Integrität wurde ähnlich zu der in diesem Kapitel vorgestellten Lösung als eine Erweiterung zu dem semantischen Datenmodell NIAM in [237] vorgestellt. In einem anderen semantischen Datenmodell, IFO [2], wird das Konzept der aktiven Wertebereiche (*active domains*) ähnlich zu dem der lokalen Klassen eingeführt. Ein aktiver Wertebereich enthält die gültigen Instanzen eines Objekttyps in bezug auf ein Objekt. Da jedoch nicht zwischen dem Konzept eines Objekttyps und dem einer Objektklasse unterschieden wird, müssen bei dieser Lösung die aktiven Wertebereiche bei jeder Überprüfung der lokalen referentiellen Integrität neu berechnet werden.

Das Konzept der lokalen referentiellen Integrität auf der Basis von OBD wurde erstmals in [124] vorgestellt.

Kapitel 7

Mehrfach polymorphe Operationen

In diesem Kapitel wird eine Erweiterung des traditionellen Konzeptes des Nachrichtenaustauschs in objektorientierten Systemen, der kooperative Nachrichtenaustausch (*cooperative message passing*), vorgestellt. Während der traditionelle Nachrichtenaustausch nur ein Empfängerobjekt für eine Nachricht kennt, wird beim kooperativen Nachrichtenaustausch eine Nachricht gleichzeitig an eine Liste von Objekten geschickt, die diese Nachricht auch gemeinsam beantworten. Der Vorteil des kooperativen Nachrichtenaustauschs liegt in der Modellierung von mehrfach polymorphen Operationen (*multi-polymorphic operations*), an deren Ausführung mehrere Objekte beteiligt sind. Mehrfach polymorphe Operationen können in der Regel nicht eindeutig einem Objekt bzw. einem Objekttyp zugewiesen werden, u. a. deshalb, weil ihre Spezifikation von mehreren Objekttypen abhängig ist. Ein Beispiel ist die Berechnung des Zimmertarifs in einem Hotel. Die Berechnungsvorschrift ist sowohl von der jeweiligen Saison als auch von der Zimmerkategorie abhängig. Mehrfach polymorphe Operationen werden in sogenannten Kooperationsverträgen (*cooperation contracts*) spezifiziert, die das Zusammenwirken mehrerer Objekttypen beschreiben. Kooperationsverträge und mehrfach polymorphe Operationen unterstützen eine Verhaltensmodellierung, die zwischen dem lokalen Verhalten einzelner Objekte und dem globalen Verhalten, an dem mehrere Objekte beteiligt sind, unterscheidet. Kooperationsverträge, kooperativer Nachrichtenaustausch und mehrfach polymorphe Operationen werden im folgenden im Detail vorgestellt und ihre Vorteile gegenüber herkömmlichen Modellierungsalternativen aufgezeigt.

7.1 Einleitung

Der objektorientierten Modellierung wird nachgesagt, daß sie wesentliche Qualitätsmerkmale wie Lokalität von Daten und Operationen, Wartbarkeit und

Erweiterbarkeit unterstützt [166]. Lokalität wird durch das Konzept der Kapselung sichergestellt. Vererbung, Überschreiben und dynamisches Binden gewährleisten u.a. bessere Wartbarkeit und Erweiterbarkeit (für eine Erklärung der objektorientierten Konzepte siehe Unterkapitel 2.1). Die objektorientierte Modellierung hat aber auch Nachteile, die im wesentlichen aus der fast ausschließlichen Konzentration auf das Konzept des Objektes herrühren. Objekte existieren aber nicht in Isolation, sondern haben unterschiedliche Beziehungen zueinander. Während die Bedeutung von Beziehungen zwischen Objekten in der Strukturmodellierung hinlänglich bekannt ist und von den meisten Modellierungsmethoden unterstützt wird (siehe Abschnitt 2.2.1 über strukturelle Beziehungen im allgemeinen und Unterkapitel 4.1 über strukturelle Beziehungen in OBD), fehlt ein entsprechendes Konzept in der Verhaltensmodellierung.

Der traditionelle Nachrichtenaustausch in objektorientierten Systemen kennt nur ein Empfängerobjekt. Dies impliziert, daß im Zuge der Verhaltensmodellierung jede Operation genau einem Objekttyp zugewiesen werden muß. Wie aber werden Operationen modelliert, an deren Ausführung mehrere Objekte bzw. Objekttypen beteiligt sind? Solche Operationen werden mehrfach polymorphe Operationen genannt, weil der auszuführende Code von mehreren Objekttypen abhängig ist. Ein Beispiel für mehrfach polymorphe Operationen ist die Berechung der Transportkosten eines Produktes p an einen Kunden k, wenn die Berechnung sowohl vom Typ des Produktes abhängig ist, z. B. Hardware oder Software, als auch vom Typ des Kunden, z. B. inländischer oder ausländischer Kunde. Bekannte Lösungsalternativen simulieren mehrfach polymorphe Operationen mit Hilfe von einfach polymorphen Operationen. Diese Technik verletzt aber das Lokalitätsprinzip und ist schwer wartbar und erweiterbar, wie im folgenden detailliert gezeigt wird.

In diesem Kapitel wird eine Lösung für mehrfach polymorphe Operationen vorgestellt, die die oben erwähnten Nachteile nicht aufweist. Es wird das Konzept des Kooperationsvertrages eingeführt, der, äquivalent zum Konzept der Beziehung in der Strukturmodellierung, für alle Objekttypen, die an einer Kooperation teilnehmen, definiert ist. Innerhalb jedes Kooperationsvertrages werden jene mehrfach polymorphen Operationen modelliert, die von den am Kooperationsvertrag teilnehmenden Objekttypen abhängig sind. Die Ausführung einer mehrfach polymorphen Operation wird durch eine Nachricht an eine Liste von Objekten, die Instanzen der teilnehmenden Objekttypen des jeweiligen Kooperationsvertrages sind, ausgelöst und von diesen Objekten gemeinsam bearbeitet. Zur Modellierung von Kooperationsverträgen werden die wichtigsten objektorientierten Konzepte, wie Kapselung, Information Hiding, Vererbung, Überschreiben und dynamisches Binden, eingesetzt.

7.2 Beispiel einer Problemstellung

Alle Beispiele in diesem Kapitel bauen auf derselben Beispielproblemstellung auf, nämlich der Preispolitik eines Handelsunternehmens für Computerartikel mit Sitz in Österreich. Das Beispiel ist bewußt einfach aufgebaut und beinhaltet nur solche Aspekte, die zur Erklärung von Kooperationsverträgen benötigt werden.

Ein Handelsunternehmen speichert Name, Nettopreis und Mehrwertsteuer für jedes seiner Produkte ab. Die Produktpalette umfaßt zur Zeit Hardware, Software und Schulungsunterlagen. Die Kunden des Unternehmens kommen aus Österreich, aus dem restlichen Europa und aus den Vereinigten Staaten. Der Preis eines Produktes setzt sich aus folgenden Komponenten zusammen: dem Nettopreis, der Mehrwertsteuer und den Transportkosten. Dabei ist zu beachten, daß der Nettopreis für jedes Produkt abgespeichert ist. Ausländische Kunden sind von der Mehrwertsteuer befreit. Die Transportkosten hängen vom Typ des Produktes und vom Typ des Kunden ab und werden wie folgt berechnet:

1. Transportkosten für Hardware an österreichische Kunden betragen 70 öS pro Kilo.
2. Transportkosten für Hardware an Kunden in alle Länder Europas, außerhalb Österreichs, betragen 300 öS pro Kilo.
3. Transportkosten für Hardware in die Vereinigten Staaten werden mit 700 öS pro Kilo festgesetzt.
4. Softwaretransportkosten ins Ausland werden mit einem Fixpreis von 150 öS pro Versand festgesetzt.
5. Alle anderen Transportkosten werden mit einem Fixpreis von 50 öS festgesetzt.

Es wird erwartet, daß das Handelsunternehmen seine Produktpalette in der nächsten Zeit vergrößert, sowie Kunden aus dem asiatischen Raum zu akquirieren versucht. Die Preispolitik muß dann entsprechend angepaßt werden.

Kooperationsverträge sind nicht an ein spezielles objektorientiertes Modell gebunden. Daher wird zur Erklärung von Kooperationsverträgen ein einfaches, objektorientiertes Modell mit einer textuellen Notation zugrundegelegt. Die einzelnen Konzepte werden bei der erstmaligen Verwendung, falls notwendig, erläutert. Da dieses objektorientierte Modell Mehrfachvererbung unterstützt, wird der Begriff „Vererbungsgraph" anstatt des Begriffs „Vererbungshierarchie" zur Beschreibung einer Vererbungsbeziehung verwendet. In unserer Beispielproblemstellung wird jedoch nur Einfachvererbung modelliert.

Beispiel 7.1 Abbildung 7.1 zeigt die Vererbungsgraphen für die Beispielproblemstellung. Ein Vererbungsgraph modelliert die unterschiedlichen Produkte, bestehend aus PRODUKT, HARDWARE, SOFTWARE und SCHULUNGSUNTERLAGEN. Ein zweiter Vererbungsgraph modelliert die Kunden, bestehend aus KUNDE, INLÄNDISCHER_KUNDE, AUSLÄNDISCHER_KUNDE, EUROPÄISCHER_KUNDE und US_KUNDE. (Durch strichlierte Pfeile modellierte Objekttypen werden später im Verlauf des Beispiels eingeführt.) □

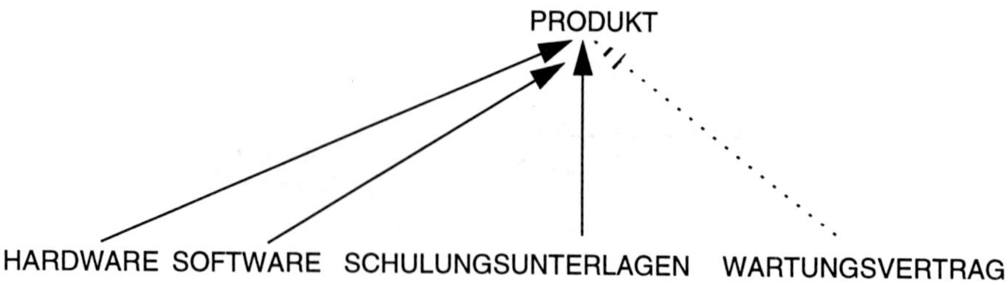

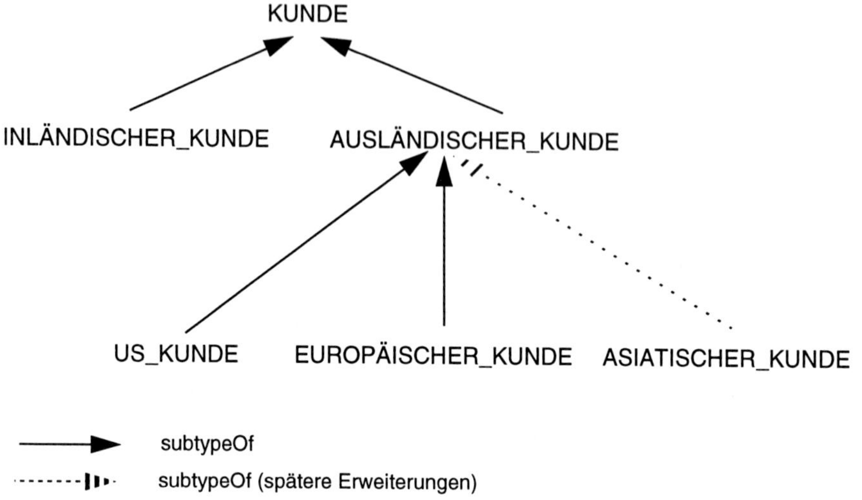

Abbildung 7.1 Vererbungsgraphen der Beispielproblemstellung

Ein Objekttyp besteht aus einer Menge von Instanzvariablen und einer Menge von Operationen. Instanzvariablen und Operationen werden von Supertypen an Subtypen vererbt. Weil es zur Erklärung von Kooperationsverträgen nicht relevant ist, wird das Überschreiben von Wertebereichen von Instanzvariablen sowie das Überschreiben von Signaturen von Operationen in unserem einfachen Modell nicht unterstützt. Das heißt, mit Überschreiben wird ausschließlich die Redefinition der Implementierung von Operationen in Subtypen bezeichnet. Aufgrund des Überschreibens können für eine Operation mehrere Implementierungen definiert sein, und zwar höchstens eine Implementierung für den Objekttyp *o*, für den die Operation erstmalig definiert wurde, und höchstens eine Implementierung für jeden direkten und indirekten Subtyp von *o*. Die Pseudovariable *self* referenziert jenes Objekt, über dem eine Operation ausgeführt wird.

Beispiel 7.2 Abbildung 7.2 zeigt die Definition des Objekttyps PRODUKT und seines Subtyps HARDWARE. Der Objekttyp PRODUKT besteht aus den Instanzvariablen name mit Wertebereich String und nettoPreis mit Wertebereich Integer,

```
object type PRODUKT
    properties
        name: String;
        nettoPreis: Integer;
    operations
        schreibeNettopreis(c: Integer) returns PRODUKT
            { nettoPreis := c;
              return(self) };
        leseNettopreis() returns Integer
            { return(nettoPreis) };
        schreibeName(n: String) returns PRODUKT
            { name := n;
              return(self) };
        leseName() returns String
            { return(name) };
        leseMehrwertsteuer() returns Integer
            { return(0) };
        ...
end object type PRODUKT

object type HARDWARE subtypeOf PRODUKT
    properties
        gewicht: Integer;
    operations
        schreibeGewicht(c: Integer) returns HARDWARE
            { gewicht := c;
              return(self) };
        leseGewicht() returns Integer
            { return(gewicht) };
        leseMehrwertsteuer() returns Integer
            { return(20) };
        ...
end object type HARDWARE
```

Abbildung 7.2 Objekttypen PRODUKT und HARDWARE

sowie aus den Operationen schreibeNettopreis, leseNettopreis, schreibeName, leseName und leseMehrwertsteuer. Die Operation schreibeNettopreis hat einen Eingabeparameter c mit Wertebereich Integer und das Objekt *self* als Rückgabewert. HARDWARE erbt alle Instanzvariablen und Operationen von PRODUKT und definiert zusätzlich die Instanzvariable gewicht mit Wertebereich Integer sowie die beiden Operationen schreibeGewicht und leseGewicht. Außerdem wird die Implementierung der Operation leseMehrwertsteuer überschrieben. □

Die Implementierung einer Operation m besteht aus Lese- und Schreibzugriffen auf den Instanzvariablen des Objektes *self*, aus Nachrichten an *self* oder an andere Objekte, aus Kontrollanweisungen, wie z. B. case-Anweisungen, aus Operatoren von vordefinierten Datentypen, wie z. B. + und * für Integer, aus Zuweisungen der Form variable := ... und aus Rückgabeanweisungen der Form return(...) mit einem einzigen Rückgabewert. Das Senden einer Nachricht op an ein Objekt referenziert durch die Variable v mit aktuellen Eingabeparametern referenziert durch die Variablen v_1, ... , v_n wird durch [v op(v_1, ... ,v_n)] dargestellt.

Beispiel 7.3 Die Anweisung nettoPreis := c der Operation schreibeNettopreis des Objekttyps PRODUKT (siehe Abb. 7.2) aktualisiert den Nettopreis des Objektes *self*. Angenommen, die Variable p zeigt auf eine Instanz des Objekttyps HARDWARE. Dann aktualisiert die Nachricht [p schreibeNettopreis(100)] den Nettopreis dieser Instanz auf den Wert 100 öS. □

Objekte, die Instanzen eines Objekttyps *o* oder eines direkten oder indirekten Subtyps von *o* sind, werden auch als *Mitglieder von o* bezeichnet. Unser einfaches objektorientiertes Modell basiert wie OBD (siehe Kapitel 4 auf der Annahme, daß nur Blattknoten eines Vererbungsgraphen Instanzen besitzen.

Beispiel 7.4 Der Vererbungsgraph mit dem Wurzelknoten PRODUKT hat drei Blattknoten, nämlich HARDWARE, SOFTWARE und SCHULUNGSUNTERLAGEN (siehe Abb. 7.1). Der Vererbungsgraph mit dem Wurzelknoten KUNDE hat ebenfalls drei Blattknoten, nämlich INLÄNDISCHER_KUNDE, EUROPÄISCHER_KUNDE und US_KUNDE. □

Die Semantik des Nachrichtenaustauschs einer Nachricht *t* an eine Instanz des Objekttyps *o* ist wie folgt: wenn *o* eine Implementierung für *t* definiert, wird diese ausgeführt. Anderenfalls wird der Vererbungsgraph rekursiv bis zum Wurzeltyp nach einer Implementierung für *t* durchsucht.

Beispiel 7.5 Bezugnehmend auf Beispiel 7.3, wird die Implementierung der Operation schreibeNettopreis beim Objekttyp HARDWARE erfolglos gesucht. Die Suche wird beim Supertyp von HARDWARE, dem Objekttyp PRODUKT, fortgesetzt. Eine Implementierung für die gewünschte Operation wird dort gefunden und ausgeführt. □

7.3 Alternative Lösungsansätze

In diesem Abschnitt stellen wir Lösungsalternativen zur Modellierung der Preispolitik des Beispiel-Handelsunternehmens vor. Dabei gilt unser Hauptinteresse der Berechnung der Transportkosten. Wie bereits in der Einleitung erwähnt, sind die Transportkosten sowohl vom Typ des Produktes als auch vom Typ des Kunden abhängig. Das impliziert, daß die Berechnung der Transportkosten sowohl polymorph über dem Typ des Produktes (HARDWARE, SOFTWARE, SCHULUNGSUNTERLAGEN) als auch polymorph über dem Typ des Kunden (INLÄNDISCHER_KUNDE, EUROPÄISCHER_KUNDE, US_KUNDE) ist.

Mehrfach polymorphe Operationen können durch einfach polymorphe Operationen simuliert werden. Wir stellen die in der Literatur bekannten Lösungsalternativen anhand der Beispielproblemstellung vor und analysieren sie gemäß den folgenden Qualitätsmerkmalen:

Symmetrie der Verhaltensspezifikation: Verhalten, das von mehreren Objekttypen abhängig ist, ist *symmetrisch* spezifiziert, falls es nicht (willkürlich) einem der teilnehmenden Objekttypen zugeordnet wird. Bezogen auf unser Beispiel ist eine Lösung symmetrisch, wenn sie weder beim Objekttyp PRODUKT noch beim Objekttyp KUNDEN spezifiziert ist.

Lokalität der Verhaltensspezifikation: Zusammengehöriges Verhalten ist *lokal* spezifiziert, wenn es an einer Stelle spezifiziert ist. Bezogen auf unser Beispiel lokalisiert eine Lösung zusammengehöriges Verhalten, wenn die Berechnung der Transportkosten an einer Stelle im gesamten Modell spezifiziert ist.

Erweiterbarkeit: Eine Verhaltensspezifikation ist *einfach zu erweitern*, wenn die Einführung von neuen Objekttypen und neuen Operationen keine oder nur einfache Änderungen bei den vorhandenen Objekttypen und Operationen verursachen. Bezogen auf unser Beispiel ist eine Lösung einfach zu erweitern, wenn neue Produkttypen und neue Kundentypen eingeführt werden können, ohne die bestehenden Objekttypen und die Signaturen und Implementierungen der bestehenden Operationen anpassen zu müssen. Um dieses Qualitätsmerkmal überprüfen zu können, wird der neue Kundentyp ASIATISCHER_KUNDE und der neue Produkttyp WARTUNGSVERTRAG eingeführt (siehe Abb. 7.1).

Wartbarkeit: Eine Verhaltensspezifikation ist *einfach zu warten*, wenn eine Änderung möglichst lokal durchgeführt werden kann, ohne vorhandene, davon unabhängige Spezifikationen ebenfalls ändern zu müssen. Bezogen auf unser Beispiel ist eine Lösung einfach zu warten, falls eine spätere Revision der Preispolitik nur wenige und einfache Änderungen verursacht. Um dieses Qualitätsmerkmal überprüfen zu können, wird die Preispolitik wie folgt der aktuellen Wirtschaftslage angepaßt:

1. Für Wartungsverträge werden keine Transportkosten verrechnet.
2. Für ausländische Kunden werden 100 öS an Transportkosten verrechnet.
3. Wartungsverträge an ausländische Kunden werden mit 30 öS Transportkosten verrechnet. Diese Regel ist notwendig, um die Mehrdeutigkeit der Aussagen der vorangegangenen beiden Regeln aufzulösen.

7.3.1 Konventionelle Lösung

Die konventionelle Lösung zur Berechnung der Transportkosten eines bestimmten Produktes an einen bestimmten Kunden baut auf geschachtelten case-An-

```
object type PREIS_BERECHNUNG
      properties
            default: Integer;
      operations
            transportKosten(p: PRODUKT, k: KUNDE) returns Integer
                  { case p isInstanceOf:
                        HARDWARE: { case k isInstanceOf:
                              INLÄNDISCHER_KUNDE: return([p leseGewicht()]*70);
                              EUROPÄISCHER_KUNDE: return([p leseGewicht()]*300);
                              US-KUNDE: return([p leseGewicht()]*700);
                              end case};
                        SOFTWARE: { case k isInstanceOf:
                              INLÄNDISCHER_KUNDE: return(default);
                              EUROPÄISCHER_KUNDE: return(150);
                              US-KUNDE: return(150);
                              end case};
                        SCHULUNGSUNTERLAGEN:{ case k isInstanceOf:
                              INLÄNDISCHER_KUNDE: return(default);
                              EUROPÄISCHER_KUNDE: return(default);
                              US-KUNDE: return(default);
                              end case};
                  end case};
            ...
end object type PREIS_BERECHNUNG
```

Abbildung 7.3 Konventionelle Lösung

weisungen auf, in denen alle möglichen Kombinationen von Produkten und Kunden ausprogrammiert werden müssen. Diese Lösungsalternative ist typisch für nicht-objektorientierte Systeme. Eine äquivalente Lösung in unserem einfachen objektorientierten Modell wird im folgenden Beispiel aufgezeigt.

Beispiel 7.6 Unsere konventionelle Lösung in einem objektorientierten System baut auf dem Objekttyp PREIS_BERECHNUNG auf (siehe Abb. 7.3). Dieser Objekttyp hat genau eine Operation mit zwei Eingabeparametern und einem Rückgabewert, und zwar transportKosten (p: PRODUKT, k: KUNDE) returns Integer. Die Implementierung der Operation ist mit geschachtelten case-Anweisungen realisiert. Zur Laufzeit existiert genau eine Instanz des Objekttyps PREIS_BERECHNUNG und es wird angenommen, daß eine Variable pb auf diese Instanz zeigt (in Abb. 7.3 nicht dargestellt). Zur Berechnung der Transportkosten eines bestimmten Produktes p an einen bestimmten Kunden k wird die Nachricht transportKosten(p,k) an pb geschickt. □

Wir analysieren im folgenden die konventionelle Lösung anhand der definierten Qualitätsmerkmale:

Symmetrie: Die konventionelle Lösung ist *symmetrisch.* Die Berechnung der Transportkosten ist keinem der teilnehmenden Objekttypen PRODUKT oder KUNDE zugeordnet.

Lokalität: Die konventionelle Lösung *lokalisiert zusammengehöriges Verhalten.* Die Berechnung der Transportkosten erfolgt an genau einer Stelle, nämlich in der Operation transportKosten des Objekttyps PREIS_BERECHNUNG.

Erweiterbarkeit: Die konventionelle Lösung ist *nicht einfach zu erweitern*, wobei die Einführung eines neuen Kundentyps noch schwieriger ist als die Einführung eines neuen Produkttyps. Dies deshalb, weil Produkttypen in der äußeren case-Anweisung behandelt werden, und Kundentypen in der inneren case-Anweisung (siehe Abb. 7.3). Wird der neue Produkttyp WARTUNGSVERTRAG eingeführt, so muß eine neue Marke in der äußeren case-Anweisung der Implementierung der Operation transportKosten hinzugefügt werden. Wird jedoch der neue Kundentyp ASIATISCHER_KUNDE eingeführt, so muß jede Marke der äußeren case-Anweisung der Operation transportKosten für den neuen Kundentyp aktualisiert werden. Beide Erweiterungen implizieren das Ändern der Implementierung der Operation transportKosten sowie deren Übersetzung.

Wartbarkeit: Die konventionelle Lösung ist *nicht einfach zu warten.* Eine Revision der Preispolitik führt zu Codeänderungen an unterschiedlichen Stellen der Implementierung der Operation transportKosten. Änderungen aufgrund des Produkttyps sind dabei einfacher durchzuführen als Änderungen aufgrund des Kundentyps. Hier gilt dieselbe Erklärung wie für die Erweiterbarkeit. Werden z. B. die Transportkosten für Schulungsunterlagen geändert, so muß die innere case-Anweisung für SCHULUNGSUNTERLAGEN aktualisiert werden. Werden aber die Transportkosten für ausländische Kunden geändert, so müssen in allen inneren case-Anweisungen jene Anweisungen geändert werden, die ausländische Kunden betreffen (EUROPÄISCHER_KUNDE, US_KUNDE, ASIATISCHER_KUNDE). In beiden Fällen muß der Code der Operation transportKosten genau untersucht, an mehreren Stellen geändert und neu übersetzt werden.

7.3.2 Objektorientierte Lösung mit einfachem Operationsaufruf

Die einfache objektorientierte Lösung zur Berechnung der Transportkosten eines bestimmten Produktes an einen bestimmten Kunden wählt den Objekttyp PRODUKT (oder den Objekttyp KUNDE) als „geeigneten" Platz zur Implementierung der Operation transportKostenFür aus. Die Implementierung prüft in einer case-Anweisung den Typ des Eingabeparameters, in unserem Fall ein Kunde, und führt den entsprechenden Code aus. Die Operation wird für jeden Subtyp von PRODUKT überschrieben und an die aktuelle Preispolitik angepaßt.

```
object type HARDWARE subtypeOf PRODUKT
    ...
    operations
        transportKostenFür(k: KUNDE) returns Integer
            { case k isInstanceOf:
                INLÄNDISCHER_KUNDE: return(gewicht*70);
                EUROPÄISCHER_KUNDE: return(gewicht*300);
                US-KUNDE: return(gewicht*700);
            end case};
    ...
end object type HARDWARE
```

Abbildung 7.4. Objektorientierte Lösung mit einfachem Operationsaufruf (ausgewählte Teile)

Beispiel 7.7 Abbildung 7.4 zeigt Ausschnitte der objektorientierten Lösung mit einfachem Operationsaufruf. Die Operation transportKostenFür(k : KUNDE) returns Integer ist beim Objekttyp PRODUKT erstmals definiert (wird in Abb. 7.4 nicht gezeigt). Ihre Implementierung wird beim Objekttyp HARDWARE überschrieben. Zur Berechnung der Transportkosten eines bestimmten Produktes p an einen bestimmten Kunden k wird die Nachricht transportKostenFür(k) an p geschickt. □

Wir analysieren im folgenden die objektorientierte Lösung mit einfachem Operationsaufruf anhand der definierten Qualitätsmerkmale:

Symmetrie: Die einfache objektorientierte Lösung ist *nicht symmetrisch*. Die Berechnung der Transportkosten wird entweder dem Objekttyp PRODUKT (wie in unserem Beispiel) oder dem Objekttyp KUNDE zugeordnet.

Lokalität: Die einfache objektorientierte Lösung *lokalisiert zusammengehöriges Verhalten*. Die Berechnung der Transportkosten erfolgt ausschließlich innerhalb des Vererbungsgraphen mit dem Wurzelknoten PRODUKT und ist lokal bei jedem Produkttyp definiert.

Erweiterbarkeit: Die einfache objektorientierte Lösung ist zum Teil *schwierig zu erweitern*. Die Einführung eines neuen Produkttyps, z. B. WARTUNGSVERTRAG ist einfach. Die Operation transportKostenFür muß für den neuen Produkttyp in der Regel wieder implementiert werden, doch ist kein bestehender Code zu ändern. Die Einführung eines neuen Kundentyps, z. B. ASIATISCHER_KUNDE, erfordert jedoch die Änderung der Implementierung der Operation transportKostenFür in allen Blattknoten des Vererbungsgraphen mit dem Wurzelknoten PRODUKT. (Deshalb nur in den Blattknoten, weil in unserem einfachen objektorientierten Modell nur Blattknoten des Vererbungsgraphen Instanzen haben.) Die Änderung umfaßt das Einführen einer zusätzlichen Marke, ASIATISCHER_KUNDE, in den entsprechenden case-Anweisungen.

Wartbarkeit: Die einfache objektorientierte Lösung ist zum Teil *schwierig zu warten.* Eine Revision der Transportkosten bezüglich der Produkttypen ist dabei noch einfacher zu realisieren als eine Änderung der Transportkosten für bestimmte Kundentypen. Werden z. B. die Transportkosten für Wartungsverträge geändert, so muß ausschließlich die geerbte Implementierung der Operation transportKostenFür beim Objekttyp WARTUNGSVERTRAG überschrieben werden. Werden aber die Transportkosten für ausländische Kunden geändert, so erfordert dies die Änderung der Implementierung der Operation transportKostenFür in allen Blattknoten des Vererbungsgraphen mit dem Wurzelknoten PRODUKT. In jeder dieser Implementierungen müssen jene Anweisungen geändert werden, die ausländische Kunden betreffen (EUROPÄISCHER_KUNDE, US_KUNDE, ASIATISCHER_KUNDE).

7.3.3 Objektorientierte Lösung mit mehrfachem Operationsaufruf

Diese Lösungsalternative eliminiert case-Anweisungen, wie wir sie aus der konventionellen Lösung und aus der einfachen objektorientierten Lösung kennen. case-Anweisungen sind in der objektorientierten Entwicklung verpönt und können in der Regel mit Hilfe von Vererbung umgangen werden. Diese Richtlinie wurde bereits in der einfachen objektorientierten Lösung angewandt, indem die äußere case-Anweisung der konventionellen Lösung durch Vererbung und entsprechendes Überschreiben der Operationen des Vererbungsgraphen mit dem Wurzelknoten PRODUKT ersetzt wurde. Die innere case-Anweisung der konventionellen Lösung wird nun ebenfalls aufgelöst und durch mehrere, produkttypspezifische Operationen zur Berechnung der Transportkosten im Vererbungsgraphen mit dem Wurzelknoten KUNDE ersetzt. Diese Lösung wurde von Ingalls in [111] vorgestellt und verwendet folgende Technik. Zur Auflösung von n Marken einer case-Anweisung, d. h. die betrachtete Operation ist polymorph über n Objekttypen, werden zusätzlich zu dieser Operation $n-1$ Ebenen des Nachrichtenaustauschs eingeführt. In jedem dieser Operationsnamen wird der Objekttyp des Senders kodiert. Angewendet auf unser Beispiel ergibt dies folgendes: Die Berechnung der Transportkosten ist polymorph bezüglich der beiden Objekttypen PRODUKT und KUNDE. Zusätzlich zur Operation transportKostenFür, die beim Objekttyp PRODUKT definiert ist, wird für jeden Blattknoten X des Vererbungsgraphen für Produkte eine Operation X-transportKosten beim Objekttyp KUNDE definiert und bei Bedarf in den direkten und indirekten Subtypen von KUNDE überschrieben.

Beispiel 7.8 Abbildung 7.5 demonstriert die objektorientierte Lösung mit mehrfachem Operationsaufruf. Beim Objekttyp KUNDE sind die Operationen

```
object type HARDWARE subtypeOf PRODUKT
          ...
     operations
          transportKostenFür(k: KUNDE) returns Integer
               {return([k HW-transportKosten(self)])};
          ...
end object type HARDWARE

object type KUNDE
     operations
          defaultTransportKosten() returns Integer { return(50) };
          HW-transportKosten(p: HARDWARE) returns Integer
               { return([self defaultTransportKosten()]) };
          SW-transportKosten(p: SOFTWARE) returns Integer
               { return([self defaultTransportKosten()]) };
          SU-transportKosten(p: SCHULUNGSUNTERLAGEN)
               { return[self defaultTransportKosten()]) };
          ...
end object type KUNDE

object type INLÄNDISCHER_KUNDE subtypeOf KUNDE
     operations
          HW-transportKosten(p: HARDWARE) returns Integer
               { return([p leseGewicht()]*70) };
          ...
end object type INLÄNDISCHER_KUNDE

object type AUSLÄNDISCHER_KUNDE subtypeOf KUNDE
     operations
          SW-transportKosten(p: SOFTWARE) returns Integer
               { return(150) };
          ...
end object type AUSLÄNDISCHER_KUNDE

object type EUROPÄISCHER_KUNDE subtypeOf AUSLÄNDISCHER_KUNDE
     operations
          HW-transportKosten(p: HARDWARE) returns Integer
               { return([p leseGewicht()]*300) };
          ...
end object type EUROPÄISCHER_KUNDE

object type US-KUNDE subtypeOf AUSLÄNDISCHER_KUNDE
     operations
          HW-transportKosten(p: HARDWARE) returns Integer
               { return([p leseGewicht()]*700) };
          ...
end object type US-KUNDE
```

Abbildung 7.5 Objektorientierte Lösung mit mehrfachem Operationsaufruf

HW-transportKosten(p: HARDWARE) returns Integer, SW-transportKosten(p: SOFTWARE) returns Integer und SU-transportKosten(p: SCHULUNGSUNTERLAGEN) returns Integer implementiert. In den direkten und indirekten Subtypen von KUNDE wird die Implementierung dieser Operationen gemäß der aktuellen Preispolitik angepaßt. Der Inputparameter p wird in der Beispielimplementierung nicht immer benutzt, doch wird er für mögliche zukünftige Erweiterungen in jeder Operation spezifiziert. Für jeden Produkttyp wird die Berechnung der Transportkosten an den jeweiligen Kunden delegiert. Zum Beispiel ist die Berechnung der Hardware-Transportkosten an einen Kunden k durch {return([k HW-transportKosten(self)])} implementiert. □

Wir analysieren im folgenden die objektorientierte Lösung mit mehrfachem Operationsaufruf anhand der definierten Qualitätsmerkmale:

Symmetrie: Die objektorientierte Lösung mit mehrfachem Operationsaufruf ist *nicht symmetrisch.* Die Schnittstelle zur Berechnung der Transportkosten muß einem Objekttyp (in unserem Fall dem Objekttyp PRODUKT) zugeordnet werden, während die Implementierung der Transportkosten an einen anderen Objekttyp (in unserem Fall an KUNDE) delegiert wird.

Lokalität: Die Lokalität von zusammengehörigem Verhalten ist *verletzt.* Die Berechnung der Transportkosten ist auf zwei Vererbungsgraphen verteilt.

Erweiterbarkeit: Die objektorientierte Lösung mit mehrfachem Operationsaufruf ist *relativ einfach zu erweitern.* Weder die Einführung eines neuen Produkttyps noch die Einführung eines neuen Kundentyps erfordert Änderungen an bestehenden Operationen. Wird ein neuer Produkttyp, z. B. WARTUNGSVERTRAG, eingeführt, so muß die Operation WV-transportKosten(p: WARTUNGSVERTRAG) returns Integer beim Objekttyp KUNDE neu implementiert werden. Außerdem wird die geerbte Implementierung der Operation transportKostenFür beim Objekttyp WARTUNGSVERTRAG mit dem Aufruf dieser neuen Operation WV-transportKosten überschrieben. Wird ein neuer Kundentyp, z. B. ASIATISCHER_KUNDE, eingeführt, so müssen die geerbten Operationen X-transportKosten (wobei X für die Blattknoten des Vererbungsgraphen der Produkte steht) überschrieben werden, falls die Transportkosten für asiatische Kunden von denen für ausländische Kunden im allgemeinen abweichen.

Wartbarkeit: Die objektorientierte Lösung mit mehrfachem Operationsaufruf ist *relativ einfach zu warten.* Eine Revision der Transportkosten bezüglich der Produkttypen ist dabei noch einfacher zu realisieren als eine Änderung der Transportkosten für bestimmte Kundentypen. Dies wiederum deshalb, weil die Beispiellösung in Abb. 7.5 den Vererbungsgraphen mit dem Wurzelknoten PRODUKT als Schnittstelle spezifiziert. Werden z. B. die Transportkosten für Wartungsverträge geändert, so muß ausschließlich die Implementierung der Operation WV-transportKosten des Objekttyps KUNDE geändert werden. Werden aber die Transportkosten für ausländische Kunden geändert, so müssen alle betroffenen Operationen beim Objekttyp AUSLÄNDISCHER_KUNDE geändert werden.

7.4 Mehrfach polymorphe Operationen

Im vorangegangenen Abschnitt haben wir Lösungsalternativen für mehrfach polymorphe Operationen mit Hilfe von einfach polymorphen Operationen basierend auf dem traditionellen Nachrichtenaustausch vorgestellt. Keine dieser Lösungen erfüllt alle Qualitätsmerkmale, nämlich Symmetrie, Lokalität, Wartbarkeit und Erweiterbarkeit. Dies deshalb, weil traditionelle objektorientierte Systeme nur ein Empfängerobjekt kennen, d. h. jede Operation ist von genau einem Objekttyp abhängig. Operationen, die von mehreren Objekttypen abhängig sind, wie die Berechnung der Transportkosten, die sowohl vom Typ des Produktes als auch vom Typ des Kunden abhängig ist, müssen willkürlich einem Objekttyp zugeordnet werden.

In diesem Abschnitt stellen wir eine Erweiterung des traditionellen Nachrichtenaustauschs vor, den *kooperativen Nachrichtenaustausch*, der mehrere Empfängerobjekte unterstützt. Eine *kooperative Nachricht* wird an eine Liste von Objekten geschickt, die die empfangene Nachricht gemeinsam beantworten. Ein Beispiel für eine kooperative Nachricht ist die Aufforderung an ein bestimmtes Produkt p und an einen bestimmten Kunden k die Transportkosten zu berechnen. Dies wird durch die Anweisung [⟨ p,k ⟩ transportKosten()] dargestellt.

Kooperative Nachrichten realisieren das Konzept der mehrfach polymorphen Operationen. Mehrfach polymorphe Operationen werden in sogenannten *Kooperationsverträgen* definiert, auf die die objektorientierten Konzepte der Kapselung, des Information Hiding, der Vererbung, des Überschreibens und des dynamischen Bindens ebenfalls anwendbar sind. In den folgenden Abschnitten werden Kooperationsverträge im Detail vorgestellt.

7.4.1 Kooperationsverträge und mehrfach polymorphe Operationen

Ein Kooperationsvertrag wird zwischen mehreren Objekttypen festgelegt. Dadurch wird die Interaktion zwischen den Instanzen dieser Objekttypen explizit gemacht und nicht in der Implementierung einer einfach polymorphen Operation, die willkürlich einem dieser Objekttypen zugeordnet werden muß, versteckt. Die Empfänger einer kooperativen Nachricht müssen nicht durch eine statische Beziehung, bekannt aus der Strukturmodellierung (siehe dazu auch Unterkapitel 7.6), verbunden sein. Es ist möglich, jedem beliebigen Produkt p und jedem beliebigen Kunden k eine kooperative Nachricht zu schicken. Dies entspricht einer dynamischen, d. h. zur Laufzeit aufgebauten Interaktion, die kein statisches, d. h. abgespeichertes Pendant hat.

Die an einem Kooperationsvertrag beteiligten Objekttypen werden als *teilnehmende Objekttypen* bezeichnet. Um die Diskussion von Kooperationsverträgen auf das Wesentliche zu konzentrieren, werden ausschließlich binäre Kooperationsverträge, d. h. zwischen genau zwei teilnehmenden Objekttypen betrachtet. Die teilnehmenden Objekttypen müssen überdies unterschiedlich sein und es darf höchstens ein Kooperationsvertrag zwischen je zwei teilnehmenden Objekttypen definiert werden. Ein binärer Kooperationsvertrag hat einen eindeutigen Namen und definiert eine Menge von mehrfach polymorphen Operationen. Die Signatur einer mehrfach polymorphen Operation hat den gleichen Aufbau wie die einer einfach polymorphen Operation.

Beispiel 7.9 Abbildung 7.6 zeigt den Kooperationsvertrag PREIS_BERECHNUNG zwischen den teilnehmenden Objekttypen PRODUKT und KUNDE. Dieser Kooperationsvertrag definiert die zwei mehrfach polymorphen Operationen transportKosten() returns Integer und gesamtPreis() returns Integer. □

Der Aufruf einer mehrfach polymorphen Operation erfolgt durch das Senden einer kooperativen Nachricht an eine Liste von Objekten, wobei jedes Objekt Mitglied genau eines teilnehmenden Objekttyps ist. Das Senden einer kooperativen Nachricht koop an zwei Objekte referenziert durch die Variablen v_1 und v_2 mit aktuellen Eingabeparametern referenziert durch die Variablen w_1, ... , w_n wird durch [⟨v_1,v_2⟩ koop(w_1, ... , w_n)] dargestellt.

Die Implementierung einer mehrfach polymorphen Operation ist gleich zu der einer einfach polymorphen Operation aufgebaut, mit der Ausnahme, daß zwischen mehreren Empfängerobjekten unterschieden werden muß. Dies geschieht durch Qualifizierung der vordefinierten Pseudovariable self mit dem Objekttyp des anzusprechenden Empfängerobjektes.

Beispiel 7.10 Die Nachricht [self(PRODUKT) leseNettoPreis()] wird in der Implementierung der mehrfach polymorphen Operation gesamtPreis des Kooperationsvertrages PREIS_BERECHNUNG zur Erkundung des Nettopreises an jenes Produkt gesendet, das eines der Empfängerobjekte der kooperativen Nachricht gesamtPreis ist. □

Die Definition von Kooperationsverträgen baut auf den wichtigsten objektorientierten Konzepten auf. Kooperationsverträge unterliegen dem Prinzip der *Kapselung* und des *Information Hiding.* Während die Schnittstellen, d. h. die Signaturen der mehrfach polymorphen Operationen sichtbar sind, sind ihre Implementierungen verborgen. Kooperationsverträge nützen auch das Prinzip der *Vererbung.* Ein Kooperationsvertrag zwischen zwei teilnehmenden Objekttypen o_1 und o_2 definiert die mehrfach polymorphen Operationen nicht nur für Paare von Instanzen von o_1 und o_2 sondern auch für alle Paare von Mitgliedern von o_1 und o_2.

Beispiel 7.11 Für eine bestimmte Software p und einen bestimmten inländischen Kunden k wird die kooperative Nachricht [⟨p,k⟩ transportKosten()] von

```
cooperation contract PREIS_BERECHNUNG
    between PRODUKT and KUNDE
    operations
        transportKosten() returns Integer
            { return(50) }
        gesamtPreis() returns Integer
            { return([ self(PRODUKT) leseNettopreis()]
                + [self(PRODUKT) leseMehrwertsteuer()]
                + [⟨ self(PRODUKT),self(KUNDE) ⟩ transportKosten()]) }
end cooperation contract PREIS_BERECHNUNG

cooperation contract PB_AUSLÄNDER
    between PRODUKT and AUSLÄNDISCHER_KUNDE
    operations
        gesamtPreis() returns Integer
            { return([self(PRODUKT) leseNettopreis()]+
            [⟨self(PRODUKT),self(AUSLÄNDISCHER_KUNDE)⟩
            transportKosten()]) }
end cooperation contract PB_AUSLÄNDER

cooperation contract PB_SW_AUSLÄNDER
    between SOFTWARE and AUSLÄNDISCHER_KUNDE
    operations
        transportKosten() returns Integer
            { return(150) }
end cooperation contract PB_SW_AUSLÄNDER

cooperation contract PB_HW_INLÄNDER
    between HARDWARE and INLÄNDISCHER_KUNDE
    operations
        transportKosten() returns Integer
            { return([self(HARDWARE) leseGewicht()]*70) }
end cooperation contract PB_HW_INLÄNDER

cooperation contract PB_HW_EUROPÄER
    between HARDWARE and EUROPÄISCHER_KUNDE
    operations
        transportKosten() returns Integer
            { return([self(HARDWARE) leseGewicht()]*300) }
end cooperation contract PB_HW_EUROPÄER

cooperation contract PB_HW_US
    between HARDWARE and US-KUNDE
    operations
        transportKosten() returns Integer
            { return([self(HARDWARE) leseGewicht()]*700) }
end cooperation contract PB-HW-US
```

Abbildung 7.6 Kooperationsverträge

p und k verstanden, obwohl explizit kein Kooperationsvertrag zwischen den teilnehmenden Objekttypen SOFTWARE und INLÄNDISCHER_KUNDE definiert ist (siehe Abb. 7.6). Die kooperative Nachricht wird deshalb verstanden, weil die mehrfach polymorphe Operation transportKosten beim Kooperationsvertrag PREIS_BERECHNUNG definiert ist, dessen teilnehmende Objekttypen PRODUKT und KUNDE Supertypen von SOFTWARE und INLÄNDISCHER_KUNDE sind. □

Ein Kooperationsvertrag K' zwischen den teilnehmenden Objekttypen o'_1 und o'_2 *erbt* die mehrfach polymorphen Operationen von einem Kooperationsvertrag K, definiert zwischen den teilnehmenden Objekttypen o_1 und o_2, falls

1. o'_1 identisch zu o_1 ist, und o'_2 ein direkter oder indirekter Subtyp von o_2 ist, oder
2. o'_2 identisch zu o_2 ist, und o'_1 ein direkter oder indirekter Subtyp von o_1 ist, oder
3. o'_1 ein direkter oder indirekter Subtyp von o_1 ist, und o'_2 ein direkter oder indirekter Subtyp von o_2 ist.

Die Vererbungsbeziehungen zwischen Kooperationsverträgen werden in einem sogenannten *Kooperationsgraph* dargestellt. Kooperationsverträge können die Implementierungen von geerbten mehrfach polymorphen Operationen *überschreiben* und zusätzlich neue mehrfach polymorphe Operationen zwischen den teilnehmenden Objekttypen definieren. Auch das *dynamische Binden* einer kooperativen Nachricht zur Implementierung der entsprechenden mehrfach polymorphen Operation wird unterstützt.

Beispiel 7.12 Der Kooperationsvertrag PB_AUSLÄNDER zwischen den teilnehmenden Objekttypen PRODUKT und AUSLÄNDISCHER_KUNDE erbt vom Kooperationsvertrag PREIS_BERECHNUNG zwischen den teilnehmenden Objekttypen PRODUKT und KUNDE, weil AUSLÄNDISCHER_KUNDE ein Subtyp von KUNDE ist (siehe auch Abb. 7.6 und 7.7). In PB_AUSLÄNDER wird die Implementierung der geerbten, mehrfach polymorphen Operation gesamtPreis überschrieben, weil ausländische Kunden von der Mehrwertsteuer befreit sind. □

Die gesamte Preispolitik des Beispiel-Handelsunternehmens wird in den Kooperationsverträgen in Abb. 7.6 modelliert. Die Vererbungsbeziehungen zwischen den Kooperationsverträgen sind im Kooperationsgraph in Abb. 7.7 dargestellt. Wie wir noch diskutieren werden, unterstützen Kooperationsverträge Mehrfachvererbung. Für jede Regel bezüglich der Preispolitik, wie sie in Unterkapitel 7.2 definiert ist, existiert genau eine Implementierung einer mehrfach polymorphen Operation. Diese Operation ist bei jenem Kooperationsvertrag implementiert, dessen teilnehmende Objekttypen in der Regel erwähnt werden.

Beispiel 7.13 Die Regel „Softwaretransportkosten ins Ausland werden mit einem Fixpreis von 150 öS pro Versand festgesetzt" wird durch die Implementierung der Operation transportKosten des Kooperationsvertrages PB_SW_AUSLÄNDER mit den teilnehmenden Objekttypen SOFTWARE und AUSLÄNDISCHER_KUNDE repräsentiert. □

Durch die modulare Spezifikation von Kooperationsverträgen basierend auf objektorientierten Konzepten ist es relativ einfach möglich, Erweiterungen bezüglich der teilnehmenden Objekttypen sowie Anpassungen der Implementierungen der mehrfach polymorphen Operationen durchzuführen. Dies unter anderem deshalb, weil aufgrund von Vererbung ein Objekt alle mehrfach polymorphen Operationen eines Kooperationsvertrages K *kennt*, falls das Objekt Mitglied eines teilnehmenden Objekttyps von K ist.

Beispiel 7.14 Die Einführungen des neuen Produkttyps WARTUNGSVERTRAG sowie des neuen Kundentyps ASIATISCHER_KUNDE führen primär zu keinen Änderungen bei den in Abb. 7.6 dargestellten Kooperationsverträgen. Objekte vom Typ WARTUNGSVERTRAG kennen alle jene Kooperationsverträge, die den Supertyp von WARTUNGSVERTRAG, den Objekttyp PRODUKT, als teilnehmenden Objekttyp haben. Dies sind die Kooperationsverträge PREIS_BERECHNUNG und PB_AUSLÄNDER. Ähnliches gilt für Objekte vom Typ ASIATISCHER_KUNDE. Sie kennen alle jene Kooperationsverträge, die die direkten oder indirekten Supertypen von ASIATISCHER_KUNDE, die Objekttypen AUSLÄNDISCHER_KUNDE oder KUNDE, als teilnehmende Objekttypen haben. Dies sind die Kooperationsverträge PREIS_BERECHNUNG, PB_AUSLÄNDER und PB_SW_AUSLÄNDER.

Die Revision der Preispolitik, wie sie in Unterkapitel 7.3 definiert wurde, kann durch Anpassung bestehender und Einführung neuer Kooperationsverträge durchgeführt werden (siehe Abb. 7.7 und 7.8). Die Transportkosten für Wartungsverträge werden im neu definierten Kooperationsvertrag PB_WARTUNGSVERTRAG mit den teilnehmenden Objekttypen WARTUNGSVERTRAG und KUNDE modelliert. Um die Transportkosten an ausländische Kunden anzupassen, wird die Operation transportKosten im bestehenden Kooperationsvertrag PB_AUSLÄNDER überschrieben. Um die Mehrdeutigkeit der Aussagen über die Transportkosten von Wartungsverträgen an ausländische Kunden aufzulösen, wird der neue Kooperationsvertrag PB_WV_AUSLÄNDER mit den teilnehmenden Objekttypen WARTUNGSVERTRAG und AUSLÄNDISCHER_KUNDE definiert. □

7.4.2 Semantik des kooperativen Nachrichtenaustauschs

In diesem Abschnitt behandeln wir die Frage, wie die zu einer kooperativen Nachricht gehörende Implementierung einer mehrfach polymorphen Operation bestimmt wird. In anderen Worten, wir diskutieren die Semantik des kooperativen Nachrichtenaustauschs.

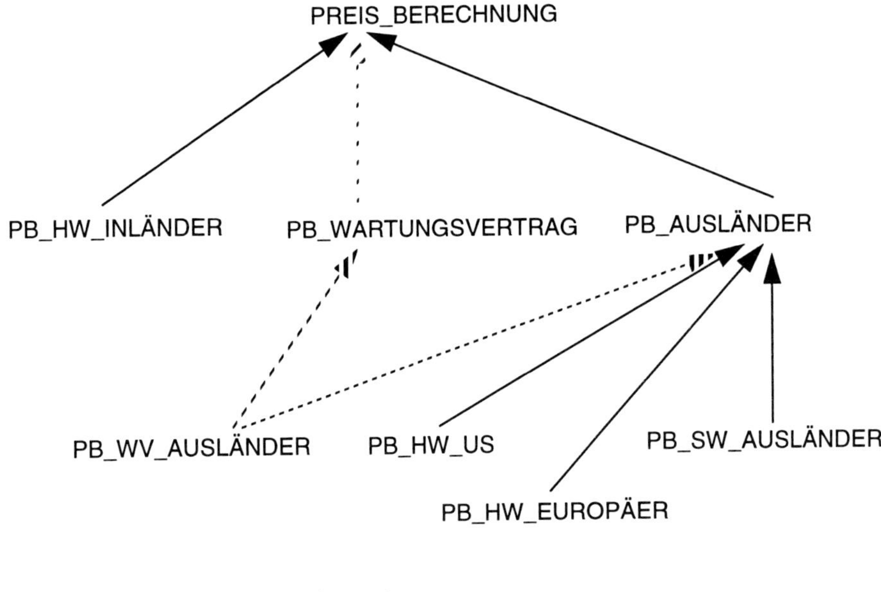

Abbildung 7.7 Kooperationsgraph

Ein Paar von Objekten *kennt* die mehrfach polymorphen Operationen eines Kooperationsvertrages K genau dann, falls die Objekte Mitglieder der teilnehmenden Objekttypen von K sind. Die Semantik einer kooperativen Nachricht *koop*, die an ein Paar von Objekten geschickt wird, ist wie folgt definiert:

1. es wird ein speziellster Kooperationsvertrag K bezüglich der teilnehmenden Objekte und *koop* ausgewählt. Ein Kooperationsvertrag K ist ein *speziellster Kooperationsvertrag* bezüglich der teilnehmenden Objekte und *koop*, falls
   (a) die teilnehmenden Objekte die mehrfach polymorphen Operationen von K kennen, und
   (b) eine Implementierung von *koop* bei K definiert ist, und
   (c) kein anderer Kooperationsvertrag K' existiert, der von K erbt und genau diese Eigenschaften besitzt.
2. Die Implementierung der mehrfach polymorphen Operation *koop*, wie sie bei dem speziellsten Kooperationsvertrag K bezüglich der teilnehmenden Objekte definiert ist, wird ausgeführt.

Die Auflösung einer Mehrdeutigkeit wird im Anschluß an das folgende Beispiel diskutiert.

```
cooperation contract PB_WARTUNGSVERTRAG
    between WARTUNGSVERTRAG and KUNDE
    operations
        transportKosten() returns Integer
            { return(0) }
end cooperation contract PB_WARTUNGSVERTRAG

cooperation contract PB_AUSLÄNDER
    between PRODUKT and AUSLÄNDISCHER_KUNDE
    operations
        transportKosten() returns Integer
            { return(100) }
        gesamtPreis() returns Integer
            { return([self(PRODUKT) leseNettopreis()]+
            [⟨ self(PRODUKT), self(AUSLÄNDISCHER_KUNDE) ⟩
                transportKosten()])}
end cooperation contract PB_AUSLÄNDER

cooperation contract PB_WV_AUSLÄNDER
    between WARTUNGSVERTRAG and AUSLÄNDISCHER_KUNDE
    operations
        transportKosten() returns Integer
            { return(30) }
end cooperation contract PB_WV_AUSLÄNDER
```

Abbildung 7.8 Kooperationsverträge (Erweiterung und Überarbeitung)

Beispiel 7.15 Die Nachrichten [⟨ p,k ⟩ transportKosten()] und [⟨ p,k ⟩ gesamtPreis()] werden an Schulungsunterlagen p und an einen europäischen Kunden k geschickt. Ausgehend von der Definition der Kooperationsverträge in Abb. 7.6 kann festgestellt werden, daß p und k den Kooperationsvertrag PB_AUSLÄNDER mit den teilnehmenden Objekttypen PRODUKT und AUSLÄNDISCHER_KUNDE und den Kooperationsvertrag PREIS_BERECHNUNG mit den teilnehmenden Objekttypen PRODUKT und KUNDE kennen. Für die kooperative Nachricht transportKosten existiert nur eine Implementierung, und zwar beim Kooperationsvertrag PREIS_BERECHNUNG. Diese Implementierung wird ausgeführt und die Transportkosten von 50 öS zurückgegeben. Für die kooperative Nachricht gesamtPreis existiert je eine Implementierung in beiden Kooperationsverträgen. Der Kooperationsvertrag PB_AUSLÄNDER erbt vom Kooperationsvertrag PREIS_BERECHNUNG, d. h. PB_AUSLÄNDER ist der speziellste Kooperationsvertrag bezüglich der Objekte p und k und der kooperativen Nachricht gesamtPreis. Daher wird die Implementierung der Operation gesamtPreis, wie sie bei PB_AUSLÄNDER definiert ist, ausgeführt. □

Kooperationsverträge unterstützen Mehrfachvererbung. Ein Kooperationsvertrag K_i erbt von allen Kooperationsverträgen K_j $(j = 1 \ldots n, j \neq i)$, deren teilnehmende Objekttypen entweder identisch zu oder direkte oder indirekte Supertypen der teilnehmenden Objekttypen von K_i sind. Wie bei herkömmlichen objektorientierten Systemen kann es zur Vererbung von unterschiedlichen Implementierungen derselben Operationen kommen. Dies ist dann der Fall, wenn für ein Paar von Objekten und für die kooperative Nachricht *koop* kein Kooperationsvertrag existiert, für den die Objekte Instanzen der teilnehmenden Objekttypen sind, aber mehrere Kooperationsverträge K_j, K_k $(j, k = 1 \ldots n, j \neq k)$ existieren, für die gilt:

1. die teilnehmenden Objekte kennen K_j und K_k, und
2. sowohl K_j als auch K_k definieren eine Implementierung für *koop*, und
3. K_j erbt nicht von K_k und umgekehrt.

In diesem Fall ist es nicht eindeutig, welche der geerbten Implementierungen für *koop* ausgeführt werden soll.

Beispiel 7.16 Betrachten wir die kooperative Nachricht [⟨ p,k ⟩ transportKosten] an die Objekte p und k, wobei p eine Instanz von WARTUNGSVERTRAG ist, und k eine Instanz von AUSLÄNDISCHER_KUNDE. Unter der Annahme, daß es keine Implementierung der Operation transportKosten beim Kooperationsvertrag PB_WV_AUSLÄNDER gibt, oder daß der Kooperationsvertrag PB_WV_AUSLÄNDER überhaupt nicht spezifiziert worden ist, ist die Festlegung der auszuführenden Implementierung der Operation transportKosten nicht eindeutig möglich. Es existieren zwei „speziellste" Kooperationsverträge bezüglich der Objekte p und k und der kooperativen Nachricht transportKosten, nämlich PB_WARTUNGSVERTRAG und PB_AUSLÄNDER (siehe auch Abb. 7.7 und 7.8). □

Zur Auflösung dieser Mehrdeutigkeiten kann auf bekannte Lösungsansätze für Mehrfachvererbung bei objektorientierten Systemen zurückgegriffen werden. Dabei kann man zwischen syntaktisch motivierten und semantisch motivierten Lösungen unterscheiden.

Syntaktisch motivierte Lösungen bauen auf einem Konfliktlösungsmechanismus auf, der automatisch ausgeführt werden kann. Ein Beispiel für einen solchen Mechanismus ist, die Liste der Empfängerobjekte sequentiell von links nach rechts „abzuarbeiten". Dabei wird die Implementierung jenes Kooperationsvertrages ausgeführt, der für das erste Empfängerobjekt am speziellsten ist. Bezogen auf unser vorangegangenes Beispiel bedeutet dies, daß die Implementierung der Operation transportKosten des Kooperationsvertrages PB_WARTUNGSVERTRAG ausgeführt wird (dies gilt unter der Annahme, daß der Wartungsvertrag p das erste Empfängerobjekt ist). Syntaktisch motivierte Lösungen haben den Vorteil, daß sie ohne Eingreifen durch einen menschlichen Beobachter durchgeführt werden können. Sie haben aber den Nachteil, daß sie nicht dazu beitragen, semantische Mehrdeutigkeiten in der Problemspezifikation aufzuzeigen. Dies wird von ***semantisch motivierten Lösungen*** unterstützt. Diese erfordern, daß ein menschlicher Beobachter die Mehrdeutigkeiten auflöst. Bezogen auf unser vorangegangenes Beispiel bedeutet dies, daß zusätzlich zur Angabe der Transportkosten für Wartungsverträge und der Transportkosten an ausländische Kunden spezifiziert werden muß, welche Transportkosten für Wartungsverträge an ausländische Kunden gelten. Dies wurde in der Revision der Preispolitik in Unterkapitel 7.3 berücksichtigt und im Kooperationsvertrag PB_WV_AUSLÄNDER durch Überschreiben der Implementierung der Operation transportKosten realisiert. Die Auflösung von Mehrdeutigkeiten bereits in der Problemspezifikation ist gegenüber syntaktisch motivierten Lösungen zu bevorzugen, weil dies dazu beiträgt, semantische Fehler und unvollständige Spezifikationen zu vermeiden.

7.4.3 Vergleich der Lösungsansätze

Nach der Festlegung der Semantik untersuchen wir nun auch die Charakteristika des Lösungsansatzes basierend auf Kooperationsverträgen, um im Anschluß die in diesem Kapitel diskutierten Lösungsalternativen für mehrfach polymorphe Operationen vergleichen zu können.

Symmetrie: Kooperationsverträge ermöglichen eine *symmetrische* Lösung. Die Berechnung der Transportkosten ist keinem der teilnehmenden Objekttypen PRODUKT oder KUNDE zugeordnet.

Lokalität: Kooperationsverträge *lokalisieren zusammengehöriges Verhalten.* Die Berechnung der Transportkosten erfolgt an genau einer Stelle, nämlich im Kooperationsgraph mit dem Wurzelvertrag PREIS_BERECHNUNG.

Erweiterbarkeit: Kooperationsverträge sind *einfach zu erweitern.* Falls ein neuer Produkttyp, wie z. B. WARTUNGSVERTRAG, oder ein neuer Kundentyp, wie z. B. ASIATISCHER_KUNDE, eingeführt werden, sind keine Implementierungen existierender Operationen zu ändern und neu zu übersetzen und kein neuer Typ von Operationen zu implementieren (wie z. B. WV-transportKosten in der objektorientierten Lösung mit mehrfachem Operationsaufruf). Falls die Transportkosten für die neuen Objekttypen von den geerbten Transportkosten abweichen, müssen speziellere Kooperationsverträge spezifiziert werden, in denen die geerbten Implementierungen zur Berechnung der Transportkosten überschrieben werden. Dies entspricht bereits einer speziellen Form der Wartung (siehe nächster Absatz).

Wartbarkeit: Kooperationsverträge sind *einfach zu warten.* Für jede Änderung der Preispolitik ist in der Regel die Implementierung der Operation transportKosten in einem der Kooperationsverträge zu ändern bzw. neu hinzuzufügen.

Tabelle 7.1 Vergleich der Lösungen für mehrfach polymorphe Operationen

	1.	2.	3.	4.
Symmetrie	+	-	-	+
Lokalität	+	+	-	+
Erweiterbarkeit	-	-	+/-	+
Wartbarkeit	-	-	+/-	+

1. konventionelle Lösung
2. objektorientierte Lösung mit einfachem Operationsaufruf
3. objektorientierte Lösung mit mehrfachem Operationsaufruf
4. Kooperationsverträge

In Tabelle 7.1 werden die drei alternativen Lösungsansätze zur Modellierung mehrfach polymorpher Operationen der Lösung mit Kooperationsverträgen gegenübergestellt.

7.5 Zusammenfassung

In diesem Kapitel wurde eine Lösung zur Modellierung von mehrfach polymorphen Operationen, Kooperationsverträge und kooperativer Nachrichtenaustausch, vorgestellt. Kooperationsverträge modellieren mehrfach polymorphe Operationen, d. h. Operationen, die von mehreren Objekttypen abhängen, durch Spezifikation einer Liste von Empfängerobjekten. Dieser Liste von Empfängerobjekten wird gemeinsam eine kooperative Nachricht geschickt und die Implementierung der dazugehörigen mehrfach polymorphen Operation ausgeführt. Es ist daher nicht notwendig, willkürlich ein Empfängerobjekt auszuwählen und die Nachricht diesem Objekt zu schicken, wie es die traditionelle objektorientierte Verhaltensmodellierung verlangt. Kooperationsverträge unterstützen die objektorientierten Konzepte der Kapselung, des Information Hiding, der Vererbung, des Überschreibens und des dynamischen Bindens. Unter Ausnutzung dieser Konzepte ist es möglich, symmetrische Lösungen zu modellieren, die zusammengehöriges Verhalten lokalisieren und leicht erweiterbar und wartbar sind.

Kooperationsverträge sind das verhaltensmäßige Pendant zum symmetrischen Beziehungskonzept in der Strukturmodellierung. Der wesentliche Unterschied zwischen Kooperationsverträgen und symmetrischen Beziehungen ist folgender. Für jede statische Beziehung zwischen je zwei Objekten wird ein Beziehungsobjekt erzeugt und abgespeichert. Eine dynamische Beziehung zwischen je zwei Objekten zur Ausführung einer mehrfach polymorphen Operation existiert hingegen nur so lange, bis die Ausführung der Operation abgeschlossen ist. Durch Ausnützung der objektorientierten Konzepte kann eine automatische, zur Laufzeit stattfindende Zuordnung der richtigen Implementierung zu einer kooperativen Nachricht bezüglich zweier Empfängerobjekte gemacht werden. Bei der statischen Beziehung muß der Benutzer den richtigen Beziehungstyp abhängig vom Typ der teilnehmenden Objekte auswählen und instanziieren.

Zur verständlicheren Darstellung des Konzeptes haben wir uns in diesem Kapitel auf binäre Kooperationsverträge beschränkt. Eine Erweiterung auf n-äre Kooperationsverträge stellt jedoch keine Probleme dar.

7.6 Literaturhinweise

Das Konzept des symmetrischen Beziehungstyps (*relationship*) wurde erstmals im Entity/Relationship-Modell von Chen [52] eingeführt und zur Strukturmodellierung in objektorientierten Modellen übernommen. Es fehlt aber ein entsprechendes Konzept in den meisten objektorientierten Datenbank- und Programmiersprachen. Das heißt, daß bei der Umsetzung des Anwendungsmodells in die Implementierungsumgebung die symmetrische Beziehung durch zwei gerichtete, inverse Referenzen aufgelöst oder durch die Spezifikation eines weiteren Objekttyps simuliert werden muß. Beide Lösungen führen zu zusätzlichem Programmieraufwand. Es gibt einige ausgewählte objektorientierte Datenbanksprachen [6, 67] und Programmiersprachen [204], die den *Beziehungstyp* neben dem *Objekttyp* als vordefiniertes Sprachkonstrukt unterstützen.

Mehrfach polymorphe Operationen, das verhaltensmäßige Pendant zur symmetrischen Beziehung in der Strukturmodellierung, werden von wenigen objektorientierten Programmiersprachen unterstützt. Dazu gehören *multi-methods* in Cecil [48], in CLOS [4] und in CommonLoops [25], sowie *multi-variant functions* in Kea [176]. Schließlich unterstützt C++ mit Hilfe des Überladens der Funktionsnamen und Unterscheidung der Funktionen aufgrund von unterschiedlichen Argumenttypen eine vereinfachte Form von mehrfach polymorphen Operationen [75]. Der Nachteil dabei ist u.a., daß die Zuordnung der Implementierung zu einer überladenen Funktion zur Übersetzungszeit basierend auf dem statischen Typ der formalen Argumente erfolgt, und nicht zur Laufzeit basierend auf dem dynamischen Typ der aktuellen Argumente. Letzteres ist aber Voraussetzung für die Ausführung der richtigen Implementierung einer mehrfach polymorphen Operation, die abhängig vom Typ mehrerer Empfängerobjekte ist.

Kooperationsverträge wurden erstmals in [219] vorgestellt.

Kapitel 8

Kopplung und Kohäsion

In diesem Kapitel werden die aus der strukturierten Entwicklung bekannten Konzepte der Kopplung und Kohäsion zur Bewertung der Qualität von Software für die objektorientierte Entwicklung angepaßt und erweitert. Damit wird einem in der bisherigen Literatur zur objektorientierten Softwareentwicklung kaum beachteten Problem Rechnung getragen, nämlich dem Problem der sehr schnell ansteigenden Komplexität von objektorientierten Systemen bei gleichzeitigem Fehlen von adäquaten Qualitätskriterien und Richtlinien für „gute" objektorientierte Software.

In einem objektorientierten System beschreibt Kopplung den Grad der Abhängigkeiten zwischen den einzelnen Operationen und Objekttypen, und Kohäsion den Grad des Zusammenhalts innerhalb einer Operation bzw. eines Objekttyps. Operationen und Objekttypen werden auch als Komponenten eines objektorientierten Systems bezeichnet. Die Qualiät von Software ist nun u.a. durch den Grad der Kopplung und den Grad der Kohäsion der einzelnen Komponenten in einem objektorientierten System ausdrückbar. Anzustrebendes Qualitätsziel ist eine minimale Kopplung bei maximaler Kohäsion. Minimale Kopplung bedeutet, daß die Abhängigkeiten zwischen den einzelnen Komponenten minimal sind, d. h. wird eine Komponente geändert, so hat dies minimale Auswirkungen auf die restlichen Komponenten. Maximale Kohäsion bedeutet, daß die einzelnen Komponenten nur solche Elemente beinhalten, die zum Verständnis der Komponente notwendig sind und alle Elemente gemeinsam spezifizieren die Semantik der Komponente. Die verschiedenen Arten von Kopplung und Kohäsion, die in einem objektorientierten System auftreten können, sowie Richtlinien zur Verbesserung von Kopplung und Kohäsion werden im Detail in diesem Kapitel vorgestellt.

8.1 Einleitung

Die Entwicklung qualitativ hochwertiger Software ist eine der wesentlichen Herausforderungen für alle, die sich mit Software Engineering beschäftigen. Zu den wichtigsten Qualitätseigenschaften von Software zählen neben der Erfüllung der geforderten Funktionalität die Wartbarkeit, die Verständlichkeit und die Wiederverwendbarkeit [26, 166]. Von objektorientierter Softwareentwicklung wird erwartet, daß sie wesentlich zur Verbesserung dieser Qualitätseigenschaften beiträgt.

Objektorientierte Modellierungsmethoden, Programmiersprachen und Softwareentwicklungsumgebungen unterstützen die Entwicklung von wartbarer, verständlicher und wiederverwendbarer Software. Die wichtigsten Konzepte von Modellierungsmethoden und Programmiersprachen zur Unterstützung dieser Qualitätseigenschaften sind die Kapselung, das Information Hiding, die Vererbung und der Polymorphismus (siehe Unterkapitel 2.1). Die wichtigsten Konzepte von Entwicklungsumgebungen zur Unterstützung dieser Eigenschaften sind Klassenbibliotheken, Application Frameworks, standardisierte Kommunikationsprotokolle zwischen Objekten und Werkzeuge wie Klassenbrowser und Codeinspektoren (siehe Kapitel 3).

Der Einsatz dieser Konzepte allein macht jedoch keine Software wartbarer oder wiederverwendbarer. Ein Problem der objektorientierten Softwareentwicklung ist die schnell wachsende Komplexität dieser Systeme, die vor allem auf die große Anzahl von Objekten und von unterschiedlichen Beziehungen zwischen diesen Objekten zurückzuführen ist. Fragen, wie zum Beispiel die maximal erlaubte Anzahl von Beziehungen eines Objektes mit anderen Objekten, sind zu klären. Was daher zusätzlich zu Modellierungsmethoden, Programmiersprachen und Entwicklungsumgebungen gebraucht wird, sind *Evaluierungsmethoden*, d. h. Richtlinien, Checklisten und Metriken zur Entwicklung von „guter" Software im Sinne der angeführten Qualitätseigenschaften. Ziel dieses Kapitels ist, die Evaluierung von objektorientierter Software auf der Basis von Kopplung und Kohäsion zu diskutieren sowie Richtlinien zu ihrer Verbesserung aufzuzeigen.

Kopplung und Kohäsion sind die in der strukturierten Entwicklung bekanntesten Konzepte zur Bewertung der Qualität von Software. Ausgehend von der kleinsten Komponente in der strukturierten Entwicklung, einem Modul, bewertet die Kopplung die Abhängigkeiten zwischen den Modulen und die Kohäsion den Zusammenhalt der Elemente innerhalb eines Moduls. Der Begriff *Modul* wird, wie in der Originalliteratur zur Kopplung und Kohäsion [233, 263], als Synonym für Prozedur, Funktion oder Unterprogramm verwendet. Ein mit Hilfe der strukturierten Entwicklung realisiertes System wird als wartungsfähig und verständlich angesehen, wenn es minimale Kopplung, d. h. minimale Abhängigkeiten zwischen den einzelnen Modulen, aufweist und maximale Kohäsion, d. h. alle Elemente eines Moduls sind zur Spezifikation der Semantik dieses Moduls notwendig. Will man nun die Kopplung und die Kohäsion von objektorientierter Software bestimmen, so müssen die aus der strukturierten Entwicklung bekannten Kopplungs- und Kohäsionskriterien für die objektorientierte Entwicklung angepaßt werden. Eine Anpassung ist vor allem aus zwei Gründen notwendig. Erstens gibt es in der objektorientierten Entwicklung, im Gegensatz zur strukturierten Entwicklung, wo genau ein Betrachtungselement, nämlich der Modul, vorliegt, mindestens zwei Betrachtungselemente, nämlich die Operation und den Objekttyp. Und zweitens beeinflussen sich die Kopplungs- und Kohäsionseigenschaften der unterschiedlichen Betrachtungselemente gegenseitig. Die Kopplung zwischen Operationen unterschiedlicher Objekttypen beeinflußt zum Beispiel die Kopplung dieser Objekttypen. In Unterkapitel 8.2 werden daher die für die objektorientierte Entwicklung relevanten Betrachtungselemente sowie ihre Beziehungen zueinander aufgezeigt, bevor die adaptierten bzw. neu eingeführten Kopplungs- und Kohäsionsarten dieser Betrachtungselemente im Detail diskutiert werden.

An dieser Stelle sei auch noch auf den engen Zusammenhang zwischen Kopplung und Kohäsion hingewiesen. Beide Konzepte treffen Aussagen über die *Bindung*. Die Kopplung beschreibt die Bindung zwischen unterschiedlichen Betrachtungselementen, und die Kohäsion beschreibt die Bindung der Elemente innerhalb desselben Betrachtungselementes. Um die angesprochenen Qualitätseigenschaften zu erfüllen, sollte die Bindung zwischen unterschiedlichen Betrachtungselementen minimiert und innerhalb desselben Betrachtungselementes maximiert werden. Die Idee der Verschmelzung von Kopplung und Kohäsion in ein einziges Konzept genannt „connascence“, welches die Bindung zwischen gekapselten Komponenten und innerhalb derselben gekapselten Komponente beschreibt, wurde von Page-Jones in [190] vorgestellt. (Das Wort „connascence“ hat eine lateinische Wurzel und kann sinngemäß mit „gemeinsam geboren“ übersetzt werden.) Aus Gründen der besseren Übersichtlichkeit und um analoge Kopplungs- und Kohäsionsarten aus der strukturierten Entwicklung übernehmen zu können, wird jedoch auf diese Vereinheitlichung in der vorliegenden Arbeit verzichtet.

8.2 Bausteine eines objektorientierten Systems

Um die Kopplungs- und Kohäsionseigenschaften eines objektorientierten Systems untersuchen zu können, ist es notwendig, die „Bausteine“ eines objektorientierten Systems sowie ihre möglichen Beziehungen zueinander zu kennen. Aus diesen Bausteinen werden jene Betrachtungselemente abgeleitet, für die Kopplung und Kohäsion untersucht wird.

In Unterkapitel 2.1 wurden Objekte und Objekttypen als Bausteine eines objektorientierten Systems eingeführt. Dabei bilden Objekttypen die wichtigsten Bausteine während der objektorientierten Modellierung und der Implementierung. Zur Wiederholung: ein Objekttyp besteht aus einer sichtbaren Schnittstelle und einer unsichtbaren, d. h. versteckten Implementierung. Die Schnittstelle wiederum besteht aus einer Menge von Operationssignaturen, und die Implementierung besteht aus einer Menge von Instanzvariablen und der

Implementierung der Operationen. Die Signatur einer Operation umfaßt den Namen der Operation, die Namen und Wertebereiche der Eingabeparameter sowie den Wertebereich des Rückgabewertes.

Objekttypen haben unterschiedliche Beziehungen zueinander, die die Kopplung zwischen den Objekttypen beeinflussen. Diese Beziehungen sind die Vererbungsbeziehung, die Interaktionsbeziehung und die Komponentenbeziehung. Die Vererbungsbeziehung wurde in Unterkapitel 2.1 im Detail erläutert. Die aus der Vererbungsbeziehung resultierende Graphenstruktur wird *Vererbungsgraph* genannt. Objekte, die Instanzen eines Objekttyps o oder eines direkten oder indirekten Subtyps von o sind, werden auch als *Mitglieder von* o bezeichnet.

Die zweite Art der Beziehung, die Interaktionsbeziehung, baut auf dem Prinzip des Nachrichtenaustausches, ebenfalls in Unterkapitel 2.1 eingeführt, auf. Die Interaktionsbeziehung, auch als uses-Beziehung in Abschnitt 2.2.2 bezeichnet, wird nachhaltig durch die Vererbungsbeziehung beeinflußt. Um diesen Einfluß anschaulich erklären zu können, erinnern wir uns an die elementaren objektorientierten Konzepte des Überschreibens, des Polymorphismus, des dynamischen Bindens, und der statischen und dynamischen Typen, wie sie in Unterkapitel 2.1 vorgestellt wurden. Überschreiben bezeichnet die Redefinition von Instanzvariablen und die Redefinition von Signaturen und/oder Implementierungen von Operationen in Subtypen. Polymorphismus bedeutet, daß dieselbe Operation auf Instanzen unterschiedlicher Objekttypen ausgeführt werden kann. Dynamisches Binden steht für Binden zur Laufzeit und bedeutet, daß die Zuordnung des auszuführenden Codes zu einem Operationsaufruf zur Laufzeit stattfindet und vom aktuellen Objekttyp jenes Objektes abhängt, über dem die Operation aufgerufen wurde. Der aktuelle Objekttyp eines Objektes wird auch als dynamischer Objekttyp der Variable, die das Objekt zur Laufzeit referenziert, bezeichnet. Im Gegensatz dazu bezeichnet der statische Objekttyp einer Variable den Wertebereich der Variable, der zur Übersetzungszeit definiert wird und daher auch bereits zur Übersetzungszeit bekannt ist. Aufgrund von Polymorphismus kann eine Variable, deren Wertebereich der Objekttyp o ist, zur Laufzeit Objekte, die Mitglieder von o sind, referenzieren. Aufgrund des Überschreibens können für eine Operation mehrere Signaturen und mehrere Implementierungen definiert sein. Und zwar höchstens eine Signatur und eine Implementierung für den Objekttyp o, für den die Operation erstmalig definiert wurde, und höchstens eine Signatur und eine Implementierung für jeden Subtyp von o. Eine Operation t ist bei einem Objekttyp o *implementiert*, falls t erstmalig bei o definiert wurde oder bei o überschrieben wurde. Weiters ist eine Operation t bei einem Objekttyp o *definiert*, falls t bei o oder bei einem Supertyp von o implementiert ist. Für die Definition der Interaktionsbeziehung zwischen zwei Objekttypen betrachten wir ausschließlich jene Operationen, die bei den jeweiligen Objekttypen implementiert sind. Ein Objekttyp o hat eine *Interaktionsbeziehung* zu einem Objekttyp o' bezüglich der Operation t, die bei o implementiert ist, und der Operation t', die bei o' implementiert ist, falls folgendes gilt: in der bei o gültigen Implementierung von t wird die Operation t' auf einem Objekt ausgeführt, das durch eine Variable referenziert wird, deren statischer Typ entweder o' ist, oder ein Supertyp von o', oder ein Subtyp von o' und t' bei keinem dazwischenliegenden Objekttyp implementiert wurde.

Zum Verständnis dieser Definition sind folgende Erläuterungen hilfreich. Erstens beachtet diese Definition einer Interaktionsbeziehung sowohl statische als auch alle möglichen dynamischen Objekttypen. Das heißt natürlich, daß die Interaktionsbeziehungen zur Laufzeit auftreten *können*, aber *nicht* auftreten *müssen*. Dies entspricht dem Ziel, nicht nur die tatsächlichen, sondern auch alle möglichen Bindungen und damit alle möglichen Abhängigkeiten zwischen den Komponenten eines objektorientierten Systems zu untersuchen. Zweitens wird vorerst nur die direkte Interaktionsbeziehung untersucht. Die transitive Hülle der Interaktionsbeziehung, die durch einen transitiven Nachrichtenaustausch entsteht, wird in Unterkapitel 8.3.4 untersucht. Drittens können basierend auf der obigen Definition auch solche Objekttypen in einer Interaktionsbeziehung zueinander stehen, die voneinander erben. Angenommen eine Operation t ist bei einem Objekttyp o implementiert, eine Operation t' bei einem Objekttyp o', und o ist eine Subtyp von o'. Dann hat o eine Interaktionsbeziehung zu o' bezüglich der Operationen t und t', falls in der bei o gültigen Implementierung von t die Operation t' auf einem Objekt ausgeführt wird, das durch eine Variable referenziert wird, deren statischer Typ entweder o' ist, oder ein Supertyp von o', oder ein Subtyp von o' und t' bei keinem dazwischenliegenden Objekttyp implementiert wurde. Schließlich basiert diese Definition einer Interaktionsbeziehung auf Objekttypen und Operationen gemeinsam. Im Sinne einer einfacheren Darstellung wird jedoch die Interaktionsbeziehung und die daraus abgeleitete Interaktionskopplung vorerst für Operationen alleine diskutiert (siehe Abschnitt 8.3.1) und in weiterer Folge für Objekttypen erweitert (siehe Abschnitt 8.3.4).

Die dritte Art der Beziehung, die Komponentenbeziehung, basiert auf dem Prinzip der Objektidentität (siehe dazu Unterkapitel 2.1). Jedes Objekt ist durch einen systemweit eindeutigen Schlüssel, genannt Objektidentifikator, ausgezeichnet. Dadurch ist es möglich, daß Objekte von anderen Objekten referenziert werden und trotzdem nur einmal im System vorhanden sind. Die Referenzierung von Objekten wird in der Komponentenbeziehung der beteiligten Objekttypen festgelegt. Ein Objekttyp o hat eine *Komponentenbeziehung* zu einem Objekttyp o', falls o' als Wertebereich einer Instanzvariable von o verwendet wird. Zwei Punkte sind in diesem Zusammenhang zu beachten. Erstens ist die hier vorgestellte Komponentenbeziehung eine Verallgemeinerung der componentOf-Beziehung, definiert in Abschnitt 2.2.1. Während die componentOf-Beziehung ein Objekt als abhängige und exklusive Komponente eines anderen Objektes definiert, wird *jede* Art der Referenzierung zwischen zwei Objekten als Komponentenbeziehung bezeichnet. Und zweitens wird bewußt auf eine transitive Definition der Komponentenbeziehung verzichtet, weil sie für die Spezifikation der daraus resultierenden Kopplungseigenschaften nicht benötigt wird.

Aufgrund der Überlegungen in diesem Abschnitt werden *Operationen* und *Objekttypen* als *Betrachtungselemente* im Zusammenhang mit Kopplung und

Kohäsion identifiziert. Operationen deshalb, weil sie die kleinste Ausführungseinheit in einem objektorientierten System darstellen und daher am ähnlichsten zu Modulen in der ursprünglichen Definition sind. Und Objekttypen sind die kleinste Einheit der Kapselung in einem objektorientierten System und daher definitionsgemäß Betrachtungselemente für Kopplung und Kohäsion.

Damit stellt sich die Frage, warum nicht Objekte oder komplexere Kapselungseinheiten, wie zum Beispiel Subsysteme, im Rahmen von Kopplung und Kohäsion untersucht werden. Objekte existieren nur zur Laufzeit. Die Kopplungs- und Kohäsionseigenschaften werden aber in erster Linie zur Beurteilung der Qualität von objektorientierten Entwürfen und Implementierungen herangezogen. Subsysteme wiederum bestehen aus einer Menge von Objekttypen, die gemeinsam eine benötigte Systemfunktionalität erfüllen (siehe dazu auch Abschnitt 2.2.2). Im Zusammenhang mit Kopplung und Kohäsion kann ein Subsystem ähnlich zu einem Objekttyp behandelt werden. Daher sind die unterschiedlichen Grade der Kopplung und Kohäsion, wie sie für Objekttypen definiert werden, auch für die Bewertung der Kopplung und Kohäsion von Subsystemen anwendbar.

Um die Diskussion der Kopplungs- und Kohäsionseigenschaften nicht von einer konkreten objektorientierten Sprache abhängig zu machen, wird für Beispiele in den folgenden Unterkapiteln dieselbe Syntax wie in Kapitel 7 verwendet.

8.3 Kopplung

Kopplung wurde als Qualitätsmaß das erste Mal in der strukturierten Entwicklung verwendet [233]. Dort wird Kopplung definiert als

> „the measure of the strength of association established by a connection of one module to another. Strong coupling complicates a system, since a module is harder to understand, change, or correct by itself if it is highly interrelated by other modules. Complexity can be reduced by designing systems with the weakest possible coupling between modules." [233, Seite 117]

Das heißt, um Kopplung feststellen zu können, ist es notwendig, alle Beziehungen („association" in der obigen Definition) zwischen den Betrachtungselementen zu untersuchen. In Unterkapitel 8.2 wurden als Betrachtungselemente für objektorientierte Systeme die Operation und der Objekttyp identifiziert. Operationen stehen durch den gegenseitigen Aufruf und durch den Zugriff auf dieselben Daten zueinander in Beziehung. Diese Beziehung wird auch als Interaktionsbeziehung bezeichnet. Objekttypen können, wie in Unterkapitel 8.2 definiert, neben der Interaktionsbeziehung auch in einer Komponentenbeziehung und in einer Vererbungsbeziehung zueinander stehen. Aus diesen drei Beziehungsarten lassen sich drei unterschiedliche Dimensionen der Kopplung in einem objektorientierten System ableiten, nämlich

- Interaktionskopplung
- Komponentenkopplung
- Vererbungskopplung

Jede dieser drei Kopplungsarten impliziert, daß das Verhalten eines Objekttyps o vom Verhalten eines anderen Objekttyps o' abhängig ist, falls o in der der jeweiligen Kopplung zugrundeliegenden Beziehung zu o' steht. In anderen Worten, der Objekttyp o muß ausreichende Information über den Objekttyp o' haben, sodaß auf eine Änderung (des Verhaltens) von o' auch in o reagiert werden kann. Der *Grad der Kopplung* vom Objekttyp o zum Objekttyp o' gibt nun Auskunft darüber, *wie stark*, *wie komplex* und *wie explizit* die benötigte Information über o' bei o vorhanden ist. Den drei Kopplungsdimensionen liegt jeweils eine Ordinalskala zugrunde. An einem Ende der Skala wird *minimale Kopplung* von einem Objekttyp o zu einem anderen Objekttyp o' durch eine *schmale*, *einfache* und *explizit definierte* Beziehung festgelegt. Minimale Kopplung korreliert mit guter Softwarequalität aufgrund der besseren Wartbarkeit und Wiederverwendbarkeit. Am anderen Ende der Skala wird *maximale Kopplung* von o nach o' durch eine *breite*, *komplexe* und nur *implizit definierte* Beziehung zwischen den Objekttypen festgelegt. Maximale Kopplung korreliert mit schlechter Softwarequalität, wobei die Wartung von Software zu einer sehr aufwendigen und fehleranfälligen Aufgabe wird.

Im folgenden werden die drei Kopplungsdimensionen vorerst voneinander unabhängig diskutiert. In Abschnitt 8.3.4 wird ihr Zusammenspiel aufgezeigt.

8.3.1 Interaktionskopplung

Operationen sind durch Interaktion gekoppelt, falls sie sich gegenseitig aufrufen oder auf dieselben Daten zugreifen. Interaktionskopplung ist sehr ähnlich zur klassischen Definition der Kopplung in der strukturierten Entwicklung. Daher werden die unterschiedlichen Grade der Kopplung in der strukturierten Entwicklung, wie sie in [233, 263] definiert wurden, der Interaktionskopplung zugrundegelegt und den objektorientierten Gegebenheiten angepaßt. Die Anpassungen ergeben sich vor allem aufgrund von zwei Tatsachen: erstens gehören Operationen zu Objekttypen, womit auch Objekttypen durch Interaktion gekoppelt sind; und zweitens können durch Interaktion gekoppelte Operationen zum selben Objekttyp oder zu unterschiedlichen Objekttypen gehören. Das heißt, daß die Interaktion zwischen unterschiedlichen Objekttypen von jener innerhalb desselben Objekttyps unterschieden werden muß.

In der Folge werden die verschiedenen Grade der Interaktionskopplung — von der schlechtesten zur besten — diskutiert und gemäß den objektorientierten Gegebenheiten redefiniert. In Klammer wird die jeweils englische Originalbezeichnung für den zu beschreibenden Kopplungsgrad angegeben.

1. **interne Kopplung** *(content)*

   Interne Kopplung ist die schlechteste Form der Interaktionskopplung. Sie tritt genau dann auf, wenn eine Operation direkt auf die Implementierung einer anderen Operation zugreift. Bei Änderung der Implementierung müssen alle jene Operationen, die von dieser Implementierung direkt abhängig sind, auch auf eine möglicherweise notwendige Änderung hin untersucht werden.

   Das objektorientierte Paradigma im allgemeinen, und Kapselung und Information Hiding im besonderen verbieten, daß eine Operation direkt auf die Implementierung einer Operation eines anderen Objekttyps bzw. auf die versteckten Instanzvariablen eines anderen Objekttyps zugreift. Dennoch kann interne Kopplung auftreten, falls die Möglichkeiten einiger objektorientierter Programmiersprachen zur Umgehung des Prinzips des Information Hiding ausgenutzt werden. So erlaubt die friend-Option in C++ [75] den Zugriff auf versteckte, in C++ private oder protected genannte, Instanzvariablen unterschiedlicher Objekttypen.

2. **globale Kopplung** *(common)*

   Globale Kopplung liegt immer dann vor, wenn Operationen über einen globalen, unstrukturierten Datenbereich kommunizieren. Globale Kopplung ist besser als interne Kopplung, weil alle impliziten Kommunikationskanäle über den globalen Datenbereich führen. Trotzdem ist globale Kopplung zu vermeiden, u.a. deshalb, weil die Anzahl der Kommunikationsmöglichkeiten zwischen den Operationen polynomial mit der Anzahl der Operationen und der Anzahl der globalen Datenelemente wächst, und das Prinzip der Lokalität, wesentlich für die Entwicklung wartbarer und wiederverwendbarer Software, überhaupt nicht beachtet wird.

   Kapselung, Information Hiding und das Senden von Nachrichten als einziges Kommunikationsmittel zwischen Objekten machen globale Kopplung zwischen Operationen im Prinzip unmöglich. Dennoch gibt es objektorientierte Programmiersprachen (wie z. B. C++ [75]), die die Definition von und den Zugriff auf globale Variable ermöglichen. Der Wertebereich einer globalen Variable kann ein Datentyp oder ein Objekttyp sein. Operationen, die auf eine datentypbasierte, globale Variable direkt lesend oder schreibend zugreifen, sind über diese Variable global gekoppelt. Der Zugriff auf globale Variable, deren Wertebereich ein Objekttyp ist, wird als externe Kopplung (s.u.) eingestuft.

3. **externe Kopplung** *(external)*

   Externe Kopplung liegt immer dann vor, wenn der globale Datenbereich strukturiert ist. Da aber dennoch das Lokalitätsprinzip verletzt ist, sollte auch externe Kopplung vermieden werden.

   Kapselung, Information Hiding und das Senden von Nachrichten als einziges Kommunikationsmittel zwischen Objekten verbieten auch externe

Kopplung zwischen Operationen unterschiedlicher Objekttypen. Dennoch wird externe Kopplung von einigen objektorientierten Programmiersprachen ermöglicht. Dazu gehören jene, die objekttypbasierte, globale Variable unterstützen, wie z. B. C++ [75]. Auf durch globale Variable referenzierte Objekte kann zwar nicht direkt zugegriffen werden (dies würde einer globalen Kopplung entsprechen), doch sind diese Objekte global im System bekannt und können von allen Operationen aller Objekttypen referenziert werden. Externe Kopplung liegt auch dann vor, wenn auf global sichtbare Variablen innerhalb von Typdefinitionen zugegriffen wird. Dies wird u.a. von C++ [75] und Trellis/Owl [135] mit sichtbaren Instanzvariablen und von Smalltalk [88] mit sichtbaren Poolvariablen ermöglicht.

Und wie wird die Kopplung von Operationen innerhalb desselben Objekttyps bewertet? Auch zwischen Operationen desselben Objekttyps kann es zu externer Kopplung kommen, nämlich genau dann, wenn Instanzvariable dieses Objekttyps ausschließlich zur Parameterübergabe zwischen Operationen verwendet werden und nicht den Zustand der Instanzen des Objekttyps repräsentieren. In diesem Fall beinhalten Instanzvariable transiente Daten. Operationen lesen und schreiben die transienten Daten anstatt über explizite Parameter zu kommunizieren. Transiente Daten sind nur während eines Aufrufs einer Operation relevant und können bei jedem erneuten Aufruf der Operation reinitialisiert werden. Um diese Form der Kopplung zu vermeiden, sollten transiente Daten durch lokale Variable in Operationen ersetzt und als explizite Parameter an andere Operationen übergeben werden. Die Menge der Instanzvariablen eines Objekttyps ist *minimal*, falls alle Instanzvariablen ausschließlich zur Beschreibung des Zustands eines Objektes dieses Objekttyps benötigt werden. Operationen, die zu einem Objekttyp mit minimaler Menge an Instanzvariablen gehören, sind nicht extern gekoppelt.

Werden sichtbare Instanzvariablen zur Übermittlung von transienten Daten zwischen Operationen unterschiedlicher Objekttypen benutzt, so entspricht dies einer noch schlechteren Form der externen Kopplung und ist daher aus denselben Gründen wie oben diskutiert zu vermeiden.

Beispiel 8.1 Gegeben ist die Definition des Objekttyps MITARBEITER (die Definition des Objekttyps DATUM wird als gegeben angenommen):

```
object type MITARBEITER
    properties
        name: String;   /* alle Instanzvariablen sind versteckt */
        adresse: String;
        sozvnr: Integer;
        geburtsDatum: DATUM;
        alter: Integer;
        einstellDatum: DATUM;
    operations
```

```
        berechneAlter ();                    /* versteckte Operation */
            { alter := today - geburtsDatum; };
    public:
        berechneGehalt () returns Real;      /* sichtbare Operation */
            { ... };
end object type MITARBEITER
```

Die Operation berechneGehalt benötigt das Alter des Mitarbeiters, um sein Gehalt berechnen zu können. Das heißt, berechneGehalt muß zuerst die versteckte, d. h. private Operation berechneAlter aufrufen, bevor sie auf die Instanzvariable alter zugreifen kann. Diese Instanzvariable enthält transiente Daten, und jede Operation, die die Operation berechneAlter aufruft, ist mit dieser extern gekoppelt. Um diese Kopplung zu vermeiden, muß das berechnete Alter als expliziter Rückgabewert von berechneAlter an eine aufrufende Operation zurückgegeben werden. □

Bei extern gekoppelten Operationen wird außerdem unterschieden, ob die Operationen und die Instanzvariablen beim selben Objekttyp oder bei unterschiedlichen Objekttypen, die in einer Vererbungsbeziehung zueinander stehen, implementiert sind. Eine Operation t ist **indirekt extern gekoppelt** *(inherited external)* zu einer Operation t', falls einer der folgenden Punkte erfüllt ist:

- t ist beim Objekttyp o implementiert, t' ist bei o definiert, und t und t' kommunizieren über Instanzvariablen mit transienten Daten, die o von seinem Supertyp o' erbt. Diese Form der Kopplung tritt besonders dann auf, wenn bereits in o' Operationen mit externer Kopplung vorhanden sind.
- t ist beim Objekttyp o'' implementiert und t' ist beim Objekttyp o definiert, wobei o und o'' in keiner Vererbungsbeziehung zueinander stehen, und t kommuniziert mit t' über Instanzvariablen von o, die o von seinem Supertyp o' erbt.

Das folgende Beispiel macht deutlich, daß indirekt extern gekoppelte Operationen noch schwieriger zu warten sind als extern gekoppelte Operationen.

Beispiel 8.2 Angenommen, der Objekttyp MITARBEITER aus Beispiel 8.1 erbt vom Objekttyp PERSON:

```
object type PERSON
    properties
        name: String;
        adresse: String;
        geburtsDatum: DATUM;
```

```
            alter: Integer;
        operations
            berechneAlter ();
                { alter := today - geburtsDatum; };
    end object type PERSON

    object type MITARBEITER subtypeOf PERSON
        properties
            sozvnr: Integer;
            einstellDatum: DATUM;
        operations
        public:
            berechneGehalt () returns Real;
                { ... };
    end object type MITARBEITER
```

Die Operation berechneGehalt des Objekttyps MITARBEITER ist jetzt indirekt extern gekoppelt mit der Operation berechneAlter des Objekttyps PERSON, weil sie über die geerbte Instanzvariable alter, die transiente Daten beinhaltet, kommunizieren. Durch Einführung der Vererbung wurde die Kopplung zwischen den untersuchten Operationen im Vergleich zu Beispiel 8.1 sogar schlechter. □

4. **Kontrollflußkopplung** *(control)*

Zwei Operationen sind über ihren Kontrollfluß gekoppelt, wenn sie ausschließlich über Parameter miteinander kommunizieren, d. h. sie haben keine interne, keine globale, keine externe und keine indirekt externe Kopplung. Der Nachteil der Kontrollflußkopplung ist jedoch, daß die Parameter zur Steuerung der Ablauflogik in der jeweils anderen Operation verwendet werden. Die schlechteste Form der Kontrollflußkopplung ist die *Kontrollinversion.* In diesem Fall kontrolliert die aufgerufene Operation die Ausführungssequenz der aufrufenden Operation.

Kontrollflußkopplung wird durch Anwendung des objektorientierten Paradigmas prinzipiell nicht verhindert. Operationen desselben oder unterschiedlicher Objekttypen können über ihren Kontrollfluß gekoppelt sein. Aber auch Kontrollflußkopplung sollte vermieden werden, weil die Änderung der Implementierung einer Operation implizite, versteckte Änderungen im Verhalten aller jener Operationen bewirken kann, die über den Kontrollfluß mit der geänderten Operation gekoppelt sind.

Kontrollflußkopplung wird zwar durch die Anwendung objektorientierter Konzepte nicht verhindert, dafür aber bei richtigem Einsatz dieser Konzepte reduziert. So kann zum Beispiel durch die Verwendung von Polymorphismus und dynamischem Binden die explizite Übergabe eines Kontrollparameters zur Steuerung der Operationsausführung vermieden werden. Diese Entwurfsregel ist auch unter der Bezeichnung „Fallunterscheidungen eliminieren“ bekannt (siehe dazu auch Seite 94). Fallunterscheidungen mit Hilfe von case-Anweisungen können in der Regel durch die Definition von Subtypen, Überschreiben, Verwendung polymorpher Variablen und durch dynamisches Binden aufgelöst werden.

5. **Wanderdatenkopplung** *(stamp)*

In Analogie zur klassischen Definition der Wanderdatenkopplung in der strukturierten Entwicklung ist eine Operation mit einer anderen Operation aufgrund von Wanderdaten genau dann gekoppelt, wenn nur Teile der an die Operation übergebenen Parameter von dieser auch wirklich benötigt werden. Das heißt, bei einer Änderung der Struktur der Parameter muß auch die Operation, nämlich im besten Fall nur ihre Implementierung und im schlechtesten Fall sogar ihre Schnittstelle, geändert werden, obwohl die Operation diese Parameter in ihrer vollen Komplexität überhaupt nicht benutzt. Würden nur genau jene Parameter übergeben werden, die auch von der Operation benötigt werden, so würde die Wartbarkeit nachhaltig verbessert werden. Wanderdatenkopplung kann in zwei unterschiedlichen Formen in einem objektorientierten System auftreten.

Die *erste Form* der Wanderdatenkopplung ist ähnlich zur klassischen Definition der Wanderdatenkopplung, nämlich eine Operation ist vom Wertebereich ihrer Parameter abhängig. Der Wertebereich eines Parameters ist entweder ein vordefinierter atomarer Datentyp, ein benutzerdefinierter zusammengesetzter Datentyp basierend auf Typkonstruktoren wie Liste, Menge und Tupel, oder ein Objekttyp (für eine Diskussion über Datentypen und Objekttypen siehe Unterkapitel 2.1). Abhängig vom Wertebereich werden atomare Datenwerte, zusammengesetzte Datenwerte oder Objekte als Parameter übergeben. Bei der Übergabe eines *atomaren Datenwertes* kann in der Regel keine Wanderdatenkopplung auftreten, mit Ausnahme des pathologischen Falles, nämlich daß der übergebene Datenwert von der Operation überhaupt nicht benutzt wird. Bei der Übergabe eines *zusammengesetzten Datenwertes* kommt es immer dann zur Wanderdatenkopplung, wenn nur Teile des zusammengesetzten Datenwertes von der Operation auch wirklich benötigt werden. Beide Fälle sind analog zur Wanderdatenkopplung in der strukturierten Entwicklung. Bei der Übergabe eines *Objektes* kann es ebenfalls zur Wanderdatenkopplung kommen, nämlich genau dann, wenn nicht das gesamte Objekt sondern nur einzelne Komponenten des Objektes von der Operation benötigt werden. Diese Komponenten sind wiederum Objekte, die vom betrachteten Objekt referenziert werden.

Wird das gesamte, als Parameter übergebene Objekt von der Operation benutzt, so ist der Grad der Kopplung eine Parameterkopplung und damit besser als eine Wanderdatenkopplung (siehe dazu die Erklärung der Parameterkopplung auf Seite 212). Werden nur einzelne Komponenten des Objektes von der Operation benutzt, so kann Parameterkopplung durch Ersetzen des Objektes durch seine Komponenten in der Parameterübergabe erreicht werden. Dabei kann es zu der Situation kommen, daß es aufgrund des Ersetzens eines Objektes durch seine Komponenten schwieriger wird, die betreffende Operation in der Zukunft zu erweitern. Dies ist genau dann der Fall, wenn gegenwärtig nur einzelne Komponenten eines Objektes von einer Operation t benötigt werden, die Definition des Objektes aber in der Zukunft um zusätzliche Komponenten erweitert wird und diese neuen Komponenten ebenfalls von t benötigt werden. Wäre das Objekt als Parameter übergeben worden, so müßte keine Änderung der Schnittstelle von t durchgeführt werden. Es gibt aber auch Lösungen zu diesem Problem, die helfen, eine Änderung der Schnittstelle zu vermeiden. So kann zum Beispiel eine neue Operation mit dem gewünschten Parameter und der gewünschten Funktionalität definiert werden, die von der vorhandenen Operation t aufgerufen wird.

Beispiel 8.3 Gegeben ist die Definition des Objekttyps MITARBEITER mit einer zusätzlichen Instanzvariablen und die Definition des Objekttyps VERKAUFSSTATISTIK:

```
object type MITARBEITER subtypeOf PERSON
    properties
        sozvnr: Integer;
        einstellDatum: DATUM;
        umsatz: Real;
    operations
        ... ;
end object type MITARBEITER

object type VERKAUFSSTATISTIK
    properties
        akkumulierterUmsatz: Real;
    operations
        ... ;
        public:
        addiereUmsatz (m: MITARBEITER)
            { ... } ;
end object type VERKAUFSSTATISTIK
```

Die Operation addiereUmsatz ist aufgrund ihres Eingabeparameters mit dem Wertebereich MITARBEITER durch Wanderdaten an jede aufrufende Operation gekoppelt. Dies deshalb, weil addiereUmsatz ausschließlich den Umsatz eines Mitarbeiters benötigt, aber nicht seine anderen persönlichen Daten. Wanderdatenkopplung kann in diesem Beispiel dadurch vermieden werden, daß der Eingabeparameter der Operation addiereUmsatz lediglich den Umsatz eines Mitarbeiters beinhaltet, wodurch Parameterkopplung erreicht würde. □

Die *zweite Form* der Wanderdatenkopplung zeigt ungewollte Abhängigkeiten zwischen den Operationen eines Objekttyps und den Wertebereichen der Instanzvariablen desselben Objekttyps auf. Auf den ersten Blick erscheint es vielleicht nicht einsichtig, warum es notwendig ist, die Kopplung zwischen Operationen und Instanzvariablen zu untersuchen. Die Verminderung dieser Kopplung führt aber zu Operationen, die wesentlich weniger anfällig gegenüber Änderungen des Wertebereichs der Instanzvariablen sind. Der Wertebereich einer Instanzvariable ist, ähnlich zu dem eines Parameters, ein atomarer Datentyp, ein zusammengesetzter Datentyp oder ein Objekttyp. Der Wert einer Instanzvariable ist demgemäß ein atomarer Datenwert, ein zusammengesetzter Datenwert oder ein Objekt. Falls eine Operation nun direkt auf eine Instanzvariable zugreift, obwohl sie nur Teile des Wertes der Instanzvariable benötigt, und der Wertebereich der Instanzvariable wird zum Beispiel aus Gründen der Optimierung verändert, so muß auch die zugreifende Operation angepaßt werden.

Diese zweite Form der Wanderdatenkopplung kann sehr einfach und elegant dadurch vermieden werden, daß zwischen expliziten Zugriffsoperationen auf Instanzvariablen, sogenannten Lese- und Schreiboperationen, und anderen Operationen unterschieden wird. Diese anderen Operationen lesen und schreiben die Instanzvariablen ausschließlich über ihre Zugriffsoperationen. Die Wartbarkeit von Software wird um vieles besser, wenn die interne Struktur eines Objekttyps, d. h. die Wertebereiche der Instanzvariablen des Objekttyps nicht nur vor Operationen anderer Objekttypen, sondern auch vor den eigenen Operationen verborgen bleiben. Für jede Instanzvariable sollte daher eine Lese- und eine Schreiboperation spezifiziert und als einzige Zugriffsmöglichkeit auf diese Instanzvariable verwendet werden. Wird nun der Wertebereich einer Instanzvariable verändert, so sind ausschließlich die Zugriffsoperationen anzupassen. Das heißt, die notwendigen Folgeänderungen sind lokalisiert und eindeutig definiert.

Beispiel 8.4 Gegeben ist die Definition eines Objekttyps PUNKT im kartesischen Koordinatensystem:

```
object type PUNKT
    properties
        x: Real;
        y: Real;
    operations
        ... ;
    public:
        verschiebe (x1: Real, y1: Real)
            { x := x + x1;
              y := y + y1; };
        ...
end object type PUNKT
```

Soll nun die Darstellung im kartesischen Koordinatensystem durch eine Darstellung im Polarkoordinatensystem ersetzt werden, so müssen alle auf die Koordinaten zugreifenden Operationen, in unserem Beispiel die Operation verschiebe, ebenfalls geändert werden. Das heißt, verschiebe hat eine Wanderdatenkopplung mit den Instanzvariablen x und y. Um diese Wanderdatenkopplung in eine Parameterkopplung zu verbessern, müssen Lese- und Schreiboperationen für x bzw. für y definiert und über diese Operationen auf die Instanzvariablen zugegriffen werden. Bei einer Änderung der kartesischen Koordinaten in Polarkoordinaten sind dann ausschließlich die Zugriffsoperationen anzupassen.

```
object type PUNKT
    properties
        x: Real;
        y: Real;
    operations
        ... ;
    public:
        read_x () returns Real;
            { return(x); } ;
        read_y () returns Real;
            { return(y); } ;
        write_x (x1: Real);
            { x := x1; } ;
        write_y (y1: Real);
            { y := y1; } ;
        verschiebe (x1: Real, y1: Real)
            { write_x (read_x + x1);
              write_y (read_y + y1); };
        ...
end object type PUNKT
```

□

Die Idee, den Zugriff auf Instanzvariablen über explizit definierte Zugriffsoperationen einzuschränken, ist nicht nur als wichtige Entwurfsrichtlinie in der objektorientierten Literatur verankert [117, 258], sondern in einigen objektorientierten Sprachen und objektorientierten Datenbanksystemen bereits realisiert. So werden in Trellis/Owl [135] und in GemStone [42] Lese- und Schreiboperationen für jede spezifizierte Instanzvariable zur Verfügung gestellt.

Wie bei der externen Kopplung so wird auch bei der Wanderdatenkopplung unterschieden, ob die Operationen und die Instanzvariablen beim selben Objekttyp oder bei unterschiedlichen Objekttypen definiert sind, wobei letztere in einer Vererbungsbeziehung zueinander stehen. Haben

Operationen, die bei einem Objekttyp o implementiert sind, mit geerbten Instanzvariablen eine Wanderdatenkopplung, so ist dies eine **indirekte Wanderdatenkopplung** (*inherited stamp*). Indirekte Wanderdatenkopplung wird als viel schwerwiegender und die Wartbarkeit negativer beeinflussend eingestuft als der Zugriff einer Operation auf die Instanzvariablen desselben Objekttyps. Dies deshalb, weil der direkte Zugriff auf geerbte Instanzvariablen die Kapselung und das Information Hiding des Supertyps, von dem die Instanzvariablen geerbt werden, verletzt.

6. **Parameterkopplung** *(data)*

   Eine Operation ist mit einer anderen Operation über Parameter gekoppelt, falls es keine andere Form des Datenaustausches gibt, und die gesamten Parameter und nicht nur Teile davon von der Operation benötigt werden. Parameterkopplung ist die beste Form der Kopplung, wann immer zwei Operationen miteinander kommunizieren müssen. Dies deshalb, weil sie die notwendigen Änderungen einer Operation aufgrund einer Änderung der gekoppelten Operation minimiert. Ausschließlich die Änderung der Schnittstelle einer Operation hat dann Auswirkungen auf die aufrufenden Operationen. Es ist daher anzuraten, Schnittstellen von Operationen nur in genau zu begründenden Ausnahmefällen zu ändern.

7. **keine Kopplung** *(nil)*

   Die beste Form der Interaktionskopplung ist natürlich keine Kopplung. Sind zwei Operationen nicht miteinander gekoppelt, d. h. sie kommunizieren nicht miteinander, so implizieren Änderungen in der einen Operation natürlich keine Änderungen in der anderen Operation.

8.3.2 Komponentenkopplung

Im Gegensatz zur Interaktionskopplung, bei der Operationen *und* Objekttypen untersucht werden, betrifft die Komponentenkoppplung ausschließlich Objekttypen. In Unterkapitel 8.2 wurde die Komponentenbeziehung zwischen Objekttypen definiert. Zur Festlegung der Komponentenkopplung zwischen zwei Objekttypen wird die Definition der Komponentenbeziehung wie folgt erweitert. Ein Objekttyp o' ist eine Komponente eines Objekttyps o, falls eine der folgenden Alternativen erfüllt ist:

1. o' ist der Wertebereich einer Instanzvariable von o, oder
2. o' ist der Wertebereich eines Eingabeparameters oder eines Rückgabewertes einer Operation von o, oder
3. o' ist der Wertebereich einer lokalen Variable einer Operation von o, oder
4. o' ist der Wertebereich eines Eingabeparameters oder eines Rückgabewertes einer Operation, die von einer Operation von o aufgerufen wird.

Während die Komponentenkopplung die Kopplung von einem Objekttyp o zu einem anderen Objekttyp o' zur Übersetzungszeit aufzeigt, kann es sehr wohl vorkommen, daß o zur Laufzeit mit beliebigen Subtypen von o' ebenfalls komponentengekoppelt ist. Dieser Fall wird als potentielle Kopplung bezeichnet. Existiert eine Komponentenkopplung von o nach o', dann existiert eine *potentielle Komponentenkopplung* von o nach allen direkten und indirekten Subtypen von o'.

Komponentenkopplung impliziert in der Regel Interaktionskopplung, weil es wenig sinnvoll ist, Objekte via Instanzvariable, lokale Variable oder Parameter zu referenzieren, mit denen nicht kommuniziert wird. Daraus folgt, daß Komponentenkopplung und Interaktionskopplung ein ähnliches Phänomen beschreiben. Während aber die Interaktionskopplung eine Skala für die Stärke und Komplexität der zwischen Operationen bzw. Objekttypen ausgetauschten Information festlegt, mißt die Komponentenkopplung, wie explizit die Kopplung von einem Objekttyp zu einem anderen Objekttyp definiert ist.

Im folgenden werden die Komponentenbeziehungen, wie sie in diesem Abschnitt (Alternative 1 — 4) definiert wurden, informell erläutert, bevor auf ihre unterschiedlichen Kopplungseigenschaften im Detail eingegangen wird. Objekttypen, die als Wertebereiche von Instanzvariablen verwendet werden (Alternative 1), scheinen zwar explizit im Implementierungsteil des betrachteten Objekttyps auf, jedoch nicht in seiner Schnittstelle, d. h. in seinem Spezifikationsteil. Ausgenommen davon sind natürlich global sichtbare Instanzvariablen, die aber aufgrund der schlechten Interaktionskopplung nicht verwendet werden sollten. Objekttypen, die als Wertebereiche von Eingabeparametern und Rückgabewerten der Operationen des betrachteten Objekttyps verwendet werden (Alternative 2), scheinen explizit in der Schnittstelle des Objekttyps auf, weil ja die Signatur einer Operation Teil der Schnittstellenspezifikation eines Objekttyps ist. Objekttypen, die als Wertebereiche von lokalen Variablen verwendet werden (Alternative 3), scheinen im Implementierungsteil des betrachteten Objekttyps auf; jedoch nur auf der Ebene der Operationen, bei denen die lokalen Variablen spezifiziert werden, und nicht auf der Ebene des betrachteten Objekttyps. Bei der vierten Alternative kann es vorkommen, daß aufgrund von kaskadierenden Nachrichten der Rückgabewert einer Operation direkt als Empfängerobjekt für eine andere Nachricht benützt wird, ohne den Objekttyp des Empfängerobjektes, weder den statischen noch den dynamischen Typ, irgendwo im betrachteten Objekttyp spezifiziert zu haben.

Basierend auf diesen Überlegungen werden im folgenden die unterschiedlichen Grade der Komponentenkopplung — von der schlechtesten zur besten — vorgestellt.

1. **versteckte Kopplung** *(hidden)*

   Die Kopplung von einem Objekttyp o zu einem anderen Objekttyp o' wird als versteckte Kopplung bezeichnet, falls o' in der Implementierung einer Operation von o benutzt wird, jedoch weder im Implementierungsteil noch im Spezifikationsteil von o explizit aufscheint. Versteckte Kopplung kann u.a. bei kaskadierenden Nachrichten auftreten, und wenn der Rückgabewert einer Operation direkt als Eingabeparameter für den Aufruf einer anderen Operation benutzt wird. Die meisten objektorientierten Sprachen verlangen für einen solchen Fall nicht, daß der Typ des übergebenen Objektes im betrachteten Objekttyp spezifiziert ist.

Versteckte Kopplung kann große Probleme bei der Wartung von Software verursachen, weil ja die Kopplung an keiner Stelle explizit definiert, sondern nur implizit durch Interaktion zwischen den gekoppelten Objekttypen realisiert ist. Angenommen, die Signatur einer Operation eines Objekttyps muß geändert werden. Aufgrund von versteckten Kopplungen muß in der Folge *jede* Implementierung *jeder* Operation in *jedem* Objekttyp auf eine mögliche Auswirkung dieser Änderung hin untersucht werden. Dies ist für große Programmsysteme eine fast nicht bewältigbare Aufgabe. Steht die Implementierung der Operationen nicht zur Verfügung, was gerade bei zugekauften Klassenbibliotheken in der Regel der Fall ist, wäre eine solche Codeinspektion außerdem überhaupt nicht möglich.

Um versteckte Kopplung zu vermeiden, gibt es zwei Lösungen. Einerseits kann die Benutzung von kaskadierenden Nachrichten und die Benutzung von Rückgabewerten als Eingabeparameter, sofern ihre Wertebereiche nicht spezifiziert sind, verboten werden. Kaskadierende Nachrichten werden zum Beispiel vom Gesetz von Demeter [146, 147] verboten. Andererseits können alle versteckten Kopplungen im Spezifikationsteil des betrachteten Objekttyps explizit gemacht werden (siehe dazu die spezifizierte Kopplung auf Seite 216).

Beispiel 8.5 Gegeben ist die Definition des Objekttyps MITARBEITER mit einer zusätzlichen Instanzvariable und einer zusätzlichen Operation:

```
object type MITARBEITER subtypeOf PERSON
    properties
        sozvnr: Integer;
        einstellDatum: DATUM;
        arbeitetFuer: PROJEKT;
    operations
        ... ;
    public:
        anzahlKollegen () returns Integer
            { return( [[arbeitetFuer leseProjektmitarbeiter] zaehle] - 1) };
        ... ;
end object type MITARBEITER
```

Die Operation anzahlKollegen berechnet die Anzahl der im selben Projekt wie das Empfängerobjekt mitarbeitenden Kollegen. Dabei kommt es zur versteckten Kopplung vom Objekttyp MITARBEITER zum Objekttyp SET⟨MITARBEITER⟩, weil letzterer weder im Spezifikationsteil noch im Implementierungsteil von MITARBEITER aufscheint, aber dennoch die Operation zaehle auf einem Objekt von SET⟨MITARBEITER⟩ aufgerufen wird. Dies deshalb, weil das Objekt von der Operation leseProjektmitarbeiter zurückgegeben wird. Diese Operation wird auf dem Projekt, das durch die Instanzvariable arbeitetFuer referenziert wird, aufgerufen. Die Vermeidung dieser versteckten Kopplung wird in den Beispielen 8.6 und 8.7 gezeigt. □

2. **verstreute Kopplung** *(scattered)*

   Die Kopplung von einem Objekttyp o zu einem anderen Objekttyp o' wird als verstreute Kopplung bezeichnet, falls o' als Wertebereich einer lokalen Variable oder einer Instanzvariable von o benutzt wird, jedoch im Spezifikationsteil von o nicht explizit aufscheint. Um verstreute Kopplung zu entdecken, muß, ähnlich zur versteckten Kopplung, *jede* Implementierung *jeder* Operation von *jedem* Objekttyp untersucht werden, um die Wertebereiche der lokalen Variablen feststellen zu können. Die Verbesserung gegenüber der versteckten Kopplung liegt darin, daß nicht die gesamte Implementierung einer Operation auf verstreute Kopplung hin untersucht werden muß, sondern lediglich jener Teil, der die Spezifikation der lokalen Variablen enthält. Dennoch bringt eine Änderung eines Objekttyps bezüglich der Propagierung dieser Änderung an alle davon betroffenen Objekttypen dieselben Probleme wie in der versteckten Kopplung mit sich.

Beispiel 8.6 Basierend auf dem vorangegangenen Beispiel wird die Implementierung der Operation anzahlKollegen wie folgt geändert:

```
object type MITARBEITER subtypeOf PERSON
        ... ;
    operations
        ... ;
    public:
        anzahlKollegen () returns Integer
            { projektMitarbeiter: SET⟨MITARBEITER⟩;
              projektMitarbeiter := [arbeitetFuer leseProjektmitarbeiter];
              return( [projektMitarbeiter zaehle] - 1) };
        ... ;
end object type MITARBEITER
```

Durch Einführung der lokalen Variable projektMitarbeiter und durch Auflösung der kaskadierenden Nachricht konnte die Kopplung vom Objekttyp MITARBEITER zum Objekttyp SET⟨MITARBEITER⟩ von einer versteckten Kopplung zu einer verstreuten Kopplung verbessert werden. □

3. **spezifizierte Kopplung** *(specified)*

   Die Kopplung von einem Objekttyp o zu einem anderen Objekttyp o' wird als spezifizierte Kopplung bezeichnet, falls o' immer dann im Spezifikationsteil von o aufscheint, wenn o' eine Komponente von o ist. Spezifizierte Kopplung vermeidet alle Nachteile der versteckten und der verstreuten Kopplung, weil alle Objekttypen, die Komponenten des betrachteten Objekttyps sind, an genau einer Stelle im Spezifikationsteil des betrachteten Objekttyps aufscheinen. Bei Wartungsarbeiten ist es daher nicht mehr notwendig, die Implementierung von Operationen auf mögliche Komponentenkopplungen hin zu untersuchen.

   Die meisten objektorientierten Sprachen unterstützen ausschließlich die Angabe der Signaturen von Operationen im Spezifikationsteil eines Objekttyps o. Die Menge dieser Operationen wird als *angebotene Schnittstelle (suffered interface)* von o bezeichnet. Mit allen Objekttypen, die als Wertebereiche von Eingabeparametern oder Rückgabewerten verwendet werden, ist o spezifiziert gekoppelt. Zusätzlich dazu sollten aber alle jene Objekttypen im Spezifikationsteil von o aufscheinen, die ebenfalls Komponenten von o sind. Für diesen Zweck wird nicht nur die angebotene Schnittstelle, sondern auch die benötigte Schnittstelle im Spezifikationsteil von o definiert. Die *benötigte Schnittstelle (required interface)* enthält alle Objekttypen, die als Komponenten von o aufscheinen und noch nicht in der angebotenen Schnittstelle von o spezifiziert sind. Zusätzlich zu den Objekttypen können auch die Operationen, die über diesen Objekttypen aufgerufen werden, angegeben werden, wodurch die Breite der benötigten Schnittstelle weiter eingeschränkt und damit die Kopplung verbessert werden kann. (Für eine Diskussion über angebotene und benötigte Schnittstellen siehe auch Abschnitt 2.2.2.)

Beispiel 8.7 Die Kopplung vom Objekttyp MITARBEITER zum Objekttyp SET⟨MITARBEITER⟩ wird durch die Spezifikation sowohl der angebotenen als auch der benötigten Schnittstelle von MITARBEITER zu einer spezifizierten Kopplung verbessert:

```
object type MITARBEITER subtypeOf PERSON
          ... ;
      operations
          ... ;
      suffered interface
          berechneGehalt () returns Real;
          anzahlKollegen () returns Integer;
          ... ;
      required interface
          from PROJEKT:
              leseProjektmitarbeiter () returns SET⟨MITARBEITER⟩;
          from SET⟨MITARBEITER⟩:
```

```
                    zaehle () returns Integer;
                ... ;
        end object type MITARBEITER
```

□

Es existieren einige objektorientierte Spezifikationssprachen, die die Spezifikation einer benötigten Schnittstelle unterstützen, z. B. Aufrufbeziehungen in TROLL [206], Kollaborationen in RDD [259] und Aktivitätsaufrufdiagramme in OBD (siehe Abschnitt 4.2.3). Interessant ist die Entwicklung bei objektorientierten Programmiersprachen. Objektorientierte Sprachen, die von modulorientierten Sprachen abstammen, wie zum Beispiel Modula-3 [29] und Oberon-2 [170], unterstützen die Spezifikation von angebotener und benötigter Schnittstelle durch Export- und Importdeklarationen auf Modulebene. Objektorientierte Sprachen, die nicht auf dem Modulkonzept aufbauen, kennen den Begriff der benötigten Schnittstelle (noch) nicht.

4. **keine Kopplung** *(nil)*

   Das theoretische Optimum ist natürlich keine Kopplung. Dabei ist es von Vorteil, alleine aufgrund der Inspektion des Spezifikationsteils eines Objekttyps Aussagen über seine (nicht) vorhandenen Komponentenkopplungen zu anderen Objekttypen machen zu können.

8.3.3 Vererbungskopplung

Ähnlich zur Komponentenkopplung werden auch bei der Vererbungskopplung nur Objekttypen und keine Operationen untersucht. Ein Objekttyp o hat eine Vererbungskopplung zu einem Objekttyp o', falls o direkter oder indirekter Subtyp von o' ist. Vererbung ist eines der zentralen Konzepte der objektorientierten Entwicklung, nicht zuletzt deshalb, weil es die Wiederverwendung von vorhandener Information durch Spezialisierung in Subtypen und durch Generalisierung (*factoring out*) in Supertypen unterstützt. Auf den ersten Blick scheint der Einsatz von Vererbung zur Verbesserung der Wiederverwendung im Widerspruch zu dem Ziel zu stehen, Kopplung zu minimieren. Daß dies nicht der Fall ist, zeigen folgende Überlegungen. Erstens kann der richtige Einsatz von Vererbung sehr wohl zu einer Verminderung der Kopplung in einem objektorientierten System führen. Angenommen es existiert ein Objekttyp o, der dieselbe Operation t über Instanzen der Objekttypen o' und o'' aufruft. Dann ist o komponentengekoppelt mit o' und o''. Würde die Operation t in einen für o' und o'' gemeinsamen Supertyp o''' ausgelagert und in o' und o'' nicht überschrieben werden, so wäre o ausschließlich mit o''' komponentengekoppelt, und die Gesamtkopplung könnte verringert werden. Und zweitens gibt es ähnlich zur Interaktions- und Komponentenkopplung unterschiedliche Grade der Vererbungskopplung. Im folgenden wird gezeigt, daß die niedrigste

Vererbungskopplung die besten Voraussetzungen für Wiederverwendung zur Verfügung stellt. Nicht zuletzt muß Vererbungskopplung auch deshalb untersucht werden, weil es möglich ist, die Interaktions- und Komponentenkopplung in einem objektorientierten System auf Kosten der Vererbungskopplung zu verbessern.

Vererbungskopplung unterscheidet sich auch dahingehend von der Interaktions- und Komponentenkopplung, daß sie nicht nur Aussagen über die Kopplung von Subtypen zu Supertypen zuläßt, sondern implizit auch über die Kopplung eines interaktionsgekoppelten Objekttyps mit dem gesamten Vererbungsgraphen. Der Grund dafür ist der folgende: angenommen, der Objekttyp o ist interaktionsgekoppelt mit dem Objekttyp o', der ein Wurzeltyp eines Vererbungsgraphen ist. Wird der Vererbungsgraph geändert, indem zum Beispiel neue Subtypen hinzugefügt und existierende Instanzvariablen und Operationen überschrieben werden, so ist der Grad der Vererbungskopplung eine Maßzahl dafür, inwieweit Änderungen im Vererbungsgraphen auch Änderungen im interaktionsgekoppelten Objekttyp o bedingen. (Für eine detaillierte Diskussion der Abhängigkeiten der unterschiedlichen Kopplungsarten siehe Abschnitt 8.3.4.)

In der Folge werden die unterschiedlichen Grade der Vererbungskopplung — von der schlechtesten zur besten — diskutiert. Dabei wird folgende Annahme getroffen: für jede Instanzvariable wird die Existenz einer Lese- und einer Schreiboperation angenommen. Wird eine Instanzvariable in einem Subtyp überschrieben, so wird dies durch Überschreiben der Zugriffsoperationen modelliert.

1. **Änderungskopplung** *(modification)*

   Änderungskopplung ist die schlechteste Form der Vererbungskopplung, da zusätzlich zur Definition neuer Instanzvariablen und Operationen die geerbten Instanzvariablen und Operationen willkürlich geändert, ja sogar gelöscht werden können. Abhängig von der Art der Änderung werden zwei Grade der Kopplung unterschieden, nämlich Signaturänderungskopplung und Implementierungsänderungskopplung.

   (a) **Signaturänderungskopplung** *(signature modification)*

   Die Kopplung von einem Objekttyp o zu seinem Supertyp o' wird als Signaturänderungskopplung bezeichnet, falls in o die Signatur mindestens einer geerbten Operation willkürlich verändert wird, oder eine geerbte Operation gänzlich gelöscht wird. Daraus folgt, daß die Beziehung zwischen o und o' eine reine Implementierungsbeziehung darstellt, d. h. Vererbung wird ausschließlich zur Wiederverwendung von Code benutzt. Ein Vererbungsgraph, in dem Signaturänderungen in Subtypen erlaubt sind, ist sehr schwierig zu warten und zu erweitern, weil sich die Struktur des Vererbungsgraphen nicht auf den semantischen Kriterien des zu beschreibenden Problembereichs stützt, sondern auf Implementierungsüberlegungen jener Person, die den Vererbungsgraphen entwickelt hat. Was aber noch schlimmer wiegt, ist die Tatsache, daß durch eine Signaturänderungskopplung Polymorphismus und strenge Typisierung in interaktionsgekoppelten Objekttypen verhindert wird. Dazu folgendes Beispiel: angenommen, der Objekttyp o ruft die Operation t über Mitglieder des Objekttyps o' auf, und die Signatur von t wird im Subtyp o'' von o' willkürlich geändert. Aufgrund einer polymorphen Variable kann es daher zur Laufzeit vorkommen, daß o die Operation t über einem Mitglied des Objekttyps o'' aufruft. Aufgrund der Signaturänderung in o'' erwartet dieses Objekt aber eine andere Signatur und löst einen Laufzeittypfehler aus. Daher sollte Vererbungskopplung basierend auf Signaturänderungen in jedem Fall vermieden werden.

Falls nur Teile der Typdefinition eines Objekttyps o in einem anderen Objekttyp o' verwendet werden, sollte o' keine Vererbungskopplung zu o haben, sondern eine Komponentenkopplung, d. h. o sollte als Wertebereich einer Instanzvariable von o' verwendet werden.

Beispiel 8.8 Gegeben ist der Objekttyp STACK, der vom Objekttyp ARRAY erbt. Da ARRAY ausschließlich zur Implementierung der internen Datenstruktur von STACK benutzt wird, und darüberhinaus die Operationen von ARRAY im Zusammenhang mit einem Stack semantisch keinen Sinn ergeben (zum Beispiel, die Operation putAt von ARRAY existiert nicht für einen Stack), werden die von ARRAY geerbten Operationen von der angebotenen Schnittstelle von STACK gelöscht. Dies impliziert, daß von STACK zu ARRAY eine Signaturänderungskopplung besteht. Es ist einfach, diese schlechte Vererbungskopplung zu vermeiden. Anstatt von ARRAY zu erben, sollte in der Definition von STACK eine Instanzvariable mit dem Wertebereich ARRAY hinzugefügt werden. □

(b) **Implementierungsänderungskopplung** *(implementation modification)*

Die Kopplung von einem Objekttyp o zu seinem Supertyp o' wird als Implementierungsänderungskopplung bezeichnet, falls in o die Implementierung mindestens einer geerbten Operation willkürlich verändert wird. Implementierungsänderungskopplung ist besser als Signaturänderungskopplung, da weder Operationssignaturen willkürlich geändert noch Operationen gelöscht werden. Dennoch sollte eine willkürliche Änderung der Implementierung von Operationen vermieden werden. Aufgrund einer solchen Änderung kann es nämlich auch zu einer versteckten, und daher in der Regel ungewollten Änderung der Semantik jener Operationen kommen, die die geänderte Operation aufgrund von polymorphen Variablen und dynamischen Bindens zur Laufzeit aufrufen.

2. **Verfeinerungskopplung** *(refinement)*

   Verfeinerungskopplung ist besser als Änderungskopplung, da zusätzlich zur Definition neuer Instanzvariablen und Operationen die geerbten Instanzvariablen und Operationen nur nach genau vorgegebenen Regeln geändert, aber nicht gelöscht werden können. Abhängig von der Art der Verfeinerung werden zwei Grade der Kopplung unterschieden, nämlich Signaturverfeinerungskopplung und Implementierungsverfeinerungskopplung.

   (a) **Signaturverfeinerungskopplung** *(signature refinement)*

   Die Kopplung von einem Objekttyp o zu seinem Supertyp o' wird als Signaturverfeinerungskopplung bezeichnet, falls o und o' nicht änderungsgekoppelt sind, und in o die Signatur mindestens einer geerbten Operation nach vorgegebenen Regeln geändert, d. h. verfeinert wird. Die Signaturverfeinerung folgt entweder der Kovarianzregel oder der Kontravarianzregel der Subtypenbildung [44, 152] (siehe dazu Unterkapitel 2.1). Der Kovarianzregel folgend, können Wertebereiche von Eingabeparametern und Rückgabewerten zu Subtypen spezialisiert werden. Im Gegensatz dazu besagt die Kontravarianzregel, daß die Wertebereiche der Eingabeparameter zu Supertypen generalisiert und die Wertebereiche der Rückgabewerte zu Subtypen spezialisiert werden können. Wenn möglich, sollte die Signaturverfeinerung basierend auf der Kovarianzregel vermieden werden, weil sie ebenfalls Polymorphismus und strenge Typisierung in interaktionsgekoppelten Objekttypen verhindert. Es kann jedoch vorkommen, daß die Semantik des zu modellierenden Problembereichs am besten mit Hilfe von Vererbung basierend auf der Kovarianzregel beschrieben wird. In solchen Fällen sollte es zu keiner Verwendung von polymorphen Variablen kommen, um Laufzeittypfehler zu vermeiden.

   Beispiel 8.9 Gegeben sind Ausschnitte der Definitionen des Objekttyps PERSON und des Objekttyps MITARBEITER, Subtyp von PERSON:

```
object type PERSON
    properties
        alter: [0..120];
        ...
    operations
        ...
    public:
        leseAlter () returns [0..120];
        schreibeAlter (a: [0..120]);
        ...
end object type PERSON

object type MITARBEITER subtypeOf PERSON
```

```
        properties
            alter: [15..65];
            ...
        operations
            ...
        public:
            leseAlter () returns [15..65];
            schreibeAlter (a: [15..65]);
            ...
    end object type MITARBEITER
```

Da in der Regel Personen nur zwischen 15 und 65 aktiv arbeiten können (zumindest in Österreich), werden die vom Objekttyp PERSON an den Objekttyp MITARBEITER vererbten Signaturen der Zugriffsoperationen für die Instanzvariable alter der Kovarianzregel folgend beim Subtyp verfeinert. Damit ist der Objekttyp MITARBEITER gemäß der Kovarianzregel signaturverfeinerungsgekoppelt an den Objekttyp PERSON. □

(b) **Implementierungsverfeinerungskopplung** *(implementation refinement)*

Die Kopplung von einem Objekttyp o zu seinem Supertyp o' wird als Implementierungsverfeinerungskopplung bezeichnet, falls die Signaturen der nach o geerbten Operationen nicht verändert werden, und in o die Implementierung mindestens einer geerbten Operation nach vorgegebenen Regeln verändert, d. h. verfeinert wird. Implementierungsverfeinerungskopplung unterscheidet sich wesentlich von der schlechteren Implementierungsänderungskopplung, da in letzterer die geerbte Implementierung einer Operation t willkürlich geändert werden kann, während in ersterer die ursprünglich intendierte Semantik von t erhalten bleibt.

Sprachkonstrukte, die Implementierungsverfeinerungskopplung unterstützen, sind u.a. das Konstrukt SUPER der Sprache Smalltalk [89] und das Konstrukt inner der Sprache BETA [143]. Das Konstrukt SUPER kann bei einem Subtyp o in der geänderten Implementierung einer geerbten Operation t verwendet werden, um die beim direkten Supertyp von o gültige Implementierung von t aufzurufen. Während es dem Entwickler überlassen bleibt, ob er das Konstrukt SUPER in einer geänderten Implementierung einer geerbten Operation benutzt und damit Implementierungsverfeinerung zwar möglich aber nicht in jedem Fall sichergestellt ist, ist bei Verwendung der Sprache BETA Implementierungsverfeinerung immer sichergestellt. Das Konstrukt inner wird bei der ersten Implementierung einer Operation t an jene Stelle im Code geschrieben, wo der Übersetzer mögliche zukünftige Verfeinerungen von t einfügen soll. Dadurch ist immer gewährleistet, daß bei der Ausführung der Operation t nicht nur der beim aktuellen

Typ gültige Code, sondern auch die Codestücke für t, die bei allen Supertypen definiert sind, ausgeführt werden.

Es gibt auch objektorientierte Sprachen, wie z. B. Eiffel [169], die sowohl die willkürliche Änderung der Implementierung einer geerbten Operation als auch die Verfeinerung der Signatur derselben oder einer anderen geerbten Operation unterstützen. In solchen Sprachen ist es möglich, objektorientierte Systeme zu entwickeln, die sowohl implementierungsänderungsgekoppelt als auch signaturverfeinerungsgekoppelt sind.

3. **Erweiterungskopplung** *(extension)*

   Die Kopplung von einem Objekttyp o zu seinem Supertyp o' wird als Erweiterungskopplung bezeichnet, falls ausschließlich neue Instanzvariablen und Operationen bei o definiert werden, jedoch keine geerbte Information bei o verändert oder verfeinert wird. Erweiterungskopplung ist die beste Form der Vererbungskopplung, sofern eine Vererbung nicht vermieden werden soll. Erweiterungskopplung ist immer dann möglich, wenn der Supertyp semantisch gesehen eine Generalisierung seiner Subtypen ist und alle Operationen des Supertyps über den direkten und indirekten Instanzen der Subtypen ohne Anpassung ausgeführt werden können.

4. **keine Kopplung** *(nil)*

   Die theoretisch beste Form der Vererbungskopplung ist natürlich keine Kopplung. Es soll aber nochmals explizit darauf hingewiesen werden, daß es nicht Ziel sein soll, ein objektorientiertes System ohne Vererbungskopplung zu bauen, sondern ein System basierend auf semantisch sinnvollen und wenn möglich typsicheren Vererbungsbeziehungen.

8.3.4 Zusammenspiel der drei Kopplungsdimensionen

In den vorangegangenen Abschnitten wurden drei Arten der Kopplung eines objektorientierten Systems isoliert voneinander vorgestellt, nämlich Interaktionskopplung, Komponentenkopplung und Vererbungskopplung. In diesem Abschnitt soll das Zusammenspiel der drei Kopplungsdimensionen aufgezeigt werden. Im speziellen wird anhand eines Beispiels auf versteckte Kopplungen, die sich aus gegebenen Kopplungen ableiten lassen, hingewiesen.

Erinnern wir uns daran, daß Interaktionskopplung und Komponentenkopplung ein ähnliches Phänomen beschreiben. Während die Interaktionskopplung auf die Art der Kopplung zwischen Operationen und Objekttypen eingeht, mißt die Komponentenkopplung, wie explizit die Kopplung von einem Objekttyp zu einem anderen Objekttyp definiert ist. Bezüglich des Zusammenspiels mit der Vererbungskopplung genügt es aber, entweder die Interaktionskopplung oder die Komponentenkopplung zu betrachten. Wir haben uns für die Interaktionskopplung entschieden.

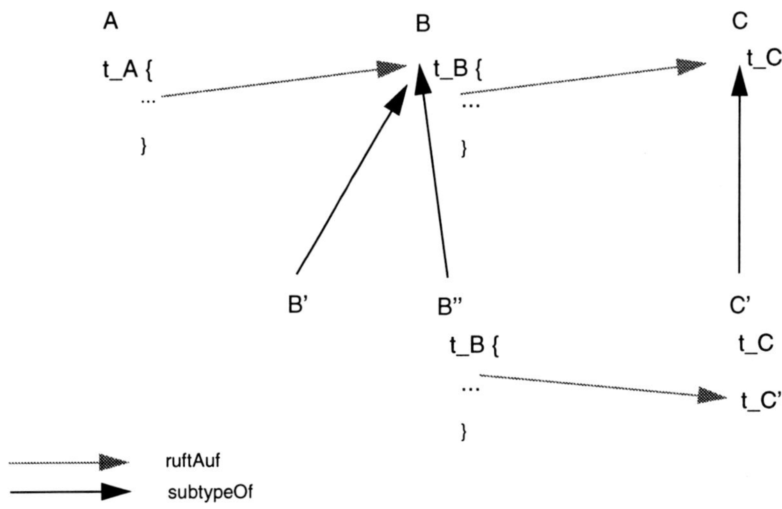

Abbildung 8.1 Vererbungsbeziehung und Interaktionsbeziehung

Das Zusammenspiel von Interaktions- und Vererbungskopplung zeigt seine Auswirkungen vor allem zur Laufzeit. Aufgrund von überschriebenen Operationen in Subtypen, polymorphen Variablen und dynamischer Bindung können zusätzliche Interaktionskopplungen zwischen Operationen und Objekttypen abgeleitet werden, die „auf den ersten Blick“ nicht offensichtlich sind. Um alle abgeleiteten Kopplungen bereits zur Übersetzungszeit bestimmen zu können, muß eine globale Codeanalyse gemacht werden, eine aufwendige aber durchführbare und wichtige Aufgabe. (Eine globale Codeanalyse wird auch von Übersetzern von objektorientierten Sprachen basierend auf der Kovarianzregel durchgeführt, um Typfehler zur Laufzeit u.a. aufgrund der Verwendung von polymorphen Variablen zu vermeiden; siehe dazu [169, 209]). Die Bedeutung einer solchen Analyse soll im folgenden anhand eines Beispiels gezeigt werden.

Für eine genaue Spezifikation des Problems zusätzlicher Kopplungen werden die folgenden drei Prädikate eingeführt:

1. Das Prädikat $implements(o, t)$ ist erfüllt, falls die Operation t beim Objekttyp o implementiert ist. Die Operation t kann neu definiert oder von einem Supertyp von o geerbt und überschrieben sein.

2. Das Prädikat $isa(o', o)$ ist erfüllt, falls o' ein direkter Subtyp von o ist. Das Prädikat $isa^+(o', o)$ beschreibt die transitive Hülle von $isa(o', o)$, das Prädikat $isa^*(o', o)$ die transitive und reflexive Hülle.

3. Das Prädikat $invokes(o, t, o', t')$ ist erfüllt, falls $implements(o, t)$ erfüllt ist, und in der bei o gültigen Implementierung von t die Operation t' auf einem Objekt ausgeführt wird, das durch eine Variable mit dem statischen Typ o' referenziert wird.

Die Interaktionsbeziehung wurde informell in Unterkapitel 8.2 eingeführt. Im folgenden wird eine formale Definition basierend auf den Prädikaten *implements*, *isa* und *invokes* nachgeholt. Das Acronym *icw* steht für *interaction-coupled-with.*

Das Prädikat $icw(o, t, o', t')$ ist erfüllt, falls ein Objekttyp $\hat{o}'$ existiert, sodaß folgendes gilt:

1. $invokes(o, t, \hat{o}', t')$ ist erfüllt, und
2. $implements(o', t')$ ist erfüllt, und
3. entweder
   - $isa^*(o', \hat{o}')$ ist erfüllt, oder
   - $isa^+(\hat{o}', o')$ ist erfüllt, und für alle $\bar{o}'$, für die $isa^+(\hat{o}', \bar{o}') \wedge isa^+(\bar{o}', o')$ erfüllt ist, ist $implements(\bar{o}', t')$ nicht erfüllt.

Die transitive Hülle der Interaktionsbeziehung kann nun aus obiger Definition abgeleitet werden. Das Prädikat $icw(o, t, o', t')$ ist erfüllt, falls ein Objekttyp o'' existiert und die Prädikate $icw(o, t, o'', t'')$ und $icw(o'', t'', o', t')$ erfüllt sind.

Um die Anwendbarkeit obiger Prädikate zu zeigen, wird das Beispiel aus Abb. 8.1 genauer untersucht. Es zeigt die Objekttypen A, B, B', B'', C und C' mit ihren Vererbungsbeziehungen und ihren Interaktionsbeziehungen aufgrund von Operationsaufrufen. Tabelle 8.1 faßt die Analyse des Beispiels aus Abb. 8.1 bezüglich direkter und abgeleiteter Kopplungseigenschaften zusammen. Die erste Spalte enthält die betrachteten Objekttypen. In der zweiten Spalte wird eines der vier oben definierten Prädikate, das für die Objekttypen der ersten Spalte erfüllt ist, angegeben. Das Prädikat beschreibt entweder eine direkte Kopplungseigenschaft, die durch eine Kante in Abbildung 8.1 gegeben ist (oberer Teil der Tabelle), oder eine abgeleitete Kopplungseigenschaft, die sich aus den anderen Prädikaten unter Anwendung von Booleschen Operatoren ableiten läßt (unterer Teil der Tabelle).

Die direkt definierten Kopplungseigenschaften lassen sich aus den Kanten der Abb. 8.1 direkt ableiten und bedürfen daher keiner weiteren Erklärung. Die abgeleiteten Kopplungseigenschaften ergeben sich entweder durch Anwendung der Transitivitätseigenschaft der Interaktionskopplung oder durch Verknüpfung einer Interaktionskopplung mit einer Vererbungskopplung unter Anwendung von Überschreiben und polymorphen Variablen. Der interessanteste Fall, nämlich die Interaktionskopplung von A nach C', wird im folgenden im Detail erklärt. A ist mit C' bezüglich der Operation t_A von A und der beiden Operationen t_C' und t_C von C' interaktionsgekoppelt. Das Phänomen, daß eine Operation eines Objekttyps, in unserem Fall t_A von A, zu verschiedenen Zeitpunkten unterschiedliche Operationen eines anderen Objekttyps, in unserem Fall t_C' und t_C von C', aufruft, ist durch die unterschiedlichen Kopplungen zur Laufzeit erklärbar. Einerseits ist A mit C' über B und B'' interaktionsgekoppelt. Dieser Fall tritt immer dann ein, wenn t_A die Operation t_B über

Tabelle 8.1 Kopplungsprädikate

Von — Nach	**Prädikate & Ableitungen**
	$implements(A, t\_A)$
	$implements(B, t\_B)$
	$implements(C, t\_C)$
	$implements(B'', t\_B)$
	$implements(C', t\_C)$
	$implements(C', t\_C')$
$A - B$	$invokes(A, t\_A, B, t\_B)$
$B - C$	$invokes(B, t\_B, C, t\_C)$
$B' - B$	$isa(B', B)$
$B'' - B$	$isa(B'', B)$
$B'' - C'$	$invokes(B'', t\_B, C', t\_C')$
$C' - C$	$isa(C', C)$
$A - B$	$invokes(A, t\_A, B, t\_B) \wedge implements(B, t\_B) \wedge isa^*(B, B)$
	$\Longrightarrow icw(A, t\_A, B, t\_B)$
$B - C$	$invokes(B, t\_B, C, t\_C) \wedge implements(C, t\_C) \wedge isa^*(C, C)$
	$\Longrightarrow icw(B, t\_B, C, t\_C)$
$B'' - C'$	$invokes(B'', t\_B, C', t\_C') \wedge implements(C', t\_C') \wedge isa^*(C', C')$
	$\Longrightarrow icw(B'', t\_B, C', t\_C')$
$A - B'$	no coupling
$A - B''$	$invokes(A, t\_A, B, t\_B) \wedge isa^*(B'', B) \wedge implements(B'', t\_B)$
	$\Longrightarrow icw(A, t\_A, B'', t\_B)$
$B - C'$	$invokes(B, t\_B, C, t\_C) \wedge isa^*(C', C) \wedge implements(C', t\_C)$
	$\Longrightarrow icw(B, t\_B, C', t\_C)$
$B' - C$	no coupling
$B' - C'$	no coupling
$B'' - C$	no coupling
$A - C$	$icw(A, t\_A, B, t\_B) \wedge icw(B, t\_B, C, t\_C)$
	$\Longrightarrow icw(A, t\_A, C, t\_C)$
$A - C'$	1. $icw(A, t\_A, B'', t\_B) \wedge icw(B'', t\_B, C', t\_C)$
	$\Longrightarrow icw(A, t\_A, C', t\_C')$
	2. $icw(A, t\_A, B, t\_B) \wedge icw(B, t\_B, C', t\_C)$
	$\Longrightarrow icw(A, t\_A, C', t\_C)$

einem Mitglied von B'' aufruft. Daraufhin wird die Implementierung von t_B ausgeführt, die wiederum die Operation t_C' aufruft. Andererseits ist A mit C' über B und C interaktionsgekoppelt. Dieser Fall tritt auf, wenn t_A die Operation t_B über einer Instanz von B aufruft, die wiederum die Operation t_C über einem Mitglied von C' aufruft. Da t_C bei C' redefiniert wurde, wird die bei C' gültige Implementierung von t_C ausgeführt.

Aus diesem Beispiel können mindestens zwei Erfahrungen gewonnen werden. Erstens ergibt die transitive Hülle von Interaktionskopplung und Vererbungskopplung gemeinsam einen komplexen Aufrufgraphen, aus dem auf Anhieb nicht ersichtlich ist, wer mit wem zur Laufzeit interaktionsgekoppelt sein kann. Und zweitens kann es aufgrund von Überschreiben und polymorphen Variablen vorkommen, daß zur Laufzeit eine Operation eines Objekttyps mehrere Interaktionskopplungen zu unterschiedlichen Operationen eines anderen Objekttyps hat (siehe die Interaktionsbeziehung A — C' in Abb. 8.1).

Zusammenfassend kann gesagt werden, daß eine globale Codeanalyse zur Aufdeckung von versteckten Kopplungen wann immer möglich durchgeführt werden sollte. Dies trägt wesentlich zu einer verbesserten Wartbarkeit und Wiederverwendbarkeit des untersuchten Systems bei.

8.4 Kohäsion

Kohäsion wurde wie Kopplung als Qualitätsmaß das erste Mal in der strukturierten Entwicklung verwendet [233]. Dort wird Kohäsion definiert als

> „the binding among the elements of a single module." [233, Seite 121]

Kohäsion ist eines der wichtigsten Kriterien zur Bewertung von Softwarequalität. Module mit starker Kohäsion, im speziellen mit funktionaler Kohäsion, sind einfacher zu warten und daher auch einfacher wiederzuverwenden. Ein Modul hat starke, d. h. funktionale Kohäsion, wenn es genau eine Aufgabe des Problembereichs implementiert und alle Elemente des Moduls an der Erfüllung dieser Aufgabe beteiligt sind. Die Elemente eines Moduls sind Anweisungen, Subfunktionen und wahlweise eingebettete andere Module. In Unterkapitel 8.2 wurden als Betrachtungselemente für Kopplung und Kohäsion in objektorientierten Systemen die Operation und der Objekttyp identifiziert. Die Elemente einer Operation sind Anweisungen, lokale Variablen und Instanzvariablen, weil auf diese direkt oder über ihre Zugriffsoperationen in der Implementierung der Operation zugegriffen wird. Die Elemente eines Objekttyps sind Operationen und wiederum Instanzvariablen. Bei der Bewertung der Kohäsion eines objektorientierten Systems muß daher zwischen der Kohäsion einer Operation und der Kohäsion eines Objekttyps unterschieden werden. Bei der Bewertung der Kohäsion eines Objekttyps wird weiters unterschieden, ob nur die beim Objekttyp neu definierten Elemente betrachtet, oder die geerbten und neu definierten

Elemente gemeinsam bewertet werden. Daraus lassen sich drei unterschiedliche Dimensionen der Kohäsion in einem objektorientierten System ableiten, nämlich

- Operationskohäsion
- Typkohäsion
- Vererbungskohäsion

Im folgenden werden die drei Kohäsionsarten vorgestellt und ähnlich zur Kopplung ihr Zusammenspiel aufgezeigt.

8.4.1 Operationskohäsion

Was für die Interaktionskopplung gilt, nämlich daß sie sehr ähnlich zur klassischen Definition der Kopplung in strukturierten Systemen ist, gilt auch für die Operationskohäsion. Daher ist es naheliegend, auch hier die unterschiedlichen Grade der Kohäsion aus der strukturierten Entwicklung, wie sie in [233, 263] definiert wurden, der Definition der Operationskohäsion zugrundezulegen. Im Gegensatz zur Interaktionskopplung ist es nicht einmal notwendig, weitreichende Anpassungen der strukturierten Kohäsionsgrade durchzuführen. Im folgenden werden die verschiedenen Grade der Operationskohäsion — von der schlechtesten, d. h. schwächsten, zur besten, d. h. stärksten — diskutiert. Da sich nur marginale Änderungen gegenüber der aus der strukturierten Entwicklung bekannten Definition ergeben, wird für eine detaillierte Diskussion auf die Originalliteratur [233] verwiesen.

1. **zufällige Kohäsion** *(coincidental)*

   Dies ist die schlechteste Form von Kohäsion. Die Elemente einer Operation erfüllen semantisch unterschiedliche Aufgaben und haben nichts gemeinsam, mit Ausnahme, daß sie sich „zufällig“ in derselben Operation befinden.

2. **logische Kohäsion** *(logical)*

   Die Elemente einer Operation erfüllen semantisch ähnliche Aufgaben, wie zum Beispiel die Ein- /Ausgabenbehandlung und die Ausnahmenbehandlung, haben aber sonst nichts miteinander zu tun.

3. **temporale Kohäsion** *(temporal)*

   Die Elemente einer Operation sind logisch kohäsiv und werden zum selben Zeitpunkt ausgeführt.

4. **prozedurale Kohäsion** *(procedural)*

   Die Elemente einer Operation sind durch einen gemeinsamen Kontrollfluß verbunden.

5. **Kommunikationskohäsion** *(communicational)*

   Die Elemente einer Operation sind nicht nur durch einen gemeinsamen Kontrollfluß verbunden, sondern arbeiten auch mit denselben Daten.

6. **sequentielle Kohäsion** *(sequential)*

   Die Elemente einer Operation sind kommunikationskohäsiv und darüberhinaus durch einen sequentiellen Kontrollfluß verbunden.

7. **funktionale Kohäsion** *(functional)*

   Die Elemente einer Operation sind sequentiell kohäsiv und erfüllen gemeinsam genau eine Aufgabe des Problembereichs. Funktionale Kohäsion ist die beste Form der Operationskohäsion. Sie realisiert das Prinzip der Lokalität dahingehend, daß an genau einer Stelle genau eine Aufgabe erfüllt wird und verbessert dadurch die Wartbarkeit und in der Folge die Wiederverwendbarkeit einer Operation.

Für die Diskussion der Typkohäsion und der Vererbungskohäsion wird vorausgesetzt, daß alle Operationen eines Objekttyps funktional kohäsiv sind. Dies ist deshalb erforderlich, weil zur Bestimmung des Grades der Typkohäsion und der Vererbungskohäsion die Beziehungen zwischen den Operationen und den Instanzvariablen untersucht werden müssen. Operationen, die eine schwache, d. h. schlechte Kohäsion haben und auf viele Instanzvariablen zugreifen, täuschen damit aber eine starke, d. h. gute Typ- bzw. Vererbungskohäsion vor. Um dies zu vermeiden, ist die Voraussetzung der funktional kohäsiven Operationen notwendig.

8.4.2 Typkohäsion

Typkohäsion bewertet die Bindung der Elemente innerhalb eines Objekttyps, ohne jedoch die geerbten Instanzvariablen und geerbten Operationen zu betrachten. Ein Objekttyp ohne Vererbung ist aber einem abstrakten Datentyp sehr ähnlich (siehe dazu auch Unterkapitel 2.1). Da aber die Kohäsionseigenschaften von abstrakten Datentypen bereits von Embley und Woodfield in [77] untersucht wurden, wird für die Diskussion der verschiedenen Grade der Typkohäsion die Klassifikation von Embley und Woodfield zugrundegelegt und für objektorientierte Systeme entsprechend angepaßt. Der entscheidende Unterschied zwischen abstrakten Datentypen und Objekttypen baut auf dem Konzept der Objektidentität auf. Während ein einziger abstrakter Datentyp mehrere, semantisch unterschiedliche Konzepte, auch semantische Bereiche oder Datenabstraktionen genannt, exportieren kann, beschreibt ein Objekttyp genau eine Menge von Objekten, wobei jedes Objekt eindeutig durch einen systemdefinierten Objektidentifikator identifiziert wird. Abhängig von der Kohäsion des Objekttyps repräsentieren seine Objekte genau eine für den Problembereich semantisch sinnvolle Datenabstraktion oder mehrere Datenabstraktionen, die mehr oder weniger zueinander in Beziehung stehen. Im folgenden werden die verschiedenen Grade der Typkohäsion — von der schlechtesten zur besten — vorgestellt.

1. **zerlegbare Kohäsion** *(separable)*

   Die Kohäsion eines Objekttyps wird als zerlegbare Kohäsion bezeichnet, falls seine Objekte mehrere Datenabstraktionen repräsentieren, die nichts miteinander gemein haben, mit der Ausnahme, daß sie zufällig durch dasselbe Objekt beschrieben werden. Das ist in der Regel genau dann der Fall, wenn die Instanzvariablen und Operationen eines Objekttyps so in zwei oder mehr Teilmengen aufgeteilt werden können, daß jede Operation in einer Teilmenge ausschließlich auf Instanzvariablen derselben Teilmenge zugreift sowie ausschließlich Operationen derselben Teilmenge aufruft. Ein Spezialfall davon ist, daß eine Operation auf keine anderen Operationen und Instanzvariablen zugreift bzw. eine Instanzvariable von keiner Operation referenziert wird. Ein Objekttyp mit zerlegbarer Kohäsion sollte in mehrere Objekttypen zerlegt werden, wobei jeder Objekttyp genau ein semantisches Konzept, d. h. genau eine Datenabstraktion repräsentiert.

Beispiel 8.10 Gegeben ist die Definition des Objekttyps MITARBEITER mit einer zusätzlichen Operation:

```
object type MITARBEITER subtypeOf PERSON
    properties
        ...
    operations
        ...
    public:
        berechneUnternehmensumsatz (p: SET⟨PROJEKT⟩) returns Integer;
        ...
end object type MITARBEITER
```

Die Operation berechneUnternehmensumsatz bekommt alle Projekte eines Unternehmens als Eingabeparameter und berechnet daraus den Gesamtumsatz des jeweiligen Unternehmens. Diese Operation greift weder auf Instanzvariablen noch auf andere Operationen des Objekttyps MITARBEITER zu. Das heißt, der Objekttyp MITARBEITER hat zerlegbare Kohäsion. Um seine Kohäsion zu verbessern, muß die Operation berechneUnternehmensumsatz in einen anderen Objekttyp ausgelagert werden, zum Beispiel in den Objekttyp UNTERNEHMEN. □

Das rein syntaktische Kriterium für zerlegbare Kohäsion, nämlich die Aufteilung von Instanzvariablen und Operationen in disjunkte Teilmengen, ist ein nützliches, aber semantisch nicht immer sinnvolles Kriterium. Falls ein Objekttyp zum Beispiel aus genau n Instanzvariablen und ihren

Zugriffsoperationen besteht, so kann der Objekttyp rein syntaktisch betrachtet in n disjunkte Teilmengen zerlegt werden, obwohl er vielleicht ein einziges semantisches Konzept repräsentiert. Im Gegensatz dazu würde ein Objekttyp mit einer Operation print, die auf alle Instanzvariablen des Objekttyps zugreift, nicht als zerlegbar kohäsiv eingestuft werden, obwohl der Objekttyp möglicherweise mehrere nicht zueinander in Beziehung stehende Datenabstraktionen umfaßt.

2. **mehrschichtige Kohäsion** *(multifaceted)*

   Die Kohäsion eines Objekttyps wird als mehrschichtige Kohäsion bezeichnet, falls seine Objekte mehrere Datenabstraktionen repräsentieren, aber zusätzlich mindestens eine Operation existiert, die auf alle diese Datenabstraktionen zugreift. Zerlegbare Kohäsion kann durch eine syntaktische Analyse des Objekttyps zumindest teilweise erkannt werden. Mehrschichtige Kohäsion verlangt nach einer semantischen Analyse der Definition des Objekttyps. Für diesen Zweck kann die bekannte Normalisierungstheorie des relationalen Datenmodells benutzt werden [243]. Um mehrschichtige Kohäsion in einem Objekttyp zu erkennen, wird die zweite Normalform benötigt. Diese besagt, daß jedes Nichtschlüsselattribut von den Attributen des Schlüssels voll abhängig ist, d. h. würde ein Attribut aus dem Schlüssel gestrichen, dann könnte keines der Nichtschlüsselattribute eindeutig bestimmt werden. Um diese zweite Normalform anwenden zu können, müssen funktionale Abhängigkeiten zwischen Instanzvariablen eines Objekttyps erfaßt und die Definition von mehrschichtiger Kohäsion wie folgt adaptiert werden: ein Objekttyp ist mehrschichtig kohäsiv, falls seine Instanzvariablen interpretiert als Attribute eines Relationenschemas nicht in zweiter Normalform sind, d. h. die Instanzvariablen beschreiben mehrere semantische Konzepte und sind daher bereits von Teilen des Benutzerschlüssels eindeutig bestimmbar. Der Objekttyp ist aber nicht zerlegbar kohäsiv, weil zusätzlich eine Operation existiert, die auf Instanzvariablen, die unterschiedliche semantische Konzepte beschreiben, zugreift. Ein mehrschichtig kohäsiver Objekttyp sollte in mehrere Objekttypen zerlegt werden, sodaß die Instanzvariablen jedes Objekttyps mindestens in zweiter Normalform sind. Die Operation, die mehrschichtige Kohäsion im betrachteten Objekttyp verursacht hat, sollte einem der neu definierten Objekttypen zugeordnet und gegebenenfalls neu implementiert werden. Welchem Objekttyp die Operation zuzuordnen ist, hängt in der Regel von der Problemstellung ab.

Beispiel 8.11 Gegeben ist die Definition des Objekttyps BESTELLUNG:

```
object type BESTELLUNG
    properties
        bestellteWare: WARE;
        bestelltBei: UNTERNEHMEN;
```

```
            rabatt: Integer;
            menge: Integer;
            ...
      operations
            ...
      public:
            erwarteterUmsatz () returns Boolean;
            ...
end object type BESTELLUNG
```

Die Methode erwarteterUmsatz berechnet den Umsatz durch Multiplizieren der Bestellmenge mit der Differenz des Preises der bestellten Ware und dem gewährten Rabatt.

Angenommen, die Instanzvariablen von BESTELLUNG werden als Attribute eines Relationenschemas interpretiert. Dann bilden die Instanzvariablen bestellteWare und bestelltBei den Schlüssel dieses Relationenschemas. Weiters wird angenommen, daß die Instanzvariable rabatt ausschließlich vom Unternehmen abhängt, d. h. denselben Wert für alle Waren eines Unternehmens hat. In diesem Fall ist die zweite Normalform verletzt. Die gegebene Definition des Objekttyps BESTELLUNG ist mehrschichtig kohäsiv. Sie kann dadurch verbessert werden, daß die Instanzvariable rabatt in den Objekttyp UNTERNEHMEN ausgelagert wird.

```
object type UNTERNEHMEN
      properties
            name: String;
            rabatt: Integer;
            ...
      operations
            ...
      public:
            rabatt () returns Integer;
            ...
end object type UNTERNEHMEN
```

□

3. **nicht delegierte Kohäsion** *(non-delegated)*

   Die Kohäsion eines Objekttyps wird als nicht delegiert bezeichnet, falls sie weder zerlegbar noch mehrschichtig ist, und die Definition des Objekttyps mindestens eine Operation beinhaltet, die ausschließlich auf solche Instanzvariablen zugreift, die eine Komponente des Objekttyps beschreiben. In anderen Worten, ein Objekttyp ist nicht delegiert kohäsiv, wenn er aus Operationen und Instanzvariablen besteht, die nur einen Komponententyp des betrachteten Objekttyps beschreiben. Um nicht delegierte

Kohäsion in einem Objekttyp zu erkennen, wird ähnlich zur mehrschichtigen Kohäsion die Normalisierungstheorie des relationalen Datenmodells benutzt, und zwar die dritte Normalform. Diese besagt, daß jedes Nichtschlüsselattribut von den Attributen des Schlüssels direkt und nicht nur transitiv abhängig sein muß. Um die dritte Normalform anwenden zu können, wird die Definition der nicht delegierten Kohäsion ebenfalls wie folgt adaptiert: ein Objekttyp ist nicht delegiert kohäsiv, falls seine Instanzvariablen interpretiert als Attribute eines Relationenschemas nicht in dritter Normalform sind, d. h. es gibt Instanzvariable, die nicht die gesamte, durch den Objekttyp repräsentierte Datenabstraktion sondern nur eine Komponente dieser beschreiben. Um nicht delegierte Kohäsion in einem Objekttyp zu vermeiden, sollten die „nicht delegierten" Elemente in jene Komponententypen „delegiert" werden, die sie eigentlich beschreiben.

Beispiel 8.12 Gegeben ist wiederum die Definition des Objekttyps MITARBEITER mit zusätzlichen Instanzvariablen und Operationen:

```
object type MITARBEITER subtypeOf PERSON
    properties
        sozvnr: Integer;
        einstellDatum: DATUM;
        arbeitetFuer: PROJEKT;
        projektLeiter: MITARBEITER ;
    operations
        ...
    public:
        berechneGehalt () returns Real;
        gehaltProjektleiterHoeherAlsDurchschnittlichesGehalt ()
                                        returns Boolean;
end object type MITARBEITER
```

Angenommen, die Instanzvariablen von MITARBEITER, nämlich die neu definierten und die von PERSON geerbten, werden wieder als Attribute eines Relationenschemas interpretiert. Dann bildet die Instanzvariable sozvnr den Schlüssel dieses Relationenschemas. Die Attribute einstellDatum und arbeitetFuer sind direkt von sozvnr abhängig. Das Attribut projektLeiter ist jedoch direkt vom Attribut arbeitetFuer und nur transitiv vom Schlüsselattribut sozvnr abhängig. Das heißt, die dritte Normalform ist verletzt und der Objekttyp MITARBEITER ist nicht delegiert kohäsiv. Um die Kohäsion zu verbessern, sollten die Instanzvariable projektLeiter und die Operation gehaltProjektleiterHoeherAlsDurchschnittlichesGehalt an den Objekttyp PROJEKT delegiert werden, der ein Komponententyp von MITARBEITER ist:

```
object type PROJEKT
    properties
        projektMitarbeiter: SET⟨MITARBEITER⟩;
        projektLeiter: MITARBEITER ;
        start: DATUM;
        erwartetesEnde: DATUM;
    operations
        ...
    public:
        leseProjektmitarbeiter () returns SET⟨MITARBEITER⟩;
        gehaltProjektleiterHoeherAlsDurchschnittlichesGehalt ()
                                                returns Boolean;
end object type PROJEKT
```

□

Es ist jedoch nicht immer so offensichtlich wie in dem vorangegangenen Beispiel, an welchen Objekttyp die Operationen und Instanzvariablen zu delegieren sind. Außerdem ist die wichtige Frage der Sichtbarkeit der delegierten Operationen zu klären. Falls eine Operation an einen Komponententyp delegiert wird, muß definiert werden, ob und wie diese Operation von Klienten des betrachteten Objekttyps aufgerufen werden kann. Eine Möglichkeit des Aufrufs besteht darin, den Klienten des betrachteten Objekttyps eine Referenz auf das entsprechende Komponentenobjekt zu übergeben, sodaß die Klienten direkt die delegierte Operation auf dem Komponentenobjekt aufrufen können. Der Nachteil dabei ist aber, daß die interne Struktur des betrachteten Objekttyps, d. h. seine Komponenten nach außen sichtbar gemacht werden. Ein weiterer Nachteil betrifft die möglicherweise erhöhte Kopplung zwischen den Kliententypen und dem Komponententyp. Durch die zusätzliche Interaktion zwischen einem Kliententyp und dem Komponententyp kann sowohl die Interaktionskopplung als auch die Komponentenkopplung zwischen den beiden Typen verschlechtert werden.

Eine andere Möglichkeit des Aufrufs besteht darin, die interne Struktur, d. h. die Komponententypen des betrachteten Objekttyps, vor den Kliententypen zu verbergen und die Operationen der Komponententypen durch *Propagierungsoperationen (propagation methods)* des betrachteten Objekttyps den Kliententypen zur Verfügung zu stellen. Diese Lösung wird von Lieberherr im *Gesetz von Demeter* [146, 147] vorgeschlagen. Dieses Gesetz legt genau fest, welche Operationen in der Implementierung einer Operation t eines Objekttyps o aufgerufen werden dürfen. Dazu gehören die Operationen jener Objekttypen, die entweder als Wertebereiche von Instanzvariablen von o verwendet werden oder als Wertebereiche der Eingabeparameter von t aufscheinen. Schließlich können auch über Objekte, die in der Implementierung von t neu erzeugt wurden, Operationen aufgerufen werden. Das Gesetz verbietet aber, an Objekte, die über Rückgabewerte von Operationen referenziert werden, eine Nachricht zu schicken. Ein erklärtes Ziel des Gesetzes von Demeter ist, die Komponentenkopplung zwischen Objekttypen zu reduzieren, indem genau vorgegeben wird, mit welchen anderen Objekttypen ein gegebener Objekttyp kommunizieren darf. Dies wird aber nur durch eine Erhöhung der Interaktionskopplung von den Klitententypen zum betrachteten Objekttyp sowie vom betrachteten Objekttyp zum Komponententyp erreicht. Dies deshalb, weil für jede Operation des Komponententyps, die beim Klitententyp sichtbar sein sollte, eine Propagierungsoperation im betrachteten Objekttyp definiert wird. In der Implementierung einer Operation des Klitententyps wird die Propagierungsoperation des betrachteten Objekttyps aufgerufen, die wiederum die gewünschte Operation des Komponententyps aufruft. Werden Parameter übergeben, so ist der Grad der Interaktionskopplung bestenfalls eine Wanderdatenkopplung, weil die Werte der Eingabeparameter und des Rückgabeparameters im betrachteten Objekttyp nicht benötigt werden.

Auf den ersten Blick scheinen sich das Gesetz von Demeter und das Vermeiden von nicht delegierter Kohäsion zu widersprechen. Während ersteres Propagierungsoperationen, d. h. nicht delegierte Operationen im betrachteten Objekttyp einführt, um damit die Komponentenkopplung einzuschränken, lagert letzteres Operationen an Komponententypen aus, um die Typkohäsion und als Seiteneffekt die Interaktionskopplung zu verbessern. Dieses Dilemma kann aber durch eine semantische Analyse des betrachteten Objekttyps und seiner Komponententypen leicht gelöst werden. Soll die Komponentenstruktur des betrachteten Objekttyps verborgen bleiben oder handelt es sich bei der in Frage kommenden Operation um eine inhärente Eigenschaft des betrachteten Objekttyps, so ist das Gesetz von Demeter vorzuziehen, auch wenn dadurch die Interaktionskopplung verschlechtert wird. Beschreiben die Komponententypen aber unabhängige Datenabstraktionen, die nicht nur zu Implementierungszwecken des betrachteten Objekttyps definiert wurden, so sollte die Komponentenstruktur den Klitententypen nicht verborgen bleiben, um damit Propagierungsoperationen und zusätzliche Wanderdatenkopplung zu vermeiden.

4. **verborgene Kohäsion** *(concealed)*

   Die Kohäsion eines Objekttyps wird als verborgene Kohäsion bezeichnet, falls sie weder zerlegbar, noch mehrschichtig, noch nicht delegiert ist, jedoch ein semantisch sinnvolles Konzept, d. h. eine Datenabstraktion in der Implementierung der Instanzvariablen und Operationen des betrachteten Objekttyps verborgen ist. Verborgene Kohäsion bedeutet, daß einige Instanzvariablen und Operationen eines Objekttyps ausgelagert werden können und einen eigenen, selbständigen Objekttyp bilden. Dadurch wird nicht nur die Kohäsion des betrachteten Objekttyps besser, sondern der neu erzeugte Objekttyp kann als Komponententyp auch in anderen Objekttypen wiederverwendet werden.

Im betrachteten Objekttyp werden die ausgelagerten Instanzvariablen durch genau eine Instanzvariable ersetzt, deren Wertebereich der neu erzeugte Objekttyp ist. Welche Operationen zu diesem Objekttyp ausgelagert werden, hängt einerseits davon ab, auf welche Instanzvariablen die Operationen zugreifen und andererseits von Überlegungen, wie sie bei der nicht delegierten Kohäsion angestellt wurden.

Beispiel 8.13 Angenommen, der Objekttyp DATUM wäre nicht definiert. Die Definition des Objekttyps PROJEKT wäre dann wie folgt:

```
object type PROJEKT
    properties
        ...
        startTag: Integer;
        startMonat: Integer;
        startJahr: Integer;
        erwartetesEndeTag: Integer;
        erwartetesEndeMonat: Integer;
        erwartetesEndeJahr: Integer;
        ...
    operations
        ...
end object type PROJEKT
```

Die Instanzvariablen des Objekttyps PROJEKT, die unterschiedliche Datumsangaben beschreiben, können in einen neuen Objekttyp DATUM ausgelagert und durch die zwei Instanzvariablen start und erwartetesEnde mit dem Wertebereich DATUM ersetzt werden. □

5. **semantische Kohäsion** *(model)*

   Semantische Kohäsion ist der beste Kohäsionsgrad, den ein Objekttyp erreichen kann. Ein Objekttyp ist semantisch kohäsiv, falls er ein einziges, semantisch sinnvolles Konzept des Problembereichs beschreibt und weder nicht delegierte Operationen noch verborgene Datenabstraktionen beinhaltet.

8.4.3 Vererbungskohäsion

Während Typkohäsion ausschließlich die Bindung der neu definierten Elemente innerhalb eines Objekttyps betrachtet, bezieht Vererbungskohäsion auch die direkt und indirekt geerbten Instanzvariablen und Operationen in die Betrachtung mit ein. Da aber ein Objekttyp gemeinsam mit seinen geerbten Elementen auch nur genau ein semantisch sinnvolles Konzept beschreiben sollte, kann zur Bestimmung der Vererbungskohäsion dieselbe Klassifikation wie für die Typkohäsion verwendet werden. Zu beachten ist, daß die Vererbungskohäsion nicht nur Aussagen über eine direkte Subtyp/Supertyp-Beziehung macht, sondern aufgrund der Transitivität der Vererbungsbeziehung den gesamten Vererbungsgraphen, ausgehend vom betrachteten Objekttyp, miteinbezieht.

8.5 Zusammenfassung

In diesem Kapitel wurde eine umfassende Taxonomie von Kopplungs- und Kohäsionseigenschaften in objektorientierten Systemen vorgestellt. Damit wurde einem in der Literatur noch wenig beachteten Problem Rechnung getragen, nämlich dem Problem der rasch wachsenden Komplexität eines objektorientierten Systems bei gleichzeitigem Fehlen von Richtlinien und Metriken zur Verbesserung der Qualität eines solchen Systems. Kopplung und Kohäsion gehören zu den wichtigsten Indikatoren von Qualität in prozedurorientierten Systemen und haben, wie in diesem Kapitel gezeigt wurde, eine ebenso wichtige Aufgabe in objektorientieren Systemen. Im Gegensatz zu prozedurorientierten Systemen, wo ausschließlich Module untersucht werden, gibt es in objektorientierten Systemen zwei Betrachtungselemente, nämlich die Operation und den Objekttyp. Darüberhinaus wird aufgrund des Vererbungskonzeptes zusätzliche Komplexität in einem objektorientierten System erreicht. Diese Überlegungen begründen jeweils drei, voneinander abhängige Dimensionen von Kopplung und Kohäsion: Interaktionskopplung, Komponentenkopplung und Vererbungskopplung, sowie Operationskohäsion, Typkohäsion und Vererbungskohäsion. In diesem Kapitel wurden die verschiedenen Grade der Kopplungs- und Kohäsionsdimensionen anhand von anschaulichen Beispielen vorgestellt und Richtlinien zur Verbesserung der Kopplungs- und Kohäsionseigenschaften diskutiert.

Bei der Anwendung der vorgestellten Kopplungs- und Kohäsionsdimensionen zur Bewertung von objektorientierter Software sollten folgende zwei Überlegungen miteinbezogen werden: Erstens sind Kopplung und Kohäsion nicht die einzigen Indikatoren von Softwarequalität. Für eine umfassende Bewertung der Qualität müssen alle Indikatoren betrachtet werden. Im Falle von konfliktären Zielen, wie zum Beispiel beim Gesetz von Demeter versus Vermeiden von nicht delegierter Kohäsion, müssen problemabhängige Entscheidungen getroffen und einem der konfliktären Ziele der Vorrang gegeben werden. Und zweitens wurden bei der Spezifikation der verschiedenen Kopplungs- und Kohäsionseigenschaften keine Überlegungen bezüglich der Performanz des zu entwickelnden Systems angestellt. Dies ist auch richtig, weil ja Kopplung und Kohäsion in erster Linie Kriterien zur Bewertung von objektorientierten Entwürfen darstellen. Bei der Implementierung müssen auch Laufzeitüberlegungen angestellt werden. Sollte es dabei mit dem anzustrebenden Kopplungs- und Kohäsionsgrad zu Konflikten kommen, ist von Fall zu Fall zu entscheiden und dem wichtigeren Ziel der Vorrang zu geben.

8.6 Literaturhinweise

Verwandte Arbeiten zum Thema Kopplung und Kohäsion in objektorientierten Systemen findet man in [20, 38, 57, 102, 166, 190, 234]. Weitere Arbeiten über objektorientierte Metriken sind in [53, 101] publiziert. Richtlinien zur Verbesserung der Qualität eines objektorientierten Softwaresystems, unabhängig von Kopplung und Kohäsion, werden in Abschnitt 3.4.2 vorgeschlagen.

Die in diesem Kapitel diskutierte Taxonomie von Kopplungs- und Kohäsionskriterien wurde erstmals in [72] vorgestellt.

Kapitel 9

Ausblick

In diesem Buch wurden Konzepte, Darstellungsmittel und Methoden zur objektorientierten Modellierung von Informationssystemen vorgestellt. Das Buch unterscheidet sich von verwandten Arbeiten nicht nur dadurch, daß es unabhängig von einer konkreten Methode aufgebaut ist, sondern es behandelt die einzelnen Problemstellungen im Bereich der objektorientierten Modellierung auch weitestgehend in sich abgeschlossenen Kapiteln. Daher kann es nicht nur als durchgängiges Lehrbuch sondern auch zum Nachlesen einzelner Kapitel verwendet werden.

Es liegt (leider) in der Natur eines aktuellen Forschungsgebietes, daß viele Gebiete nur angerissen wurden oder überhaupt unerwähnt blieben. Einige dieser Gebiete seien im folgenden kurz skizziert und auf weiterführende Literatur verwiesen.

Standardisierung. Bereits im Jahre 1989 haben sich die führenden Hersteller von Hardware und Software zusammengefunden, um Standards im Bereich der objektorientierten Systementwicklung zu erarbeiten. Die daraus entstandene Object Management Group (OMG) und ihre Technical Committees haben in der Zwischenzeit

- eine *Common Object Request Broker Architecture (CORBA)* zur Spezifikation von verteilten objektorientierten Applikationen in heterogenen Umgebungen [229],
- den *Object Database Standard (ODMG-93)* als Referenzmodell für objektorientierte Datenmodelle und objektorientierte Abfragesprachen [45] und
- das *Object Analysis and Design Reference Model* als Referenzmodell und zum Vergleich existierender objektorientierter Analyse- und Entwurfsmethoden [109, 110]

herausgebracht. Obwohl es noch nicht *die* Standardmethode im Bereich der objektorientierten Modellierung gibt, ist damit zu rechnen, daß nur einige der in Anhang A diskutierten Methoden langfristig eingesetzt, sich gegenseitig beeinflussen und zu einer einzigen Methode „verschmelzen" werden.

Wiederverwendung. Dem Aufbau von Application Frameworks und wiederverwendbaren Entwurfsmustern (*design patterns*) [60, 62, 85, 198] wird eine immer grösser werdende Bedeutung in der industriellen Softwareentwicklung zukommen. Probleme, die noch heute als solche diskutiert werden, wie der kurzfristige Mehraufwand bei der Entwicklung der wiederverwendbaren Komponenten und das „Preisgeben" von fachspezifischem Firmenwissen in Form von wiederverwendbaren Komponenten, werden mittel- und langfristig von den Vorteilen, wie Produktivitätssteigerung und Entwicklung offener und daher leichter wartbarer und erweiterbarer Systeme, wettgemacht.

Verteilung und Parallelität. Aufgrund der Fortschritte in der Kommunikationsinfrastruktur wie LANs und WANs und in der Hardwaretechnologie, wo Terminals durch Personalcomputer und Arbeitsplatzrechner abgelöst werden, ist neben der Objektorientierung die Verteilung, d. h. die Entwicklung verteilter Anwendungen, zum vorherrschenden Entwicklungsparadigma geworden [175]. Doch gerade im Bereich der verteilten Anwendungen hat das objektorientierte Paradigma große Vorteile — Objekte können unabhängig von ihrer aktuellen Lokation existieren, sie können von einem Ort zu einem anderen migrieren und sie unterstützen einen verteilungstransparenten Entwurf. Gerade der Bereich der verteilten objektorientierten Modellierung und Spezifikation ist daher einer der aktuellsten Forschungsgebiete.

Zeitgleich mit der Verteilung wurde auch die Parallelität, d. h. die Entwicklung paralleler Applikationen, zu einem wichtigen Thema, was nicht zuletzt auch durch die Möglichkeiten von Hochleistungsrechnern und Mehrprozessormaschinen unterstützt wurde. Der Entwicklung von parallelen objektorientierten Sprachen wird breiter Raum auf vielen Fachkonferenzen eingeräumt [3]. Die Modellierung von parallelen objektorientierten Systemen wird daher in diesem Zusammenhang ebenfalls immer wichtiger werden. Da die Konzepte der Verteilung und Parallelität nicht unabhängig voneinander sind, ist damit zu rechnen, daß die unterschiedlichen Modellierungsansätze sich gegenseitig beeinflussen werden.

Werkzeugunterstützung. Für einen produktiven objektorientierten Entwicklungsprozeß ist eine adäquate Werkzeugunterstützung unumgänglich. Einerseits, weil in der Regel mehrere Personen an der Entwicklung beteiligt sind, die Analyse- und Entwurfsdokumente austauschen und aufeinander abstimmen wollen. Und andererseits, weil aufgrund der Komplexität des zu entwickelnden Systems nur eine computerunterstützte Erstellung, Integritätsprüfung und Verwaltung dieser Dokumente zur Entwicklung eines wartbaren Systems führt. Daher ist es umso mehr verwunderlich, daß es erst wenige Werkzeuge für die objektorientierte Systementwicklung gibt, die dem Stadium von reinen Graphikeditoren entwachsen sind (siehe [11, 15] und Anhang A). Da es sich vor allem um kommerzielle Produkte handelt, die in der industriellen Softwareentwicklung eingesetzt werden, ist dem Leser eine intensive Marktbeobachtung empfohlen.

Integration und Interoperabilität. Es ist hinlänglich bekannt, daß bestehende, oft jahrzehnte alte Softwarelösungen den Anforderungen nicht mehr entsprechen, aber nicht komplett durch Neuentwicklungen ausgetauscht werden können, sei es aus finanziellen Gründen oder weil sie die wichtigsten strategischen Daten des Unternehmens umfassen. Die Objektorientierung, vor allem die Konzepte der Kapselung und des Information Hiding unterstützen eine Integration und damit eine Interoperabilität von bestehenden sogenannten Altlasten (*legacy systems*) und Neuentwicklungen auf der Basis der objektorientierten Technologie [37, 134]. Ähnliche Bestrebungen der Koexistenz zeichnen sich auch bei den traditionell relationalen und objektorientierten Datenbanksystemen ab [126]. Durch die wachsenden Anforderungen an bestehende Softwarelösungen wird die Problematik der Integration und Interoperabilität einen noch wichtigeren Stellenwert in der industriellen Softwareentwicklung einnehmen, als dies heute schon der Fall ist.

Anhang A

Überblick über objektorientierte Methoden

Das Gebiet der objektorientierten Analyse- und Entwurfsmethoden hat in den letzten Jahren vermehrt Interesse sowohl in Forschungsinstitutionen als auch in der wirtschaftlichen und industriellen Softwareentwicklung erregt. Ein Ergebnis dieser Entwicklung ist eine wachsende Zahl von objektorientierten Analyse- und Entwurfsmethoden. Diese Methoden sind nicht gänzlich unterschiedlich, haben aber verschiedene Schwerpunktsetzung, wie z.B. die Eignung für eine spezielle Implementierungssprache oder die Integration strukturierter und objektorientierter Ansätze. Ziel dieses Überblicks ist daher, ein möglichst umfassendes Bild der existierenden Methodenlandschaft aufzuzeigen, und gleichzeitig dem Leser eine Hilfestellung in der Auswahl von objektorientierten Methoden zu bieten. Eine detaillierte Diskussion aller Methoden ist jedoch nicht Ziel dieses Kapitels. Es werden die Methoden kurz vorgestellt und auf weiterführende Literatur verwiesen. Ähnliche Überblicksarbeiten sind in [12, 81, 90, 93, 104, 129, 172, 232, 260] publiziert.

Um dem Leser eine Hilfestellung in der Einordnung der einen oder anderen Arbeit zu bieten, sind die Methoden nach verschiedenen Schwerpunktsetzungen zusammengefaßt. Arbeiten, auf die mehrere Schwerpunkte zutreffen, werden nach dem signifikantesten Aspekt eingeteilt. Abbildung A.1 gibt einen Überblick über die objektorientierten Methoden. Die gewählte Einteilung wird im folgenden erläutert und ihre Vertreter werden kurz vorgestellt.

A.1 Ada-Umfeld

Die Wurzeln des objektorientierten Entwurfs gehen auf Arbeiten zum Entwurf von Ada-Programmen zurück [1, 30, 31]. Dies ist darin begründet, daß nach Fertigstellung der ersten Ada-Compiler nach einer Entwurfsmethode gesucht wurde, die die von Ada bereitgestellten Konzepte unterstützt. Zu diesen

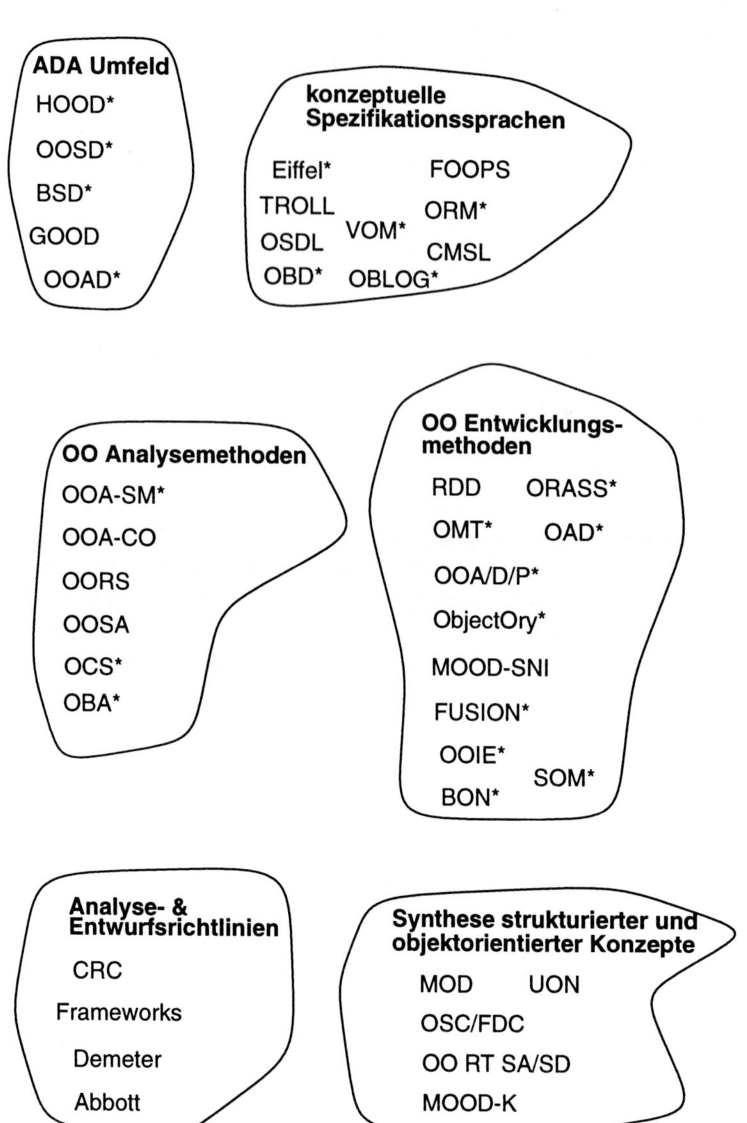

Abbildung A.1 Objektorientierte Analyse- und Entwurfsmethoden

zählen abstrakte Datentypen in Form von Packages und nebenläufige Prozesse in Form von Tasks. Da ein Package dem Konzept des Objektes sehr ähnlich ist, qualifiziert sich Ada nach der Klassifikation von Wegner [251] als objektbasierte Sprache. Es ist naheliegend, Datenstrukturen und die darauf arbeitenden Operationen als Einheit zu entwerfen und zwischen Spezifikation und Implementierung eines Package zu unterscheiden. Aufgrund der Verbreitung von Ada und nicht zuletzt durch entsprechenden Druck des Verteidigungsministeriums der USA existieren einige speziell auf Ada-Charakteristika ausgerichtete objektorientierte Entwurfsnotationen und -methoden.

OOAD - Object-Oriented Analysis and Design von Booch [33]. Booch war einer der ersten, der den Begriff „Object-oriented design", und zwar im Zusammenhang mit der Entwicklung von Ada-Programmen prägte [30, 31]. Die aktuellen Arbeiten von Booch [33] sind aber bereits unabhängig von Ada und beinhalten alle wesentlichen Konzepte objektorientierter Analyse- und Entwurfsmethoden. Für OOAD wird das Werkzeug Rational ROSE [33] angeboten.

GOOD - General Object-Oriented Software Development von Seidewitz und Stark [221, 230]. GOOD ist der Methode von Booch in der Entwurfsphase sehr ähnlich. In der Analysephase werden Datenflußdiagramme erzeugt, die mit Hilfe einer von den Autoren entwickelten Methode genannt „abstraction analysis" in Objekte in der Entwurfsphase übersetzt werden. Eine Werkzeugunterstützung für GOOD ist uns nicht bekannt.

HOOD - Hierarchical Object-Oriented Design wurde seit 1986 im Auftrag der European Space Agency (ESA) von einem Firmenkonsortium entwickelt [97, 236]. HOOD ist fast ausschließlich auf die Implementierungssprache Ada ausgerichtet. Für HOOD wird eine entsprechende Werkzeugunterstützung angeboten [105, 106].

OOSD - Object-Oriented Structured Design von Wasserman et al. [247, 248, 249]. OOSD unterstützt Konzepte und Repräsentationsformen sowohl für die strukturierte als auch für die objektorientierte Analyse bzw. für den Entwurf. Dies ist deshalb möglich, weil OOSD keine spezielle Methode, d.h. vorgegebene Schritte in einem Analyse- und Entwurfsprozeß vorschreibt, sondern sich ausschließlich auf verschiedene Notationen beschränkt. Für OOSD existiert eine Werkzeugunterstützung durch „Software Through Pictures" [246]. Mit OOSD erstellte Entwürfe können automatisch nach Ada und C++ [250] übersetzt werden.

BSD - Buhr System Design von Buhr [39, 40]. Buhr hat BSD auf dem Modell von Ada aufgebaut. Die angebotenen Konzepte zum Entwurf paralleler und verteilter Systeme sowie die graphische Entwurfsrepräsentation können jedoch auch für andere, u.a. objektorientierte Zielsprachen verwendet werden. BSD bezeichnet sich selbst nicht als objektorientiert oder objektbasiert, baut aber auf vielen objektorientierten Ideen auf, und verdient daher an dieser Stelle behandelt zu werden. BSD wird von dem Werkzeug CAEDE (Carleton Embedded Design Environment) unterstützt [40].

A.2 Objektorientierte Analysemethoden

Die strikte Trennung zwischen Analyse und Entwurf in der strukturierten Welt besteht in der objektorientierten Welt aufgrund desselben zugrundeliegenden Paradigmas nicht. Objektorientierte Analyse baut auf den gleichen Konzepten und Darstellungsmitteln wie der objektorientierte Entwurf auf. Nur der Blickwinkel auf die zu entwerfende Anwendung verschiebt sich kontinuierlich von einer Sicht des Anwendungsmodells zu einer Sicht des Systemmodells (für eine ausführliche Diskussion der Zusammenhänge zwischen OOA und OOE siehe Kapitel 3). In diesem Abschnitt werden jene Methoden zusammengefaßt, die ausschließlich die frühen Phasen der Softwareentwicklung, nämlich die Analyse, abdecken.

OOA-SM - Object-oriented Analysis von Shlaer und Mellor [225, 226, 227]. OOA-SM baut auf Konzepten der statischen Modellierung, genannt Informationsmodellierung (Informationsdiagramme), und hier im speziellen auf Entity-Relationship Modellierung auf. Während sich die erste Publikation [225] damit auch fast schon wieder erschöpfte, wurde in den folgenden Arbeiten OOA-SM um Konzepte der dynamischen Modellierung (Zustandsdiagramme), der Kommunikationsmodellierung (Kommunikationsdiagramme) und der Vorgangsmodellierung (Datenflußdiagramme) ergänzt [227]. OOA-SM wird durch das Werkzeug Teamworks von Cadre Technologies unterstützt [262].

OOA-CO - Object-oriented Analysis von de Champeaux und Olthoff [49, 50]. OOA-CO entstand aus einem Versuch, OOA-SM in einem Softwareentwicklungsprojekt aus dem Bereich Produktionsplanungssysteme einzusetzen. Die dabei gemachten Erfahrungen führten zu einer eigenen objektorientierten Analysemethode, die zwischen

1. Informationsmodell zur Modellierung der statischen Struktur,
2. Zustandsmodell zur Modellierung der dynamischen Struktur,
3. Interfacemodell zur Modellierung der sichtbaren Schnittstelle, und
4. Prozeßmodell zur Modellierung des Ablaufs einer Operation

unterscheidet. Die wesentlichen Unterschiede zu OOA-SM sind

- erhöhte Ausdrucksstärke im Informationsmodell,
- die Einführung des Interfacemodells zur abstrakten Beschreibung der Schnittstelle eines Objekttyps, und

- die Einführung von Ensembles (= Subsysteme) als zusätzliches Abstraktionsmittel neben Objekttypen. Innerhalb eines Ensembles können mehrere Objekte gleichzeitig aktiv sein, d.h. es können Operationen über mehreren Objekten gleichzeitig ausgeführt werden.

Eine Werkzeugunterstützung für OOA-CO ist uns nicht bekannt.

OOSA - Object-oriented Systems Analysis von Embley et al [78]. OOSA unterscheidet drei Sichten auf ein zu entwerfendes System interagierender Objekte, die in drei komplementären Modellen beschrieben werden.

1. Object Relationship Model zur Spezifikation der statischen Struktur
2. Object Behavior Model zur Spezifikation der dynamischen Struktur
3. Object Interaction Model zur Spezifikation von Objektkommunikation. Dabei wird zwischen synchroner und asynchroner Kommunikation und zwischen Empfänger-spezifischer und broadcast Kommunikation unterschieden.

Eine Werkzeugunterstützung für OOSA ist uns nicht bekannt.

OORS - Object-oriented Requirement Specification von Bailin [14]. Die Architektur von OORS ist durch seinen Einsatz als Analysemethode für die objektorientierte Softwareentwicklung gemeinsam mit der Entwurfsmethode GOOD [221] und Ada motiviert. Dies ist auch mit ein Grund, warum OORS auf grundsätzlich anderen Mechanismen als die bisher besprochenen Analysemethoden aufbaut. Eine objektorientierte Spezifikation in OORS besteht aus Entity-Relationship Diagrammen (ERD) und wiederholt verfeinerten Entity-Data-Flow Diagrammen (EDFD). Die Knoten in einem EDFD sind Entitäten (= Objekte) oder Funktionen, die genau einer Entität zugeordnet sind. Jeder Knoten in einem EDFD kann aber auch weiter in ein EDFD zerlegt werden. Eine Werkzeugunterstützung für OORS ist uns nicht bekannt.

OCS - Object and Class Specification von Berard [20]. OCS ist eine Sammlung von Konzepten, Verfahren und Richtlinien zur objektorientierten Analyse eines Anwendungssystems. OCS wird von Berard in seinen Fortbildungskursen gelehrt und für seine Beratungstätigkeit verwendet. OCS wird durch das Werkzeug BOCS [20] unterstützt.

OBA - Object Behavior Analysis von der Gruppe um Goldberg von ParcPlace Systems [203]. OBA legt den Schwerpunkt auf die Modellierung des Verhaltens des Gesamtsystems, d.h. der vom Kunden geforderten Systemoperationen, sowie auf die Modellierung des benötigten Verhaltens der beteiligten Objekttypen. Eine Werkzeugunterstützung wird direkt von ParcPlace Systems angeboten [203].

A.3 Objektorientierte Entwicklungsmethoden

Es existieren viele Ansätze, die sowohl die Analysephase als auch die Entwurfsphase abdecken. Diese Ansätze sind dadurch gekennzeichnet, daß

- keine harte Abgrenzung zwischen Analyse- und Entwurfsphase gemacht wird, und
- Fragen der Realisierung des Systems ebenfalls behandelt werden (z.B. Realisierung von Beziehungen und Auflösen von Mehrfachvererbung für Sprachen mit Einfachvererbung).

RDD - Responsibility Driven Design von R. Wirfs-Brock et al [257, 258, 260]. Obwohl der Name RDD eine Entwurfsmethode vermuten läßt, deckt RDD ebenso die Analysephase ab. Charakteristika von RDD sind die starke Ausrichtung auf die Modellierung von Verpflichtungen (= *responsibilities*) und der Einsatz von CRC-Karten (Class-Responsibilities-Collaborators) als wichtigstes Darstellungsmittel. Eine Werkzeugunterstützung ist uns nicht bekannt.

OMT - Object-Modeling Technique von Rumbaugh et al [205]. OMT gehört zu den vollständigsten Entwicklungsmethoden, was die Abdeckung aller Phasen in einem Software-Lebenszyklusmodell betrifft. Es bietet methodische Unterstützung für die Analyse, den Subsystementwurf, den Objektentwurf und für die Implementierung mit Hilfe von objektorientierten Sprachen und Datenbanken sowie mit Hilfe von nicht objektorientierten Systemen. In OMT werden in der Analysephase drei Modelle, nämlich

1. Objektmodell zur Modellierung der statischen Struktur,
2. dynamisches Modell zur Modellierung der dynamischen Struktur und
3. funktionales Modell zur Modellierung der Systemoperationen

entwickelt, die in den Folgephasen sukzessive verfeinert werden. OMT wird u.a. durch das Werkzeug OMTool [188, 235] unterstützt.

ObjectOry - Object FactOry for Software Development von Jacobson [114]. ObjectOry ist eine durchgängige Entwicklungsmethode bestehend aus den Phasen Analyse, Entwurf und Testen. Implementierung wird bewußt vom Autor weggelassen, weil eine an Bedeutung gewinnende objektorientierte Entwurfsphase die Implementierungsphase zu einer Codierungsphase abstuft. ObjectOry unterscheidet drei Arten von Objekttypen, um die Modellierung der Realität und ihre Abbildung auf ein Systemmodell zu unterstützen, nämlich

1. Information Objects zur Modellierung der Problembereichsobjekte
2. User Interface Objects zur Modellierung der Benutzerschnittstelle
3. Use Cases zur Modellierung der gewünschten Systemoperationen

ObjectOry ist ein kommerzielles Produkt und wird u.a. von Ericsson Telecom eingesetzt. ObjectOry hat seine (funktionalen) Wurzeln in SDL [46] und setzt SDL auch als Spezifikationssprache im Detailentwurf ein. ObjectOry wird durch das Werkzeug ObjectOrySE [114] unterstützt.

ORASS - Object-Oriented Role Analysis, Synthesis, and Structuring von Reenskaug und Nordhagen [186, 199]. Diese durchgängige objektorientierte Entwicklungsmethode baut auf der Modellierung von Rollen, Verträgen und Kollaborationen auf. Der Begriff der Rolle bezeichnet in ORASS die Teilnahme eines Objektes an einem Szenario. Der Name ORASS leitet sich von den drei Hauptaktivitäten der Methode ab, nämlich

1. Modellierung von Rollen
2. Synthese von Objekten aus verschiedenen Rollenspezifikationen
3. Strukturierung des Gesamtsystems als Menge interagierender Objekte in verschiedenen Rollen

Die Methode wird industriell eingesetzt. Eine Werkzeugunterstützung wird in [260] erwähnt.

OAD - Object-Oriented Analysis and Design Diagrams von Sandvad [210]. OAD ist eine Analyse- und Entwurfsnotation, die keine spezielle Methode unterstützt. OAD ist speziell für die Entwicklung von in BETA [156] geschriebenen Systemen geeignet, jedoch darauf nicht beschränkt. OAD ermöglicht auch die Modellierung von Nebenläufigkeiten, d.h. von parallel aktiven Objekten. Das Arbeiten mit OAD und die Übersetzung nach BETA werden vom Mjølner BETA System [140] unterstützt. Ein interessantes Detail zur Architektur des Mjølner BETA Systems ist, daß alle während der Entwicklung erstellten Beschreibungen, d.h. das Analysemodell, das Entwurfsmodell, das erstellte Programm sowie die Dokumentation auf die gleiche interne Darstellung in Form eines abstrakten Syntaxbaums abgebildet werden. Damit werden sowohl Konsistenz- und Vollständigkeitsprüfungen als auch das Prinzip des Reverse Engineering unterstützt.

OOA/D/P - Object-oriented Analysis, Design, and Programming von Coad, Yourdon und Nicola [55, 56, 57, 58, 59]. OOA und OOD wurden von Coad und Yourdon sukzessive entwickelt. OOD baut auf den Ergebnissen von OOA auf. OOP wiederum baut auf den Ergebnissen von OOA und OOD auf und gibt eine Menge praktischer Tips zur Implementierung objektorientierter Systeme [59].

Coad und Yourdon führen die Prinzipien der objektorientierten Analyse auf drei wesentliche Organisationsstrukturen menschlichen Denkens zurück, nämlich

1. Objekte und ihre Eigenschaften,
2. Aggregationsstrukturen bestehend aus Objekten und ihren Teilen, und
3. Klassifikationsstrukturen zur Klassifikation ähnlicher Objekte.

Diese Überlegungen finden in der Methode OOA ihren Niederschlag, die im wesentlichen aus fünf Analyseschritten zur Spezifikation folgender Teile besteht:

1. Objekte
2. Vererbungs- und Aggregationsbeziehungen zwischen Objekten
3. Subjekte (= Subsysteme) als Mengen zusammengehöriger Objekte
4. Attribute von Objekten
5. Dienstleistungen (= Operationen), die die Objekte anbieten

OOA wird durch das Werkzeug OOA*Tool* unterstützt [55].

OOD baut auf dem Analyseergebnis basierend auf OOA auf. In OOA wurden die Objekte des Problembereichs analysiert. In OOD werden das Analyseergebnis verfeinert und erweitert und drei weitere Bereiche entworfen. Diese sind die Benutzerschnittstelle für das Gesamtsystem, die Prozeßverwaltung für nebenläufige Prozesse, und die Verwaltung persistenter Daten. OOD wird durch das Werkzeug OOD*Tool* unterstützt [57].

MOOD-SNI - Methodology for Object-Oriented Development von Siemens Nixdorf Informationssysteme [228]. MOOD-SNI ist eine ähnlich vollständige Methode wie OMT. MOOD-SNI besteht aus vier aufeinanderfolgenden Entwicklungsphasen:

1. Initial Level Analysis zur Spezifikation von Objekten, Beziehungen und Taxonomien
2. Conceptual Level Design zur Vervollständigung und Verfeinerung des Analyseergebnisses
3. Logical Level Design zur Spezifikation der Benutzerschnittstellen, der Verwaltung von persistenten Objekten und der Kommunikation zwischen dem zu entwickelnden System und externen Systemen
4. Physical Level Design and Implementation zur Entwicklung von Prototypen, die sukzessive in das Endprodukt überführt werden

Das gesamte Entwicklungsergebnis wird in einer Reihe von Diagrammen und textuellen Spezifikationen (= templates) dokumentiert. Diese sind

- Object Association Diagram, in dem alle Arten von strukturellen und Interaktionsbeziehungen dargestellt werden
- Object Context Diagram, in dem eine Menge von Object Association Diagrams zusammengefaßt werden
- Class Hierarchy Diagram, in dem ausschließlich die Vererbungsbeziehungen dargestellt werden
- Object State Diagram, in dem der Lebenszyklus einer Menge gleichartiger Objekte dargestellt wird
- Object Class Template, in dem in strukturierter Form alle Informationen zu einem Objekttyp repräsentiert werden

MOOD-SNI basiert auf dem Spiralmodell von Böhm [28]. Eine Werkzeugunterstützung ist uns nicht bekannt.

FUSION - eine Fusion existierender objektorientierter Modellierungsansätze von Coleman et al [61]. FUSION wurde in den Hewlett-Packard Laboratorien in Bristol (UK) entwickelt und wird von der Firma HP in objektorientierten Entwicklungsprojekten eingesetzt. FUSION baut u.a. auf Ergebnissen der Methoden OMT und RDD auf. Der gesamte Entwicklungsprozeß wird in die Phasen Analyse, Entwurf und Implementierung eingeteilt, wobei die folgenden sechs Modelle als Ergebnisse von Zwischenschritten in der angegebenen Reihenfolge erzeugt werden:

1. Object Model zur Modellierung der statischen Struktur der Problembereichsobjekte
2. Functional Model zur Modellierung der Vor- und Nachbedingungen der Systemoperationen
3. Object Interaction Model zur Modellierung der Objekttypen und ihrer Operationen, die bei der Realisierung einer Systemoperation involviert sind
4. Inheritance Graph zur Modellierung der Vererbungsbeziehungen zwischen Objekttypen
5. Class Templates zur vollständigen Spezifikation der Objekttypen
6. Implementation Model zur Spezifikation der Objekttypen in der jeweils ausgewählten Implementierungssprache

Eine Werkzeugunterstützung für FUSION wird in [61] erwähnt.

OOIE - Object-Oriented Information Engineering von Martin und Odell [160]. OOIE baut auf dem Information Engineering Ansatz von James Martin auf [159] und erweitert diesen um Konzepte zur Verhaltensmodellierung und zur Abbildung von objektorientierten Analysemodellen in Implementierungsumgebungen. Ähnlich zu den meisten objektorientierten Analyse-

bzw. Entwicklungsmethoden unterstützt OOIE drei Sichten auf ein Informationssystem, die durch die folgenden drei Darstellungsmittel modelliert werden:

1. Object Schemas zur Modellierung der statischen Struktur
2. Behavior Schemas zur Modellierung der dynamischen Struktur
3. Object Flow Diagrams zur Modellierung der Systemoperationen

Was OOIE gegenüber den anderen objektorientierten Analyse- und Entwicklungsmethoden auszeichnet, ist das Konzept der dynamischen Klassifikation und der mehrfachen Klassifikation. Dynamische Klassifikation bedeutet, daß ein Objekt dynamisch seine Zugehörigkeit zu einem Objekttyp ändern kann, und mehrfache Klassifikation bedeutet, daß ein Objekt gleichzeitig Instanz unterschiedlicher Objekttypen ist. (Dynamische und mehrfache Klassifikation sind äquivalent zum Rollenkonzept in OBD; siehe auch Unterkapitel 4.1.) OOIE wird von den Werkzeugen Ptech und Object Management Workbench unterstützt [160].

BON - Object-Oriented Analysis and Design based on the Business Object Notation von Nerson [180]. BON ist das Ergebnis eines ESPRIT Projektes[1] und wurde in erster Linie als objektorientierte Entwicklungsmethode für Softwaresysteme, die in der Programmiersprache Eiffel [169] realisiert werden, entwickelt. Neben der statischen und dynamischen Modellierung von Objekttypen unterstützt BON die Modellierung von Clusters (= Subsysteme) und die Spezifikation von Vor- und Nachbedingungen von Operationen sowie von Objekttypinvarianten. Letztere werden eindeutig in die gleichlautenden Konzepte in Eiffel übersetzt. BON wird durch das Werkzeug EiffelCase [180] unterstützt.

SOM - Semantic Object Model von Ferstl und Sinz [79, 80]. SOM stellt die objektorientierte Erweiterung des datenmodellorientierten Ansatzes SERM (Strukturiertes Entity/Relationship Modell) dar. Was die Methode SOM gegenüber den anderen Entwicklungsmethoden auszeichnet, ist ein Vorgehensmodell, das sich speziell an der Entwicklung betrieblicher Informationssysteme als Regelkreissysteme orientiert. Ein betriebliches Informationssystem wird als Interaktionsmodell bestehend aus betrieblichen Stellen, Umweltkontaktstellen und Flüssen zwischen den Stellen innerhalb des Unternehmens und der Umwelt dargestellt. Des weiteren werden zwei Arten von Flüssen, nämlich Leistungsflüsse und die zur Steuerung der Leistungsflüsse dienenden Informationsflüsse, unterschieden. SOM wird durch das Werkzeug SOM-CASE [80] unterstützt.

---

[1] ESPRIT steht für *E*uropean *S*trategic *P*rogram for *R*esearch and Development in *I*nformation *T*echnology und ist eines der wichtigsten Forschungsförderungsprogramme der Europäischen Union im Bereich der Informationstechnologie.

A.4 Konzeptuelle Spezifikationssprachen

Konzeptuelle Spezifikationssprachen sind Sprachen zur konzeptuellen Modellierung. Diese Sprachen abstrahieren von Implementierungsüberlegungen und bieten mächtige Sprachkonstrukte, um den Problembereich zu beschreiben. Konzeptuelle Spezifikationssprachen haben in der Regel eine formal spezifizierte Semantik und erlauben Aussagen über die Konsistenz und Vollständigkeit des spezifizierten Systems zu machen. Sie bauen u.a. auf Konzepten der Logik und der algebraischen Spezifikation auf [192]. In diesem Abschnitt werden objektorientierte Spezifikationssprachen zusammengefaßt, auf die die angeführten Eigenschaften zutreffen.

FOOPS - Functional Object-Oriented Programming System von Goguen et al [86, 87]. FOOPS baut auf drei Programmierparadigmen auf, nämlich dem funktionalen, dem objektorientierten und dem logischen. Die Semantik von FOOPS basiert auf Algebren mit partiell geordneten Sortenmengen [73].

ORM - Objects with Roles Model von Pernici [194]. ORM ist eine objektorientierte Spezifikationssprache, die speziell das Rollenkonzept, wie es in OBD in Unterkapitel 4.1 eingeführt wurde, unterstützt. Eine Rolle spezifiziert die Struktur und das Verhalten eines Objektes in einem speziellen Kontext. Ein Objekt kann neue Rollen annehmen sowie Rollen vergessen. Mit dem Rollenkonzept ist es möglich, unterschiedliches Verhalten für dasselbe Objekt sowie Objektevolution, d.h. Lernen und Vergessen von Rollen, zu modellieren. In ORM wird ein Objekttyp gemeinsam mit seinen Rollen und deren Interdependenzen spezifiziert. Die Interdependenzen werden in Form von Regeln angegeben. Die Spezifikation in ORM wird durch das Werkzeug RECAST (REquirements Collection And Specification Tool) [83] unterstützt.

OBLOG - Object Logic von C. Sernadas et al [223, 224]. OBLOG ist eine graphische Spezifikationssprache und hat sich aus theoretischen Arbeiten zur logik-basierten Spezifikation von objektorientierten Systemen entwickelt [222]. Für die Spezifikation mit OBLOG wird das Werkzeug OBLOG-CASE [224] zur Verfügung gestellt.

TROLL - Textual Representation of Object Logic Language von Jungclaus, Saake u.a. [118, 119, 206]. TROLL hat sich aus der Spezifikationssprache OBLOG entwickelt. Mit TROLL können Objektlebenszyklen, Sicherheits- und Lebendigkeitsbedingungen bezüglich dieser Lebenszyklen, und Interdependenzen zwischen verschiedenen Lebenszyklen modelliert werden. Die Semantik von TROLL basiert auf temporaler Logik erster Stufe [157]. Eine Weiterentwicklung von TROLL, die nur eine Teilmenge der Sprachkonzepte von TROLL umfaßt, ist TROLL*light*, wofür auch eine Werkzeugunterstützung existiert [241].

CMSL - Conceptual Modeling Specification Language von Wieringa [254]. CMSL hat ähnliche Mächtigkeit wie TROLL. Sowohl TROLL als auch CMSL unterstützen ähnlich zu ORM und OBD das Rollenkonzept. Die Semantik von CMSL basiert auf algebraischer Spezifikation unter Verwendung von Prozeßalgebren [21].

OBD - Object/Behavior Diagrams von Kappel und Schrefl [121, 122, 123, 218]. OBD unterstützt die graphische Spezifikation der Statik und Dynamik von Objekttypen. In der Statik werden die Attribute von Objekttypen sowie ihre Beziehungen zu anderen Objekttypen beschrieben. In der Dynamik werden die erlaubten Lebenszyklen von Objekttypen sowie die Interaktion und Synchronisation mehrerer Lebenszyklen spezifiziert. Die Semantik von verschiedenen Aspekten von OBD wurde mit Hilfe von Prädikat/Transitionsnetzen [121] und evolvierenden Algebren [91] beschrieben. Die interaktive Erstellung eines objektorientierten Modells basierend auf OBD wird durch einen Editor unterstützt. OBD wird im Detail in den Kapiteln 4 und 5 vorgestellt. AOBD - Active Object/Behavior Diagrams von Bichler und Schrefl [22] - unterstützt zusätzlich die graphische Spezifikation von Trigger zur Modellierung von aktiven objektorientierten Datenbanken.

VOM - Visual Object Modeling von Schauer und Schönberger [212]. VOM unterstützt die graphische Spezifikation der Statik und Dynamik von Objekttypen. Im Gegensatz zu den anderen hier genannten Spezifikationssprachen unterscheidet VOM explizit zwischen der Spezifikation von Problembereichsobjekten und von Steuerobjekten. Nur letzteren ist es erlaubt, Nachrichten an andere Objekte zu schicken, um Operationen über diesen Objekten auszuführen. Die Semantik von VOM wurde operational durch eine direkte Übersetzung nach Smalltalk beschrieben. Die interaktive Erstellung eines VOM-Modells und seine automatische Übersetzung nach Smalltalk werden durch einen Editor unterstützt.

Eiffel von Meyer [169]. Obwohl die Sprache Eiffel hinreichend als Programmiersprache bekannt ist, wird sie hier erwähnt. Eiffel ist die einzige verbreitete objektorientierte Programmiersprache, die neben der syntaktischen Spezifikation der Schnittstelle eines Objekttyps auch eine semantische Spezifikation ermöglicht. Die syntaktische Spezifikation umfaßt die Signaturen der Operationen. Die semantische Spezifikation umfaßt Vor- und Nachbedingungen für jede Operation sowie invariante Bedingungen für den gesamten Objekttyp. Außerdem unterstützt Eiffel das Konzept des abstrakten Typs und des parametrisierten Typs. Daher kann Eiffel zum (konzeptuellen) Entwurf von Objekttypen verwendet werden, wobei gleichzeitig von einer konkreten Implementierung der Operationen abstrahiert wird. Die Priorität des Entwurfs gegenüber der Implementierung vertritt Meyer auch in seinen Büchern [166, 169].

OSDL - Object-Oriented Specification and Description Language von Møller-Pederson et al [171]. OSDL ist eine objektorientierte Erweiterung von SDL. SDL ist eine Spezifikationssprache für Telekommunikationsanwendungen, die als Standard von der CCITT [46] verabschiedet wurde. OSDL baut auf den gleichen „Objekten" wie SDL auf, nämlich Prozesse, Prozeduren, Signale, Kanäle, Blöcke, und Systeme und führt ein Vererbungskonzept für jeden dieser Objekttypen ein.

A.5 Synthese strukturierter und objektorientierter Ansätze

Für die praktische Systementwicklung, bei der strukturierte Konzepte breiten Einsatz finden, ist die Möglichkeit eines evolutionären Übergangs von strukturierten zu objektorientierten Methoden bzw. die einer Koexistenz beider Ansätze von Bedeutung. Sollen nun strukturierte und objektorientierte Ansätze verbunden werden, z.B. strukturierte Analyse mit objektorientiertem Entwurf, so sind im wesentlichen zwei Schritte notwendig. Erstens, eine Verschiebung der Prioritäten der einzelnen Systemsichten, und zweitens, die Einführung von objektorientierten Konzepten, im wesentlichen Kapselung, Vererbung, und Nachrichtenaustausch. Daß eine Vorgehensweise in diese Richtung prinzipiell möglich ist, zeigen die folgenden Modelle. Trotzdem ist von einer hybriden Vorgehensweise, wenn möglich, abzuraten, da damit gerade die Vorteile der objektorientierten Modellierung, nämlich einheitliche Konzepte und Hilfsmittel, nicht zum Tragen kommen.

OSC&FDC - Object Structure Chart and Functional Design Chart von Alabiso [5]. OSC&FDC koppelt strukturierte Analyse mit objektorientiertem Entwurf. Die Objekte des Entwurfs werden aus Datenflußdiagrammen mit Hilfe von Transformationsregeln exzerpiert.

OO RT SA/SD - Object-Oriented Realtime Structured Analysis / Structured Design von Ward [245]. OO RT SA/SD baut auf RT SA/SD [244] auf, und integriert die Konzepte der Kapselung, Klassifizierung, Aggregierung, Vererbung und des Nachrichtenaustauschs.

MOOD-K - Multiple-View Object-Oriented Design Methodology von Kerth [131]. MOOD-K baut auf der strukturierten Analyse mit Echtzeiterweiterungen [244] auf. MOOD-K unterscheidet Objekte und Tasks als Grundkonzepte des Entwurfs. Mit der speziellen Unterstützung von Tasks möchte sich MOOD-K auch als potentielle objektorientierte Entwurfsmethode für Ada-Entwicklungen qualifizieren.

MOD - Model-Based Object-Oriented Design von Bulman [41]. MOD baut auf Konzepten der strukturierten Analyse mit Datenflußdiagrammen und Entity/Relationship-Diagrammen auf. MOD wird von Bulman in seinen Fortbildungskursen gelehrt und für seine Beratungstätigkeit verwendet.

UON - Uniform Object Notation von Page-Jones et al [189]. UON ist eine Notation zum objektorientierten Entwurf. Sie wird von Constantine, Page-Jones und Weiss im Rahmen deren Beratungstätigkeit verwendet.

A.6 Analyse- und Entwurfsrichtlinien

Analyse- und Entwurfsrichtlinien sind unabhängig von einer speziellen Methode. Die bekanntesten Richtlinien werden hier nochmals zusammengefaßt.

CRC - Class-Responsibilities-Collaborators Cards von Beck und Cunningham [19]. Die Idee ist, daß für jeden Objekttyp eine Karteikarte angelegt wird, die seinen Namen (= *class*), alle seine Verpflichtungen (= *responsibilities*) und alle Namen jener Objekttypen enthält, denen der Objekttyp zur Erfüllung seiner Verpflichtungen eine Nachricht schickt (= *collaborators*). CRC-Karten unterstützen die kooperative Analyse, bei der einige Analytiker gemeinsam das Anwendungsmodell der Analyse erstellen. Jeder Analytiker ist für einige Objekttypen, jeweils repräsentiert durch eine CRC-Karte, verantwortlich.

Application Frameworks bestehen aus abstrakten und konkreten Objekttypen und legen die generische Struktur einer Menge von Applikationen fest. Die zur Zeit bekanntesten Application Frameworks existieren für interaktive Applikationen [66, 84]. Application Frameworks werden auch im Unterkapitel 3.3 behandelt.

Law of Demeter von Lieberherr et al [146, 147, 148]. Das Law of Demeter schränkt die Kopplung zwischen Objekttypen ein, indem es das Senden von Nachrichten zwischen Objekten nur in eingeschränkten Fällen erlaubt (siehe auch Kapitel 8).

Abbott's Analyse von textuellen Problemspezifikationen [1]. Abbott schlägt eine Methode zum Finden von Objekttypen aus textuellen Problemspezifikationen vor. Dabei werden Hauptworte zu Objekttypen, Zeitworte zu Operationen, und Adjektiva und Adverba zu Instanzvariablen. Obwohl es sehr schwer bis kaum möglich ist, diese Methode für große Problemspezifikationen anzuwenden, hat sie große Vorteile beim Erlernen von objektorientierter Modellierung. Darüberhinaus ist sie eine der wenigen formalisierten Ansätze zum Finden von Objekttypen.

Anhang B

Definitionen

B.1 Objekt/Verhaltensdiagramme

Für eine präzise Definition verschiedener Entwurfsregeln in der Verwendung von Objekt/Verhaltensdiagrammen (OBD) werden die einzelnen Entwurfsergebnisse auch formal definiert. Die folgenden Definitionen fassen die in OBD darstellbare Information zusammen.

Definition B.1 D, O und L sind endliche, paarweise disjunkte Mengen. D beschreibt die Menge aller Datentypen und O die Menge aller Objekttypen in einem OBD-Schema. L ist eine Menge von Bezeichnern. Die injektive totale Funktion $name\colon D \cup O \to L$ weist jedem Datentyp und jedem Objekttyp einen eindeutigen Namen zu. $\diamond$

Definition B.2 Das *Objektdiagramm* OD_o eines Objekttyps $o \in O$ ist ein 7-Tupel $OD_o = (Props_o,\ name,\ domain_o,\ multiplicity,\ relshipType,\ inverse,\ hidden)$, wobei gilt:

1. $Props_o$ ist die Menge der Eigenschaften des Objekttyps o, sodaß gilt: $\forall o' \in O, o' \neq o\colon Props_o \cap Props_{o'} = \emptyset$.
   Die Menge aller Eigenschaften in einem OBD-Schema ist $Props = \cup_{o \in O} Props_o$.

2. $name\colon Props_o \to L$ ist eine totale Funktion, die jeder Eigenschaft einen in o eindeutigen Namen zuweist.

3. $domain_o\colon Props_o \to D \cup O$ ist eine totale Funktion, die jeder Eigenschaft von o einen Wertebereich zuordnet. Die Eigenschaft p ist ein Attribut, wenn $domain_o(p) \in D$, und sie ist eine Beziehung, wenn $domain_o(p) \in O$.
   Die Menge R_o ist definiert als $\{p \in Props_o \mid domain_o(p) \in O\}$.
   Die Menge R aller Beziehungseigenschaften in einem OBD-Schema ist $R = \cup_{o \in O} R_o$.

4. *multiplicity*: $Props_o \rightarrow$ {‚sv‘,‚mv‘} ist eine totale Funktion, die jeder Eigenschaft ihre Wertigkeit zuordnet.

5. *relshipType*: $R_o \rightarrow RelshipTypes$ ist eine totale Funktion, die jeder Beziehung einen Beziehungstyp aus $RelshipTypes =$ {‚componentOf‘, ‚hasComponent‘, ‚constituentOf‘, ‚hasConstituent‘, ‚roleOf‘, ‚hasRole‘, ‚general‘} zuordnet, sodaß $Props_o$ höchstens eine *componentOf*-Beziehung und höchstens eine *roleOf*-Beziehung enthält. Die Beziehung $p \in R_o$ heißt *objektdefinierend*, wenn $relshipType(p) \in$ {‚componentOf‘, ‚hasConstituent‘, ‚roleOf‘}. Objektdefinierende Beziehungen sind immer einwertig. Ein Objekttyp darf keine direkte oder transitive objektdefinierende Beziehung mit sich selbst haben.

6. *inverse*: $R_o \rightarrow R$ ist eine partielle Funktion, die jeder Beziehung in o ihre inverse Beziehung zuordnet, falls diese definiert ist. Es gilt: $inverse(inverse(p)) = p$. Der Default-Wert der Funktion ist ‚qundef‘q. Die inverse Beziehung zu einer *componentOf*-Beziehung muß eine *hasComponent*-Beziehung sein, die inverse zu einer *constituentOf*-Beziehung eine *hasConstituent*-Beziehung, die inverse zu einer *roleOf*-Beziehung eine *hasRole*-Beziehung und die inverse zu einer allgemeinen Beziehung ebenfalls eine allgemeine Beziehung.

7. *hidden*: $Props_o \rightarrow BOOLEAN$ ist eine totale Funktion, die für jede Eigenschaft festlegt, ob sie öffentlich sichtbar (*hidden* = *FALSE*) oder privat (*hidden* = *TRUE*) ist.

◇

Die folgenden Definitionen sind Ausgangsbasis für eine präzise Spezifikation der Verfeinerungsregeln. Sie fassen die in einem Lebenszyklusdiagramm darstellbare Information zusammen.

Definition B.3 S und T sind endliche, zueinander disjunkte Mengen. S enthält alle spezifizierten Zustände aller Objekttypen in O und T alle Aktivitäten. ◇

Die Definition des Lebenszyklusdiagramms umfaßt Basisaktivitäten und Basiszustände, abstrakte Aktivitäten und abstrakte Zustände sowie zusammengesetzte Aktivitäten. Die Unterscheidung in Basiselemente, abstrakte Elemente und zusammengesetzte Aktivitäten erfolgt durch Prädikate.

Definition B.4 Das *Lebenszyklusdiagramm* LD_o eines Objekttyps $o \in O$ ist ein Tripel $LD_o = (S_o, T_o, F_o)$, wobei gilt:

1. $S_o \subseteq S$ ist die Menge der Zustände für o

2. $T_o \subseteq T$ ist die Menge der Aktivitäten für o

3. $F_o \subseteq (S_o \times T_o) \cup (T_o \times S_o)$ ist die Menge der Kanten, die die Vor- und Nachzustände der Aktivitäten in o festlegen

(b) *für Nachzustände*
$t \in T_o \wedge t' \in sinks(t,o) \wedge (t',s') \in F_o \Rightarrow (t,s') \in F_o \vee \exists s \in S_o \colon (s',s) \in H_o \wedge (t,s) \in F_o$

6. *Einfügeregel und Entnahmeregel für Zustände:*

   (a) *Einfügen:*
   $s \in S_o \wedge s' \in sources(s,o) \wedge (t',s') \in F_o \Rightarrow (t',s) \in F_o$

   (b) *Entnahme:*
   $s \in S_o \wedge s' \in sinks(s,o) \wedge (s',t') \in F_o \Rightarrow (s,t') \in F_o$

7. *Basisverfeinerungsregel:*

   (a) *Vorzustände*
   $t \in T_o \wedge s \in S_o \wedge basic(t,o) \wedge abstract(s,o) \wedge (s,t) \in F_o \Rightarrow \exists s' \in S_o \colon (s',s) \in H_o \wedge (s',t) \in F_o$

   (b) *Nachzustände*
   $t \in T_o \wedge s \in S_o \wedge basic(t,o) \wedge abstract(s,o) \wedge (t,s) \in F_o \Rightarrow \exists s' \in S \colon (s',s) \in H_o \wedge (t,s') \in F_o$

Aus dem Lebenszyklusdiagramm LD_o und der Verfeinerungshierarchie H_o kann das Basisverhalten eines Objekttyps $o \in O$ abgeleitet werden.

Definition B.6 Das *Basisverhalten* LD_o^b eines Objekttyps $o \in O$ ist ein Tripel $LD_o^b = (S_o^b, T_o^b, F_o^b)$, wobei gilt:

1. $S_o^b :== \{s \in S_o \mid basic(s,o)\}$

2. $T_o^b :== \{t \in T_o \mid basic(t,o)\}$

3. $F_o^b :== \{(f,g) \in F_o \mid basic(f,o) \wedge basic(g,o)\}$

◇

Die folgenden Definitionen fassen die in einem Aktivitätsspezifikationsdiagramm darstellbare Information zusammen. Dabei wird vorerst ausschließlich die Spezifikation von Basisaktivitäten betrachtet.

Definition B.7 P ist eine endliche Menge zur Beschreibung von Ports. D, O, S, T, $Props$ und P sind paarweise disjunkte Mengen.

Das *Aktivitätsspezifikationsdiagramm* $ActSpec_o^t$ einer Aktivität $t \in T_o^b$ eines Objekttyps $o \in O$ ist ein 11-Tupel $ActSpec_o^t = (P_o^t, IP_o^t, RIP_o^t, OP_o^t, pp_o^t, rp_o^t, name_o^t, domain_o^t, multiplicity_o^t, pre_o^t, post_o^t)$, wobei gilt:

1. $P_o^t \subseteq P$ sind Eingabe- und Ausgabeports der Aktivität t des Objekttyps o

2. $IP_o^t \subseteq P_o^t$ ist die Menge aller Eingabeports

3. $RIP_o^t \subseteq IP_o^t$ ist die Menge aller ‚qread-only'q Eingabeports

4. $OP_o^t \subseteq P_o^t$ ist die Menge aller Ausgabeports

5. $IP_o^t \cup OP_o^t = P_o^t$

6. $pp_o^t \in P_o^t$ ist der Primärport

7. $rp_o^t \in OP_o^t$ ist der Rückgabeport

8. $name_o^t: P_o^t \rightarrow L$ ist eine totale Funktion, die jedem Port einen in t eindeutigen Namen zuweist. Die Namen sind eindeutig für alle $P_o^t \cup T_o \cup Props_o$.

9. $domain_o^t: P_o^t \rightarrow D \cup O$ ist eine totale Funktion, die jedem Port einen Wertebereich zuordnet. Der Wertebereich des Primärports ist der Objekttyp, für den die Aktivität definiert ist: $domain_o^t(pp_o^t) = o$

10. $multiplicity_o^t: P_o^t \rightarrow \{$‚sv',‚mv'$\}$ ist eine totale Funktion, die jedem Port seine Wertigkeit zuordnet.

11. $pre_o^t \subseteq (S \cup T) \times P_o^t$ legt für jeden Port $p \in P_o^t$ seine Vorzustände fest. Damit ist es möglich, auch Aktivitätszustände als Vorzustände zu modellieren, und das Konzept der eingeschränkt öffentlich sichtbaren Aktivitäten zu realisieren.

12. $post_o^t \subseteq P_o^t \times (S \cup T)$ legt für jeden Port $p \in P_o^t$ seine Nachzustände fest.

13. $(s, p) \in pre_o^t \Rightarrow domain_o^t(p) \in O \wedge s \in (S_{domain_o^t(p)} \cup T_{domain_o^t(p)})$

14. $(s, pp_o^t) \in pre_o^t \Leftrightarrow (s, t) \in F_o$

15. $(p, s) \in post_o^t \Rightarrow domain_o^t(p) \in O \wedge s \in (S_{domain_o^t(p)} \cup T_{domain_o^t(p)})$

16. $(pp_o^t, s) \in post_o^t \Leftrightarrow (t, s) \in F_o$

◇

Die folgende Definition faßt die in einem Aktivitätsrealisierungsdiagramm darstellbare Information zusammen. Eine Zuordnung von Aktivitätsaufrufen und deren Ports zu den durch sie repräsentierten Aktivitätsspezifikationsdiagrammen ist prinzipiell möglich, erfordert aber eine globale Datenanalyse der gesamten Aktivitätsrealisierung. Dies ist zum Verständnis des Aktivitätsrealisierungsdiagrammen zugrundeliegenden Konzeptes nicht notwendig und wird daher in dieser Arbeit nicht berücksichtigt.

Definition B.8 Das *Aktivitätsrealisierungsdiagramm* $ActReal_o^t$ einer Aktivität $t \in T_o^b$ eines Objekttyps $o \in O$ ist ein 12-Tupel $ActReal_o^t = (C_o^t, M_o^t, MP_o^t, A_o^t, Pcode_o^t, SC_o^t, DC_o^t, Cond_o^t, cDef_o^t, aDef_o^t, condA_o^t, ControlFlow_o^t)$, wobei gilt (eine Zahl in eckigen Klammern ist als Index zu interpretieren und wählt einen Wert aus einem zusammengesetzten Funktionswert aus):

1. C_o^t ist die Menge aller Hilfsspeicher
2. M_o^t ist die Menge aller Aktivitätsaufrufe
3. MP_o^t it die Menge aller Ports von Aktivitätsaufrufen
4. A_o^t ist die Menge aller Kanten
5. $Pcode_o^t$ ist die Menge aller geschriebenen Codeteile
6. SC_o^t ist die Menge aller Auswahlbedingungen, die eine Menge von Elementen als Ergebnis liefert
7. DC_o^t ist die Menge aller Auswahlbedingungen, die ein Element als Ergebnis liefert
8. $Cond_o^t$ ist die Menge aller Verzweigungs- und Iterationsbedingungen
9. $C_o^t, M_o^t, MP_o^t, A_o^t, Pcode_o^t, SC_o^t, DC_o^t$ und $Cond_o^t$ sind endliche, paarweise disjunkte Mengen
10. $cDef_o^t$: $C_o^t \to L \times D \cup O \times \{$'sv', 'mv'$\}$ ist eine totale Funktion, die für jeden Hilfsspeicher $c \in C_o^t$ den Namen, den Wertebereich und die Wertigkeit festlegt. Die Namen sind eindeutig für alle $Props_o \cup T_o \cup P_o^t \cup C_o^t$.
11. $aDef_o^t$: $A_o^t \to Rep_o^t \times Rep_o^t \times ArcType$ ist eine totale Funktion, die jeder Kante eine Quelle (*tail*), eine Senke (*head*) und einen Kantentyp zuordnet. Es gilt:
    (a) $Rep_o^t = Props_o \cup P_o^t \cup MP_o^t \cup C_o^t$ faßt die Menge der Eigenschaften des Objekttyps o, die Menge der Ports der Aktivität t von o, die Menge der Ports, die in Aktivitätsaufrufen von t vorkommen, und die Menge der Hilfsspeicher von t zusammen.
    (b) $ArcType = \{$'a', 'i', 'r'$\}$ beschreibt den Typ einer Kante. Wir unterscheiden Zuweisungskanten (*assignment arcs*), Einfügekanten (*insertion arcs*) und Löschkanten (*removal arcs*).
12. $condA_o^t$: $A_o^t \to SC_o^t \cup DC_o^t$ ist eine partielle Funktion, die, falls sie definiert ist, einer Kante eine Auswahlbedingung zuordnet.
13. $ControlFlow_o^t$ ist ein Tupel ($Blocks_o^t$, $Main$, $activates$, $blockType$, $first$, $next$, $cond$, $ifBlock$, $elseBlock$, $itBlock$, $itRep$), das den Kontrollfluß der Aktivitätsrealisierung beschreibt. Es gilt:
    (a) $Blocks_o^t$ ist die Menge der Ausführungsblöcke in der Aktivitätsrealisierung der Aktivität t von o.
    (b) $Main \in Blocks_o^t$ entspricht dem Hauptprogramm in der strukturierten Programmierung.

(c) *blockType*: $Blocks_o^t \to \{$,b', ,s', ,a', ,w', ,f'$\}$ ist eine totale Funktion, die für jeden Ausführungsblock den Blocktyp festlegt (,b' = Basisblock, ,s' = sequentieller Block, ,a' = alternativer Block, ,w' = While-Iterationsblock, ,f' = ForEach-Iterationsblock)

(d) $BBlocks_o^t :== \{b \in Blocks_o^t \mid blockType(b) = ,b'\}$ ist die Menge aller Basisblöcke.

(e) $SBlocks_o^t :== \{b \in Blocks_o^t \mid blockType(b) = ,s'\}$ ist die Menge aller sequentiellen Blöcke.

(f) $ABlocks_o^t :== \{b \in Blocks_o^t \mid blockType(b) = ,a'\}$ ist die Menge aller alternativen Blöcke.

(g) $WBlocks_o^t :== \{b \in Blocks_o^t \mid blockType(b) = ,w'\}$ ist die Menge aller While-Iterationsblöcke.

(h) $FBlocks_o^t :== \{b \in Blocks_o^t \mid blockType(b) = ,f'\}$ ist die Menge aller ForEach-Iterationsblöcke.

(i) $activates \subset BBlocks_o^t \times (A_o^t \cup M_o^t \cup Pcode_o^t)$ ist eine Relation, die alle Aktionen, d. h. Kantenaktivierungen, Aktivitätsaufrufe und Pseudocode, innerhalb eines Basisblocks festlegt.

(j) $first$: $SBlocks_o^t \to Blocks_o^t$ ist eine totale Funktion, die jedem sequentiell zerlegten Ausführungsblock den ersten Subblock zuweist.

(k) *next*: $Blocks_o^t \to Blocks_o^t$ ist eine partielle Funktion, die, falls sie definiert ist, einem Ausführungsblock den nächsten auszuführenden Block zuweist.

(l) *condition*: $ABlocks_o^t \cup WBlocks_o^t \to Cond_o^t$ ist eine totale Funktion, die einem alternativen Block eine Verzweigungsbedingung bzw. einem While-Iterationsblock eine Iterationsbedingung zuweist.

(m) *ifBlock*: $ABlocks_o^t \to Blocks_o^t$ ist eine totale Funktion, die einem alternativen Block den *true*-Teilblock zuweist.

(n) *elseBlock*: $ABlocks_o^t \to Blocks_o^t$ ist eine totale Funktion, die einem alternativen Block den *false*-Teilblock zuweist.

(o) *itBlock*: $FBlocks_o^t \cup WBlocks_o^t \to Blocks_o^t$ ist eine totale Funktion, die den Iterationsblöcken den bei der Iteration auszuführenden Block zuweist.

(p) *itRep*: $FBlocks_o^t \to Rep_o^t$ ist eine totale Funktion, die einem ForEach-Iterationsblock einen mehrwertigen lokalen Speicher, der als Iterationsmenge verwendet wird, zuordnet.

◇

Die folgende Definition faßt die für eine zusammengesetzte Aktivität darzustellende Information zusammen.

Definition B.9 Das *Lebenszyklusdiagramm* LD_o des Objekttyps $o \in O$ enthält neben Basiselementen und abstrakten Elementen auch zusammengesetzte Aktivitäten. $T_o^c :== \{t \in T_o \mid \neg basic(t,o) \wedge \neg abstract(t,o)\}$ ist die Menge der zusammengesetzten Aktivitäten des Objekttyps o.

Das *Aktivitätsspezifikationsdiagramm* $ActSpec_o^t$ einer zusammengesetzten Aktivität $t \in T_o^c$ eines Objekttyps $o \in O$ ist ein 11-Tupel $ActSpec_o^t = (P_o^t, IP_o^t, RIP_o^t, OP_o^t, pp_o^t, rp_o^t, name_o^t, domain_o^t, multiplicity_o^t, pre_o^t, post_o^t)$, wobei gilt:

1. $P_o^t, IP_o^t, OP_o^t, pp_o^t, rp_o^t, name_o^t, domain_o^t$ und $multiplicity_o^t$ sind definiert wie in Aktivitätsspezifikationsdiagrammen für Basisaktivitäten.

2. $pre_o^t \subseteq 2^S \times P$ legt für jeden Port $p \in P_o^t$ seine Vorzustände fest.

3. $post_o^t \subseteq P \times 2^S$ legt für jeden Port $p \in P_o^t$ seine Nachzustände fest.

Das *Aktivitätsrealisierungsdiagramm* $ActReal_o^t$ einer zusammengesetzten Aktivität $t \in T_o^c$ eines Objekttyps $o \in O$ ist ein 9-Tupel $ActReal_o^t = (C_o^t, M_o^t, MP_o^t, A_o^t, SC_o^t, DC_o^t, Cond_o^t, aDef_o^t, ControlFlow_o^t)$, wobei gilt:

1. C_o^t, M_o^t, MP_o^t, A_o^t, SC_o^t, DC_o^t, $Cond_o^t$, $aDef_o^t$ und $ControlFlow_o^t$ sind definiert wie in Aktivitätsrealisierungsdiagrammen für Basisaktivitäten, jedoch mit folgender Einschränkung: $Rep_o^t = P_o^t \cup MP_o^t \cup C_o^t$.

◇

B.2 Vererbung in OBD

Die folgenden Definitionen fassen die formalen Grundlagen für die Vererbung von Objekt/Verhaltensdiagrammen zusammen.

Definition B.10 Die Vererbungshierarchie einer Menge von Objekttypen ist gegeben durch die Relation $subtypeOf \subset O \times O$. ◇

Bei der Diskussion der Vererbungsregeln benötigen wir des öfteren die Aussage, daß ein Objekttyp o' identisch zu einem anderen Objekttyp o oder ein direkter Subtyp von o oder ein indirekter Subtyp von o ist. Dazu definieren wir das Prädikat $subtypeOf^*(o', o)$.

Definition B.11 Das zweistellige Prädikat $subtypeOf^*(o', o)$ ist definiert als wahr genau dann, wenn (o', o) zur transitiven und reflexiven Hülle der Relation $subtypeOf$ gehört. ◇

Definition B.12 Ein Objekttyp ist *konkret* genau dann, wenn er keinen Subtyp besitzt. Das einstellige Prädikat $concrete(o)$ ist daher definiert als wahr genau dann und nur dann, wenn o keine Subtypen hat:
$concrete(o) \Leftrightarrow \nexists o' \in O: (o', o) \in subtypeOf$. ◇

Die Definition des Objektdiagramms muß aber aufgrund der Einbeziehung von Strukturvererbung wie folgt angepaßt werden:

Definition B.13 Das Objektdiagramm OD_o eines Objekttyps $o \in O$ ist ein 7-Tupel $OD_o = (Props_o, name, domain_o, multiplicity, relshipType, inverse, hidden)$ mit

1. $Props_o$, $name$, $domain_o$, $multiplicity$, $relshipType$, $inverse$ und $hidden$ sind definiert wie im Fall ohne Vererbung. $Props_o$ ist die Menge aller neu definierten und redefinierten Eigenschaften von o.

2. $AllProps_o$ ist die Menge aller Eigenschaften von o, die sich wie folgt berechnet:

$$AllProps_o = \begin{cases} Props_o & \text{falls } o \text{ kein Subtyp ist} \\ Props_o \cup AllProps_{o'} & \text{falls } \exists o' \in O\colon (o,o') \in subtypeOf \end{cases}$$

3. $allDomain_o\colon AllProps_o \to D \cup O$ ist eine totale Funktion, die jeder Eigenschaft von o einen Wertebereich zuordnet. Sie wird wie folgt berechnet:

$$allDomain_o(p) = \begin{cases} domain_o(p) & \text{falls } p \in Props_o \\ allDomain_{o'}(p) & \text{falls } p \in AllProps_o \setminus Props_o \end{cases}$$

◇

Im folgenden sind die Vererbungsregeln für Objektdiagramme zusammengefaßt. Es gilt $o, o', o'' \in O$.

1. *Erweiterungsregel für Eigenschaften:*
$(o', o) \in subtypeOf \Rightarrow AllProps_o \subseteq AllProps_{o'}$

2. *Herkunftsregel für Eigenschaften:*
$p \in Props_{o'} \land p \in Props_{o''} \Rightarrow \exists o \in O\colon subtypeOf^*(o', o) \land subtypeOf^*(o'', o) \land p \in Props_o$

3. *Unmittelbarkeitsregel für die Festlegung von objektdefinierenden Eigenschaften:*
$p \in Props_o\colon (relshipType(p) \in \{$ ‚componentOf', ‚roleOfs', ‚hasConstitutent' $\} \land \exists o' \in O\colon subtypeOf^*(o, o')) \Rightarrow p \in Props_{o'}$

4. *Spezialisierungsregel für Eigenschaftswertebereiche:*
$p \in Props_o \land domain_o(p) \in O \land (o, o') \in subtypeOf \land p \in AllProps_{o'} \Rightarrow subtypeOf^*(domain_o(p), allDomain_{o'}(p))$

Im folgenden sind die Vererbungsregeln für Lebenszyklusdiagramme zusammengefaßt:

1. *Erweiterungsregel:*

    (a) *für Aktivitäten:*
    $(o', o) \in subtypeOf \Rightarrow T_o \subseteq T_{o'}$

    (b) *für Zustände:*
    $(o', o) \in subtypeOf \Rightarrow S_o \subseteq S_{o'}$

    (c) *für Vor- und Nachzustände:*
    $(o', o) \in subtypeOf \Rightarrow F_o \subseteq F_{o'}$

2. *Herkunftsregel:*

    (a) *für Aktivitäten:*
    $t \in T_{o'} \wedge t \in T_{o''} \Rightarrow \exists o \in O\colon subtypeOf^*(o', o) \wedge subtypeOf^*(o'', o) \wedge t \in T_o$

    (b) *für Zustände:*
    $s \in S_{o'} \wedge s \in S_{o''} \Rightarrow \exists o \in O\colon subtypeOf^*(o', o) \wedge subtypeOf^*(o'', o) \wedge s \in S_o$

    (c) *für Vor- und Nachzustände:*
    $(e, f) \in F_{o'} \wedge (e, f) \in F_{o''} \Rightarrow \exists o \in O\colon subtypeOf^*(o', o) \wedge subtypeOf^*(o'', o) \wedge (e, f) \in F_o$

3. *Unmittelbarkeitsregel für die Festlegung von Vor- und Nachzuständen:*

    (a) *Vorzustände:*
    $(s, t) \in F_{o'} \wedge subtypeOf^*(o', o) \wedge s \in S_o \wedge t \in T_o \Rightarrow (s, t) \in F_o$

    (b) *Nachzustände:*
    $(t, s) \in F_{o'} \wedge subtypeOf^*(o', o) \wedge t \in T_{o'} \wedge s \in S_{o'} \Rightarrow (t, s) \in F_o$

4. *Spezialisierungsregel:*
    siehe Vererbung und Verfeinerung.

Die praktische Auswirkung der Vererbungsregeln für Lebenszyklusdiagramme ist, daß sie eine effiziente globale Repräsentation eines *OBD*-Schemas gestatten. Es ist nicht notwendig, für jeden Objekttyp o die Mengen S_o, T_o und F_o eigens zu verwalten. Aufgrund der Herkunftsregel können wir eine Funktion $\delta\colon (S \cup T) \to O$ definieren, die jeden Zustand bzw. jede Aktivität dem Objekttyp zuordnet, bei dem dieser bzw. diese das erste Mal auftritt und daraus S_o und T_o berechnen. Aufgrund der Unmittelbarkeitsregel für die Festlegung von Vor- und Nachzuständen braucht nur eine Relation $F \subset (S \times T) \cup (T \times S)$ gespeichert werden. S_o, T_o und F_o können wie folgt berechnet werden:
$\forall o \in O$:

1. $S_o :== \{s \in S \mid \exists o' \in O\colon subtypeOf^*(o, o') \wedge \delta(s) = o'\}$

2. $T_o :== \{t \in T \mid \exists o' \in O\colon subtypeOf^*(o, o') \wedge \delta(t) = o'\}$

3. $F_o :== \{(e,f) \in F \mid \exists o' \in O: subtypeOf^*(o,o') \wedge \delta(e) = o' \wedge \delta(f) = o'\}$

Für eine präzise Festlegung der Vererbungsregeln für Aktivitäten führen wir einige Definitionen ein.

Definition B.14 Die partielle Funktion $impl_o: T_o \nrightarrow IM$ ordnet den Aktivitäten des Objekttyps o Implementierungen zu. IM ist eine endliche Menge, deren Elemente Implementierungen beschreiben. Es gilt: $impl_o(t) \neq$ ‚undef' dann und nur dann, wenn eine Implementierung für die Aktivität t direkt beim Objekttyp o definiert ist. ◇

Eine Aktivität $t \in T_o$ heißt *parameterstabil* bezüglich des Objekttyps o, wenn t bei keinem Subtyp von o einen zusätzlichen Port erhält.

Definition B.15 Das zweistellige Prädikat $parameterstabil(t,o)$ ist für $o \in O, t \in T_o$ genau dann wahr, wenn gilt: $\forall o' \in O: subtypeOf^*(o',o) \wedge p \in P^t_{o'} \Rightarrow p \in P^t_o$ ◇

Eine Aktivität t ist *verfügbar für* einen Objekttyp o, falls jeder Objekttyp, der ein Blattknoten im Teilbaum des Vererbungsgraphen mit der Wurzel o ist, eine Implementierung für t direkt definiert oder erbt.

Definition B.16 Das zweistellige Prädikat $verfügbar(t,o)$ ist für $o \in O, t \in T_o$ genau dann wahr, falls gilt: $\forall o'' \in O: (subtypeOf^*(o'',o) \wedge concrete(o'') \Rightarrow \exists o' \in O: (subtypeOf^*(o'',o') \wedge impl_{o'}(t) \neq$ ‚undef') ◇

Vorher seien noch die Vererbungsregeln für Aktivitätsspezifikationsdiagramme zusammengefaßt.

1. *Erweiterungsregel:*
   (a) *für Ports:*
   $(o',o) \in subtypeOf \Rightarrow (\forall t \in T_{o'}: P^t_{o'} \supseteq P^t_o)$
   (b) *für Port-Vorzustände:*
   $(o',o) \in subtypeOf \Rightarrow (\forall t \in T_{o'}: pre^t_{o'} \supseteq pre^t_o)$
   (c) *für Port-Nachzustände:*
   $(o',o) \in subtypeOf \Rightarrow (\forall t \in T_{o'}: post^t_{o'} \supseteq post^t_o)$
2. *Herkunftsregel für Ports:*
   $p \in P^t_o \wedge p \in P^t_{o'} \Rightarrow \exists o'' \in O: subtypeOf^*(o,o'') \wedge subtypeOf^*(o',o'') \wedge p \in P^t_{o''}$
3. *Unmittelbarkeit der Definition von Port-Vorzuständen und Port-Nachzuständen*
   (a) *Vorzustände:*
   $(s,p) \in pre^t_{o'} \wedge (o',o) \in subtypeOf \wedge p \in P^t_o \Rightarrow (s \in (S_{domain^t_o(p)} \cup T_{domain^t_o(p)}) \Rightarrow (s,p) \in pre^t_o)$

(b) *Nachzustände:*
$(p, s) \in post^t_{o'} \wedge (o', o) \in subtypeOf \wedge p \in P^t_o \Rightarrow (s \in (S_{domain^t_o(p)} \cup T_{domain^t_o(p)}) \Rightarrow (p, s) \in post^t_o)$

4. *Spezialisierungsregel*

   (a) *für Port-Wertebereiche:*
   $p \in P^t_o \wedge domain^t_o(p) \in O \wedge (o', o) \in subtypeOf \Rightarrow subtypeOf^*(domain^t_{o'}(p), domain^t_o(p))$.

   (b) *für Port-Vorzustände:*
   siehe Vererbung und Verfeinerung

   (c) *für Port-Nachzustände:*
   siehe Vererbung und Verfeinerung.

Im folgenden werden die Vererbungsregeln für die Verfeinerungshierarchie zusammengefaßt.

1. *Erweiterungsregel für die Verfeinerungshierarchie:*
   $\forall o, o' \in O\colon subtypeOf^*(o', o) \Rightarrow H_{o'} \supseteq H_o$

2. *Herkunftsregel für die Verfeinerungshierarchie:*
   $(e', e) \in H_{o'} \wedge (e', e) \in H_{o''} \Rightarrow \exists o \in O\colon subtypeOf^*(o', o) \wedge subtypeOf^*(o'', o) \wedge (e', e) \in H_o$

3. *Unmittelbarkeitsregel für die Festlegung der Verfeinerung:*
   $(e', e) \in H_{o'} \wedge subtypeOf^*(o', o) \wedge e' \in (S_o \cup T_o) \wedge e \in (S_o \cup T_o) \Rightarrow (e', e) \in H_o$.

4. *Spezialisierungsregel*

   (a) *für Lebenszyklusdiagramme:*
   $e' \in (S_{o'} \cup T_{o'}) \wedge (o', o) \in subtypeOf \Rightarrow e' \in (S_o \cup T_o) \vee (\exists e \in (S_o \cup T_o)\colon basic(e, o) \wedge (e', e) \in H^+_{o'})$

   (b) *für Port-Vorzustände:*
   $(s', p) \in pre^t_{o'} \wedge (o', o) \in subtypeOf \wedge p \in P^t_o \Rightarrow (s', p) \in pre^t_o \vee (\exists s \in (S_o \cup T_o)\colon (s', s) \in H^+_{domain^t_{o'}(p)})$

   (c) *für Port-Nachzustände:*
   $(p, s') \in post^t_{o'} \wedge (o', o) \in subtypeOf \wedge p \in P^t_o \Rightarrow (s', p) \in post^t_o \vee (\exists s \in (S_o \cup T_o)\colon) \in H^+_{domain^t_{o'}(p)})$

5. *Regel der einheitlichen Unterscheidung zwischen Basiselementen und abstrakten Elementen für konkrete Objekttypen:*
   $concrete(o) \wedge e \in (T_o \cup S_o) \wedge basic(e, o) \wedge e \in (T_{o'} \cup S_{o'}) \Rightarrow basic(e, o') \vee \neg concrete(o')$

6. *Regel der vorhandenen Implementierung von Basisaktivitäten:*
   $conrete(o') \wedge t \in T_{o'} \wedge basic(t, o') \Rightarrow \exists o \in O\colon subtypeOf^*(o', o) \wedge impl_o(t) \neq$ ‚undef'

B.3 Lokale referentielle Integrität

Im folgenden werden die Definition des Schemas und einer Ausprägung eines Informationssystems basierend auf lokaler referentieller Integrität und die Regeln zur Gewährleistung derselben zusammengefaßt.

Definition B.17 Das objektorientierte Schema IS_{Schema} eines Informationssystems ist ein 13-Tupel $IS_{Schema} = (O, D, A, R, C, \mathit{introducedAt}, \mathit{hasMemberType}, \mathit{attrDom}, \mathit{relDom}, \mathit{multiplicity}, \mathit{roleDom}, \mathit{subtypeOf}, \mathit{subclassOf})$, wobei O, D, A, R und C endliche Mengen sind, die alle Objekttypen, vordefinierte Datentypen, Attribute, Beziehungen und alle lokalen Klassen beinhalten und die übrigen Elemente Funktionen repräsentieren, die die folgenden Definitionen haben:

1. $\mathit{introducedAt}: C \cup R \to O$ ist eine totale Funktion, die jeder lokalen Klasse bzw. jeder Beziehung den in der Vererbungshierarchie allgemeinsten Objekttyp zuordnet, bei dem die Klasse bzw. die Beziehung definiert ist.

2. $\mathit{hasMemberType}: C \times O \to O$ ist eine partielle Funktion, die jeder lokalen Klasse c und jedem Objekttyp o einen Objekttyp o' zuordnet, der als Elementtyp für c für alle Instanzen von o verwendet wird. Die Funktion ist nicht definiert, falls c nicht zu o gehört, oder falls der geerbte Wertebereich von c bei o nicht überschrieben wurde.

3. $\mathit{attrDom}: A \to D$ ist eine totale Funktion, die jedem Attribut a einen vordefinierten Datentyp d zuordnet. Der Wertebereich eines Attributs kann nicht spezialisiert werden, was durch die Definition der Funktion *attrDom* gewährleistet ist.

4. $\mathit{relDom}: R \times O \to C$ ist eine partielle Funktion, die jeder Beziehung r und jedem Objekttyp o eine lokale Klasse c zuordnet, die als Klassenwertebereich für r für alle Instanzen von o verwendet wird. Die Funktion ist nicht definiert, falls r nicht zu o gehört, oder falls der geerbte Klassenwertebereich von r bei o nicht überschrieben wurde.

5. $\mathit{multiplicity}: A \cup R \to \{`sv', `mv'\}$ ist eine totale Funktion, die jedem Attribut und jeder Beziehung seine bzw. ihre Wertigkeit zuordnet.

6. $\mathit{roleDom}: O \to C$ ist eine partielle Funktion, die jedem Rollentyp o einen Rollenwertebereich c zuordnet.

7. $\mathit{subtypeOf}: O \to O$ ist eine partielle Funktion, die einem Objekttyp o seinen Supertyp o' zuordnet

8. $\mathit{subclassOf}: C \to C$ ist eine partielle Funktion, die einer Klasse c ihre Superklasse c' zuordnet.

◇

Für eine einfachere Schreibweise definieren wir die Prädikate $isSubtypeOf(o, o')$ und $isSubclassOf(c, c')$. Das Prädikat $isSubtypeOf(o, o')$ ist genau dann und nur dann wahr, falls $subtypeOf(o) = o'$ gilt. Das Prädikat $isSubclassOf(c, c')$ ist genau dann und nur dann wahr, falls $subclassOf(c) = c'$ gilt. Die transitive Hülle eines Prädikates $p(x, x')$ ist $p^+(x, x')$, und die transitive und reflexive Hülle ist $p^*(x, x')$.

Definition B.18 *Hilfsprädikate und -funktionen*

1. Für $x \in C \cup R$ und $o \in O$ ist das Boolesche Prädikat $belongsTo(x, o)$ genau dann und nur dann wahr, falls x bei o neu definiert wird oder geerbt wird:
   $belongsTo(x, o) \Leftrightarrow \exists o' \in O{:}\, introducedAt(x) = o' \wedge isSubtypeOf^*(o, o')$

2. Für $c \in C$ und $o \in O$ erweitert die Funktion $hasMemberType_i{:}\, C \times O \to O$ den Wirkungsbereich der partiellen Funktion $hasMemberType{:}\, C \times O \to O$, sodaß sie für alle Paare $(c, o) \in C \times O$, für die $belongsTo(c, o)$ wahr ist, gilt:
   $hasMemberType_i(c, o) :==$

   $$\begin{cases} hasMemberType(c, o) & \text{falls } hasMemberType(c, o) \text{ definiert ist} \\ hasMemberType_i(c, o') & \text{falls } hasMemberType(c, o) \text{ nicht definiert} \\ & \text{ist und } \exists o' \in O{:}\, subtypeOf(o) = o' \\ \text{nicht definiert} & \text{sonst} \end{cases}$$

3. Die Funktion $relDom_i{:}\, R \times O \to O$ erweitert den Wirkungsbereich der partiellen Funktion $relDom{:}\, R \times O \to O$, sodaß für alle Paare $(r, o) \in R \times O$, für die $belongsTo(r, o)$ wahr ist, gilt:
   $relDom_i(r, o) :==$

   $$\begin{cases} relDom(r, o) & \text{falls } relDom(r, o) \text{ definiert ist} \\ relDom_i(r, o') & \text{falls } relDom(r, o) \text{ nicht definiert ist und} \\ & \exists o' \in O{:}\, subtypeOf(o) = o' \\ \text{nicht definiert} & \text{sonst} \end{cases}$$

4. Die Funktion $roleDom_i{:}\, O \to C$ erweitert den Wirkungsbereich der partiellen Funktion $roleDom{:}\, O \to C$ um Subtypen von o:
   $roleDom_i(o) :==$

   $$\begin{cases} roleDom(o) & \text{falls } roleDom(o) \text{ definiert ist} \\ roleDom_i(o') & \text{falls } roleDom(o) \text{ nicht definiert ist und} \\ & \exists o' \in O{:}\, subtypeOf(o) = o' \\ \text{nicht definiert} & \text{sonst} \end{cases}$$

5. Für $o, \hat{o} \in O$ ist das Boolesche Prädikat $isLocalTypeOf(o, \hat{o})$ genau dann und nur dann wahr, falls o ein Elementtyp einer lokalen Klasse von $\hat{o}$ ist, oder o wird nie als Elementtyp einer lokalen Klasse verwendet und es

existiert ein Supertyp o' von o, sodaß o' lokaler Typ von $\hat{o}$ ist:
$isLocalTypeOf(o, \hat{o}) =$

$$\begin{cases} wahr & \exists c \in C\colon\ (belongsTo(c, \hat{o}) \wedge hasMemberType(c, \hat{o}) = o) \\ wahr & \nexists c \in C\colon\ (belongsTo(c, \hat{o}) \wedge hasMemberType(c, \hat{o}) = o) \text{ und} \\ & \exists o' \in O\colon subtypeOf(o) = o' \wedge isLocalTypeOf(o', \hat{o}) \text{ gilt} \\ falsch & \text{sonst} \end{cases}$$

6. Für $o, \hat{o} \in O$ ist das Boolesche Prädikat $isLocalTypeOf_i(o, \hat{o})$ wie folgt definiert:
   $isLocalTypeOf_i(o, \hat{o}) =$

$$\begin{cases} wahr & \text{falls } isLocalTypeOf(o, \hat{o}) \text{ gilt} \\ wahr & \text{falls } isLocalTypeOf(o, \hat{o}) \text{ nicht gilt und} \\ & \exists \hat{o}' \in O\colon subtypeOf(\hat{o}) = \hat{o}' \wedge isLocalTypeOf_i(o, \hat{o}') \text{ gilt} \\ falsch & \text{sonst} \end{cases}$$

7. Für $c \in C$ und $o \in O$ ist das Boolesche Prädikat $visibleAt(c, o)$ genau dann und nur dann wahr, falls die lokale Klasse c beim Objekttyp o sichtbar ist:
   $visibleAt(c, o) =$

$$\begin{cases} wahr & \text{falls } belongsTo(c, o) \text{ gilt} \\ wahr & \text{falls } \exists \hat{o} \in O\colon (isLocalTypeOf(o, \hat{o}) \wedge visibleAt(c, \hat{o})) \text{ gilt} \\ falsch & \text{sonst} \end{cases}$$

8. Für $o, \bar{o} \in O$ ist das Boolesche Prädikat $isRoleTypeOf(o, \bar{o})$ genau dann und nur dann wahr, falls die Instanzen von o Rollenobjekte der Instanzen von $\bar{o}$ repräsentieren:
   $isRoleTypeOf(o, \bar{o}) \Leftrightarrow$
   $roleDom_i(o)$ ist definiert $\wedge$
   $\exists \hat{o}, \bar{o}' \in O\colon (isSubtypeOf^*(\bar{o}, \bar{o}') \wedge hasMemberType(roleDom_i(o), \hat{o}) = \bar{o}')$

◇

Die Regeln zur Definition eines *gültigen Schemas eines Informationssystems* sind:

1. Gültigkeitsbereich für Wertebereiche
   (a) allgemeine Beziehung
       $\forall r \in R, o \in O\colon relDom(r, o)$ ist definiert $\Rightarrow$ $visibleAt(relDom(r, o), o)$
   (b) roleOf-Beziehung
       $\forall o \in O\colon roleDom(o)$ ist definiert $\Rightarrow$
       $visibleAt(roleDom(o), o) \wedge \neg isLocalTypeOf(roleDom(o), o)$

2. Lokalitätsregel für Objekttypen
$\forall o, o', o'' \in O: isLocalTypeOf(o, o') \land isLocalTypeOf(o, o'') \Rightarrow o'' = o'$

3. Existenz der Wertebereiche für Beziehungen
$\forall r \in R: introducedAt(r) = o \Rightarrow \exists c \in C: relDom(r, o) = c$

4. Existenz der Elementtypen für lokale Klassen
$\forall c \in C: introducedAt(c) = o \Rightarrow \exists o' \in O: hasMemberType(c, o) = o'$

5. Azyklizität der Vererbungshierarchie
$\forall o \in O: \neg isSubtypeOf^{+}(o, o)$

6. Azyklizität der Lokalitätshierarchie der Objekttypen
$\forall o \in O: \neg isLocalTypeOf_i^{+}(o, o)$

7. Azyklizität der Rollenhierarchie
$\forall o \in O: \neg isRoleTypeOf^{+}(o, o)$

8. Azyklizität der Klassenhierarchie
$\forall c \in C: \neg isSubclassOf^{+}(c, c)$

9. Orthogonalität von Vererbungshierarchie und Lokalitätshierarchie
$\forall o, o' \in O: isLocalTypeOf_i^{+}(o, o') \Rightarrow \neg(isSubtypeOf^{*}(o, o') \lor isSubtypeOf^{*}(o', o))$

10. Orthogonalität von Vererbungshierarchie und Rollenhierarchie
$\forall o, o' \in O: isRoleTypeOf^{+}(o, o') \Rightarrow \neg(isSubtypeOf^{*}(o, o') \lor isSubtypeOf^{*}(o', o))$

11. Spezialisierungsregel für Wertebereiche von Beziehungen
$\forall o, o' \in O, \forall r \in R: isSubtypeOf(o, o') \land belongsTo(r, o') \Rightarrow isSubclassOf^{*}(relDom_i(r, o), relDom_i(r, o'))$

12. Spezialisierungsregel für Elementtypen von Klassen
$\forall o, o' \in O, \forall c \in C: isSubtypeOf(o, o') \land belongsTo(c, o') \Rightarrow isSubtypeOf^{*}(hasMemberType_i(c, o), hasMemberType_i(c, o'))$

13. Spezialisierungsregel für Rollenwertebereiche
$\forall o, o' \in O: roleDom_i(o')$ ist definiert und $isSubtypeOf(o, o') \Rightarrow isSubclassOf^{*}(roleDom_i(o), roleDom_i(o'))$

14. Einführungsregel für Subklassen
$\forall c, c' \in C: isSubclassOf(c, c') \Rightarrow isSubtypeOf^{*}(introducedAt(c), introducedAt(c'))$

15. Spezialisierungsregel für Elementtypen von Subklassen
$\forall o \in O, \forall c, c' \in C: isSubclassOf(c, c') \land belongsTo(c, o) \land belongsTo(c', o) \Rightarrow isSubtypeOf^{*}(hasMemberType_i(c, o), hasMemberType_i(c', o))$

16. Lokalitätsregel für Objekttypen und ihre Subtypen
$\forall o, o', \hat{o}: isSubtypeOf(o', o) \wedge isLocalTypeOf(o, \hat{o}) \Rightarrow$
$\exists \hat{o}': isSubtypeOf^*(\hat{o}', \hat{o}) \wedge isLocalTypeOf(o', \hat{o}')$

Definition B.19 Die Ausprägung IS_{ext} eines objektorientierten Informationssystems ist ein 7-Tupel $IS_{ext} = (I, W, instOf, roleOf, E, Rval, Aval)$ wobei I und W endliche Mengen sind, die alle Objekte und Datenwerte, die im Informationssystem bekannt sind, beinhalten und die übrigen Elemente Funktionen und Relationen mit folgenden Definitionen repräsentieren:

1. $instOf: I \rightarrow O$ ist eine totale Funktion, die jedem Objekt den Objekttyp zuordnet, von dem das Objekt eine Instanz ist.

2. $roleOf: I \rightarrow I$ ist eine partielle Funktion, die jedem Objekt i jenes Objekt i' zuordnet, zu dem i eine Rolle ist. i und i' repräsentieren dasselbe Realweltobjekt in verschiedenen Kontexten.

3. Für $i, i' \in I$ mit $i \neq i', c \in C$ gilt: $(i', c, i) \in E$ mit der Relation $E \subset I \times C \times I$, falls i ein Element der lokalen Klasse c von i' ist.

4. Für $i, i' \in I$ mit $i \neq i', r \in R$ gilt: $(i', r, i) \in Rval$ mit der Relation $Rval \subset I \times R \times I$, falls das Objekt i' das Objekt i über r referenziert.

5. Für $i \in I, w \in W, a \in A$ gilt: $(i, a, w) \in Aval$ mit der Relation $Aval \subset I \times A \times W$, falls w der Wert des Attributs a des Objektes i ist.

◇

Definition B.20 Hilfsprädikate und -funktionen

1. Für $i, i' \in I$ ist das Boolesche Prädikat $isLocalTo(i, i')$ genau dann und nur dann wahr, falls i ein Element der lokalen Klasse c von i' ist:
$isLocalTo(i, i') \Leftrightarrow \exists c \in C: (i', c, i) \in E$

2. Für $i \in I$ and $o, o' \in O$ ist das Boolesche Prädikat $kindOf(i, o)$ genau dann und nur dann wahr, falls i eine Instanz von o ist oder eine Instanz eines direkten oder indirekten Subtyps o' von o ist:
$kindOf(i, o) \Leftrightarrow \exists o' \in O: instOf(i, o') \wedge isSubtypeOf^*(o', o)$

3. $ext: C \times I \rightarrow 2^I$ ist eine totale Funktion, die jeder lokalen Klasse c und jedem Objekt i die Ausprägung von c in Bezug auf i zuordnet: $ext(c, i) :=$

$$\begin{cases} \{i' \in I \mid (i, c, i') \in E\} & \text{falls } belongsTo(c, instOf(i)) \\ ext(c, i') & \text{falls } \neg belongsTo(c, instOf(i)) \wedge \\ & \exists i': isLocalTo(i, i') \\ \emptyset & \text{sonst} \end{cases}$$

◇

Die Regeln zur Definition einer *Gültigen Ausprägung eines Informationssystems* sind:

1. Lokalitätsregel für Objekte
   $\forall i, i', i'' \in I\colon isLocalTo(i, i') \wedge isLocalTo(i, i'') \Rightarrow i' = i''$

2. Existenzregel für Objektlokalität
   $\forall i \in I, o \in O\colon instOf(i) = o \wedge (\exists o' \in O\colon isLocalTypeOf(o, o')) \Rightarrow \exists i' \in I\colon isLocalTo(i, i')$

3. Orthogonalität von Objektlokalität und Rollenlokalität
   $\forall i, i', i'' \in I\colon isLocalTo(i, i') \wedge roleOf(i) = i'' \Rightarrow i' \neq i''$

4. Identifikation von Rollen aufgrund eindeutiger Objektlokalität
   $\forall i, i', \hat{\imath} \in I\colon roleOf(i) = roleOf(i') \wedge isLocalTo(i, \hat{\imath}) \wedge isLocalTo(i', \hat{\imath}) \wedge (kindOf(i, instOf(i')) \vee kindOf(i', instOf(i))) \Rightarrow i = i'$

5. Wertigkeit von Attributen
   $\forall i \in I, \forall a \in A, \forall w', w'' \in W\colon$
   $multiplicity(a) = \text{`}sv\text{'} \wedge ((i, a, w') \in Aval \wedge (i, a, w'') \in Aval)) \Rightarrow w' = w''$

6. Wertigkeit von Beziehungen
   $\forall r \in R, \forall i, i', i'' \in I\colon$
   $multiplicity(r) = \text{`}sv\text{'} \wedge ((i, r, i') \in Rval \wedge (i, r, i'') \in Rval) \Rightarrow i' = i''$

7. Gültiger Definitionsbereich von lokalen Klassen
   $(i, c, i') \in E \Rightarrow belongsTo(c, instOf(i))$

8. Gültiger Wertebereich von lokalen Klassen
   $(i, c, i') \in E \Rightarrow kindOf(i', hasMemberType_i(c, instOf(i))$

9. Gültige Teilmengenbeziehung von lokalen Klassen
   $(i, c, i') \in E \wedge isSubclassOf(c, c') \Rightarrow (i, c', i') \in E$

10. Gültiger Definitionsbereich von Beziehungen

    (a) $(i, r, i') \in Rval \Rightarrow belongsTo(r, instOf(i))$
    (b) $roleOf(i)$ ist definiert $\Rightarrow roleDom(instOf(i))$ ist definiert

11. Lokale referentielle Integrität

    (a) $(i, r, i') \in Rval \Rightarrow i' \in ext(relDom_i(r, instOf(i)), i)$
    (b) $\forall i \in I\colon instOf(i) = o \wedge roleDom(o)$ ist definiert $\Rightarrow$
        $\exists i' \in I\colon roleOf(i) = i' \wedge i' \in ext(roleDom(o), i)$

Anhang C

Glossar

Im Glossar werden die wichtigsten Begriffe der objektorientierten Softwareentwicklung alphabetisch aufgelistet und kurz erläutert. Besteht ein Begriff aus Substantiv und qualifizierendem Adjektiv (z. B., dynamisches Binden), so ist der Begriff gemäß dem Substantiv alphabetisch eingeordnet (in unserem Beispiel: Binden, dynamisches). Kommt ein Begriff in der Erklärung eines anderen Begriffes vor, so wird auf die Erklärung des ersteren mit einem senkrecht nach oben gerichteten Pfeil (↑) hingewiesen. Für ein besseres Verständnis der zumeist englischen Fachliteratur zu diesem Thema ist die englische Übersetzung vieler Begriffe jeweils in Klammern hinter dem Begriff angegeben. Auf eine alphabetische Einordnung der englischen Begriffe wurde verzichtet.

Abstrakter Datentyp (*abstract data type*) Spezifiziert eine unsichtbare Datenstruktur und darauf zugreifende sichtbare Operationen.

Aggregation (*aggregation*) Abstraktionsvorgang bei der Modellierung der ↑hasConstituent-Beziehung.

Aggregationshierarchie (*aggregation hierarchy*) Die durch die ↑Aggregation entstehende Objekttyphierarchie.

Aggregatobjekt (*aggregate object*) Ein ↑Objekt, das aus einem oder mehreren ↑konstituierenden Objekten zusammengesetzt ist, von denen es existenzabhängig ist (siehe auch ↑hasConstituent-Beziehung)

Anbieter (*server*) ↑Objekt, das die Erfüllung einer ↑Verpflichtung anbietet.

Application Framework ↑Framework.

Attribut (*attribute*) Eine inhärente Eigenschaft eines ↑Objektes. Wird durch Namen und Wertebereich definiert.

Benutzt-Beziehung ↑uses-Beziehung.

beschreibungsorientiert ↑Vererbung, beschreibungsorientierte

Beziehung, allgemeine (*general relationship, association*) Ungerichtete Beziehung zwischen zwei oder mehr ↑Objekten eines oder mehrerer ↑Objekttypen.

Beziehungsobjekt (*relationship object*) Als ↑Objekt realisierte allgemeine Beziehung zwischen zwei oder mehreren anderen Objekten (= objekthafte Beziehung) oder Synonym für ↑Aggregatobjekt.

Binden (*binding*) Die Zuordnung des Namens einer ↑Operation zu einer Implementierung.

Binden, dynamisches (*late binding, dynamic binding*) ↑Binden zur Laufzeit.

Binden, statisches (*static binding*) ↑Binden zur Übersetzungszeit bzw. zur Link-Zeit.

componentOf-Beziehung (*componentOf relationship*) Gerichtete Beziehung zwischen einem ↑Komponentenobjekt und einem ↑zusammengesetzten Objekt.

constituentOf-Beziehung (*constituentOf relationship*) Inverse Beziehung zur ↑hasConstituent-Beziehung.

Dekomposition (*decomposition*) Abstraktionsvorgang bei der Modellierung der ↑componentOf-Beziehung.

Destruktor (*destructor*) ↑Operation, die ein ↑Objekt löscht

Einfachinstanziierung ↑Instanziierung, einfache

Einfachvererbung ↑Vererbung, einfache

Element einer Objektklasse (*element of an object class*) Wird eine ↑Objektklasse zur Extensionsverwaltung benutzt, so umfaßt eine Objektklasse eine Menge von Objekten, die als Elemente der Klasse (auch ↑Mitglieder der Klasse) bezeichnet werden.

Elementtyp (auch Instanztyp; *element type, instance type*) Wird zwischen ↑Objekttyp zur intensionalen Beschreibung und ↑Objektklasse zur Extensionsverwaltung unterschieden, besitzt jede Klasse einen Elementtyp. Die ↑Elemente einer Klasse sind Instanzen des Elementtyps der Klasse oder Instanzen von direkten oder indirekten Subtypen davon.

Empfänger (*receiver*) Der Empfänger einer ↑Nachricht ist das ↑Objekt, das durch die Nachricht zur Ausführung einer ↑Operation aufgefordert wird.

Faktorisierung (*factoring out*) Bottom-up Abstraktionsvorgang bei der Modellierung der ↑subtypeOf-Beziehung (auch Generalisierung genannt).

Framework (*framework*) Eine Menge ↑abstrakter Typen und ↑konkreter Typen, die für eine bestimmte Kategorie von Applikationen die generische Funktionalität zur Verfügung stellen (z. B. Frameworks für interaktive Applikationen).

hasComponent-Beziehung (*hasComponent relationship*) Inverse Beziehung zur ↑componentOf-Beziehung.

hasConstituent-Beziehung (*hasConstituent relationship*) Gerichtete Beziehung von einem ↑Aggregatobjekt zu einem ↑konstituierenden Objekt.

hasInstance-Beziehung (*hasInstance relationship*) Inverse Beziehung zur ↑instanceOf-Beziehung.

hasMember-Beziehung (*hasMember relationship*) Inverse Beziehung zur ↑memberOf-Beziehung.

hasPart-Beziehung (*hasPart relationship*) Inverse Beziehung zur ↑partOf-Beziehung.

hasRole-Beziehung (*hasRole relationship*) Inverse Beziehung zur ↑roleOf-Beziehung.

Identität (*identity*) ↑Objektidentität.

Implementierung, unsichtbare (*hidden implementation*) Die unsichtbare Implementierung eines ↑Objektes besteht aus einer Menge von Spezifikationen von ↑privaten Operationen, einer Menge von ↑Instanzvariablen und einer Implementierung für jede ↑Operation des Objektes.

Implementierungsvererbung (*implementation inheritance*) Form der ↑Vererbung, bei der die geerbten Informationen beliebig redefiniert werden dürfen.

Information Hiding Schutz des Zustands eines ↑Objektes durch eine wohldefinierte ↑sichtbare Schnittstelle.

inheritsFrom-Beziehung (*inheritsFrom relationship*) Beziehung zwischen ↑Objekttypen, bei denen der ↑Subtyp alle Attribute, Beziehungen und Operationen des ↑Supertyps im Fall von ↑Einfachvererbung bzw. der ↑Supertypen im Fall von Mehrfachvererbung erbt und beliebig verändern darf.

Instanz (*instance*) Ein ↑Objekt ist Instanz eines ↑Objekttyps, wenn es vom Objekttyp erzeugt wurde und daher alle ↑Instanzvariablen und alle Operationen, die beim Objekttyp definiert sind, kennt. Alle Instanzen eines Objekttyps unterscheiden sich nur in den Werten ihrer Instanzvariablen.

Instanziierung (*instantiation*) Erzeugung eines ↑Objektes als ↑Instanz eines ↑Objekttyps.

Instanziierung, einfache Jedes ↑Objekt ist ↑Instanz genau eines ↑Objekttyps.

Instanziierung, mehrfache Ein ↑Objekt kann mit derselben ↑Identität ↑Instanz mehrerer ↑Objekttypen sein.

instanceOf-Beziehung (*instanceOf relationship*) Beziehung zwischen einem ↑Objekt und dem ↑Objekttyp, von dem das Objekt eine ↑Instanz ist.

Instanzvariable (*instance variable*) Variable, die genau zu einem ↑Objekt gehört und deren Wert den konkreten Zustand des Objektes beschreibt. Welche Instanzvariablen ein Objekt besitzt, ist bei seinem ↑Objekttyp spezifiziert, bzw. bei seinen Objekttypen bei Mehrfachinstanziierung.

isA-Beziehung (*isA relationship*) ↑mengenorientierte ↑Spezialisierungsvererbung mit ↑Mehrfachinstanziierung

Iterator (*iterator*) ↑Operation, die eine andere Operation über jedem Element einer Menge von ↑Objekten ausführt.

Kapselung (*encapsulation*) gemeinsame Verwaltung von Datenstrukturen und darauf zugreifenden ↑Operationen. Im Bereich der Objektorientierung tritt die Kapselung im Zusammenhang mit ↑Information Hiding auf.

Klasse (*class*) ↑Objektklasse.

Klassenoperation (*class operation*) ↑Operation, die nicht auf einem einzelnen ↑Objekt, sondern auf einer ↑Objektklasse bzw. auf einem ↑Objekttyp ausgeführt wird.

Klassentyp (*class type*) Wird zwischen ↑Objekttyp zur intensionalen Beschreibung und ↑Objektklasse zur Extensionsverwaltung unterschieden, so kann jeder Klasse ein Klassentyp zugeordnet werden, der das Verhalten der Klasse als ↑Objekt betrachtet spezifiziert. ↑Klassenoperationen und ↑Klassenvariablen werden dann als Teil des Klassentyps beschrieben.

Klassenvariable (*class variable*) Variable, die zu einer ↑Objektklasse bzw. zu einem ↑Objekttyp gehört und deren Wert die Objektklasse bzw. den Typ näher beschreibt.

Klient (*client*) ↑Objekt, das die Erfüllung einer ↑Verpflichtung von einem ↑Anbieter anfordert.

Klient-Anbieter-Prinzip (*client/server model*) Prinzip der ↑Kollaboration zwischen ↑Objekten.

Kollaboration (*collaboration*) Nutzung der ↑Verpflichtungen eines anderen ↑Objektes zur Erfüllung der eigenen Verpflichtungen eines Objektes.

Kollaborationsbeziehung ↑uses-Beziehung.

Komponente, wiederverwendbare ↑Typ, ↑Subsystem, ↑Framework oder nicht technisches Entwicklungsergebnis (z. B. Projektplan), das in anderen Projekten, als dem, in dem es entwickelt wurde, eingesetzt werden kann (siehe auch ↑Wiederverwendbarkeit).

Komponente, wiederverwendete ↑Objekttyp, ↑Subsystem, ↑Framework oder nicht technisches Entwicklungsergebnis (z. B. Projektplan), das nicht im aktuellen Projekt entwickelt wurde, aber im aktuellen Projekt eingesetzt wird (siehe auch ↑Wiederverwendung).

Komponentenhierarchie (*component hierarchy*) Die durch die ↑Dekomposition entstehende Objekttyphierarchie.

Komponentenobjekt (*component object*) Ein Objekt, das als Teil eines ↑zusammengesetzten Objektes angesehen wird (siehe auch ↑componentOf-Beziehung).

Konstruktor (*constructor*) ↑Operation, die eine neue ↑Instanz eines ↑Objekttyps erzeugt.

Kontravarianzregel (*contravariant rule*) Die Kontravarianzregel besagt, daß die Wertebereiche geerbter Variablen nicht modifiziert werden dürfen, sowie die Wertebereiche der Rückgabewerte geerbter Operationen nur durch Einschränken auf Subtypen redefiniert werden dürfen und die Wertebereiche der Eingabeparameter geerbter Operationen nur durch Erweitern auf Supertypen redefiniert werden dürfen. Die Kontravarianzregel gewährleistet ↑typkompatibles Verhalten.

Kopie, seichte (*shallow copy*) Erzeugung eines ↑Objektes i' als Kopie eines Objektes i. i und i' haben verschiedene ↑Objektidentitäten und ihre ↑Instanzvariablen haben dieselben Werte.

Kopie, tiefe (*deep copy*) Erzeugung eines ↑Objektes i' als Kopie eines Objektes i. Zusätzlich zur ↑seichten Kopie wird für jedes Objekt j, das i referenziert, ein Objekt j' als tiefe Kopie von j erzeugt und i' referenziert j'.

Kovarianzregel (*covariant rule*) Die Kovarianzregel besagt, daß die Wertebereiche geerbter Instanzvariablen sowie die Wertebereiche der Eingabeparameter und der Rückgabewerte geerbter Operationen (↑Vererbung) nur durch Einschränken auf Subtypen redefiniert werden dürfen. Die Kovarianzregel gewährleistet ↑read-only typkompatibles Verhalten.

Kunde, instanziierender (*instantiating client*) ↑Objekt K ist instanziierender Kunde eines Objektes A, wenn es ↑öffentliche Operationen von A aufruft.

Kunde, erbender (*inheriting client*) ↑Instanzen eines ↑Objekttyps S sind erbende Kunden eines Objekttyps T, wenn sie ↑im Subtyp sichtbare Operationen von T erben.

Mehrfachinstanziierung ↑Instanziierung, mehrfache

Mehrfachvererbung ↑Vererbung, mehrfache

memberOf-Beziehung (*memberOf relationship*) Beziehung zwischen einem Objekt und dem Objekttyp, von dem es eine ↑Instanz ist, sowie zu allen direkten und indirekten Supertypen dieses Objekttyps (transitive Hülle der ↑instanceOf-Beziehung).

mengenorientiert ↑Vererbung, mengenorientierte

Metatyp (*meta type*) ↑Objekttyp, dessen ↑Instanzen wieder Objekttypen sind.

Methode (*method*) ↑Operation.

Mitglied Ein ↑Objekt ist Mitglied eines ↑Objekttyps, wenn es eine ↑Instanz des Objekttyps oder ein Mitglied eines Subtyps des Objekttyps ist. Ein Objekt ist Mitglied einer ↑Objektklasse — unter der Annahme, daß die dritte Definition von ↑Objektklasse zugrundegelegt wird —, wenn es dieser als Element zugeordnet wurde.

Modifikator (*modificator*) ↑Operation, die den Zustand eines ↑Objekts verändert.

Nachricht (Senden einer, Austausch einer) (*message sending, message passing*) ↑Objekte kommunizieren über das gegenseitige Senden von Nachrichten. Das Senden einer Nachricht von einem Objekt (dem ↑Sender) zu einem anderen Objekt (dem ↑Empfänger) ist eine Aufforderung an den Empfänger, eine ↑Operation auszuführen. Ob und welche Implementierung einer Operation ausgeführt wird, entscheidet der Empfänger autonom.

Oberklasse ↑Superklasse.

Objekt (*object*) Ein Objekt ist die kleinste Einheit in einem objektorientierten System. Es besteht aus einer sichtbaren Schnittstelle und einer unsichtbaren Implementierung.

Objekt, konstituierendes (*constituent object*) ↑Objekt, das (zumeist gemeinsam mit anderen Objekten) ein von ihm existenzabhängiges ↑Aggregatobjekt konstituiert (siehe auch ↑hasConstituent-Beziehung).

Objekt, zusammengesetztes (*compound object, complex object*) ↑Objekt, das sich aus ↑Komponentenobjekten zusammensetzt (siehe auch ↑componentOf-Beziehung).

Objektgleichheit (*object equality*) Zwei ↑Objekte sind gleich, falls die Werte ihrer Instanzvariablen gleich sind (siehe im Gegensatz dazu ↑Objektidentität).

Objektidentifikator (auch Objektbezeichner; *object identifier*) Nicht änderbare Eigenschaft eines ↑Objektes in einem ↑objektorientierten System, das das Objekt von allen anderen Objekten unterscheidet.

Objektidentität (*object identity*) Synonym für ↑Objektidentifikator.

Objektklasse (*object class*) Es werden zumindest drei Definitionen in der Literatur unterschieden. Erstens, äquivalent zu ↑Objekttyp. Zweitens, zur Implementierung des Verhaltens, das beim Objekttyp spezifiziert wird. Und drittens, zur Verwaltung einer Menge von Objekten, die Instanzen des ↑Elementtyps der Klasse oder der direkten und indirekten ↑Subtypen des Elementtyps sind.

objektorientiert (*object-oriented*) Ein System heißt objektorientiert, wenn es zumindest die Konzepte ↑Objekt, ↑Objekttyp und ↑Vererbung unterstützt.

Objekttyp (*object type*) ↑Typ.

Operation (*operation, method, member function*) Prozedur oder Funktion, die ein bestimmtes Verhalten eines ↑Objektes festlegt. Wird eine Operation über einem Objekt aufgerufen, so wird sie von diesem Objekt gemäß der Definition der Operation in seinem ↑Typ ausgeführt.

Operation, im Subtyp sichtbare (*protected operation, subtype-visible operation*) ↑Operation, die direkt nur von ↑Objekten aufgerufen werden kann, deren ↑Objekttyp oder dessen direkte oder indirekte ↑Supertypen die Operation implementieren.

Operation mit kaskadierender Semantik ↑Operation, die, wenn sie auf einem ↑zusammengesetzten Objekt ausgeführt wird, automatisch auch auf den dazugehörenden ↑Komponentenobjekten ausgeführt wird.

Operation, öffentliche (*public operation*) ↑Operation, die von allen ↑Objekten im ↑objektorientierten System aufgerufen werden kann.

Operation, polymorphe (*polymorphic operation*) ↑Operation, die, je nach dem Typ des ↑Empfängers, eine unterschiedliche Implementierung besitzt.

Operation, private (*private operation*) ↑Operation, die direkt nur von ↑Instanzen des ↑Objekttyps aufgerufen werden darf, bei dem die Operation implementiert ist.

Operation, Spezifikation einer (*operation specification*) Die Spezifikation einer Operation besteht aus der ↑Signatur der Operation, den Vor- und Nachbedingungen, der Menge von invarianten Bedingungen, den logischen und zeitlichen Ausführungsabhängigkeiten zu anderen Operationen sowie aus allen bekannten Seiteneffekten.

partOf-Beziehung (*partOf relationship*) ↑componentOf-Beziehung.

Polymorphismus (*polymorphism*) Die Fähigkeit verschiedene Gestalt anzunehmen. Man unterscheidet ↑polymorphe Operationen und ↑polymorphe Variablen.

Polymorphismus, einfacher (*simple polymorphism*) Eine ↑polymorphe Operation ist einfach polymorph, wenn ihre Implementierung nur vom ↑Objekttyp des ↑Empfängers abhängt.

Polymorphismus, mehrfacher (*multi-polymorphism*) Eine ↑polymorphe Operation ist mehrfach polymorph, wenn ihre Implementierung vom ↑Objekttyp des ↑Empfängers und von den Objekttypen der Eingabeparameter abhängt.

roleOf-Beziehung (*roleOf relationship*) Gerichtete Beziehung von einem ↑Rollenobjekt zu einem, von diesem Rollenobjekt näher spezifizierten Objekt.

Rollenobjekt (*role object*) Ein Objekt, das das Verhalten eines anderen ↑Objektes in einem speziellen Kontext spezifiziert.

Schnittstelle, angebotene (*suffered interface*) Menge der ↑Operationen, die ein ↑Objekt zur Ausführung zur Verfügung stellt.

Schnittstelle, benötigte (*required interface*) Menge der ↑Operationen, die ein ↑Objekt durch ↑Senden von Nachrichten über anderen Objekten aufruft.

Schnittstelle, sichtbare (*public interface*) ↑angebotene Schnittstelle.

Selektor (*selector*) ↑Operation, die nur lesend auf ein ↑Objekt zugreift.

Sender (*sender*) Der Sender einer ↑Nachricht fordert den ↑Empfänger der Nachricht zur Ausführung einer ↑Operation auf.

Signatur (*signature*) Die Signatur einer ↑Operation besteht aus dem Namen der Operation, den Namen und ↑Typen der Eingabeparameter und dem Typ des Rückgabewertes.

Spezialisierungsvererbung (*specialisation inheritance*) ↑Vererbung entsprechend der ↑Kovarianzregel

Spezifikationsvererbung (*specification inheritance*) ↑Vererbung entsprechend der ↑Kontravarianzregel

Subklasse (*subclass*) Abhängig von der zugrundeliegenden Definition von ↑Objektklasse, ist Subklasse ein Synonym zu ↑Subtyp, oder ein Teilnehmer an der ↑inheritsFrom-Beziehung, oder — falls Objektklassen zur Extensionsverwaltung eingesetzt werden — bezeichnet Subklasse eine Teilmenge in einer Teilmengenbeziehung (↑Vererbung, mengenorientiert). Inverser Begriff dazu ist ↑Superklasse.

Subsystem (*subsystem, class category, cluster, ensemble, module, service, subject*) Eine Menge von ↑Objekttypen und eventuell weiteren Subsystemen, die gemeinsam einen abgegrenzten Bereich der Systemfunktionalität erfüllen.

Subtyp (*subtype*) ↑Typ, der von einem oder mehreren anderen Typen, seinen ↑Supertypen, erbt. Inverser Begriff dazu ist ↑Supertyp.

subtypeOf-Beziehung (*subtypeOf relationship*) ↑beschreibungsorientierte Vererbung mit ↑Einfachinstanziierung

subtypeOf-Beziehung, kontravariante ↑beschreibungsorientierte ↑Spezifikationsvererbung mit ↑Einfachinstanziierung

subtypeOf-Beziehung, kovariante ↑beschreibungsorientierte ↑Spezialisierungsvererbung mit ↑Einfachinstanziierung

Superklasse (*superclass*) Inverser Begriff zu ↑Subklasse.

Supertyp (*supertype*) ↑Typ, von dem ein oder mehrere andere Typen erben. Inverser Begriff dazu ist ↑Subtyp.

Teile-Beziehung ↑componentOf-Beziehung

Typ (auch Objekttyp; *type, object type*) Ein Typ beschreibt die Spezifikation der ↑sichtbaren Schnittstelle sowie der ↑unsichtbaren Implementierung einer Menge von ↑Objekten, die als ↑Instanzen dieses Typs erzeugt wurden. Von einem Typ können beliebig viele ↑Instanzen erzeugt werden.

Typ, abstrakter (*abstract type*) ↑Objekttyp, der nicht instanziiert werden kann. Meist mit ↑spezifizierten, aber nicht unbedingt implementierten Operationen.

Typ, dynamischer (*dynamic type*) ↑Typ einer ↑polymorphen Variable zur Laufzeit. Der dynamische Typ ist der Typ des ↑Objekts, das die Variable zur Laufzeit referenziert. Der dynamische Typ einer polymorphen Variable muß den Anforderungen an ihren ↑statischen Typ genügen.

Typ, generischer (*generic type*) Generische (= allgemeine) Beschreibung eines ↑Objekttyps, aus der eine Menge weiterer Objekttypen auf unterschiedliche Weise abgeleitet werden können (siehe auch ↑abstrakter Typ, ↑parametrisierter Typ und ↑Metatyp).

Typ, konkreter (*concrete type*) ↑Objekttyp, von dem ↑Instanzen erzeugt werden können (im Gegensatz zu ↑abstrakten Typen).

Typ, parametrisierter (*parametric type*) ↑Objekttyp, dessen Definition einen Typparameter enthält, der bei der Erzeugung eines ↑konkreten Typs an einen Objekttyp gebunden werden muß. Parametrisierte Typen können nicht direkt instanziiert werden.

Typ, statischer (*static type*) ↑Typ einer ↑polymorphen Variable zur Übersetzungszeit. Zur Laufzeit muß der ↑dynamische Typ der polymorphen Variable die Anforderungen des statischen Typs erfüllen.

typkompatibel (*type compatibility*) Ein ↑Objekttyp S ist typkompatibel zu einem Objekttyp T, falls an jeder Stelle, an der ↑Instanzen von T erwartet werden, auch Instanzen von S verwendet werden können und kein Typfehler zur Laufzeit auftritt.

typkompatibel, read-only (*read-only type compatibility*) Typkompatibles Verhalten des Subtyps bezüglich des Supertyps ist im allgemeinen Fall nur mehr für lesende Operationen gewährleistet.

Typkonstruktion, inkrementelle (*incremental type construction*) Abstraktionsvorgang bei der Top-down Modellierung der ↑subtypeOf-Beziehung.

Überladen (*overloading*) Die Verwendung desselben Namens für verschiedene ↑Operationen.

Überschreiben (*overriding*) Ändern der ↑Signatur und/oder der ↑Implementierung von Operationen, die von einem ↑Supertyp geerbt wurden (siehe auch ↑Vererbung).

Unterklasse ↑Subklasse.

uses-Beziehung (*uses relationship*) Beziehung zwischen ↑Klient und ↑Anbieter.

Variable, polymorphe (*polymorphic variable*) Eine Variable ist polymorph, wenn sie ↑Objekte unterschiedlicher ↑Objekttypen referenzieren kann. Eine polymorphe Variable kennt einen ↑statischen Typ und einen ↑dynamischen Typ.

Vererbung (*inheritance*) Konzept zur Definition neuer ↑Objekttypen aus bestehenden. Ein ↑Subtyp erbt ↑sichtbare Schnittstelle und ↑unsichtbare Implementierung des ↑Supertyps.

Vererbung, beschreibungsorientierte (intensionale) ↑Vererbung, bei der die Menge der ↑Mitglieder eines ↑Objekttyps in der Regel nicht vom Objekttyp verwaltet wird.

Vererbung, einfache (*single inheritance*) Bei der einfachen Vererbung kann ein ↑Subtyp höchstens einen ↑Supertyp haben.

Vererbung, mehrfache (*multiple inheritance*) Bei der mehrfachen Vererbung kann ein ↑Subtyp beliebig viele ↑Supertypen haben.

Vererbung, mengenorientierte (extensionale) ↑Vererbung, bei der die Menge der ↑Mitglieder eines Objekttyps vom Objekttyp verwaltet wird. Die Menge der Mitglieder eines Objekttyps ist immer eine Teilmenge der Menge der Mitglieder jedes ↑Supertyps.

Vererbungsgraph (*inheritance graph*) Die durch die ↑mehrfache Vererbung entstehende Objekttyphierarchie.

Vererbungshierarchie (*inheritance hierarchy*) Die durch die ↑einfache Vererbung entstehende Objekttyphierarchie.

Verpflichtung (*responsibility*) Modellierungskonstrukt, das eine oder mehrere zusammengehörige ↑Operationen mit jeweiligen Vorbedingungen (Vertragsverpflichtungen des aufrufenden ↑Objektes) und Nachbedingungen (Vertragsverpflichtungen des ausführenden Objektes) beschreibt (siehe auch
↑Vertrag).

Vertrag (*contract*) Modellierungskonstrukt, das eine Menge zusammengehöriger ↑Verpflichtungen beschreibt.

wiederverwendbare Komponente ↑Komponente, wiederverwendbare

wiederverwendete Komponente ↑Komponente, wiederverwendete

Wiederverwendbarkeit (*reusability*) Eigenschaften von Entwicklungsergebnissen, die es gestatteen, diese Ergebnisse in späteren Entwicklungen wiederzuverwenden (siehe auch ↑Wiederverwendung).

Wiederverwendung (*reuse*) Einsatz von wiederverwendbaren Ergebnissen früherer Entwicklungen in der aktuellen Entwicklung (siehe auch ↑Wiederverwendbarkeit). Objektorientierte Software wird u.a. durch ↑Vererbung wiederverwendet.

Anhang D

Verzeichnis der Abkürzungen

ADT	Abstrakter Datentyp
DFD	Data Flow Diagram (Datenflußdiagramm)
LAN	Local Area Network
WAN	Wide Area Network
OMT	Object Modeling Technique
OOA	Objektorientierte Analyse
OOE	Objektorientierter Entwurf
OOI	Objektorientierte Implementierung
OOP	Objektorientierte Programmierung
OODBS	Objektorientertes Datenbanksystem
OODBMS	Objektorientiertes Datenbankmanagementsystem
SA	Strukturierte Analyse
STD	State Transition Diagram (Zustandsdiagramm)

Abbildungsverzeichnis

Tabellenverzeichnis

Literaturverzeichnis

[1] R.J. Abbott: Program Design by Informal English Descriptions. Communications of the ACM, 26 (11), 882-894, November 1983.

[2] S. Abiteboul, R. Hull: IFO: A formal semantic database model. ACM Transactions on Database Systems, 12 (4), 525-565, Dezember 1987.

[3] G. Agha, P. Wegner, A. Yonezawa (Hrsg.): Research Directions in Concurrent Object-Oriented Programming. The MIT Press, 1993.

[4] R. Agrawal, L.G. DeMichiel, B.G. Lindsay: Static Type Checking of Multi-Methods. Object-Oriented Programming Systems Languages and Applications (OOPSLA), Special Issue of SIGPLAN Notices, 26 (10), 113-128, Oktober 1991.

[5] B. Alabiso: Transformation of Data Flow Analysis Models to Object Oriented Design. Object-Oriented Programming Systems Languages and Applications (OOPSLA), Special Issue of SIGPLAN Notices, 23 (11), 335-353, November 1988.

[6] A. Albano, G. Ghelli, R. Orsini: A Relationship Mechanism for a Strongly-Typed Object-Oriented Database Programming Language. Proceedings of the 17th VLDB Conference, 165-175, Barcelona, 1991.

[7] A. Albano, R. Bergamini, G. Ghelli, R. Orsini: An Object Data Model with Roles. Proceedings of the 19th VLDB Conference, Dublin, 1993.

[8] C. Alexander et al.: A Pattern Language. Oxford University Press, 1977.

[9] P. America, F. van der Linden: A Parallel Object-Oriented Language with Inheritance and Subtyping. ECOOP/OOPSLA '90 Proceedings, Special Issue of SIGPLAN Notices, 25 (10), 161-168, ACM Press, Oktober 1990.

[10] P. America: Designing an Object-Oriented Programming Language with Behavioural Subtyping. Foundations of Object-Oriented Languages (REX School/Workshop Proceedings), Hrsg. J.W. de Bakker, W.P. de Roever und G. Rozenberg, 60-90, Springer LNCS 489, 1990.

[11] J.L. Armbruster: Comparing CASE Tools. Dr. Dobb's Journal, Juni 1995.

[12] P. Arnold et al.: An Evaluation of Five Object-Oriented Development Methods. Journal of Object-Oriented Programming - Focus on Analysis and Design, 107-121, 1991.

[13] M.B. Atkinson, F. Bancilhon, D. DeWitt, K. Dittrich, D. Maier, S. Zdonik: The Object-Oriented Database System Manifesto. Proceedings First Int. Conf. on Deductive and Object-Oriented Databases, 40-57, Kyoto, Japan, Dezember 1989.

[14] S.C. Bailin: An object-oriented requirements specification method. Communications of the ACM, 32 (5), 608-623, Mai 1989.

[15] H. Balzert: Methoden der objektorientierten Systemanalyse. BI Wissenschaftsverlag, 1995.

[16] F. Bancilhon, C. Delobel, P. Kanellakis (Hrsg.): Building an Object-Oriented Database System - The Story of O2. Morgan Kaufmann, 1992.

[17] V. Basili: The Experience Factory and its Relationship to Other Improvement Paradigms. Software Engineering (ESEC'93), Hrsg. I. Sommerville und M. Paul, 68-83, Springer LNCS 717, 1993.

[18] C. Batini, C. Ceri, S.B. Navathe: Conceptual Database Design: An Entity-Relationship Approach. Benjamin/Cummings Publ. 1992.

[19] K. Beck, W. Cunningham: A Laboratory for Teaching Object-Oriented Thinking. Object-Oriented Programming Systems Languages and Applications (OOPSLA), Special Issue of SIGPLAN Notices, Hrsg. N. Meyrowitz, 24 (10), 1-6, Oktober 1989.

[20] E. Berard: Essays on Object-Oriented Software Engineering, Vol.I. Prentice-Hall, 1993.

[21] J.A. Bergstra, J.W. Klop: Algebra of Communicating Processes. Mathematics and Computer Science, Hrsg. J.K. Lenstra, 89-138, North-Holland, 1986.

[22] P. Bichler, M. Schrefl: Active Object-Oriented Database Design Using Active Object/Behavior Diagrams. IEEE Proceedings Research Interests in Data Engineering: Active Database Systems (RIDE'94), Houston, 1994.

[23] T.J. Biggerstaff, A.J. Perlis: Reusability Framework Assessment and Directions. Software Reusability, Vol I, Hrsg. T.J. Biggerstaff und A.J. Perlis, 1-17, ACM Press & Addison-Wesley, 1989.

[24] G. Birtwistle, O. Dahl, B. Myhrtag, K. Nygaard: Simula Begin. Philadelphia, Auerbach Press, 1973.

[25] D.G. Bobrow, et al.: CommonLoops: Merging Lisp and Object-Oriented Programming. Object-Oriented Programming Systems Languages and Applications (OOPSLA), Special Issue of SIGPLAN Notices, Hrsg. N. Meyrowitz, 21 (11), 17-29, November 1986.

[26] B.W. Boehm, J.R. Brown, M. Lipow: Quantitative Evaluation of Software Quality. IEEE 2nd International Conference on Software Engineering, 286-299, 1976.

[27] B.W. Boehm: Software Engineering Economics. 1981.

[28] B.W. Boehm: A Spiral Model of Software Development and Enhancement. IEEE Computer, 21 (5), 61-72, Mai 1988.

[29] L. Boeszoermenyi, C. Weich: Porgramming in Modula-3. Springer Verlag, 1995.

[30] G. Booch: Object-Oriented Development. IEEE Transactions on Software Engineering, SE-12 (2), 211-221, Februar 1986.

[31] G. Booch: Software Engineering with Ada. Benjamin Cummings, 1986.

[32] G. Booch: Object-Oriented Design with Applications. Benjamin Cummings, 1990.

[33] G. Booch: Object-Oriented Analysis and Design with Applications (2. Ausgabe). Benjamin Cummings, 1994.

[34] A. Borgida, J. Mylopoulos, H.K.T. Wong: Generalization/Specialization as a Basis for Software Specification. On Conceptual Modelling, Hrsg. M.L. Brodie, J. Mylopoulos und J.W. Schmidt, 87-114, Springer, 1984.

[35] R.J. Brachman: What IS-A is and isn't: An Analysis of Taxonomic Links in Semantic Networks. IEEE Computer, 16 (10), 30-36, Oktober 1983.

[36] M.L. Brodie, D. Ridjanovic: On the Design and Specification of Database Transactions. On Conceptual Modelling, Hrsg. M.L. Brodie, J. Mylopoulos und J.W. Schmidt 277-306, Springer, 1984.

[37] M.L. Brodie, M. Stonebraker: Migrating Legacy Systems: Gateways, Interfaces und the Incremental Approach. Morgan Kaufmann Publishers, 1995.

[38] T.A. Budd: An Introduction to Object-Oriented Programming. Addison-Wesley, 1991.

[39] R.J.A. Buhr: System Design with Ada. Prentice-Hall, 1984.

[40] R.J.A. Buhr, G.M. Karam, C.J. Hayes, C.M. Woodside: Software CAD: A Revolutionary Approach. IEEE Transactions on Software Engineering, 15 (3), 235-249, März 1989.

[41] D.M. Bulman: An Object-Based Development Model. Computer Language, 49-59, August 1989.

[42] P. Butterworth, A. Otis, J. Stein: The GemStone Object Database Management System. Communications of the ACM, 34, (10), 64-77, Oktober 1991.

[43] L. Cardelli, P. Wegner: On Understanding Types, Data Abstraction und Polymorphism. ACM Computing Surveys, 17 (4), 471-523, Dezember 1985.

[44] L. Cardelli: A Semantics of Multiple Inheritance. Journal of Information and Computation, 76, 138-164, 1988.

[45] R.G.G. Cattell (Hrsg.): The Object Database Standard: ODMG-93, Release 1.2. Morgan Kaufmann Publishers, 1996.

[46] C.C.I.T.T. Fascicle vi.11: Functional Specification and Description Language (SDL). Rec. z.100-z.104, Geneva, 1984.

[47] S. Ceri, J. Widom: Deriving Production Rules for Constraint Maintenance. Proceedings of the 16th VLDB Conference, 566-577, Brisbane, 1990.

[48] C. Chambers: Object-Oriented Multi-Methods in Cecil. European Conference on Object-Oriented Programming (ECOOP'92), Hrsg. O. Lehrmann Madsen, 33-56, Springer LNCS 615, Juli 1992.

[49] D. de Champeaux, W. Olthoff: Towards an Object-Oriented Analysis Method. 7th Annual Pacific Northwest Software Quality Conference, 323-338, Portland, 1989.

[50] D. de Champeaux: Object-oriented Analysis and Top-Down Software Development. European Conference on Object-Oriented Programming (ECOOP'91), Hrsg. P. America, 360-376, Springer LNCS 512, Juli 1991.

[51] D. de Champeaux, D. Lea, P. Faure: Object-Oriented System Development. Addison-Wesley, 1993.

[52] P.P. Chen: The Entity-Relationship Model - Toward a unified view of data. ACM Transcations on Database Systems, 1 (1), 9-36, 1976.

[53] S.R. Chidamber, C.F. Kemerer: Towards a Metric Suite for Object-Oriented Design. Object-Oriented Programming Systems Languages and Applications (OOPSLA), Special Issue of SIGPLAN Notices, 26 (10), Oktober 1991.

[54] I. Choi, M.V. Mannino: Graph Interpretation of Methods: A Unifying Framework for Polymorphism in Object-Oriented Programming. ACM-OOPS Messenger, 2 (1), 38-54, 1991.

[55] P. Coad, E. Yourdon: Object-Oriented Analysis, 2. Ausgabe. Prentice-Hall, 1990.

[56] P. Coad, E. Yourdon: Object-Oriented Analysis. Proceedings Systems and Software Requirements Engineering, IEEE Computer Scoiety Press, 1990.

[57] P. Coad, E. Yourdon: Object-Oriented Design. Prentice-Hall, 1991.

[58] P. Coad: Object-Oriented Patterns. Communications of the ACM, 35 (9), 152-159, 1992.

[59] P. Coad, J. Nicola: Object-Oriented Programming. Prentice-Hall, 1993.

[60] P. Coad, D. North, M. Mayfield: Object Models: Strategies, Patterns und Applications. Yourdon Press, 1995.

[61] D. Coleman et al.: Object-Oriented Development - The FUSION Method. Prentice-Hall, 1994.

[62] J.O. Coplien, D.C. Schmidt: Pattern Languages of Program Design. Addison-Wesley, 1995.

[63] B.J. Cox: Object Oriented Programming: An Evolutionary Approach. Addison-Wesley, 1986.

[64] C.J. Date: Relational Database: Selected Writings. Addison Wesley, 1986.

[65] T. DeMarco: Structured Analysis and Systems Specification. Prentice-Hall, 1979.

[66] P. Deutsch: Desgin Reuse and Frameworks in the Smalltalk-80 System. Software Reusability, Vol II, Hrsg. T.J. Biggerstaff und A.J. Perlis, 57-71, ACM Press & Addison-Wesley, 1989.

[67] O. Diaz, P. Gray: Semantic-rich User-defined Relationships as a Main Constructor in Object-Oriented Databases. Proceedings of the IFIP TC2 Working Conference on Object-Oriented Databases (DS-4), Hrsg. R. Meersman und W. Kent, North-Holland, 1990.

[68] O. Diaz, N.W. Paton: Extending Object-Oriented Databases Using Metaclasses. IEEE Software, 11 (9), 40-47, 1994.

[69] K. Dittrich: Object-Oriented Database Systems: The Next Miles of the Marathon. Information Systems, 15 (1), 161-167, 1990.

[70] J. Ebert, G. Engels: Dynamic Models and Behavioural Views. International Symposium on Object-Oriented Methodologies and Systems (ISOOMS), Hrsg. E. Bertino und S. Urban, Springer LNCS 858, 1994.

[71] J. Eder, G. Kappel, A M. Tjoa, R.R. Wagner: BIER-The behavior integrated entity relationship approach. Ten Years of Experience, Proceedings of the 5th Int. Conf. on ER Approach, Hrsg. S. Spaccapietra, 147-166, North-Holland, 1987.

[72] J. Eder, G. Kappel, M. Schrefl: Coupling and Cohesion in Object-Oriented Systems. Institute of Computer Science, University of Linz, 1995.

[73] H.-D. Ehrich, M. Gogolla, U.W. Lipeck: Algebraische Spezifikation Abstrakter Datentypen. Teubner Verlag, 1989.

[74] H.-D. Ehrich, J.A. Goguen, A. Sernadas: A Categorial Theory of Objects as Observed Processes. Foundations of Object-Oriented Languages (REX School/Workshop Proceedings), Hrsg. J.W. de Bakker, W.P. de Roever und G. Rozenberg, 203-228, Springer LNCS 489, 1990.

[75] M.A. Ellis, B. Stroustrup: The Annotated C++ Reference Manual. Addison-Wesley, 1990.

[76] R. Elmasri, S.B. Navathe: Fundamentals of Database Systems (2. Ausgabe). Benjamin-Cummings, 1994.

[77] D.W. Embley, S.N. Woodfield: A Knowledge Structure for Reusing Abstract Data Types. Proceedings of the 9th Int. Conf. on Software Engineering, 360-368, Monterey, IEEE Computer Society Press, März 87.

[78] D.W. Embley, B.D. Kurtz, S.N. Woodfield: Object-Oriented Systems Analysis - A Model-Driven Approach. Yourdon Press, 1992.

[79] O.K. Ferstl, E.J. Sinz: Ein Vorgehensmodell zur Objektmodellierung betrieblicher Informationssysteme im Semantischen Objektmodell (SOM). Wirtschaftsinformatik, 33 (6), 477-491, Dezember 1991.

[80] O.K. Ferstl, E.J. Sinz: Grundlagen der Wirtschaftsinformatik, Bd. 1. Oldenbourg Verlag, 1993.

[81] R.G. Fichman, C.F. Kemerer: Object-Oriented and Conventional Analysis and Design Methodologies. IEEE COMPUTER, 25 (10), 22-39, Oktober 1992.

[82] G. Friedrich, G. Gottlob, M. Stumptner: Wissensrepräsentation. Expertensysteme, Hrsg. G. Gottlob, T. Frühwirth und W. Horn, 21-60, Springers Angewandte Informatik, 1990.

[83] M. Fugini, B. Pernici: RECAST: A Tool for Reusing Requirements. CAiSE, Proceedings of the 2nd Nordic Conf. on Advanced Information Systems Engineering, Mai 1990.

[84] E. Gamma: Objektorientierte Software-Entwicklung am Beispiel von ET++: Design-Muster, Klassenbibliothek, Werkzeuge. Springer Verlag, 1992.

[85] E. Gamma, R. Helm, R. Johnson, J. Vlissides: Design Patterns: Elements of Reusable Object-Oriented Software. Addison-Wesley, 1995.

[86] J.A. Goguen, J. Meseguer: Unifying Functional, Object-Oriented und Relational Programming with Logical Semantics. Research Directions in Object-Oriented Programming, Hrsg. P. Wegner, 417-477, The MIT Press, 1987.

[87] J.A. Goguen, D. Wolfram: On Types and FOOPS (invited paper). Proceedings of the IFIP TC2 Working Conference on Object-Oriented Databases (DS-4), Hrsg. R. Meersman und W. Kent, North-Holland, 1990.

[88] A. Goldberg, D. Robson: Smalltalk-80: The Language and its Implementation. Addison Wesley, 1983.

[89] A. Goldberg: Smalltalk-80: The Interactive Programming Environment. Addison Wesley, 1984.

[90] G. van den Goor, S. Brinkkemper, S. Hong: CASE Tools for the Support of Object-Oriented Analysis and Design Methods. Proceedings 3rd European Workshop on the Next Generation of CASE Tools, 27-36, Manchester, Mai 1992.

[91] G. Gottlob, G. Kappel, M. Schrefl: Semantics of Object-Oriented Data Models - The Evolving Algebra Approach. Next Generation Information System Technology, Proceedings of the First International East/West Database Workshop, Hrsg. J.W. Schmidt und A.A. Stogny, 144-160, Springer LNCS 504, 1991.

[92] G. Gottlob, B. Röck, M. Schrefl: Extending Information Systems with Roles. ACM Transactions on Information Systems (accepted for publication), 1994.

[93] I. Graham: Object-oriented Methods. Addison-Wesley, 1991.

[94] D. Harel: Statecharts: A Visual Formalism for Complex Systems. Science of Computer Programming, 8 (3), 231-274, Juni 1987.

[95] D. Harel: On Visual Formalisms. Communications of the ACM, 31 (5), 514-530, Mai 1988.

[96] L.J. Heinrich: Wirtschaftsinformatik - Einführung und Grundlagen. Oldenbourg Verlag, 1993.

[97] M. Heitz, B. Labreuille: Design and Development of Distributed Software using Hierarchical Object-Oriented Design and Ada. Ada in Industry, Proceedings of the Ada Europe Int. Conf. 143-156, Cambridge University Press, Juni 1988.

[98] B. Henderson-Sellers, J.M. Edwards: The Object-Oriented Systems Life Cycle. Communications of the ACM, 33 (9), 143-159, 1990.

[99] A. Heuer: Objektorientierte Datenbanken. Addison-Wesley, 1992.

[100] A. Heuer, G. Saake: Datenbanken - Konzepte und Sprachen. International Thomson Publishing, 1995.

[101] M. Hitz, B. Montazeri: Measuring Product Attributes of Object-Oriented Systems. European Software Engineering Conference (ESEC'95), Hrsg. W. Schäfer und P. Botella, Springer LNCS 989, 1995.

[102] M. Hitz, B. Montazeri: Measuring Coupling and Cohesion in Object-Oriented Systems. Proceedings Int.Symposium on Applied Corporate Computing, Oktober 1995.

[103] S. Hong: A Class Normalization Approach to the Design of Object-Oriented Databases. Proceedings TOOLS USA '91 (Technology of Object-Oriented Languages and Systems), 63-71, 1991.

[104] S. Hong, G. van den Goor, S. Brinkkemper: A Formal Approach to the Comparison of Object-Oriented Analysis and Design Methodologies. Proceedings 26th Hawaii Int. Conf. on System Sciences (HICSS-26), IEEE Computer Science Press, 1993.

[105] Hood Working Group: The HOOD (Hierarchical Object-Oriented Design) Reference Manual, Issue 3.0. European Space Agency, September 1989.

[106] Hood Working Group: The HOOD (Hierarchical Object-Oriented Design) User Manual, Issue 3.0. European Space Agency, September 1989.

[107] J.E. Hopcroft, J.D. Ullman: Introduction to Automata Theory, Languages and Computation. Addison-Wesley, 1979.

[108] R. Hull, R. King: Semantic Database Modelling: Survey, Applications und Research Issues. ACM Computing Surveys, 19 (3), 201-260, September 1987.

[109] A.T.F. Hutt (Hrsg.): Object Analysis and Design: Comparison of Methods. OMG, 1994.

[110] A.T.F. Hutt (Hrsg.): Object Analysis and Design: Description of Methods. OMG, 1994.

[111] D. Ingalls: A simple technique for handling multiple polymorphism. Object-Oriented Programming Systems Languages and Applications (OOPSLA), Special Issue of SIGPLAN Notices, Hrsg. N. Meyrowitz, 21 (11), 347-349, November 1986.

[112] D.J. Israel, R.J. Brachman: Some Remarks on the Semantics of Representation Languages. On Conceptual Modelling, Hrsg. M.L. Brodie, J. Mylopoulos, J.W. Schmidt 119-146, Springer, 1984.

[113] I. Jacobson: Object-Oriented Development in an Industrial Environment. Object-Oriented Programming Systems Languages and Applications (OOPSLA), Special Issue of SIGPLAN Notices, Hrsg. N. Meyrowitz, 22 (12), 183-191, Dezember 1987.

[114] I. Jacobson: Object-oriented Software Engineering. Addison-Wesley, 1992.

[115] C. Jean, A. Strohmeier: An Experience in Teaching OOD for Ada Software. ACM SIGSOFT Software Engineering Notes, 15 (5), 44-49, Oktober 1990.

[116] M. Jeusfeld, M. Jarke: From Relational to Object-Oriented Integrity Simplification. Proceedings of 2nd Int. Conf on Deductive and Object-Oriented Databases, Hrsg. C. Delobel, M. Kifer und M. Masunaga, 460-477, Springer LNCS 566, 1991.

[117] R.E. Johnson, B. Foote: Designing reusable classes. Journal of Object-Oriented Programming (JOOP), 1 (2), 22-35, 1988.

[118] R. Jungclaus: Modeling of Dynamic Object Systems - A Logic-based Approach. Vieweg Verlag, 1993.

[119] R. Jungclaus, G. Saake, T. Hartmann, C. Sernadas: TROLL - A Language for Object-Oriented Specification of Information Systems. ACM Transactions on Information Systems (to appear), 1995.

[120] G. Kappel, O. Nierstrasz: Prototyping in einer objektorientierten Entwicklungsumgebung. Handbuch der Modernen Datenverarbeitung, 145, 116-125, Forkel-Verlag, Jan. 1989.

[121] G. Kappel, M. Schrefl: Using an Object-Oriented Diagram Technique for the Design of Information Systems. Proceedings of the International Working Conference on Dynamic Modelling of Information Systems, Hrsg. H.G. Sol und K.M. Van Hee, 121-164, North-Holland, 1991.

[122] G. Kappel, M. Schrefl: Object/Behavior Diagrams. Proceedings of the 7th International Conference on Data Engineering, 530-539, Kobe, Japan, IEEE Computer Society Press, April 1991.

[123] G. Kappel: Reorganizing Object Behavior by Behavior Composition – Coping with Evolving Requirements in Office Systems. Proceedings BTW'91 (Datenbanken für Büro, Technik und Wissenschaft), Hrsg. H.-J. Appelrath, 446-453, Kaiserslautern, Germany, Springer IFB 270, März 1991.

[124] G. Kappel, M. Schrefl: Local Referential Integrity. Proceedings of the 11th International Conference on Entity-Relationship Approach, Hrsg. G. Pernul und A M. Tjoa, 41-61, Springer LNCS 645, 1992.

[125] G. Kappel, M. Schrefl: Inheritance of Object Behavior - Consistent Extensions of Object Life Cycles. Extending Information Systems Technology, Proceedings of the Second International East/West Database Workshop, Hrsg. J. Eder und L. Kalinichenko, Springer WSCS, 1994.

[126] G. Kappel, S. Preishuber, E. Pröll, S. Rausch-Schott, W. Retschitzegger, R.R. Wagner, C. Gierlinger: COMan - Coexistence of Object-Oriented and Relational Technology. Proceedings of the 13th Int. Conf. on the Entity-Relationship Approach, Hrsg. P. Loucopoulos, Springer LNCS 881, 1994.

[127] G. Kappel, P. Lang, S. Rausch-Schott, W. Retschitzegger: Workflow Management Based on Objects, Rules und Roles. IEEE Bulletin of the Technical Committee on Data Engineering, 18, (1), März 1995.

[128] G. Kappel, S. Rausch-Schott, W. Retschitzegger, M. Sakkinen: From Rules to Rule Patterns. Technical Report, Department of Information System (University of Linz), 1995.

[129] G.M. Karam, R.S. Casselman: A Cataloging Framework for Software Development Methods. IEEE COMPUTER, 26 (2), 34-46, Februar 1993.

[130] S. Keene: Object-Oriented Programming In Common Lisp: A Programmers Guide To Common Lisp Object System. Addison-Wesley, 1988.

[131] N. Kerth: MOOD - a Methodology for Structured Object-Oriented Design. Tutorial OOPSLA'88, San Diego, 1988.

[132] S.N. Khoshafian, C.P. Copeland: Object Identity. Object-Oriented Programming Systems Languages and Applications (OOPSLA), Special Issue of SIGPLAN Notices, Hrsg. N. Meyrowitz, 21 (12), 406-416, Dezember 1986.

[133] G. Kiczales, J. des Rivieres, D.G. Bobrow: The Art of the Metaobject Protocol. The MIT Press, 1991.

[134] K. Kilberth, G. Gryczan, H. Züllighoven: Objektorientierte Anwendungsentwicklung: Konzepte, Strategien, Erfahrungen. Vieweg Verlag, 1993.

[135] W. Kilian: Trellis: From Design to Programming. Communications of the ACM, 33 (9), 65-67, 1990.

[136] W. Kim et al.: Composite Object Support in an Object-Oriented Database System. Object-Oriented Programming Systems Languages and Applications (OOPSLA), Special Issue of SIGPLAN Notices, Hrsg. N. Meyrowitz, 22 (12), Dezember 1987.

[137] W. Kim, E. Bertino, J.F. Garza: Composite Objects Revisited. Proceedings of the ACM-SIGMOD Conf. on Management of Data, SIGMOD Record, 18 (2), 337-347, Portland, Juni 1989.

[138] R. King: My Cat is Object-Oriented. Object-Oriented Concepts, Databases und Applications, Hrsg. W. Kim und F.H. Lochovsky, 23-30, ACM Press & Addison-Wesley, 1989.

[139] W. Klas, M. Schrefl: Metaclasses and Their Applications: Data Model Tailoring and Database Integration. Springer LNCS 943, 1995.

[140] J.L. Knudson, O.L. Madsen, C. Nørgaard, L.B. Peterson, E. Sandvad: An Overview of the Mjølner BETA System. Mjølner Informatics ApS,, Science Park Aarhus, November 1989.

[141] T. Korson, J.D. McGregor: Understanding Object-Oriented: A Unifying Paradigm. Communications of the ACM, 33 (9), 40-60, 1990.

[142] G.E. Krasner, S.T. Pope: A Cookbook for Using the Model-View-Controller User Interface Paradigm in Smalltalk-80. Journal of Object-Oriented Programming, 1 (3), 26-49, August 1988.

[143] B.B. Kristensen, O.L. Madsen, B. Møller-Pedersen, K. Nygaard: Classification of actions or inheritance also for methods. Special Issue of BIGRE No.54, 109-118, Paris, Juni 1987.

[144] W. LaLonde, J. Pugh: Subclassing $\neq$ Subtyping $\neq$ IsA. Journal of Object-Oriented Programming (JOOP), Jänner 1991.

[145] Ch. Lamb, G. Landis, J. Orenstein, D. Weinreb: The ObjectStore Database System. Communications of the ACM, 34 (10), 50-63, Oktober 1991.

[146] K.J. Lieberherr, I. Holland: Assuring good style for object-oriented programming. IEEE Software, 38-48, September 1989.

[147] K.J. Lieberherr, C. Xiao: Formal Foundations for Object-Oriented Data Modeling. IEEE Transactions on Knowledge and Data Engineering, 5 (3), 462-478, Juni 1993.

[148] K.J. Lieberherr, I. Silva-Lepe, C. Xiao: Adaptive Object-Oriented Programming using Graph-Based Customization. Communications of the ACM (CACM), 37 (5), 94-101, Mai 1994.

[149] M.A. Linton, J.M. Vlissides, P.R. Calder: Composing User Interfaces with InterViews. IEEE Computer, 22 (2), 8-22, Februar 1989.

[150] U.W. Lipeck: Zur Dynamischen Integrität von Datenbanken: Grundlagen der Spezifikation und Überwachung. Springer, IFB 209, 1989.

[151] B. Liskov, J. Guttag: Abstraction and Specification in Program Development. The MIT Press, 1986.

[152] B. Liskov, J.M. Wing: A New Definition of the Subtype Relation. Proceedings of the 7th European Conference on Object-Oriented Programming (ECOOP'93), Hrsg. O.M. Nierstrasz, 118-141, Kaiserslautern, Springer LNCS 707, 1993.

[153] B. Liskov, J.M. Wing: Specifications and their Use in Defining Subtypes. Object-Oriented Programming Systems Languages and Applications (OOPSLA), Special Issue of SIGPLAN Notices, 28 (12), 16-28, Dezember 1993.

[154] M. Loomis: Object Databases - The Essentials. Addison-Wesley, 1995.

[155] A. Lopes, J.F. Costa: Rewriting for Reuse. Proceedings ERCIM Workshop on Development and Transformation of Programs, 43-55, Nancy (F), November 1993.

[156] O.L. Madsen, B. Møller-Pedersen, K. Nygaard: Object-Oriented Programming in the BETA Programming Language. Addison Wesley und ACM Press, 1993.

[157] Z. Manna, A. Pnueli: Verification of Concurrent Programs: The Temporal Framework. The Correctness Problem in Computer Science, Hrsg. S. Moore, Academic Press, 1981.

[158] V.M. Markowitz: Referential Integrity Revisited: An Object-Oriented Perspective. Proceedings of the 16th VLDB Conference, 578-589, Brisbane, 1990.

[159] J. Martin: Information Engineering. Prentice Hall, 1990.

[160] J. Martin, J.J. Odell: Object-Oriented Analysis and Design. Prentice Hall, 1992.

[161] S. Matsuoka, A. Yonezawa: Analysis of Inheritance Anomaly in Object-Oriented Concurrent Programming Languages. Research Directions in Concurrent Object-Oriented Programming, Hrsg. G. Aga, P. Wegner und A. Yonezawa, 107-150, ACM Press, 1993.

[162] J.D. McGregor, D.M. Dyer: A Note on Inheritance and State Machines. ACM SIGSOFT Software Engineering Notes, 18, (4), 61-69, Oct 1993.

[163] D. McLeod: A Perspective on Object-Oriented and Semantic Database Models and Systems. Object-Oriented Databases with Applications to CASE, Networks und VLSI CAD, Hrsg. E. Horowitz, 12-25, Prentice-Hall, 1991.

[164] C.B. Medeiros, P. Pfeffer: Object Integrity Using Rules. Proceedings of the European Conference on Object-Oriented Programming (ECOOP), Hrsg. P. America, 219-230, Springer LNCS 512, Juli 1991.

[165] J. Melton, A.R. Simon: Understanding the new SQL. Morgan Kaufmann, 1993.

[166] B. Meyer: Object-Oriented Software Construction. Prentice-Hall, 1988.

[167] B. Meyer: Tools for the New Culture: Lessons from the Design of the Eiffel Class Library. Communications of the ACM, 33 (9), 68-88, 1990.

[168] B. Meyer: Introduction to the Theory of Programming Languages. Prentice-Hall, 1990.

[169] B. Meyer: Eiffel: The Language. Prentice-Hall, 1992.

[170] H. Mössenböck: Object-oriented Programming in Oberon-2. Springer Verlag, 1993.

[171] B. Møller-Pedersen, D. Belsnes, H.-P. Dahle: Rationale and Tutorial on OSDL: An Object-Oriented Extension of SDL. Computer Networks and ISDN Systems, 13, 97-117, 1987.

[172] D.E. Monarchi, G.I. Puhr: A Research Typology for Object-Oriented Analysis and Design. Communications of the ACM, 35 (9), 35-47, 1992.

[173] T. Mück, G. Vinek: Modelling Dynamic Constraints Using Augmented Place/Transition Networks. Information Systems, 14 (4), 327-340, Dezember 1989.

[174] J.R. Mühlbacher, B. Leisch, U. Kreuzeder: Programmieren mit Oberon-2 unter Windows. Carl Hanser Verlag, 1995.

[175] M. Mühlhäuser, A. Schill: Software Engineering für verteilte Anwendungen: Mechanismen und Werkzeuge. Springer Verlag, 1992.

[176] W.B. Mugridge, J. Hamer, J.G. Hosking: Multi-Methods in a Statically-Typed Programming Lanuage. Proceedings of the European Conference on Object-Oriented Programming (ECOOP'91), Hrsg. P. America, 307-324, Springer LNCS 512, Juli 1991.

[177] J. Mylopoulos: Object-Orientation and Knowledge Representation. Proceedings of the IFIP TC2 Working Conference on Object-Oriented Databases (DS-4), Hrsg. R. Meersman und W. Kent, North-Holland, 1990.

[178] J. Mylopoulos, A. Borgida, M. Jarke, M. Koubarakis: Telos: Representing Knowledge about Information Systems. ACM Transactions on Information Systems, 8, (4), 325-362, Oktober 1990.

[179] I. Nassi, B. Shneiderman: Flowchart Techniques for Structured Programming. ACM SIGPLAN Notices, 8 (8), 12-26, August 1973.

[180] J.-M. Nerson: Applying Object-Oriented Analysis and Design. Communications of the ACM, 35 (9), 63-74, 1992.

[181] A.D. Nghiem: NeXTSTEP Programming - Concepts and Applications. Prentice Hall, 1993.

[182] A.H.H. Ngu: Conceptual Transaction Modelling. IEEE Transactions on Knowledge and Data Engineering, 1 (4), 508-518, Dezember 1989.

[183] O.M. Nierstrasz: A Survey of Object-Oriented Concepts. Object-Oriented Concepts, Databases and Applications, Hrsg. W. Kim und F. Lochovsky, 3-21, ACM Press and Addison-Wesley, 1989.

[184] O. Nierstrasz, S. Gibbs, D. Tsichritzis: Component-Oriented Software Development. Communications of the ACM, 35 (9), 160-165, 1992.

[185] O. Nierstrasz: Regular Types for Active Objects. Object-Oriented Programming Systems Languages and Applications (OOPSLA), Special Issue of SIGPLAN Notices, 28 (12), Dezember 1993.

[186] E. Nordhagen: Generic Object-Oriented Systems. Proceedings TOOLS'89, 1st Int. Conf. on Technology of Object-Oriented Languages and Systems, 131-139, November 1989.

[187] T.W. Olle, J. Hagelstein, I.G. Macdonald, C. Rolland, H.G. Sol, F.J.M. Van Assche, A.A. Verrijn-Stuart: Information Systems Methodologies: A Framework for Understanding, 2. Ausgabe. Addison-Wesley, 1991.

[188] OMTool User Guide for OMTool Version 2.0 (PC), Martin Marietta Corporation, 1993.

[189] M. Page-Jones, L.L. Constantine, S. Weiss: Modelling Object-Oriented Systems: The Uniform Object Notation. Computer Language, Oktober 1990.

[190] M. Page-Jones: Comparing Techniques by Means of Encapsulation and Connascence. Communications of the ACM, 35 (9), 147-151, September 1992.

[191] J. Palsberg, M.I. Schwartzbach: Object-Oriented Type Systems. John Wiley & Sons, 1994.

[192] H.A. Partsch: Specification and Transformation of Programs. Springer Verlag, 1990.

[193] J. Peckham, F. Maryanski: Semantic Data Models. ACM Computing Surveys, 20 (3), 153-189, September 1988.

[194] B. Pernici: Objects with Roles. Proceedings of the ACM/IEEE Conf. of Office Information Systems, 205-215, Cambridge, MA, April 1990.

[195] J.L. Peterson: Petri nets. ACM Computing Surveys, 223-252, 1977.

[196] G. Pomberger, G. Blaschek: Grundlagen des Software Engineering: Prototyping und objektorientierte Softwareentwicklung. Carl Hanser Verlag, 1993.

[197] H.H. Porter: Separating the subtype hierarchy from the inheritance of implementation. Journal of Object-Oriented Programming (JOOP), 20-29, Februar 1992.

[198] W. Pree: Design Patterns for Object-Oriented Software Development. Addison-Wesley and ACM Press, 1995.

[199] T. Reenskaug, E. Nordhagen: The Description of Complex Object-Oriented Systems: Version 1. Oslo, Senter for Industriforskning, 1989.

[200] J. Richardson, P. Schwarz: Aspects: Extending Objects to Support Multiple, Independent Roles. Proceedings of the ACM-SIGMOD Conf. on Management of Data, SIGMOD Record, Hrsg. J. Clifford und R. King, 20 (2), 298-307, Denver, Juni 1991.

[201] D. Rocacher: Smalltalk-80 and Smack: towards a methodological approach to software quality. Proceedings Esprit'88 Putting the Technology to Use, 492-507, North Holland, 1988.

[202] J.P. Rosen: What Orientation Should Ada Objects Take?. Communication of the ACM, 35 (11), 71-76, November 1992.

[203] K.S. Rubin, A. Goldberg: Object Behavior Analysis. Communications of the ACM, 35 (9), 48-62, 1992.

[204] J. Rumbaugh: Relations as Semantic Constructs in an Object-Oriented Language. Object-Oriented Programming Systems Languages and Applications (OOPSLA), Special Issue of SIGPLAN Notices, Hrsg. N. Meyrowitz, 22 (12), 466-481, Dezember 1987.

[205] J. Rumbaugh, M. Blaha, W. Premerlani, F. Eddy, W. Lorensen: Object-Oriented Modelling and Design. Prentice-Hall, 1991.

[206] G. Saake: Objektorientierte Spezifikation von Informationssystemen. B.G. Teubner, 1993.

[207] G. Saake, P. Hartel, R. Jungclaus, R.Wieringa, R. Feenstra: Inheritance Conditions for Object Life Cycle Diagrams. EMISA Workshop on "Formale Grundlagen für den Entwurf von Informationssystemen", Universität Hannover, Informatik-Bericht 03/94, Hrsg. U.W. Lipeck und G. Vossen, 79-88, 1994.

[208] M. Sakkinen: Disciplined Inheritance. ECOOP 89, Hrsg. S. Cook, 39-56, Campridge University Press, Juli 1989.

[209] M. Sakkinen: Improving the Analysis of Unreachable Procedures and Methods. Technical Report, Department of Database Systems and Information Systems, University of Frankfurt, 1994.

[210] E. Sandvad: Object-Oriented Development - Integrating Analysis, Design und Implementation. DAIMI PB - 302, Computer Science Department, Aarhus University, April 1990.

[211] C. Schaffert et al.: An Introduction to Trellis/Owl. Object-Oriented Programming Systems Languages and Applications (OOPSLA), Special Issue of SIGPLAN Notices, Hrsg. N. Meyrowitz, 21 (12), 9-16, Dezember 1986.

[212] R. Schauer, S. Schönberger: Visual Object Modelling. Proceedings of the 2nd Int. Conf. on Database and Expert Systems Applications (DEXA'92), Hrsg. A M. Tjoa und I. Ramos, 300-307, Springer, 1992.

[213] D. Schaerer: Listen, Bäume und Graphen als Objekte: Mit Beispielen in Object Pascal. Springer Verlag, Reihe Angewandte Informatik, 1994.

[214] K. Schmucker: MacApp: An Application Framework. Byte, August 1986.

[215] M.H. Scholl, H.-J. Schek: A Relational Object Model. Proceedings Int. Conf. on Database Theory – ICDT'90, Hrsg. S. Abiteboul und P.C. Kanellakis, 89-105, Springer LNCS 470, 1990.

[216] M.H. Scholl, C. Laasch, M. Tresch: Views in Object-Oriented Databases. Proceedings 2nd Int. Conf. on Deductive and Object-Oriented Databases, Hrsg. C. Delobel, M. Kifer und M. Masunaga, Springer LNCS 566, 1991.

[217] M. Schrefl, E.J. Neuhold: Object Class Definition by Generalization Using Upward Inheritance. 4th Int. Conf. on Data Engineering, 4-12, 1988.

[218] M. Schrefl: Behavior Modeling by Stepwise Refining Behavior Diagrams. Proceedings of the 9th Int. Conf. on Entity Relationship Approach, 113-128, Lausanne, Oktober 1990.

[219] M. Schrefl, G. Kappel: Cooperation Contracts. Proceedings of the 10th Int. Conf. on ER Approach, Hrsg. T.J.Teorey, 285-307, Oktober 1991.

[220] M. Schrefl, M. Stumptner: Behavior Consistent Extension of Object Life Cycles. Proceedings of the 14th Int. Conf. on the Entity-Relationship Approach (ER'95), Springer LNCS, 1995.

[221] E. Seidewitz, M. Stark: Towards a general object-oriented software development methodology. Proceedings of the 1st Int. Conf. of the Ada Programming Language Applications for the NASA Space Station,, 1-14, 1986.

[222] A. Sernadas, H.-D. Ehrich: What is an Object, After All?. Proceedings of the IFIP WG 2.6 Working Conference on Object-Oriented Databases: Analysis, Design and Construction (DS-4), Hrsg. R. Meersman, W. Kent und S. Khosla, 39-70, North-Holland, 1991.

[223] C. Sernadas, J. Fiadeiro: Towards object-oriented conceptual modelling. Data and Knowledge Engineering, 6, 479-508, North-Holland, 1991.

[224] C. Sernadas, P. Resende, P. Gouveia, A. Sernadas: In-the-large object-oriented design of information systems. Object-Oriented Approach to Information Systems, Hrsg. F. Van Assche, B. Moulin und C. Rolland, 209-232, North-Holland, 1991.

[225] S. Shlaer, S.J. Mellor: Object-oriented Systems Analysis - Modelling the World in Data. Yourdon Press Computing Series, 1988.

[226] S. Shlaer, S.J. Mellor: An Object-Oriented Approach to Domain Analysis. ACM SIGSOFT Software Engineering Notes, 14 (5), 66-77, 1989.

[227] S. Shlaer, S.J. Mellor: Object Lifecycles - Modelling the World in States. Yourdon Press Computing Series, 1992.

[228] Siemens Nixdorf Informationssysteme: Methodology for Object-Oriented Development - Introduction and Framework, Release 1.5. SNI, Division Software Financial Institutions, August 1991.

[229] R.M. Soley (Hrsg.): Object Management Architecture Guide, Revision 2.0 (2. Ausgabe), OMG TC Document 92.11.1. Wiley-QED Publication, 1993.

[230] M. Stark, E. Seidewitz: Towards a general object-oriented Ada lifecycle. Proceedings of the Joint Ada Conference, 213-222, New Jersey, 1987.

[231] L.A. Stein, S. Zdonik: Clovers: The Dynamic Behavior of Types and Instances. TR No. CS-89-42, Department of Computer Science, Brown University, 1989.

[232] W. Stein: Objektorientierte Analysemethoden - ein Vergleich. Informatik Spektrum, 16 (6), 317-332, Dezember 1993.

[233] W. Stevens, G. Myers, L. Constantine: Structured Design. IBM Systems Journal, 13 (2), 115-139, 1974.

[234] J. Stiebellehner, G. Kappel, H. Schauer: Kopplungs- und Konzentrationszahlen für objektorientierte Software. Bericht des GI-Workshops über Software-Metriken, Magdeburg (BRD), September 1994.

[235] Software Through Pictures - Core, Release 1, Interactive Development Environments (IDE), Mai 1993.

[236] T. Tempelmeier: Eine Übersicht über die Softwareentwurfsmethode HOOD. GI-SE Softwaretechnik-Trends, 11 (1), 12-22, Februar 1991.

[237] O. De Troyer, R. Janssen: On Modularity for Conceptual Data Models and the Consequences for Subtyping, Inheritance and Overriding. Proceedings of the 9th IEEE Int. Conf. on Data Engineering, 678-685, Vienna, Austria, April 1993.

[238] D. Tsichritzis: Object-Oriented Development for Open Systems. Information Processing 89 - IFIP World Computer Congress, Hrsg. G.X. Ritter, 1033-1040, North-Holland, 1989.

[239] D.C. Tsichritzis, O. Nierstrasz, S. Gibbs: Beyond Objects: Objects. Internaional Journal of Intelligent and Cooperative Information Systems, 1 (1), 1992.

[240] R. Unland: Objektorientierte Datenbanken - Konzepte und Modelle. International Thomson Publishing, Thomson's Aktuelle Tutorien 4, 1995.

[241] N. Vlachantonis, R. Herzig, M. Gogolla, G. Denker, S. Conrad, H.-D. Ehrich: Towards Reliable Information Systems - The KORSO Approach. Proceedings of the Conference on Advanced Information Systems Engineering (CAiSE'93), Hrsg. C. Rolland, F. Bodart und C. Cauvet, 463-482, Springer LNCS 685, 1993.

[242] G. Vossen: Data Models, Database Languages und Database Management Systems. Addison-Wesley, 1991.

[243] G. Vossen: Datenmodelle, Datenbankabfragesprachen und Datenbankverwaltungssysteme. Addison-Wesley, 1991.

[244] P.T. Ward, S. Mellor: Structured Development for Real-time Systems. Prentice-Hall, 1985.

[245] P.T. Ward: How to integrate Object-Orientation with Structured Analysis and Design. IEEE Software, 6 (3), 74-82, März 1989.

[246] A.I. Wasserman, P.A. Pircher: A Graphical Extensible Integrated Environment for Software Development. Proceedings 2nd Symposium on Practical Software Development Environments, SIGPLAN Notices, 22 (1), 131-142, Jan. 1987.

[247] A.I. Wasserman, P.A. Pircher, R.J. Muller: An Object-Oriented Structured Design Method for Code Generation. ACM Software Engineering Notes, 14 (1), 32-45, Jan. 1989.

[248] A.I. Wasserman, P.A. Pircher, R.J. Muller: Concepts of Object-Oriented Structured Design. Proceedings TOOLS'89, 1st Int. Conf. on Technology of Object-Oriented Languages and Systems, 269-280, November 1989.

[249] A.I. Wasserman, P.A. Pircher, R.J. Muller: The Object-Oriented Structured Design Notation for Software Design Representation. IEEE Computer, 23 (3), 50-63, März 1990.

[250] A.I. Wasserman, P.A. Pircher: Object-Oriented Structured Design and C++. Computer Language, 41-52, Jan. 1991.

[251] P. Wegner: Dimensions of Object-Based Language Design. Object-Oriented Programming Systems Languages and Applications (OOPSLA), Special Issue of SIGPLAN Notices, 22 (12), 168-182, Dez. 1987.

[252] P. Wegner, S.B. Zdonik: Inheritance as an Incremental Modification Mechanism or What Like Is and Isn't Like. European Conference on Object-Oriented Programming (ECOOP'88), Hrsg. S. Gjessing und K. Nygaard 55-77, Springer LNCS 322, August 1988.

[253] P. Wegner: Concepts and Paradigms of Object-Oriented Programming. OOPS Messenger, 1 (1), 7-87, August 1990.

[254] R. Wieringa: Equational Specification of Dynamic Objects. Proceedings of the IFIP TC2 Working Conference on Object-Oriented Databases (DS-4), Hrsg. R. Meersman und W. Kent, North-Holland, 1990.

[255] R. Wieringa, W. de Jonge: The identification of objects and roles. Faculty of Mathematics and Computer Science, Vrije Universiteit Amsterdam, 1992.

[256] R. Wieringa, W. de Jonge, P. Spruit: Roles and Dynamic Subclasses: A Modal Logic Approach. Proceedings of the 8th European Conference on Object-Oriented Programming (ECOOP'94), Hrsg. M. Tokoro und R. Pareschi, 32-59, Springer LNCS 821, 1994.

[257] R. Wirfs-Brock, B. Wilkerson: Object-Oriented Design: A Responsibility-Driven Approach. Object-Oriented Programming Systems Languages and Applications (OOPSLA), Special Issue of SIGPLAN Notices, Hrsg. N. Meyrowitz, 24 (10), 323-343, Oktober 1989.

[258] A. Wirfs-Brock, B. Wilkerson: Variables Limit Reusability. Journal of Object-Oriented Programming (JOOP), 34-40, May/Juni 1989.

[259] R. Wirfs-Brock, B. Wilkerson, L. Wiener: Designing Object-Oriented Software. Prentice Hall, 1990.

[260] R. Wirfs-Brock, R.E. Johnson: Surveying Current Research in Object-Oriented Design. Communications of the ACM, 33 (9), 104-124, 1990.

[261] N. Wirth, J. Gutknecht: Project Oberon. The Design of an Operating System and Compiler. Addison-Wesley, 1992.

[262] N. Wybolt: Bootstrapping Object-Oriented CASE. Hotline on Object-Oriented Technology, 2 (3), 13-15, Jan. 1991.

[263] E. Yourdon, L.L. Constantine: Structured Design. Prentice-Hall, 1979.

[264] E. Yourdon: Modern Structured Analysis. Prentice Hall, 1989.

[265] S.B. Zdonik, P. Wegner: Language and Methodology for Object-Oriented Database Environments. Data Types and Persistence, Hrsg. M.P. Atkinson, P. Buneman und R. Morrison, 155-171, Springer, 1988.

[266] S.B. Zdonik, D. Maier (Hrsg.): Readings in Object-Oriented Database Systems. Morgan Kaufmann Publishers, 1990.

Index

— A —

— B —

— C —

— D —

— E —

— F —

— G —

— H —

— I —

— K —

— L —

— M —

— N —

— O —

— U —

— V —

— W —

— Z —

SpringerInformatik

Springers Angewandte Informatik

Eine Auswahl der zuletzt erschienenen Bände:

Daniel Schaerer
Listen, Bäume und Graphen als Objekte
Mit Beispielen in Object Pascal
1994. VIII, 220 Seiten.
Broschiert DM 60,–, öS 420,–
ISBN 3-211-82578-9

Dieses Buch bietet eine Einführung in die Entwicklung von Datenstrukturen und Algorithmen für Listen, Bäume und Graphen und macht gleichzeitig mit objektorientierten Entwurfs- und Programmierverfahren vertraut. Es enthält eine große Zahl von Programmbeispielen in Object Pascal, die zusammen eine vielseitig verwendbare Bibliothek bilden.

Alexander Prosser
Standards in Rechnernetzen
1993. 180 Abbildungen. XII, 364 Seiten.
Broschiert DM 75,–, öS 525,–
ISBN 3-211-82430-8

Martin Hitz
C++
Grundlagen und Programmierung
1992. X, 306 Seiten.
Broschiert DM 48,–, öS 336,–
ISBN 3-211-82415-4

P.O.Box 89, A-1201 Wien • New York, NY 10010, 175 Fifth Avenue
Heidelberger Platz 3, D-14197 Berlin • Tokyo 113, 3-13, Hongo 3-chome, Bunkyo-ku